Down Girl

The Logic of Misogyny

不只是厭女

Kate Manne

凱特・曼恩／著
巫靜文／譯

時代前行暢銷新版

摩斯這樣描述女人：「最初，女人之所以被創造出來，是要成為男人的幫手。」而她們確實如此，她們幫忙花費和消耗男人辛苦賺取之物。他也說，女人是由男人的肋骨變成，她們難駕馭（難相處）的本性昭示了這點——因為肋骨扭曲且毫無用處，女性在本質上也同樣扭曲，小小事件就可以使她們憤怒。

——《對淫穢、懶惰、冒失與無常之女人的指責》，約瑟夫・史威南，一六一五

有罪、有罪、有罪。毀謗與中傷女性的罪。

——《恨女者史威南》，匿名，一六一八

曼寧漢先生：真令人敬佩，我親愛的貝拉，令人敬佩！我們早該讓妳當個邏輯學家——一個蘇格拉底、一個約翰・史都華・彌爾。妳應該在歷史上留名，因為妳擁有耀眼的當代心智。不過前提是，當代歷史不會埋沒妳——不會將妳與同儕隔離。妳知道，這份風險是在的，而且以不只一種方式存在。〔把牛奶放到壁爐架上〕好，我之前是怎麼說的？如果妳沒有找到那張帳單，我會做什麼？

曼寧漢太太：〔哽咽〕你說你會把我關起來。

——《天使街》（或《煤氣燈下》），派翠克・漢米爾頓，一九三八

目次

編按：本書123數字為作者注，符號*†為繁中版編者注與譯者注。[數字]為引用文獻編號（附於書末），()內為其引用文獻之章節或頁數範圍。

本書因注釋字數較多，隨頁注時有落於下一跨頁之情形，還請留意。

序：出錯 Preface: Going Wrong

在這片草地上，我的思緒顯得多渺小、多微不足道，像是一條好漁夫會放回水裡的魚，以繼續長肥，有朝一日才值得烹煮食用……但是不論那思緒多渺小，仍舊具備一種獨特的神祕特質——一旦被放回心中，就立刻變得重要、令人興奮，隨著它衝刺又沉沒，四處飛馳，激起的思緒如此洶湧，無法再靜下來。於是，我發現自己正急速穿過一片草地，立刻有一名男子起身攔截我。那人穿著長禮服外套與襯衫，表情奇特，我一時沒意識到他的手勢是針對我，他臉上驚恐與不滿。本能多過理性讓我意識到，他是教區執事，而我是個女人。這裡是草地，那裡是小徑。只有院士和學者允許上草地，碎石路才是我該走的地方。這些念頭只是一瞬間的事。

——維吉尼亞・吳爾芙
《自己的房間》

「女人什麼時候才會成為人？什麼時候？」女性主義者暨法學理論家凱薩琳・麥金儂在

一篇一九九九年的論文中問道。[1]其他人也提出過類似問題，例如哲學家瑪莎・納思邦[206][207]和瑞・朗頓[150]，她們在討論女性的性物化時曾談及此事。廣受歡迎的作家亞瑟・朱與琳蒂・魏斯特在針對厭女威脅和暴力的著作中也提過。這個問題在性侵害、跟蹤、親密伴侶暴力和其他類型的殺人事件上引人共鳴，受害者主要是女性，而非男性（儘管絕非一定），而其行為人主要是男性（有時幾乎全部），而非女性。[2]

這種模式為什麼持續不斷？即使是在世界上公認進入了後父權（post-patriarchal）時代的地區，例如現代美國、英國、澳洲，情況亦然。[3]對於其他各式各樣將在本書討論到的厭女情結類型——從隱晦進行的厭女，到厚顏而大刺刺的厭女；從慢性、逐漸累積而成的厭女，到急性且具爆炸能量的厭女；從因為集體（或「鄉民」）活動與純粹的結構機制而產生的厭女，到個人的厭女行動——我們可以提出同樣的問題，借一句約翰・奧利佛的話：為什麼厭女情結仍然存在？

毫無疑問，在這些社會裡，伴隨著女性主義運動、文化變遷、法律改革（例如禁止性別歧視的法律），以及制度政策上的改變（例如優惠性差別待遇〔又譯積極補償行動〕，在美國的主要受益者為白人女性），性別平等已有相當的進展，在女性的教育方面，改善尤其驚人。但如同本書將揭示的，厭女情結仍然存在於大眾之間。

這些持續存在，有些甚至可說還在惡化的問題，引發了一些棘手、令人費解且迫切的疑問。儘管到最後，我們還是需要一整個村莊的理論家才能夠完整理解此現象，但我相信道德哲學可以在這裡扮演珍貴的角色。我希望本書能夠針對如何理解厭女情結的「本質」有所貢獻，包括其普遍邏輯，及它在運作時的一個主要動力（儘管只有一個），也就是男性透過不對稱的道德支持來利用女性。（我的討論會止於前文所提到的文化脈絡之內，但我歡迎其他人在此基礎之上進一步歸納、修正、應用。）

這些道德支持的關係等同於什麼？為了有助理解，首先，我們可以想像一下那些享有最多特權的男性，舉例來說，白人、異性戀（所謂的「直男」）、順性別（而非跨性別）、中產階級，並且沒有身心障礙的男人。相比於其他沒那麼多特權的同伴，他們的行動會較少受到社會、道德、法律的限制。接著我們可以想像一群各形各貌的女性，上述男性會暗自認為自己有資格仰賴她們提供照顧、安慰、關心，以及性、情緒勞動、生殖勞動。或者，她可能代表某類會服務或被召來服務這種目的的女性。

當然，若一個人單單只是被社會默許可以用這類方式仰賴女性，不代表他就會想這麼

1 本文重新刊於麥金儂於二〇〇六年出版的著作中，這句我用來開場的引言，是麥金儂該文的最後一句話。

2 我在此暫時排除了兒童以及非二元性別的成人。這麼做並不是因為他們在此議題上的（不幸）遭遇不重要，而是因為這些議題涉及的複雜性與我此刻的目的是彼此獨立的。上述內容已足以讓我提出我最初想要審視的問題。

3 這會是我在本書中關注的焦點，一部分是因為在這些脈絡裡，這些現象經常被否認，或難以理解。而既然我的研究關注的是普及的文化敘事，以及找出其中的模式，我個人也會對這些脈絡具備較多的相關知識。我將在前言中進一步說明。

做，也不代表他想要就能得到（就真能從裡頭占到好處）。同樣的，儘管和較無特權的同伴相比，他的行為受到的外在限制較不嚴格，他仍然可能觀察到這類或相似規範，認定自己受限於道德原則和良心。然而，在其他情況下，這類限制不足，這些特權確實存在，這便會影響他如何看待和對待他社交圈中的特定女性。具體來說，他會認定她應該將她特有的人類服務和能力貢獻給他或他的哥兒們，但這關係不能反過來。

這種不對稱的道德支持關係四處可見，包括在親密且相對穩定的社會關係中——當她是他的母親、女友、妻子、女兒等等。又或者，也可能發生於職場，可能發生於他作為一名消費者時；可能出現在他和女性的隨機互動中，而他試著透過不同手段獲取對方注意，從在街上對她吹口哨，到在網路上發表惡評，再到男性說教（mansplaining），不一而足。

就我的看法，在我所處的社會環境裡，很大一部分（雖然遠非全部）的厭女情結被使用來監督與執行這些社會角色，並從這些女性身上取得道德好處和資源，以及用來抗議她的不參與、她看似輕忽的態度或背叛。一些（雖然我要再說一次，遠非全部）仍舊存在的厭女情結型態很有可能就是這種情況的衍生物，例如大眾對於女性公眾人物的反應。這反映了一種受到剝奪的心態，認為女性應該奉獻、關心、慈愛、體貼，而非渴望權力、冷漠、支配。這也涉及一種獨占心理，想為自始至終都是受益者的男性保留某些想當然耳的、可獲得集體道德認可和讚揚的地位。女性若企圖爭奪這類角色，往往會在至少三方面被懷疑於道德有虧：她不夠關心體貼她社交圈裡被視為弱勢的人；她試圖不當取得她沒資格獲得的權力；還有，因為違背上述兩種角色，她在道德上不可信任。

這看法錯誤且有害，從很多方面來看卻很好理解，因為就歷史上的不當性別條件來說，它們正確。她在道德上有錯，是因為我們在測量時使用了錯誤的道德標準，亦即他的道德標準——這份道德標準致力於保護長期擁有特權與權力的男性，讓他們免於面臨道德垮台。它們也保護男人避免蒙羞帶來的恥辱，和內疚造成的腐蝕性影響，也避免道德譴責所引發的社會和法律成本。這使他能夠在預設自己是善良的、正確的或有理的前提下，形成觀點並提出主張。而那些在道德上與他有所牽連的女性，則不得反對。

於是，當這些女性遇到許多她們可能虧欠更深（且往往較弱勢）的對象，或是比起男性，她們其實更應該相信的人，她們反而可能在道德上較不信任對方，尤其是對同樣較弱勢的女性。

就我所知，這是第一本由從事分析女性主義哲學傳統的學者，針對厭女現象（至少以這個名稱）所做的專書式探討。但我要強調，其他的哲學家、女性主義者、其他領域的工作者都已指出許多厭女情結的主要表現形式，以及相關的概念和現象，例如性物化、性侵害、性別化的侮辱言語、性別歧視和壓迫。[4]因此，很多時候，我在書中所描繪的圖像，是將其他理論家早已勾勒清楚的點連接起來。還有一些時候，我會在這些背景上加以潤飾，或者讓它們為我自己（希望不是太邪惡）的目的所用。同時，接下來還有一些內容，會是延伸於我個人過去在後設倫理學的哲學相關論述，處理的是道德思考的本質與道德觀的社會基礎。

我在本書的論點是，在我所處的這類社會環境，對於我這樣擁有一定特權的女性而言，我們的人性普遍來說獲得了充分認可，而我認為這應該有好些時候了。[5]這個事實反映在一件事情上，也就是厭女情結經常與某些情緒有關，它被斯特勞森[252]*稱為「反應型態度」（reactive attitude），例如怨懟、責怪、憤慨、譴責，以及（在第一人稱情境下的）內疚、羞恥、責任感，還有一個人被認定應該受罰時，其接受懲罰的意願。然而，第二和第三人稱的反應理應被限制在我們和他人（即被認可為「人類同胞」（fellow human beings）[6]的人）之間的互動，至少在初始階段如此。更進一步說，我們只會針對被預設為理性和足夠成熟的個人、我們願意且能夠勸誡他的人，生出滿載著道德感受和廣義上具有司法與法律性質的反應。相對的，斯特勞森指出，面對兒童、嚴重意識不清者、精神崩潰者，和暫時或非暫時心神喪失的人，我們會採取「**客觀**」的立場。我們會試著管理、治療、教育，或單純避開某個我們抱持客觀立場的人，並且，在面對我們可以互動，卻選擇不麼做的人時[252]（頁10，13，18），我們可能是把此客觀立場當成一座遠離「參與負擔」（strains of involvement）的「避難所」。我們可能感到太過疲累，或懶惰，或不堪重負，或因為其他狀況，而無法在這個情境裡和他們深入交流。

斯特勞森對反應型態度的分析精妙且新穎，對日後的道德哲學助益良多，但也如他慣常的觀點般狹隘——恰是二十世紀中期牛津大學教師的典型，不令人意外，畢竟他就是牛津教授。要如何實踐怨懟、責怪，要如何表現不贊同、驚愕，以及（面對相應的正向價值時）要如何表現原諒、讚美、贊同、感激，就以上種種來看，他只考慮到有益的面向。

4 在此僅針對這些主題之內豐富的女性主義文獻提出幾個例子，儘管想必一定不夠詳細。參考：安・葛德[61]和蘇珊・布里森[33][34][35][36]針對性侵害的討論；金柏利・克倫肖[56][57][58][59]針對有色女性遭遇的暴力及交織性概念的討論；瑞・朗頓[150]、依珊妮・麥特拉[170]、麥特拉與瑪莉・凱特・麥可高溫[171]和南西・鮑爾[19]針對性物化和色情，以及沉默與從屬論述的討論；克莉絲蒂・道森[73][74][75]和米蘭達・弗里克[91]探討知識的壓迫和不正義；琳奈・提瑞爾[260]和蕾貝卡・庫拉[149]討論論述習慣如何促使暴力與壓迫；蘿倫・艾許威爾[14]討論性別化的污辱。也可以參考瑪莉琳・弗萊[94]、佩姬・麥可因塔許[188]和派翠西亞・希爾・柯林斯[121]針對壓迫、性別歧視、特權的經典文本，以及希爾・柯林斯所提出的「控制形象」討論。我要再一次強調，在針對與厭女情結相關的某些概念與現象所進行的細緻（並且也是最清楚的）討論中，這只是一小部分的文獻，若出現其他相關主題，也會提及更多相關文獻。此外，我的參考書目裡也列出了在這段寫作過程中曾經教導我、啟發我的女性主義學者和批判種族理論學者的部分著作。

5 我並不排除一個可能性：對於身處不同社會位置的女性，比如說，當她們處於許多個互相交織與連結的壓迫體系之內，擁有不同的物質處境（例如貧窮和無家可歸）時，她們所面對的不正義確實最能夠被理解成一種「去人化」。許多和厭女情結相關的問題，我自認沒有資格回答，這正是其中一個。但我希望，我為了理論化厭女情結而發展出的概括性架構（重於其邏輯，而非主觀本質）能夠為其他能夠回答這些問題的評論者與學者開拓一些空間。當然，我不認為，相比於其他我希望能夠稍微回應的問題，這些較不重要，很多時候恰好相反，它們非常重要。但是如我在本書前言所提，我認為這些問題也彼此糾葛、互有關聯。

* 編注：斯特勞森（P. F. Strawson）為英國哲學家，語言哲學牛津學派代表。

6 另一個問題則在於，假如不考慮擬人化的情況，這些感受是否仍該如此受限。我認為這個說法合理，但有趣的是，我們可以設想，當你寵愛的柯基犬（打個比方）追著一隻松鼠跑遠，不回應你也叫不回來，讓你擔憂牠的安全時，你的感受是什麼。「道德失望」可能聽起來有點奇怪，卻可能是我在文獻內所能找到最接近此類氣餒感受的標籤，這種感受全然不具懲罰性，卻仍舊帶有價值規範；可參考弗里克[91]（第四章第二節）的討論。

斯特勞森也只考慮到單方面的立場，在一齣迷你劇場裡，自然就是主角。他是想要表達怨懟的一方，他期盼得到解釋或道歉。在斯特勞森的開場案例裡，有人踩到他的手，他很氣憤，除非她向他證明自己是無心的、她心存善意、這只是一個意外。這是一個典型範例，而在此脈絡下不禁引人深省。

如果你是這場糾紛的另一方呢？如果是你踩到了別人的手或腳趾？或者，舉例來說，回想吳爾芙《自己的房間》[273]裡的開場場景：如果你被認定擅入了禁區或他人的地盤？如果對方誤以為你無權踏上草地，只能走在無趣難行的碎石路上？如果他認定某樣東西是他的所有物，或是他在捍衛其他人的財產，然而這種認定卻誇大、不正義，而且是一種陳腐的想法？如果他對你的（非）擅入的反應並不合理？如果他立起警語，宣告所有的擅入者都會被起訴或——如同我們今日依然可見的——遭到射擊呢？

在斯特勞森的區分中，另一方，亦即因你誤入而怨憤的人，可能會因為你違反規範或拒絕扮演你被指定的角色而由衷感到驚嚇和苦惱，他可能早已習慣你這種人的服從或履行某種義務。過去，你可能都盡責地滿足他的期待，所以當你不再這麼做，他可能就感到怨憤。他表現得彷彿你有錯，因為從他的角度來看確實如此。你誤入、僭越、背離了，或錯待了他。

雖然並非所有人皆如此，但我們大多數人都擁有某種形式上並不正義、不配得到的特權，因而容易犯下這類錯誤。特權會讓一個人對自己的地盤產生一種知識上和道德上的錯誤認知。例如相對於黑人女性，白人女性的論述處於我們都心照不宣的主導地位，以及她們要求道德焦點要放在自身族群上，這些都仍是（白人）女性主義內嚴重的問題。

吳爾芙踏上牛劍*的草地時，她被教區執事憤怒地趕走。她找到了圖書館，卻不被允許留下，她需要來自學院「同胞」的介紹信或陪同。今日這類規定已不復存在，圖書館也對所有性別開放，但當女性涉足一個此前屬於男性的地盤，或是打破了他們已經失效或不再普遍執行的規矩，一些人仍舊回以怨懟或憤怒。這些反應可能不會、通常不會反映出觸發它們的因素：她這個女人以過去所不允許的方式脫軌，或做夢了。因此他們準備好事後的辯解，像是：她看來心懷不軌；她隱約給人威脅感；她看來冷漠、有距離、傲慢。或者另一種可能：她愛出風頭，冷酷排開所有擋路的人。

所以，教區執事也許至今仍未停止對違規的女性投以不贊許的目光，他仍然因為女人偏離小徑而憤怒。他挪用謬論，或利用幾乎隨處可見的過失，合理化對她的怨懟。他可能不太清楚是什麼驅動了他的敵意，而教區執事的妻子很可能完全同意他的道德判斷，正如我們將看到的，她可能鮮有或毫無其他好選擇。

於是你試著和教區執事夫婦講理，試著說服他們，說他們的反應在道德上站不住腳，反映了陳腐、高度內化、他們如今亦聲稱自己反對的社會價值觀。但是，隨著你展開自己的論點，他的臉色變得愈來愈怨憤，她露出了不贊同、憤慨，甚至憎惡的表情。接著你意識到這

* 譯注：牛津與劍橋的簡稱。

個糟糕的陷阱：在此番情境裡，有人認為像你這樣的女人（例如我）必須給予男性道德權威（在此例中是相當瑣碎的道德權威），其中一部分就是在斯特勞森看來非常重要、必須從個人的人類同胞之處獲得的善意。但當他使用「人類同胞」（fellow human beings）和「人」（one），這種用詞掩蓋了一件事：這種渴求從對方取得的善意，以及自己對此善意的渴望之情，有多大程度上受到了性別，以及其他的支配和弱勢系統的影響。

這是因為，和男性一起被放置於不對稱的道德支持關係內的女性，一直以來都被要求得對男性展現道德尊重、認同、讚賞、服從、感激、同理、關懷，以及道德注意力。當她打破這個角色，試著對他提出道德批評或指控，她就是在扣押他習慣從她身上獲得的善意。從某方面來說，他甚至可能仰賴她的善意來維持稀薄的自我認知或自我價值。於是她的怨懟或責怪可能像是一種背叛，反轉了他們之間正確的道德關係，這可能讓他想要尋求償還、報復或懲戒。而對於站在他那一邊的人來說（例如執事夫人，但遠不只是她），對執事的道德批評看來會像是一種冒犯，或公然的謊言。道德上來說，批評他的人不可信任。

厭女情結進而是一種具自我掩飾性質的現象：當你試著喚起人們對此現象的注意，反而有可能使它變得更常見，這讓人進退維谷，然而在我看來，卻無從避免。

這也可看出，「無法將女性視為同為人類」，並非厭女情結的必要前提，實際上往往也不是。因為厭女情結針對女性的方式，可能已將她預設為「人類同胞」。於是，主要的反差自然而然轉移到這個詞組的後面。當身處支配地位的男性在女性身上尋求各種道德支持、讚賞、注意力與其他情感時，女性可能不是單純的「人類同胞」（human *beings*），而是被當成「人性付出者」（human *givers*）。她不被允許和他一樣，如果她付出得不夠，或付出的對象不對，或沒有用正確的方式、以正確的精神付出，就有可能惹禍上身。而如果她在這件事情上犯錯了，或是她為自己尋求相同的支持和注意力，就有可能遭受到厭女情結的怨懟、懲罰、憤慨。

因此，當一位女性作為人的本質被認可，可能會使她錯失許多道德上的自由，她可能會在某一方面感到責任重大，在其他許多方面卻又不被賦予。

如今，我可以認知到，撰寫本書之於我是一場長期嘗試，讓我自己擺脫許多虛假的義務，以便蒐集並更充分滿足其他真實義務。我也想要克服某些虛假的內疚和羞恥，那是當我和看起來具有（再一次，有時是被捏造出來的）道德權威的人士有著不同目的時，經常會有的感受。更有甚者，當我必須拒絕這些看似權威，但細思後顯得無根據、甚至可能有害的指令，我往往會感覺到某種形式的道德困窘，隱約讓我聯想到米爾格倫實驗[198]*參與者的感受。

當我從被攻擊與殺害的女性的角度出發，檢視本書的開場事件「加州伊斯拉維斯塔殺人案」，我在道德上感到困窘。當我持續細究這起事件，我同樣感到困窘，彷彿我在討論那些

* 譯注：米爾格倫實驗（Milgram experiment）：由美國心理學家史丹利．米爾格倫於六〇年代設計的社會心理學實驗。該實驗請參與者扮演「老師」，要求他們在由實驗助手所扮演的「學生」犯錯時對他施以電擊，觀察實驗參與者在以為電擊強度逐漸增強、「學生」因電擊而痛苦的情況下，何時會拒絕再施以電擊。實驗的目的是研究面對權威者下達違背個人良心的命令時，人們所能發揮的拒絕力量為何。

女性被害人時，應該更抽離和冷漠，而非順著真實的我，為了她們還有每一天在美國疆土上因類似原因被殺害的女性心懷道德恐懼和悲傷，讓這些情緒驅動我。我感覺到某種壓力：我應該要轉變方向，去討論全然結構性的厭女情結案例，或隱晦、慢性、積累的厭女情境。

但是，儘管這些重要現象都值得研究，我也在接下來的內容裡做到了，我仍一度懷疑自己最初那份直覺反應：想要轉開視線，而不是轉換視角、擴充焦點。我一度憂慮這種直覺會對我的思考有害，或反應出一種知識分子的怯懦。女性主義哲學當然不應該只聚焦於男性支配、父權、有毒的男子氣慨、厭女情結。儘管一些學術中堅分子經常聲稱這些分析已經過時，有項事實否定了這種說法：我在二〇一四年五月開始這部寫作計畫時，市面上尚未有任何一部書籍或長文對厭女情結做出同等的分析。我認為，這類有點老派、不時尚的分析有其價值，而且我們可能需要更多。這個想法在二〇一六年的美國總統選舉過程中得到支持，緊接著更因為唐納．川普的當選而被強化。有毒的男子氣概和厭女情結現今一點都不罕見（若是該有多好）。我也相信我們在此處的分析愈清晰愈有好處。我發現，我們討論這幾波女性主義的方式和其他政治論述的領域相當不同，為什麼？因為對女性主義的想法中有一種根深柢固或說預設的過時感，而非視為是會修正、補充討論各種核心的模式。

我之所以反覆說明這點，是因為我相信，許多時候我們在自身的思考和行動中所傳達與執行的社會力量，遠遠超過我們所能夠意識或發掘到的程度，有時甚至和我們外顯的道德信仰與政治承諾明顯相悖。因此，我們可能會透過事後的合理化自我說服，告訴自己不要太嚴格看待仍在我們的文化中殘留、運作的父權力量，與此同時，父權力量則聚集在一起，在背後嘲笑我們，並因我們的缺席而日益茁壯。在心情鬱悶時，我甚至想像現場還有派對帽和汽笛。

另一個風險則在於，一個人不會因為厭女行為而被責怪或得承擔責任。如同你將在本書前言中所讀到的，我相信，責怪在此有其局限，但是如果認定我們絕不該用會令人難堪的角度衡量個人行為，那麼，就這些個人而言，後果將可預料地溫和，甚至禮貌。從某些方面來說，這會讓事情容易處理，觸發的焦慮也較少。然而這讓我困擾，所以我在這本書裡花了很多時間思考那些個人——他們以社會制度為背景或為其鼓勵，進而傳達並供給量能給厭女社會。

整體來說，撰寫本書時，我試著要自己目光長遠、嚴格、不自在，有時候是從令人不適的角度檢視，還有很多時候則是痛苦地使用錯誤的方式、在錯誤的時間、以錯誤的順序，檢視所有看起來錯誤的領域。因為我擔心自己忽略了一些值得深思的面向，它們可能就在眼前，我卻未能察覺，或是被我們慣常的道德和情緒支點所遮掩。有時我發現這種面向並不存在。或是存在，但我未能發現，於是這些內容最後便沒有寫進書裡。但有時我會發現，某個例子裡值得學習之處比我原本想像的更多。動機、主題、模式會慢慢浮現，它們的一致性令我驚訝，而嶄新豐富的思考路徑會對我毛遂自薦。因此，最終我很高興自己相信了不要聽從直覺的決定，而是相反地，在談到厭女情結時試著脫離常軌。

多虧了許多人的知識和精神支持，我才能夠留在這條（曲折的）路徑上，堅持這部計畫。首先是我的父母，羅伯與安，以及我的妹妹露西，我和他們隔了半個世界的距離，每一天都想念他們。我感激在我成長的家庭裡，嚴肅的道德對話會伴隨因荒謬的社會政治事件而生的歇斯底里大笑。我也感激我的前任顧問和現任督導，以及我的朋友和同事。我想要特別感謝（以下順序隨機）莎莉・哈斯蘭格、瑞・朗頓、理查・霍頓、茱莉亞・馬可維茲、麥特・戴斯蒙、毛拉・史密斯、傑森・史丹利、阿瑪蒂亞・森、蘇珊娜・席格、南西・鮑爾、蘇珊・布里森、蜜雪兒・科許、漢娜・蒂爾尼、威爾・史達爾、莎拉・莫瑞、泰德・布雷南、德爾克・派爾布姆、約書亞・柯恩。他們協助我思考與改進書中的想法。我要感謝凱瑟琳・波金和大衛・史勞伯的精采評論（分別發表於二〇一六年一月的耶魯意識形態研討會和二〇一七年二月的加州大學柏克萊分校）。我也要感謝許多評論者，包括伊曼尼・派瑞、安柏・阿里・佛洛斯特、蘇珊・布里森、克莉絲汀娜・霍夫・索默思、道格・漢伍德、塔利・曼斗柏格、薇薇安・高爾尼克，他們大方地回應我的前作《厭女情結的邏輯》[178]，該文是《波士頓評論季刊》二〇一六年七月號中一個論壇裡的主題論文。

我感激協助我的學生，尤其是幫我整理資料，並在我二〇一七年春季學期所開設的研究生討論課上與我分享精采洞見的幾位，包括碧央卡・塔考卡、李恩婷、阿德南・穆塔利比、艾咪・拉米雷茲、班傑明・賽爾斯、艾琳・傑爾柏、伊莉莎白・思奧斯蓋德、奎特利・高諾特、亞歷山大・柏格林、艾瑪・拉格渥。我也要向曾參加過我以此主題舉行的演說的觀眾致上謝意，包括在哈佛大學、普林斯頓大學、加州大學柏克萊分校、威斯康辛大學麥迪遜分校、匹茲堡大學、康乃爾大學、北卡羅萊納大學教堂山分校、杜克大學、皇后大學、倫敦國王學院、康乃狄克大學（在一場由哲學系的「不正義聯盟」所舉辦的「支配性言論」研討會上），以及一場由金．馬龍．史考特所主持、由《波士頓評論季刊》在矽谷所舉辦的活動上。許多人在這些令我收穫豐富的訪談活動中提出了敏銳的問題，讓我的思考得以改變和進步，這同樣也要歸功於豐富的電子郵件往來（儘管我的壞習慣總讓我想要給予一個妥善的回覆，而回得沒那麼即時），以及自二〇一四年十月起我開始投入公共書寫以來，一路上與我工作過的諸位編輯。[7]我曾一度列了一張名單，但名單實在長得令人不好意思，而且還是可能因為我的記憶缺失而遺漏一些人。還有我所珍惜的Facebook友人，我感到幸運，在我的電腦裡存在著這樣的一個社群，以及來自世界各地的聰明人，其中許多人助我良多，讓我整理出剛萌芽的想法。綜合各方面，在這段旅程裡，我感激能有許多人的支持和幫助，不論我將他們的洞見納入本書的過程中有多少缺失。對於金妮．法比爾和茱莉亞．透納兩人一絲不苟又敏銳的審閱與編輯，我不僅印象深刻，更滿懷感激，茱莉亞出色處理了製作本書的相關事務。

---

7 本書某些內容最初刊登於《紐約時報》（第五章部分內容）、《波士頓評論季刊》（第三章部分內容）、《赫芬頓郵報》（第四、第六、第八章部分內容），與《社會理論與實踐》期刊（第五章乃修改於我寫於二〇一六年的《人道主義：一種批評》原文）。其餘的內容則是第一次公開，雖然本書前兩章的某些內容曾經被寫成不同形式的文章，並於過去幾年刊登於我的個人網站和 www.academia.edu 頁面上。

最後，我想要特別感謝兩個人，如果沒有他們，這本書——儘管有缺點和不足之處——不可能問世。他們仔細地閱讀了每個版本的每個部分，有時甚至讀了不只一次，更別提最後未被納入書裡的瑣碎內容。第一個人是我的責任編輯，彼得．歐林，他在這段過程裡逐步給我鼓勵，我無法想像有其他編輯可以給予更多支持、更有耐心，或是在沒有丁點「男性說教」的影子下提供編輯建議。這本書因為他冷靜的監督和優秀的判斷而受惠良多。

最重要的，我要感謝我的丈夫，丹尼爾．曼恩，他是我超過十年的伴侶，和我一同扶養我們的三個毛小孩——我們的柯基犬「麵包粉」以及兩隻貓「艾蜜莉亞」和「佛雷迪」（願牠一路好走）。如果沒有我的家庭生活給予我的光亮、歡笑、愛，以及在現實生活、情緒和知識面向上來自丹尼爾的精神支持，我無法撐過這樣一個灰暗又令人氣餒的素材。如果沒有和他一起即興創作，我的許多想法（再一次，儘管其最終成果有其局限，而對之，我負有全部的責任）不會有得見天日的一天。此外，是丹尼爾讓我注意到本書中所提到的許多案例，他也親身激勵了我——身為律師，他為家庭暴力受害者提供免費的法律辯護，並在哈佛大學跟隨黛安娜．羅森費爾德教授研究親密伴侶暴力。最後，在他典型的靈光一現裡，他想出了「同理他心」（Himpathy）這個詞。

以最深的愛與感謝，我將本書獻給丹尼爾，尤其為他幫我找到了我的語言，並且鼓勵我使用。

前言：把她的話吞下去
Introduction: Eating Her Words

我強烈感覺到，一股（對女性主義的）反挫已經存在一段時間了。我們為什麼感到震驚呢？我不震驚。父權體制並沒有受到足夠深入的挑戰或改變。這一切不過是讓父權體制的聲音贏得公眾的認可，而女性的意見卻被消音，彷彿兩者之間有一場戰爭正在進行，然後父權體制就可以因此覺得，「我們即將贏得這場戰爭」。

——貝爾・胡克斯*

針對二〇一六年十一月的美國總統大選受訪內容[1]

---

* 編注：貝爾・胡克斯（bell hooks，為筆名，原名Gloria Jean Watkins）為美國作家，女性主義者，其研究主要在分析種族、資本主義、社會性別的交織性。

1 Lux Alptraum,"bell hooks on the State of Feminism and How to Move Forward under Trump: BUST Interview,"Bust, 2017/02/21, https://bust.com/feminism/19119-the-road-ahead-bell-hooks.html

扼殺

遭受勒頸攻擊的女性鮮少與警方合作[225]。未致死的「勒頸」，經常被誤報為「噎傷」，但勒頸其實很危險，它可能會在事發數小時、數天，甚至是數週後，因為腦部缺氧的併發症導致死亡，[2]也可能在不留痕跡下對脖頸造成傷害[246]。如果你不知道要檢視被害者的喉嚨、要在她的眼睛裡尋找線索（被稱為「瘀斑」的紅點）、要詢問哪些問題，你很可能會以為被害者沒受到任何傷害[261]。事情通常會愈演愈烈，她可能不會尋求醫療協助，這起意外將以「息事寧人」告終[73]（頁244）。有時，在隔天，或是後續的某天上午，她再也醒不過來。此外，有研究發現，這類未致死暴力事件的受害者有約七倍之高的機率成為同一個加害者謀殺未遂的受害人[251]，但是美國國內許多州並沒有具體將勒頸定罪的法規（而是將其納入單純的傷害罪，通常屬於輕罪）[261]。

雖然勒頸有時也發生於其他家屬關係之間，但更是常見於親密伴侶的暴力形式，而且不限特定地區，數據所及之處皆可看到。但在許多國家，尤其是較為貧困的國家內，則尚未蒐集到相關的資料數據[248]。

勒頸可能是以雙手，或是利用繩狀物，例如繩索、皮帶、細繩、電線或其他物品進行[248]。最近一則由佛羅里達州當地電視台播報的案例中，一名外出遛狗的七十五歲女性被一條金屬鍊勒住脖子，反常的是，攻擊她的男性似乎是一名陌生人。[3]

根據整合分析的結果[10]，在大多數的勒頸案件裡，受害者皆為女性親密伴侶——儘管幼童與嬰孩受害者也不成比例地高。而在絕大多數的案件裡，加害者都是男性。這當然不違背只有少數男性（或許是極少數）會做出勒頸行為的事實。[4]「（幾乎）只有」和「（將近）所有」

---

2 噎傷（choking）指的是呼吸道內部受到阻礙——例如人們可能因為食物等外來物而噎到，但勒頸（strangulation）指的卻是在喉嚨或脖頸處施加外在壓力，造成「以下其中一種或全部狀況，包括：頸動脈阻塞（使大腦缺氧）、頸靜脈阻塞（使缺氧血無法離開大腦），以及呼吸道關閉，導致受害者無法呼吸[261]」。只需要一點點壓力（約五公斤）即可阻塞頸動脈，使當事人在幾秒鐘內失去意識，並在幾分鐘內腦死。作為比較基準，打開一罐汽水大約幾乎需要雙倍的力道（約十公斤）。見："Strangulation: The Hidden Risk of Lethality," The International Association of Chiefs of Police, https://www.theiacp.org/sites/default/files/all/i-j/IACPIntimatePartnerViolenceResponsePolicyandTrainingGuidelines2017.pdf

3 "Deputies: Palm Harbor Man Used Metal Leash to Choke Elderly Women Walking Her Dog," WFLA News Channel, 2017/04/14, https://www.wfla.com/news/pinellas-county/deputies-palm-harbor-man-chokes-elderly-woman-walking-her-dog-with-metal-leash/994891462

4 男孩有時也會出現勒頸行為，雖然對於這種情況到底有多普遍，相關的數據很少（無論是絕對的數值還是與其他兒童的比較）。HBO電視台於二〇一七年播出的影集《美麗心計》中有段關鍵情節，一名女同學指控同班的男孩用手勒了她的脖子，留下明顯的瘀痕，但男孩否認了。而隨著劇情發展，謎團之一便是男孩究竟有沒有這麼做，如果有，為什麼？如果沒有，真正的肇事者是誰？當女孩被要求指認攻擊她的人是誰，她為什麼會錯誤地指控該名男孩？我的社交圈子裡對此有些討論：這兩個孩子都是一年級生，而如此幼小的孩子是否真會對彼此這麼做？我可以證明確實有此可能，因為我五歲時也遇過這類情況，但差別在於我的同班同學用的是一條毛線——技術上來說，他用的是繩狀物。我甦醒後被告知一件事：他無法接受在拼音比賽輸給我。

差別很大，但有時可能會因為像「男人就是會勒人脖子」這樣籠統的說法而變得模糊。[5]

還有一件值得注意的事：勒頸是一種酷刑。研究者曾將勒頸和水刑相比，包括它帶來的感受（痛苦、令人恐懼），以及後續的社會意義。勒頸被認定是一種權威和支配的展現[248]。以此為基礎，加上前述在性別數據上的現象，根據我在此書發展出的定義，這就是一項典型的厭女行為。勒頸行為的另一個特徵在於大眾對其展現的冷漠和無知，以及許多受害者會大事化小，或受到「煤氣燈操縱」*的影響[3][192]，我稍後會討論到。

由於遭到勒頸的受害者通常相當不願意作證指控他們的加害者，一些調查人員目前正在遊說通過法案，應以證據為基礎進行起訴[225]。勒頸犯罪的目擊證人可能在作證前受到恫嚇，或者可說是被「消音」，呼應克莉絲蒂·道森[73]所提出的「證詞扼殺」(testimonial smothering)一詞，意指受眾因為源於（或看似源於）「惡性無知」†而缺乏「證詞能力」，導致發言者感覺發表某些言論或許不安全，有風險，或可能根本徒勞時，便決定自我消音。[6]根據這些特質，很明顯的，在親密伴侶關係裡發生的勒頸可能會導致道森所說的證詞扼殺。如果她決定發聲，當他展現出要不惜一切重新占得上風的意圖，事態就會變得危險。與此同時，正如我即將提到的，關於勒頸的概念，證詞能力不足的情況非常普遍。整體而言，本書要說明的是，這樣的無力乃源自於一種惡性無知，厭女情結賴其維生，藉此壯大。

消音

道森[73][74][75]在她對知識壓迫的研究中指出，一個人可以透過許多不同的方式消音或被消音。[7] 她用譬喻解釋了一些可能性，提出精準的分析：你可以把話語放到她嘴裡，你可以把恭敬的陳腔濫調塞進她的嘴巴和雙頰，你可以威脅她吞下她自己的話，防止她作證，或單純

5 為了對「#不是所有男人（#NotAllMen）」的支持群眾表示謹慎公平，我必須指出，這類宣稱確實可能造成一些誤會，因為作為概括性敘述，它們可以從兩方面解讀。因此，我會盡量避免使用它們，除非使用這類宣稱的意圖在某些特定情境下非常清楚明顯。

* 譯注：煤氣燈操縱（gaslighting）指的是因為關係裡的權力不平等，弱勢的一方被有權力的一方蒙騙與操縱，進而放棄自己所知的事實，甚至把對方的認知當成真理。

† 編注：惡性無知（pernicious ignorance）簡略來說即為對某種知識領域缺乏敏感度或判斷力，通常是由於個體／群體的社會位置所致。

6 更準確地說，道森將「證詞扼殺」定義為「為了確保一個人的證詞只包含了他的聽眾能夠理解的內容，進而選擇刪減部分證詞。在一個證詞交換的情況裡，證詞扼殺由三種情境構成：（1）證詞內容必定不安全且帶有風險；（2）針對該證詞內容，受眾必定展現出他們缺乏理解發言者的能力；以及（3）對該證詞的無能理解必須來自於或者看似來自於惡性無知。」[73]（頁249）。

7 亦可參考米蘭達．弗里克[91]在討論知識不正義的形式時所提出的「證言不正義」概念，以及蕾秋．麥金儂[191]就知識不正義這個主題所介紹的有用文獻。接下來，在第六章時我也會引用何賽．梅迪納[193][194]和蓋樂．博豪斯二世[220]兩人的著作，以及瑪莉塔．吉伯特與道森[77]合作的研究。

理解到發生在自己和他人身上的事情，你可以阻礙她、讓她的發言注定失敗，或至少顯得空洞。

你可以訓練她不說出「勒頸」二字，而是使用「噎傷」，或另一個更好的說詞——只是「抓住」。甚至可以導向最好的情況，就是她什麼都不說。沒什麼大不了的，什麼事情都沒發生。當他吹噓自己如何一把抓住女性的私處，事情就成了「更衣室閒聊」*，彷彿這種說法便足夠使評論消音。[8]結果，對許多人來說，這確實就夠了。他的前妻曾經作證說他強暴她，但他的發言人表示「那是舊聞了，而且從未發生」。他的律師麥克・柯恩說，「那詞不是你們想挖坑的那個意思」，依凡娜・川普是覺得她「在情緒上被強暴了……她說的不是法律犯罪上的強暴，不是字面上的涵義，儘管這個詞在字面上本就有多種涵義。」說出這段話之前，柯恩曾激動地（在二〇一五年時對一位《野獸日報》的記者）堅持那「不可能」是強暴，因為根據許多已被廣為接納的法律前例，一個人無法強暴自己的妻子。但我們很快就知道，早在該事件發生的幾年前，婚內強暴在紐約州就已被入罪——時間晚得令人羞愧，但還不夠晚到可以自動赦免川普[63]。因而一些語義上的遁詞是必要的：這件令人沮喪的事情發生在「情緒」層面，所有的問題都出在伊凡娜自己的腦袋。如同後來哈利・赫特三世出版《墮落的大亨》一書[126]，在書裡根據伊凡娜的證詞描述該事件時，她在被迫（再一次，被川普的律師所迫）加上的免責聲明裡說到，那並不是一種「法律或犯罪意義上的」侵害。川普大致上否認了這些指控，除了故事裡的一個細節——這部分我稍後會談。

這類的否認可能有許多形式。「不是強暴，不完全是，儘管如此，仍令人不快，非常令人不快。」——這是柯慈的小說《屈辱》裡的角色，五十二歲的教授大衛・魯睿如此描述他從女學生梅蘭妮身上所獲得的性。「彷彿她決定要變得遲鈍，在這段過程中讓自己的內在死亡，如同一隻兔子的頸項被狐狸咬上時。」[53]（頁23）。我們如何稱呼這種狀況？如果這不完全是強暴，這是什麼？[9]

川普的律師柯恩試圖用上述故事叫聯絡他的《野獸日報》記者打消報導的念頭。否則，他宣告：

> 我將確保你我有天會在法庭見面。我會奪走你現在還沒賺到的每一分錢。然後我會鎖

---

* 譯注：二〇一六年美國總統大選前，川普的一段對話錄音遭到曝光，他在錄音中吹噓可對女性為所欲為，指出「他看到吸引人的女性時，就直接抓住她們的陰部」。輿論發酵後，川普將這段話解釋為「只是男人間的『更衣室閒聊』」。

8 David A. Fahrenthold, "Trump Recorded Having Extremely Lewd Conversation about Woman in 2005," *Washington Post*, 2016/10/08, https://www.washingtonpost.com/politics/trump-recorded-having-extremely-lewd-conversation-about-women-in-2005/2016/10/07/3b9ce776-8cb4-11e6-bf8a-3d26847eeed4_story.html?noredirect=on&utm_term=.df00bc6b4276

9 針對本書中描述的情況，亦即她甚至抬起自己的臀部好幫他可以更輕易地脫下她的衣服，我過去曾經指出[184]：在最少的抵抗下，「所有發生在她身上的事都可能顯得很遙遠。」[53]（頁23）我如今不禁想，這種遙遠是空間還是時間，或兩者都有？這是否讓她彷彿將時間快轉，將自己投射到一個未來的時間點，在那裡，她沒有被毛手毛腳也不被覬覦，而不是像此刻這般，她任由他去，她合意了。

定你的《野獸日報》以及所有你可能認識的人……因此我警告你，他X的謹言慎行，因為我將對你做的事情會非常他X的噁心。你聽懂了嗎？

柯恩接著說：

這完全不合理，你想報導某人怎麼使用「強暴」這個詞——而那個人只是在描述她情緒上的不滿。

他重申：

雖然這個詞有很多字面上的意思，但如果你扭曲了它，如果你在上面加上川普的名字，那你可以放心，你一定會嘗到後果。所以你想做什麼就去做，你想在二十歲就毀掉自己的人生？你儘管去，我很榮幸幫你辦到。[63]

川普的競選團隊進一步撇清他和這些威脅的關聯。「川普並不知道（柯恩）這些發言，但他並不同意……除了川普自己，沒有人能為他代言。」他的發言人這麼說[233]。

表面上看來，依凡娜如今否認她過去的說法（以及離婚官司時的法庭證詞），她的態度激烈到可以同時代表她和川普兩人，她堅持自己的說詞「毫無可信之處」。《野獸日報》刊出前述報導時，她發表了一份聲明：

我最近讀到了一些我在近三十年前所做的評論，那時我和唐納的離婚過程相當緊繃。那些描述沒有任何可信之處，唐納是我最好的朋友，我們一起養育了三個我們深愛且備感驕傲的小孩。[233]

根據她過去的描述，這個男人曾經因為她推薦的外科醫師搞砸了他的頭皮手術（手術不僅痛苦，更明顯的是沒有成功），在盛怒中扯下她一把頭髮。在那之後，依凡娜寫道，她的丈夫在沒有知會（也就是未經同意）的情況下，「將他的陰莖」硬塞入她體內。她寫道，他在第二天上午得意洋洋地笑，懷有惡意一派輕鬆地問她：「痛嗎？」這句話背後的意涵是：他要她痛，這是對她的復仇，因為她害他頭皮發痛。川普只否認了一件事：他沒有因為一個不存在的問題（亦即他的禿頭）而動過什麼手術[277]。

依凡娜的聲明如此作結：

我對唐納只有喜愛，並祝福他的競選活動一帆風順。此外，我認為他會是一個了不起的總統。

在我撰寫本書的此刻（二〇一七年五月），川普總統生涯的頭一百天確實令人難以置信。

改變說法

在一些例子裡，我們很難辨認出，某些聲音來自於曾經公開指控男性虐待她們的女性。麗莎・漢寧決心以自身為重，她建議其他女性跟進，別再試著改變丈夫的虐行。她說她發現自己無法改變他，於是離開他，失去了一切：

對我來說，我相信對大多數的女性來說也是如此，我們必須停止把重心放在男人身上，停止去想他們做了什麼，我們可以怎麼改變他們。我們必須開始把重心放在自己身上，我們無法控制他們，重心必須回到我們自己。

這段話出自麗莎・漢寧一九九〇年上《歐普拉秀》的片段，她當時化名為「安」，戴著大眼鏡與假髮。該集節目的名稱是「受暴上流女性」。漢寧條理清晰地談及，她意識到父權力量如何讓她無法獲得法律協助，或她所期待的保護；她談及，問題在於整個社會不支持她，尤其她的丈夫是富有且非常成功的律師。有一點昭然若揭：

尤其如果你對抗的是司法體系……一個非常父權的體系，這些是優秀的老男孩。他們會坦護彼此，我們面對的是很大、很大的問題。

在這個「很大的問題」中，一部分是她的丈夫擁有法律免責權，而且對此心知肚明，他可以想做什麼就做什麼，不用擔心任何法律後果。而根據麗莎・漢寧的證詞，他想殘暴對待她。在一九八六年為離婚官司提供口供時，她指出他曾經痛毆她，特別是讓她不能呼吸。

他攻擊我，讓我不能呼吸。他把我摔到地上、打我的頭、拿膝蓋撞我的胸口、扭我的手臂、把我拽到地上、往牆上扔、試著阻止我打電話報警，然後踢我的背。

漢寧也作證指出他曾在車裡揍她，警察兩度在接到電話後前往他們的住所。但在《歐普拉秀》上，她說：

最令人害怕的是離開。因為在我脫離他的一刻，我公開此事的一刻，請記得我的前夫是一個公眾人物，每個人都知道他是誰，也知道他做了什麼——我公開此事的一刻，他發誓會報復我。他說：「我會看著妳掉進臭水溝。這件事會沒完沒了，妳會為此付出代價。」

她付出代價了嗎？

在那之後，麗莎．漢寧再婚並改名，二〇一六年時她以麗莎．費爾斯坦的名字接到消息，得知了她的前夫安德魯．帕茲德被點名為美國總統川普的勞動部長人選之一。每個人都知道那起指控，不過在歐普拉的節目片段被私下播放給參議員觀看，接著在媒體上公開後，這件事基本上就已結束。帕茲德放棄了提名人的資格。

但為什麼？麗莎．漢寧明明已經改口。麗莎．費爾斯坦堅持她編造了一切，或者說，她的前身麗莎．漢寧編造了一切。以前代表漢寧的律師說他過去相信她，但不相信現在的她，一部分是因為她的醫療紀錄，以及他們之間的討論。他認為她在掩蓋虐待發生過（存在過）的事實，更恰當的說法是他仍舊相信過去那個麗莎的證詞。他說：「我認為她的故事不只可信，而且真實。」[86]。

無論是在離婚官司的口供，還是在《河濱週報》的報導裡，帕茲德都否認虐待一事，並表示他的前妻麗莎．漢寧的指控「毫無根據」。

「從來沒有過肢體虐待。」帕茲德聲稱。

如今麗莎．費爾斯坦完全同意她的前夫。

在她於二〇一六年十一月三十日所撰寫的一封電子郵件中，她直白（前述報導如此巧妙形容）而扁平地指出：「你不會虐待我。」她寫道：

> 你知道我有多後悔，當時我做了很多倉促的決定，我誠摯希望那些決定不會在此刻造成你的困擾。我衝動地在你不知情的情況下申請離婚，然後聽從建議，提出虐待的指控。我非常後悔，直到今日仍然後悔那個決定，我收回三十多年前所做的所有指控，你不曾虐待我。
>
> 如果任何人問我，我一定會肯定地告訴他，沒有過任何虐待行為。我們有過激烈的爭吵，我們都對彼此說了一些直到今天仍感後悔的話。我一直都很感激，我們能夠原諒彼此帶給對方的傷害。

這麼多「後悔」——兩個段落裡共四個（包括同類詞）。這封電子郵件的內容伴隨著強烈的信念繼續往下寫：

> 你我很久以前就解決了這個問題，我們不再想起這件事，而且如今保持我認為充滿愛與尊重的關係。這證明了你的正直與優雅，如果你曾經是個有暴力和虐待行為的丈夫，現在我們不可能如此。你不是。無論你要做什麼，我都永遠祝福你無比順遂，我知道你會是川普團隊絕佳的新成員。[86]

你現在可以想像，看過歐普拉節目片段並讀到這封郵件的參議員為什麼決定劃清界線。[10]

這個重新偏向她前夫的轉折令人震驚，這沒解釋任何事，反而更接近邏輯學家所稱的「可能性證明」：一位化名為「安」並變裝上歐普拉的節目，在節目上說出前段引文的女性，她寫出這樣一封郵件的可能性有多少。此外，麗莎．漢寧（也就是「安」）曾經詳細描述：「大多數處於那種社會地位的男性不會留下痕跡，你沒有辦法看見我受的傷害。那是永久、永久的傷害，但沒有痕跡，從來都沒有。」

如今依舊沒有。但是曾經說過那些話的女人顯然不見了。再讀一次上面的段落吧，她曾如此努力想要攀上一個不同的焦點和視角：一個屬於她自己，而非她前夫的焦點和視角。她找到了那些話語，她說了出來。然後不知何故、不知在何處，她失去了它們——或者，被迫吞回去了。

在任何情境下，她最初的主張與事後的反悔都可能有多種解釋，包括最初的證詞其實錯誤。但是把這些和其他類似例子放在一起檢視，你會開始留意到一個模式。男性支配的內涵之一（尤其當事情涉及那些最有特權、位高權重的男性），看來是緊抓住敘事的控制權，藉此控制她、迫使她贊同。這不完全是服從，相反的，根據凱特．亞布蘭森[2]發人深省的解釋，這和煤氣燈操縱的道德目標十分相似。[11]受害者獲得獨立視角的能力已經遭到摧毀，或至少在一些主題上如此。她被迫同意他。她可能不只是相信，甚至還接受並訴說，他的故事。

從某些方面看來，這種做法延伸自此類有權而跋扈之人普遍慣用的伎倆：他發表看法，直接主張什麼事情「將會」被採信，接下來就會被視為事件的官方版本。他提出主導世界的主張（表面上是信仰，骨子裡是命令），瞄準的是他人的「心智」，要求別人改變他們的想法，採納一般說來我們不會自願接受或受引導的心理狀態（即信仰，至少表面上如此）。形成信仰通常需要論證或證據，或類似的事物——某個關於信仰本身的、貼近真相之物，而非只是去做的實際好處。無論我們是否真會聽從指令轉念（儘管悲哀且令人疑惑，但我猜有可能），不只他的意志會成為法律，他的話也會被奉為真理。

目標

有個為人熟悉、事實上可說是陳腔濫調的論點：在政治裡，飽含道德意義的字詞很重要，「強暴」和「勒頸」便處於其中。然而，這不單單是為一個問題命名（參見[92]）。當字詞有了嚴肅的道德和法律意義，就可能變成一些人拒絕使用的動機和藉口：不可能是「那樣」，他不是「那樣」的人。一個詞語被假設了不同的涵義，超出了一個人在受到這些指控前的想像。因此，考量到這份純粹的權利有被腐蝕的風險，我們有必要主張自己有權使用這些詞語來命名一些嚴肅的道德問題。

10 為了避免費爾斯坦的郵件僅僅被看作是照本宣科，我們需要留意的是，她曾經多次提出要當面和眾參議員會談，似乎真心因為影片重新曝光而不悅。

11 針對政治「盟友」的概念如何可能成為煤氣燈操縱和證言不正義的煙幕彈，亦可參考麥金儂[192]提出的重要討論。

我相信「厭女情結」一詞就是絕佳範例。一方面，作為女性主義者，我們需要這個詞；另一方面，我們也正面臨失去它的危險。因此，本書的企圖是成為在這個領域內抵禦煤氣燈效應的壁壘：從私人生活和公共論述裡的厭女問題，以及隨之產生的否認機制中，抽取出熱與光。

一個問題來了：書寫一本關於厭女情結這樣一個主題巨大又令人焦慮的作品，什麼樣的目標和野心才合適？尤其（如我在序言所說）這是第一部作者以我這樣的學術訓練處理此主題的專書。我發言的權威性之所以受限，因素之一正是我自己的社會位置（享受許多特權），以及與此相關的知識立場或有利位置。同時，因為我的學術訓練主要是道德和女性主義哲學，而非心理學、社會學、性別研究、人類學或歷史，我也受限於我能夠用什麼樣的鏡頭貼近這個主題。[12]我將會經常表達我個人的看法，根據我提出的概念，說明一些有爭議的案例是否屬於厭女情結。但是請記住，這裡經常有提出合理反對意見的空間，我的主要目標，不是讓讀者同意我所提出的任何特定結論。我想要的，是提供一組有用的工具，讓人針對這些議題提問、解答、辯論，同時為深入而實在的厭女情結討論創造空間，因為這些討論影響到特定的女性群體。

本書的第一部分，我的目標是打造出一個可以被想像成概念骨架之物：用一個從「它對女性做了什麼」的角度，理解厭女情結的概括性架構。也就是說，我認為我們應該將厭女情結理解為各種相似的支配體系（包括：種族歧視、仇外、階級歧視、年齡歧視、身心障礙歧視、恐同、恐跨等等）中的一個分支，它為維持父權秩序而服務。厭女情結透過使特定類別（某程度上有個範圍）的女性遭受敵意或得到負面的社會後果，以便執行與監督在理論（規範的內容）或實踐（執行規範的機制）上被性別化的社會規定，好達成前述的結果。

請留意這個主張說了什麼，又沒說什麼：依據不同處境女性的整體社會位置，這些規範本身的內容或執行的機制都可能大不相同，考量到各種不利條件和弱勢形式可能會彼此強化，這可能也會對厭女情結的經驗和影響產生重要的效應。在我看來，這也是所謂交織性（intersectionality）政治思考所涉及的方法和取向帶來的重要啟示。「交織性」的概念最初由金柏利・克倫肖提出[56][57][58][59]，在第二章，我會進一步談論我如何特別參考這些洞見，從而建立我的改良分析。

因此，讀者可以把這套說明單純看成一份大綱，它邀請具相關知識和道德權威的理論家來填入內容，只要他們願意。這段過程將包括選擇一組為特定類別的女性存在的社會規範，不只是分析它們的內容，包括如何被執行（或被過度執行），及其特定的後續影響，以及它們與社會內部構成的其他特權和弱勢體系之間如何交互作用。

當我將討論的內容從厭女情結的邏輯轉向它具體的真義或本質，看來無疑像是：我格外感興趣於發生在我所處的特定社會位置上，而且是我所熟悉的厭女情結（雖然我感興趣的議

12 因此，為了避免讓人失望，我應該要警告讀者：我無法回答「厭女情結為什麼會出現」這個有趣的人類學問題，以及它為什麼存在於這麼多地方和文化中，又持續了這麼長的時間。

題不限於此）。但我的情況是，作為一個擁有許多特權的中產階級、異性戀、順性別、沒有身心障礙，而且居住在現代英美社會（早年也住過澳洲）的白人，這個關注焦點可能乍聽沒什麼前景；事實上，對一些讀者來說，可能聽來荒謬而令人反感。中產階級的異性戀白人（特別是）女性曾被批評過，我們依據自身的經驗，不正當地以過度概括甚至全面普遍化的方式操作女性主義，而這批評並不冤枉。（蘿德[161]所提的「主人的工具將永遠無法拆解主人的房子」正是一個理當為人所知的呼籲，指出我們應對此事採取行動。）但儘管由於我的個人局限，使得在這張大畫布上僅可就我能觸及的小角落進行揮灑，才不會僭越並無可避免地一敗塗地（而非只是「有可能」），但我的行動有一部分也是為了我的畫筆所不能及之處而做的。

我對占有優勢地位的社會行動者施加在女性（就算不是全體，也包含了大部分）的厭女情結很感興趣，雖然因為其他社會位置的面向（稍後會討論到），它們可能以相當不同的方式呈現。但是就某方面而言，我確實格外想要了解在白人男性面前的白人女性所受到的待遇，不僅因為這本身即為一個道德問題（雖然這確實是部分原因），更因為我相信，它可以直接為其他更嚴重的社會問題提供參考，亦即弱勢女性遭遇到的厭女情結，例如非白人、跨性別，還有其他更加不具社會優勢的女性。讓我開門見山地說：最有權力的白人男性，他們的厭女情結很顯然會不合比例地傷害到最弱勢的女性，這些男性也最不會受到道德和法律制裁。事實上，他們可能可以造成傷害，卻不受任何懲罰。但是我們，也就是白人女性，往往會為了某種程度上的自我保護，而透過各種方式讓這件事有機會發生。白人女性面臨的厭女情結可能最常造成的一種傷害，就是道德傷害（參見[256]）。因此，我相信，我們必須清楚揭露這種形式的厭女情結，一方面是為理解我們犯了什麼錯，一方面則是為知道我們可以如何改進。

在美國脈絡裡，當超過一半的白人女性不顧川普有著漫長的厭女、性侵害及騷擾紀錄，仍選擇投票給他，而不投給希拉蕊·柯林頓，這個問題的嚴重程度在總統大選後變得十分清楚。我將在稍後深入討論。但是針對白人女性，眼前的問題是：我們在想什麼？為什麼我們之中有這麼多人已經準備好原諒並忘記川普這種人的厭女情結？我們提前被煤氣燈操縱了嗎？我們用煤氣燈操縱了自己嗎？[13]

無痕

川普預定的白宮閣員中，安德魯·帕茲德並非唯一有對女性施暴紀錄的人。除了川普本人，史蒂夫·班農也曾於一九九六年因家暴被起訴，比帕茲德晚了十年。但隨著班農擔任川普的競選顧問，幫助川普在對峙希拉蕊時贏得了令人沮喪的勝利，在二〇一六年十一月的總統大選結束不到幾天，他被提名為川普的首席戰略師。在我撰寫本書的此刻（二〇一七年五

13 參見克倫肖等人[61]的發表，其中擷選收錄了克倫肖與其他十六位社會正義領導人在選後進行的討論片段，他們針對這個問題和其他議題提供了一系列有趣的觀點。

月），他仍舊擔任該職位。

整起事件始於班農覺得他當時的妻子瑪莉・路易絲・皮卡太吵，因此生氣。當時她起床餵他們七個月大的雙胞胎女兒，吵醒了在沙發上睡覺的班農。那是一九九六年的元旦[102]，他們於七個月前結婚，在雙胞胎女兒出生的三天前，以羊膜穿刺檢查確認她們「正常」之後（這是班農同意結婚的條件）[128]。

皮卡隨後向班農索取信用卡去買日用品。但他堅持那是「他的」錢，叫她用支票本。他準備離家時，皮卡跟著他走到車邊，兩人隔著駕駛座的車窗吵起來。她威脅他要離婚，他嘲笑她，說自己永遠都不會搬出去。她朝他吐口水（有沒有吐中，警方報告裡沒特別寫），此時他從駕駛座裡伸出手，箝住她一隻手腕，抓住她的脖子，試著把她拉進車內，她掙扎、打他的臉，想鬆開箝制。過一會兒她掙脫，跑進房子裡打電話報警，他隨即跟進來。[14]

她抓著無線電話在客廳裡竄逃，撥打九一一，他在此刻越過雙胞胎跳向她，把電話從她手中搶走，丟到房間的另一頭大吼：「妳這個瘋賤貨！」她日後作證時如此描述。他走出房子駕車離開之後，她發現電話被摔碎了，無法再用。

警察在那通報案電話被掛掉後仍然來了，因為這是標準程序。一名警官在皮卡的手腕和脖子上看到紅痕，警方的攝影師隨即拍照，和現場報告一同歸檔。後來皮卡描述班農造成她「瘀傷」，新聞網站「政治」（Politico）於二〇一六年報導這起事件時也使用了同個字眼[102][128]。這個字眼沒有出現在警方的報告裡，但他們可能是不知道該怎麼提問。許多警察至今依舊不知道。

但對於任何一個熟知親密伴侶勒頸研究的人來說，此處的各種敘述，包括皮卡抱怨脖子痠痛、他抓著她的脖子把她朝車內拽，同時抓著她的手腕、使她只能扭動掙扎並抓傷了他的臉（推論是用她空下來的那隻手），都符合一般人對這十到十五秒的時間內情境的預期，也就是當一個成人被勒住脖子，在失去意識前，往往會反射掙扎。

同樣的，如果這確實是一起勒頸事件，警方能在這麼短的時間內在她的脖子上看到紅斑痕，還明顯到能夠被拍照記錄，也是重要資訊。只有一五%的勒頸舉動會在警方的歸檔照片中有可見的痕跡，大多數時候，勒頸造成的是內傷[246]。研究顯示，除了會造成其他肢體症狀以外，勒頸的攻擊強度愈高，痕跡也會愈明顯[219]。另一個症狀是瘀斑，也就是造成眼白裡的紅點。警方報告開頭就寫到皮卡的眼睛「泛紅並透著水光」，同時她「看來非常心煩而且哭過」。她在前門迎接警官時說：「哦，謝謝你，你來了。你怎麼知道要來？」他解釋是因為有一通被掛斷的報案電話發自這個地址。有三到四分鐘的時間，皮卡沒有辦法說明發生什麼事——因為她在哭，警官這麼寫道。

根據記者瑞秋．路易絲．史奈德和勒頸預防訓練中心執行長蓋爾．史崔克的談話，史奈

14 荀德和布瑞斯南於「政治」（Politico）網站上的報導中提供了警方報告的連結，可見以下網址。如果沒有特別說明，上述細節都是直接從警方的報告擷取（換句話說，幾乎是逐字稿，只是我在針對警方的手寫報告撰寫逐字稿時，在幾處文句上做了句法和風格上的改變，但沒有修正內容）。見：https://www.politico.com/f/?id=00000156-c3f8-dd14-abfe-fbfbe310001

德會解釋過，在勒頸的情境裡：

警方通常會對事件輕描淡寫，列出如「脖子上的紅痕、割傷、刮傷或擦傷」等傷痕，急診室通常會在做電腦斷層掃描和核磁共振前就讓受害者出院。如今，史崔克和家暴社群知道，大多數勒頸造成的傷害是內在的，而勒頸行為正好往往是謀殺案發生前加害者的最後攻擊。「以統計來說，我們現在知道一旦雙手放到脖子上，下一步就是謀殺。它們不會倒退。」聖地牙哥警察局家暴小組的一名醫師和檢官席薇亞・維拉說道[246]。

因此，當人們想要反對班農被任命為白宮首席戰略師，為什麼他們不更認真看待上述事件？尤其是像史奈德這篇如此優秀的報導還在不久前刊登於主流媒體（《紐約客》雜誌），為什麼大眾對勒頸的認識還是這麼少？即使是醫護人員，無知（有時是純粹的敵意）也仍舊是一大問題。「也許妳應該停止對妳丈夫尖叫。」不久前，一名聖地牙哥的急診室醫師對一位被勒頸的女性說[134]。

比起大多數的受害者，瑪莉・路易絲・皮卡被更認真看待。班農因家暴和毆打及脅迫證人的輕罪遭到起訴，但他聲稱自己「無罪」，最後這起案件因為皮卡未出庭作證而遭駁回。她隨後解釋，因為班農威脅她，他的律師叫她出城直到案件結束，否則她將沒有地方可住，也沒有錢扶養兩個女兒。皮卡補充：「他告訴我，如果我出庭，他和他的律師保證我會變成有罪的一方。」她沒出庭，他沒履行他的威脅。而如今，他的發言人說，「最要緊的是，他和雙胞胎關係良好，和前妻關係也良好，他仍舊扶養她們。」

對於那些扼殺證詞並威脅女性、使其噤聲，或是讓她們改變說詞維持表面和諧的男性而言，沉默是金。沉默將他們的受害者隔絕在外，厭女情結遂行。所以，讓我們打破沉默吧。

概述

本書首先會針對厭女情結的概念提出一個常見的、辭典般的理解。根據這個我稱為素樸理解*的定義：厭女情結主要是個別厭女者所具有的一種屬性，他們傾向因旁人身為女性（即基於她們的性別），而一視同仁地或至少概括性地予以仇視。循此觀點，這些人要被稱為真正的厭女者，他們可能也必須將這股恨意深藏在心中，作為一種「深層」或根本性的心理學解釋。可以說，厭女情結就是厭女者表現出來的樣貌，厭女者則是符合某種特定心理狀態的人。

我將在第一章剩餘的篇幅內指出，此番對厭女情結的素樸理解無法幫到它的受害者和攻擊目標，以及其他被指控厭女但其實無辜的人。這個定義讓厭女情結變成一個基本上不存

* 編注：素樸理解（naïve conception），指一種比較簡單、直觀的理解，通常來自日常經驗、直覺或常識，而非基於專業的知識或深入的分析，因而常有過於簡化或錯誤之虞。

在、處於政治意義邊緣，更無法被理解的現象。從受害方來說，這種素樸概念讓我們很難解釋為什麼某些常規或行為屬於厭女。從行動方來說，回擊厭女指控的辯護就算成功，意義也不大。因為遭到指控的人，會和看起來特別針對女性但其實不見得如此的其他人，被共同歸類到一個曖昧不清的群體之中。但我接下來將會繼續說明，這種針對行為為何「特定」針對女性，原因並不清楚。不同形式的偏見往往有很高的共病性。

在第二章，我將發展一個對厭女情結的積極主張：我們主要應該做的，是將厭女情結理解為社會環境中的一個特徵，在這樣的環境裡，女性容易因父權規範與期待的執行和監督而遇到敵意，尤其在她們破壞了父權的律法和秩序之時（雖然不是唯一原因）。因此，厭女情結的功用是執行和監督女性的從屬姿態，維持男性的支配地位，且這是在其他壓迫與脆弱性、支配與劣勢因子，加以物質資源不平等，以及或鼓勵或限制的社會結構、制度、官僚機制交織的脈絡下所形成。

因此，就我看來，並不存在某種抽象、普世厭女經驗的假定。相反的，厭女情結更接近於一種命名，用來指稱構成女性行事背景的敵意力量場，將她與所對應的男性（其他條件相同的男性）加以區隔。她不一定會面臨這些敵意下的潛在後果，面臨與否，取決於她的表現。這便是社會控制的普遍運作方式：透過激勵或遏制的元素，形成正向與負向的增強機制。只要她能按照既定的理想或標準成為「好女人」，她也許就能逃避那些令人痛苦的後果。然而很多時候，這類機會不存在。雙重困境（或更糟的情況）相當常見。

請不要忘了，根據我所提出的分析，厭女情結的本質在於其社會功能上，而非心理學上的狀態。對於行動者來說，厭女情結不一定需要任何來自內在的特定「感受」或現象學。如果厭女情結涉及任何感受，有可能是一種「自詡正義」之感，像是為了自身或道德挺身而出，或者是為了「小人物」——很多時候結合兩者。對受厭女情結吸引的人而言，這不是獵巫，而是一場道德的十字軍東征。之所以針對這些目標對象，不是因為仇視女性，而是因為熱愛正義。這也可能單純是一個結構現象，藉由規範、慣例、制度和其他社會架構所展現。

根據以上所敘述的內容，沿著我的思考路徑發展，我們應該從厭女情結的潛在攻擊目標和受害者，即女性的角度理解它。因此，厭女情結是對群體中的一些人「所做的事」，通常是為了先發制人，或是控制其他人的行為。厭女情結選取某個屬於特定社會類別（一種根據種族、階級、年齡、身體類型、身心障礙、性、順／跨性別等因素而或多或少被區隔出來的分類）的女性，然後威脅她，說她身為這個性別化群體的成員之一，如果違反或挑戰了相關的規範或期待，就會遭受飽含敵意的後果。這些區隔包括他（假定）的權利，以及她的義務。她也可能被定位成某種特定類型的女性，代表了沒有安分守己，或是越界踏入他勢力範圍的人。

我在第三章指出，既然「性別歧視」和「厭女情結」二詞可以有意義地用來標示出一組重要的對比，我們就應該這麼做。我建議將「性別歧視」理解為父權意識形態的分支，功能是正當化並合理化父權的社會秩序。「厭女情結」則視為一套用來監督與執行其治理規範和期待的系統。因此，性別歧視是科學式的，厭女情結是道德式的，而父權秩序則永遠處於霸權的地位。

在這三章之中，在我將厭女情結的邏輯理論化時，我認為我的分析具有幾項重要的理論和實務優勢。關於這幾項優點，我依序說明如下：

- 無論從認識論、心理學還是形上學的層面，素樸理解都有可能讓厭女情結成為一道謎團，而我的分析則有助於讓我們將之理解為一個比較不神祕，而且以認識論的概念來看更能理解的現象。
- 讓我們得以將厭女情結理解為父權意識形態下核心且自然的表現形式，而不是一個相對邊緣，本質上又沒有政治性的現象。
- 厭女情結因為女性的交織身分而產生不同的運作形式，而我的分析保留了多元的空間給它們，包括敵意的質、量、強度、經驗、影響，也包括用來傳遞敵意的各種施為者與社會機制。倘若她同時受制於不同但平行的男性支配體系（再一次，這要根據其他互相交織的社會因素而定），或者，她因為同時占據的多種社會位置而必須扮演一些互不相容的角色，那麼，厭女情結也可能包含多重混和的厭女形式。
- 藉由關注女性探索社會時遭遇到的敵意，而不是促成這些反應的根本心理基礎，我們得以將厭女情結理解為一個系統性的社會現象。這類敵意絲毫不需要是出於個人的心理狀態。不同制度和其他社會環境也可以針對女性帶有不同程度的嚴峻、冷淡或敵意。
- 促使「厭女情結」一詞更廣泛往外延伸，藉此和近期「草根性」語意學上的倡議（“grass-roots” semantic activism）接軌。這些倡議行動已經推動了此詞彙的使用，某程度上推展了其在字典裡的定義，往更富前景的方向去。這同樣有助於解釋許多看似迥然不同的案例具有哪些特別的共通點。

- 近日出現一些針對厭女情結所生的爭議問題，這些分析可以提供一些合理的回答。
- 讓我們能夠在厭女情結和性別歧視間做出清楚的區別。

第四章接著探討在我關注的社會環境中，白人異性戀父權秩序下的厭女情結所具有的一個關鍵而重要的動力。在這個道德好處經濟裡，女性有對他「付出」的義務，但不能「索求」；女性被認為要感到蒙受恩惠或心懷感激，而不是理所當然。在一些代表性的「道德好處」上更是如此，例如注意力、關愛、同理心、尊重、讚揚、照顧。反過來說，他則有資格取用這些好處，包括再也無法提供他這些道德撫慰之人的性命，我們接著將會看到相關內容。他可能在本質上愛並珍惜她，亦即愛她這個人本身，但這份愛卻有許多附帶條件，意味著這份愛並非基於她作為一個人的身分（不論那代表什麼），而是以第二人稱「她對他」的善意態度為條件。

第五章裡，我將暫且轉向探討一個主流的對立意見，並提出反駁。談論「人對人（或在此是男人對女人）的殘忍」，是大眾用來理解厭女情結的一種常見方式。這個觀點我稱為「人道主義」(humanism)，認為厭女情結的心理根源來自於無法認可女性的完整人性。但我認為，很多時候，問題不在於對女性的人性缺少覺察，反而她的人性才是問題所在——在他眼中，女性的慈愛給錯了人，或她以錯誤的方式、因錯誤的原因付出，這才是問題。因此，與其認為這裡是「人類」與「次人類的生物或無心智的物件」的定義之爭，我們應該試著在句子後半找出關鍵的可能性。我在第四章裡談到了「付出者／取用者」(human giver/taker)動力，被捲入其中的女性是人類中的「付出者」，因此，她的慈愛可能會被認定為屬於他人，她的價值則根據她給予他們的道德好處而定（例如生命、愛、歡愉、照顧、支持、安慰等等）。這有助於解釋為什麼人們通常能夠接受女性有自己的獨立心智，但是當它看似導向錯誤的事物、以錯誤的方式、給予錯誤的人——包括她自己和其他女性，她們就會被粗暴而殘忍地懲罰。

本書餘下的大部分內容則涉及伴隨厭女情結而來，但（在我看來）鮮少被注意到的偏見、資源、方法，以及驅動／自我遮掩的機制。我相信這些都反映在主流文化商品的形式中，包括道德論述、社會文本、藝術品、團體活動的模式，而且受到社會背景中付出者／取用者動力所影響。

第六章討論到擁有高度特權的男性經常受惠的赦免論述。我也將討論同理心如何從女性受害者流向她們的男性加害者，我將此稱為「同理他心」(Himpathy)*。為了和廣受討論的伊斯拉維斯塔殺人案對比，我援引了近期一起關注度遠小於伊案的案件：奧克拉荷馬州一名專對黑人女性下手的連續強暴犯。加害人斷定受害者不會報案，因爲他本人是一名警察，即使她們報案，也無能將他繩之以法。儘管他如此篤定，最終事情並未如他所願，不過單從是否能夠躲過法律制裁的角度來看，那是個精明的手段。莫亞·貝利提出的有力名詞「厭黑女情結」[15]應該最能說明這個問題，這個詞彙描繪了厭女情結和反黑人種族主義在美國的獨特交織性。

我在第七章裡轉而討論另一個主題：當特權女性被定位為道德「付出者」，厭女情結與攻擊發生時可以預期到的後果：當施害者是與她差不多特權階級的男性，人們會對她產生敵意與懷疑。反之，若施害者是威脅到白人至上主義的男性（即在當地處支配地位的有色男性），人們則會同情她。這是因為在那樣的敘事中，女性被描繪為**受害者**，進而被置於道德關注的聚光燈下，成為人們應予以關懷、同情與注意的對象。但這樣的角色分配，與厭女的機制相牴觸，且會受到種族主義機制的調控，因為兩者都堅守一道規範：女性，尤其是有色女性，應該要給予注意力，而非要求獲得。

最後，第八章運用我的理論來解釋希拉蕊・柯林頓為何於二〇一六年美國總統大選中落敗。此例說明，厭女情結往往會攻擊女性在道德方面的付出，藉此對付擅自闖入傳統男性領地、「威脅要從男性身上奪取某些東西」的女性。尤其常見的做法，是把一個與她有關的集體性問題，變成她的**個人**問題。個人化之外，還重新描述她的意圖或行為，從一個全面與她競爭、認為自己應得一切有限資源的對手視角出發。因此，她的擁有成了貪求，抱負成了緊抓不放，獲勝相當於偷盜，而她的疏漏則被詮釋為有意抹除他人。

這類的概念轉化很常見，但其實並不是很好的推論。事實上，它們顯然前後邏輯不一致。疏漏確實可能出於粗心或不尊重，但又或者，很可能只是源自於在道德和知識論上一種

＊ 編注：將英文之同理心（empathy; sympathy）改為him-pathy，亦即「同情男性之心」。

健全的謙虛態度，認知到個人只是道德群體或研究社群中的一分子。縱然這個社群缺乏多元性——例如哲學圈很遺憾地就是這樣——導致個人能獨立修正這種狀況的程度相當有限，但即便如此，個人貢獻仍然有其價值。

伴隨於此，容我說明一些本書未能涵蓋，或只會在有限程度下提到的重要主題，以及背後的思索。

遺憾

本書最重大（雖然有很多）的遺漏之處，或許是「厭跨女」（transmisogyny）的討論。由於跨性別女性（尤其是有色的跨性別女性）在今日的美國和世界其他地區都是極弱勢的群體，故而這是一個相當重要，甚至可說是急迫的議題。隨著她們的能見度提高，在令人欣喜的同時，卻也令人遺憾（但不意外）地導致了反挫。跨性別男性也同樣極為弱勢。[15]想到「恐跨」與「厭跨女情結」所造成的暴力、騷擾、個人或結構性的歧視有多普遍，我很遺憾自己未能討論到此議題的本質。但是即使遺憾，我也清楚知道自己並不具備相關的知識權威。在撰寫本書的此刻（二〇一七年五月），近期於哲學領域內所發生的爭議，強調了在針對這些議題發言時實際生活經驗的必要性。[16]若讀者想要進一步了解跨性別女性主義，參考書目中涵蓋了一些我個人認為在該主題上最有助益並發人深省的著作，包括塔莉亞．美伊．貝特契

[24][25][26][27]、蕾秋・麥金儂[189][190][192]、小山繪美（音譯）[145][146]與茱莉亞・塞拉諾[236]等人。

在知識論的層面上，我也試著比平日更為謹慎和謙卑地面對「厭黑女」情結（如前所述）的討論。身為一名白人女性，當在書寫過程中需鮮明地將黑人女性的身體變成貶抑和暴力的對象，我會有一些道德上的疑慮，因為這有可能引發一種不恰當的猥褻氛圍，在我方過去造成的傷害，以及至今仍持續存在的冷漠和剝削之上，又增添一筆侮辱。但我確實花了一點篇幅討論丹尼爾・霍茲克洛的案例，藉此說明一個權威個體如何掠奪特別弱勢的黑人女性，也就是貧窮、在法律上站不住腳（例如遭到通緝）、身為性工作者或有毒癮的女性。儘管陪審團裡的白人女性也因為加害人對黑人女性犯下的重度性犯罪而將他判刑，但當她們為他流下同情的淚水，我無法不震驚。同時，主流女性主義媒體中的白人女性也幾乎都保持沉默。這些彼此相加之後，說明了一種厭黑女的形式，來自於共謀與無知，而白人女性往往難辭其咎。在此，我也將自己歸入這個可以做得更好，也必須做得更好的群體裡面。

15 請留意，跨性別男性所遭遇到的恐跨情結是否能被歸類於「厭跨女」情結，這取決於我們採用的「厭跨女」定義為何。茱莉亞・塞拉諾[236]是第一位發展出此概念的理論家，可參見她的討論，裡面提到如何試著維持概念的連續性。亦可參見塔莉亞・美伊・貝特契[24]的分析，裡面提到跨性別男性和跨性別女性所面對恐跨形式的不同。我認為後者的分析和前者的討論相容。

16 Jennifer Schuessler, "A Defense of 'Transracial' Identity Roils Philosophy World," *New York Times*, 2017/05/19, https://www.nytimes.com/2017/05/19/arts/a-defense-of-transracial-identity-roils-philosophy-world.html

由於我認為自己無法以道德上無懈可擊的方式處理上述議題，我做了以下幾個決定。如同琳達・馬丁・阿柯芙[3]所說，就連「繞道而行」（moving over）都是一種來自特權位置的舉動，但也如她後續所指出的，有時此舉仍舊必要（頁24－25）。然而，這並不表示個人後續的沉默沒有可檢討之處。

在這八章和結論中，我試著取得平衡，一方面讓它們自成一格，每一章都可作為獨立的論文閱讀（因為我知道，讀者會自行在這些素材中找到進入和抽離的方式）。但同時，我也試著展示個別章節如何為這個主題貢獻一個系統性的取徑，儘管仍未達全面性。再說明一次，我使用前者而非後者的說法，是因為儘管我試著發展出一個用來思考厭女情結的概括式理論架構，但若要為這個架構增添血肉，仍需要一整座村莊裡不同理論學家的努力。而我自身在接下來幾章中所提供的細節，是刻意針對我身為政治參與者一員的文化環境——也就是當代的美國與澳洲。這不是出自於一種不恰當的民族優越感（至少我這麼想，也這麼希望），而是因為我的研究方法結合了文化批評、意識形態檢視、哲學分析的元素，所以我需要內部知識。同時還有另一個重點：我要在一個「厭女情結往往遭到否認」的脈絡裡對其進行診斷，而非（有時以一種仇外與種族歧視的態度）指責其他人或其他文化——作為一名澳洲裔的旅外白人，這始終不是我的立場。我也歡迎各位對此進行修正與歸納。

另一個我想要在一開頭便說清楚的警告，同時也是本書的英文書名何以為「DOWN GIRL」的原因之一：我認為二元的性別系統（也就是說，將人區分為兩個互斥且極端的類別，一邊為男性，另一邊則為女性）不正確且有害。有些人是間性人（雙性人），有些人則無性別，有些人屬於性別酷兒、遊走於不同的性別身分之間，還有其他非二元的可能性。因此我絕不擁戴性別二元論，事實上，我對它的排拒很堅定。但是我仍斷續沿用這個系統，彷彿此類錯誤為正當，為的是觀察其後續發展。畢竟父權體系的邏輯（故而也是厭女情結的邏輯）很大程度上支持性別二元論（參考[72]），連帶也包含了一種反對跨性別的性別形上學（參考[24][25]）、對人類性別的異性戀霸權看法（參考[68]針對慣常的同性戀、異性戀、雙性戀分類所提出的另類概念架構），以及一種讓單偶制成為強制的愛的理想（參考[132]如何從女性主義出發為多偶制辯護）。

在研究厭女情結的邏輯時，往往是關於探索這類有問題或根本錯誤的假設裡到底包含什麼。這些假設將許多人排除在外，認定什麼才是合理且有益的身體、生活、愛，甚至是某些人的人性和存在本質。但是，去理解一個用以維持現狀的系統內部如何運作，及其錯綜複雜的、甚至有時在道德上令人毛骨悚然的細節，有助於我們發掘如何以最有效的方式攻克它。當我斷續在討論中沿用一些令人皺眉的假設，這便是我的用意，而最終，我希望能夠試著揭露和瓦解厭女情結的操作[109]。

在此也帶出了我以「邏輯」作為本書英文副書名「The Logic of Misogyny」的最終原因。我試著由內一路往外推，不將厭女情結理解為一種心理現象，而是一種在心理、結構、制度上有其表現形式的社會政治現象。我要提出的論點是，厭女情結是一個具有敵意力量的系統，而從父權制度的意識形態來說，它絕大多數時候很「合理」，因為其作用就是監督和執行父權的秩序。因為我相信父權秩序帶來壓迫、不合理並籠罩了長久的歷史，我也相信厭女情結應該要被反對，而且個人往往有對抗它的理由，某些時候，甚至有對抗它的義務（可參考[111]和[239]的討論）。

然而，跟隨著批判種族學者查爾斯·勞倫斯三世[151][152]的腳步，本書主要採取一種他稱為「知識學」的路徑來探討社會正義議題。也就是說，在將厭女情結理解為一種具有政治基礎的道德暨社會現象的同時，我主要專注的面向是進行道德診斷，或釐清厭女情結的「本質」，而不是提供道德處方箋或性格判斷，進而對個人進行審判，甚而導致他們進入防禦狀態。最重要的是，我認為這種處理厭女情結的方式並無助益，還鼓勵了道德上的自戀：一種對個人罪疚和清白的迷戀。此外，在後續章節裡，我們會一路反覆看到，厭女情結往往牽涉到說教式的打擊，或是為了女性（在真實或想像中）的道德錯誤而無情羞辱她們。厭女情結也使女性受制於一種我如今視為「脆弱性的暴政」（tyranny of vulnerability）的情況，指出在她周遭任一個及每一個（據說）更脆弱的（想像中的）個人或生物，認為她（又是據說）理應對對方更好，並進一步要求她照顧他們。不然，她就有可能被評為麻木不仁，甚至像怪物般沒有人性。與此同時，她的男性同伴則能夠在相對不受懲罰的情況下，繼續追求他自己的「個人計畫」——這話借用自英國道德哲學家伯納德·威廉斯[270]。由此看來，她承受了過度的道德重擔。

也因如此，若對抗厭女情結的主要方式是透過道德判斷式的語言，便有點像是試著用氧氣滅火，火勢規模小時可能有用，畢竟我們確實能夠吹熄火柴和蠟燭。但若我們試著把策略升級，便有可能受到反挫。我們所做的一切，將會像是提油救火。

那麼，有什麼其他可能方案呢？隨著威廉斯的思路往下，我想要區別出所謂「評價性」（evaluative）和「指示性」（prescriptive）的道德與政治主張。前者是針對世界上一些事物狀態的**善惡**所做出的主張（或是賦予它們更複雜或「厚重」的道德兼政治特性），因此，評價性主張乃是關於**何為（或何不為）應然**，而根據威廉斯的看法，它們也是在談到社會正義的問題時，答案所應該具有的形式。相對的，**提出指示**（或者以反面來說，**發布禁令**）的主張，則是給予個人命令或指導的基礎，告訴對方**應該（或不應該）做什麼**。威廉斯也進一步說明，在所謂的「如果我是你」的情境中，這些指示建構了給對方忠告的基礎。

我贊同威廉斯的「內在論」（internalist）看法，也就是說，針對特定個人的指示性主張是否真實，要視行為人的「個人計畫」和價值而定[173]。但即使一個人反對這個有爭議的主張，前述評價性模式的存在，也顯示在此脈絡之中，在帶有道德指控或甚至絕對指示性的態度，以及突出的道德中立位置之間，我們並不需要做出選擇。原因便如本書序言中所討論到的，前者往往會招致怨懟，後者則會顯得怯懦，有時甚至令人厭惡。因此，本書大部分的內容將致力於描述那些明顯被我看作道德不健全（例如不公平或造成壓迫），而且需要改革的事物狀態。作為讀者，我邀請你做出同樣的結論，或是請你根據同樣的原則，找出理由支持一個可能有幫助的反對立場。這個主題沒有任何道德中立性可言，但我確實在該如何（還有依照什麼程度）分配責任、責任歸屬給誰，以及我們可以如何改善該情況等話題上大幅度地留了白。有些時候，「如何對抗厭女情結」的答案簡直明顯得不能再明顯：不要參與或鼓勵它、試著阻止它，諸如此類。也有些時候，我們面臨許多可能性，它們的風險與成本必須和可能的獎勵與好處相互比較、衡量。還有些時候，我們完全不清楚該怎麼做，我們必須發展策略、實驗、謹慎行事等等。無論是什麼情況，我猜對抗厭女情結都會像是亂七八糟的零售事業，很難以批發方式取得幾個少少的答案，正如同大多數道德和社會的長期檢修工程一般。

我之所以認為對抗厭女情結的過程將格外零散瑣碎，還有另外一個原因：它的機制和方法如此投機——或可說是有創意，端視你怎麼看待。而且它如此多樣。女性可能被貶低，或被剝奪一般人往往很珍視的東西：物質、社會狀態、道德名聲、知識資格，以及其他方面的人類成就、自尊、驕傲，諸如此類。這類剝奪可能有許多表現形式：居高臨下、男性說教、道德教化、責怪、懲罰、噤聲、譏諷、藐視、性化、剝削、消抹，以及針對性地冷漠對待。

上述是我命名本書為DOWN GIRL（直譯為「貶抑女孩」）的原因，還有另一個理由：它實為一道指令，卻不必然帶有獨裁的口吻——它很可能被溫和表達，且被快樂遵從。我的狗「麵包粉」證明了這一點，不過，對牠來說，服從命令可說是一種「解放性的義務」（liberating duty）——借用約瑟夫・拉茲[224]*之語，對我來說卻遠非如此。作為人類，我們的自由來自其他形式的遵守規則，同時不忘修正、創造、突破、改革。

* 編注：約瑟夫・拉茲（Joseph Raz）為以色列法學家、政治哲學家。

CHAPTER (1) 威脅女性 Threatening Women

當然，儘管晦暗不明，關於我們正在討論什麼，我們還是略有概念。

——彼得・斯特勞森《自由與怨恨》

「厭女情結」是一個情緒強烈的字眼。近日它愈來愈常在媒體標題上出現，[1]針對它意思與用法的爭論也是。「我不可能是唯一一個對厭女情結感到困惑的男人吧。」湯姆・佛地在二〇一四年七月二日刊登於英國《每日電訊報》上的文章裡寫道。[2]佛地顯然是對的，但是

1 厭女情結一詞自二〇一二年起在新聞標題中出現的次數逐漸增加，尤其在美國、加拿大、澳洲等地，相關證據可見Google Trends圖表：http://www.google.com/trends/explore#q=misogyny。（分別於二〇一五年三月三十一日和二〇一七年五月十一日兩次擷取數據，確認此趨勢持續發生）。

2 Tom Fordy, "Is There a Misogyny Inside Every Man?" *The Telegraph*, 2014/07/02, https://www.telegraph.co.uk/men/thinking-man/10924854/Is-there-a-misogynist-inside-every-man.html

並非只有男性試著掌握這個詞的涵義，更緊要的是：有多少女性正在透過各種不同的方式，試圖對抗這個實際現象？「每一個男人的內在都有一名厭女者嗎？」佛地陰冷地提問。又，是不是真的像推特（Twitter，後更名X）上的「#所有女性」（#YesAllWomen）倡議行動所主張的：所有女性都可能受到某種形式的厭女情結影響？

本章的重點在於厭女情結這個概念的意義、使用、目的。有些議題過去鮮少被分析哲學家討論（包括女性主義者和其他領域的人），[3]卻擁有豐富的哲學意涵、心理學上的複雜性，以及政治層面上的重要性。因為上述與其他原因，我相信我們應該從此刻開始給予厭女情結更多的注意力。我將於第二章結尾提出基本的說明。

但你可能會好奇這樣的說明有何必要，因為你或許以為「何謂厭女情結」這個問題有一個簡單的答案。根據常見的、辭典定義般的理解（我稱作「素樸理解」），厭女情結主要是一個個體行為者（通常是男性，但不必然如此）所擁有的一種屬性，他們傾向對任何一個或每一個女性，或至少女性這個群體，感覺到仇視、敵意或其他類似情緒，**僅僅因為她們身為女性**。也就是說，一般認為，單單以女性之姿出現（無論個人或集體），不管對方獨具什麼特質，一名厭女者就會產生或被激起這種態度。大多數（即便不是全部）的情況裡（換句話說，可能有少數的例外情況，例如極少數的女性得以成功驅散他的敵意），當女性出現，結合此人對於女性的原有態度（例如將女性視為令人作嘔／厭惡／恐懼的，或是無心智的性物件），就足以激起個人的敵意。厭女的態度因此在心理層面上有其一致性與共同根源——即「深層」

或終極的心理學解釋。而一個文化是否厭女，則取決於它擁有多少這樣的厭女者、是否培養他們，並是否受他們主導。

我認為，這種對厭女情結的素樸理解在一些面向上太過狹隘，在另一些面向上，目標又不夠集中。儘管我同意我們應該聚焦在與敵意有關的態度上，但我認為我們也應該同意，這

3 一個簡短說明：在書寫的此刻（二〇一七年五月十一日），當我於philpapers.org網站上針對厭女情結（misogyny）和厭女者（misogynist）這兩個詞進行搜尋時，總共分別獲得六十七和三十一筆結果。但在這些著作中，大部分的討論主要是針對一些重要人物是否算是厭女者。（不意外的，針對尼采便有這樣的提問，但同樣的討論也常見於艾瑞斯·梅鐸和茱莉亞·克莉斯蒂娃身上。）在當前的分析女性主義哲學文獻中，這些概念也不是一個重要的規則。以三名分析女性主義哲學家代表為例，她們的著作在我發展分析時都扮演著重要的角色；莎莉·哈斯蘭格[109]的《抗拒現實》一書中，「厭女情結」一詞與其變形僅僅出現在討論具有厭女內涵的歌詞範例時（頁387－389）；瑞·朗頓的《性唯我論》（二〇〇九）中，這個詞則出現六次，但大多僅是順帶一提。不過朗頓在她唯一一次探討厭女情結的原因論時提出了重要的看法，我稍後將於第三章中討論。我們自然而然可能會揣測，瑪莎·納思邦[208]在《物化與網路厭女情結》中會對這個概念有更多討論，但出人意料地，儘管該論文對物化提出的很多內容我認同，並將於接下來的章節中援引，但「厭女情結」一詞與其變形，除了標題之外，就只出現了一次（如果我沒算錯）。據上所述，目前在分析女性主義哲學的文獻中，並沒有很多著作直接像我的開頭章節般提問「什麼是厭女情結？」。好在有許多著作（包括前面所提到的文本與其他）從不同角度闡述這個議題。我認為在此議題上特別有啟發的一些經典女性主義文本包括：安德里亞·德沃金的《恨女：對性的積極檢視》（一九七六）、凱薩琳·麥金儂的《女性主義本色》（一九八七）、派翠西亞·柯林斯的《黑人女性主義思考》（二〇〇〇）以及蘇珊·法魯迪的《反挫：誰與女人為敵》（二〇〇六）。針對厭女情結的多元表現形式中的一些可能性，以及各種相關並交織的壓迫和支配體系，也可以參考序言的注釋4，對於與這些議題相關的豐富文獻，我提出了一些建議的切入點。

類敵意的攻擊目標只包含**特定**女性，特定「**類型**」的女性。否則，依據道德心理學中一些關於敵意與仇視的老套說詞，在父權社會的情境裡（在我看來是厭女情結的原生棲地），厭女情結反而會因為其定義而變得罕見。這種素樸理解也無法瞄準這類反應中的子集合（我認為它們在此值得留意），也就是那些**父權意識形態**的副產品。因為，儘管厭女情結經常看來很個人化，卻最適合被理解成一種**政治**現象。我尤其認為我們應該將厭女情結理解成一個在父權社會秩序下運作的體系，為的是監督與執行女性的從屬角色，維持男性的支配地位。

因此，本書的第一部，我的目標是著手進行一個被莎莉・哈斯蘭格[109]稱為「分析性」（analytical）或「改良性」（ameliorative）的計畫（頁223－225；366－368），或也可稱之為「概念倫理」（conceptual ethics）[40]與「概念工程」（conceptual engineering）[88]。我會在本章針對厭女情結提出一個改良性的女性主義概念，並在下一章進一步發展。根據此概念，厭女情結主要是整體社會體制或環境中的一個屬性，女性在這個體制或環境中比較可能遭遇敵意，**因為她們是身處於男性（也就是父權）世界中的女性**，而且被認定未能符合父權的標準（也就是得以在這個環境裡立足的父權意識形態信條）。正因如此，厭女敵意經常會選擇性地針對某些女性，而非所有女性。個體行為者可能會因為各式原因而懷有這些敵意，對於其態度和行動所提出的完整心理學解釋也可能迥異。或者有另一種可能：這類敵意的根源出自更廣大的社會制度裡的行動、慣習、政策。這些敵意必要的共同之處，是它們「社會兼結構」上的解釋：大致而言，它們必須屬於某個體制的一部分，這個體制監督、懲罰、支配、譴責那些被父權視為敵人或對父權造成威脅的女性。

因此，在我對厭女情結所提出的女性主義分析中，我致力於強調厭女情結的政治面向，藉由這種方式改良概念，以便使它在心理學上容易解釋，也在厭女情結和性別歧視之間打造出清楚的對比。這樣的分析也產生了一種對「厭女情結」一詞的延伸用法，與女性主義者的使用習慣自然契合。縱然這會限制我改良性建議的修正空間，但也顯示出這類用法背後可能有一致性的理論支持，而非只是臨時拼湊的結果。我會在第三章討論這組分析的優勢。

以上說明後，讓我們來看個例子。下一節我將簡要描述一起事件，及其後續的媒體爭議，正是這一連串事件驅使佛地撰文，激起二〇一四年五月時在推特上的「#所有女性」(#YesAll-Women)倡議行動。近期有三起事件促使線上辭典和google裡搜尋「厭女情結」一詞的次數飆升，此為其中之一，在接下來的三章，我將逐一討論這三起事件。

伊斯拉維斯塔殺人案

「嗨，我是艾略特．羅傑。這是我最後一支影片了，最後就只能這樣。明天是復仇日。」二十一歲的羅傑坐在BMW轎車的駕駛座上說。他描述自己一直以來都必須「被迫忍受孤獨活著、被拒絕、性欲無法滿足，因為女孩從來都不受我吸引。女孩把她們的情感、性、愛給了其他男人，卻從來不給我……這讓我一直以來都很痛苦。」他接著抱怨。[4]他描述這些「女孩」不喜歡他，反而「倒貼」那些「討人厭的畜生」、「高人一等的紳士」。「她們不喜歡我哪裡？」他相當哀傷地問道。

接著，羅傑從原本談論這些女性的第三人稱口吻，轉為對她們說話的第二人稱複數，如「妳們所有人」，他具體說：「我將為此懲罰妳們所有人」。然後說明他將執行復仇計畫：「復仇日當天，我會去加州大學聖塔芭芭拉分校全校最辣的姐妹會宿舍，我會屠殺每一個我在那裡看到的驕縱、高傲的金髮蕩婦。」接下來，他又再次使用第二人稱複數：「屠殺妳們所有人將會帶給我極大的快樂。妳們終將看到，事實上，我才是優秀的那位——一位真正的阿法男（alpha male）*。沒錯。等我殺光了姊妹會宿舍裡的每個女生，我會走上伊斯拉維斯塔的街道，殺死每個我在那裡遇到的人。」

羅傑準備許久的「復仇日」在他家裡揭開序幕。他刺死了公寓裡的三名年輕男性（他的兩名室友及他們的友人），將前述影片上傳到YouTube，然後開車前往加州大學聖塔芭芭拉分校的阿法斐姊妹會宿舍。但羅傑太過大膽放肆地在姊妹會宿舍宣告他的到來，導致計畫受阻。屋內的一名女性表示，他的敲門聲很不尋常，大聲又暴躁。[5]當他無法進門，他感到怒氣沖天，極為挫折，對著他在轉角遇到的三名年輕女性開槍。[6]她們是該校三德爾塔姊妹會的成員。羅傑發射了幾輪子彈，造成其中兩人死亡、一人受傷。之後他開車離去，沿路開始了一陣混亂而看似隨機的掃射，他殺死了另一名年輕男性，傷及其他十三名男女。警方靠近他時，羅傑將槍枝轉向自己，開車撞向一台停靠在旁的車子。他死在駕駛座上，BMW起火燃燒。

對於許多女性主義評論者來說，伊斯拉維斯塔殺人案為厭女情結的運作方式提供一個相當清楚的案例，儘管它可能還具有其他涵義。與此同時，許多人將它視為一個廣大文化模式中一種極劇烈的表現形式，亦即一種激化的厭女情結——往往出現在今日的美國，以及世界上其他偶爾被稱為後父權社會的表象之下。

許多女性看完羅傑預告他暴力行動的影片，反應都很類似。推特上隨後發起了「**#所有女性**」倡議行動，這個標籤是為了回擊一些已在社群媒體上發酵的辯護說詞，好比「#不是所有男人」（#NotAllMen）之類。以當日的標準，這標籤迅速爆紅：在出現後的頭四天，在推

4 該影片隨後從YouTube上被移除，但網站democraticundergroung.org上可找到影片逐字稿：http://www.democrat-icunderground.com/10024994525（內容擷取自二〇一五年四月四日）。羅傑之前也曾拍攝其他類似影片並上傳到YouTube。許多評論者試圖在羅傑所謂的宣言《我的扭曲世界》中進一步探索關於其思路和動機的證據。該宣言於事件發生後被公諸於世，我也將在第五章中援引其中內容。宣言內容可見：http://s3.documentcloud.org/documents/1173619/rodger-manifesto.pdf（內容擷取於二〇一五年四月四日）。

* 編注：阿法男（alpha male），另一說為「至尊男」，通常指的是在社經地位、外貌或其他資本上都相對處於金字塔頂端的男性。

5 "Timeline of Murder Spree in Isla Vista," CBS News, 2014/05/26, https://www.cbsnews.com/news/timeline-of-murder-spree-in-isla-vista/

6 "Thwarted in His Plan, California Gunman Improvised," CBS News, 2014/05/25, https://www.cbsnews.com/news/thwarted-in-his-plan-california-gunman-improvised/

特上的使用次數就超過一百萬次。許多推特發文來自女性，她們出來見證曾經遭遇過的男性侵犯、敵意、暴力、性騷擾；另外有些發文則記錄了一些表面看來沒這麼嚴重，但實際上相關的犯行，例如各種隱晦的輕蔑與盛氣凌人的行為，包括男性說教。這是因為，儘管羅傑的行動顯然處於光譜上最暴力的一端，他言詞裡的一些內容卻喚醒了許多女性的痛苦過往。具體說，那些話聽起來實在太過耳熟。

許多右派和主流評論者立刻拒絕了女性主義者提出的厭女診斷，許多人也沒有把「#所有女性」倡議當一回事，這之間此來彼往，有種在「是／不是」之間往返的乒乓球節奏。槍擊案次日，潔西卡・瓦倫提[263]在英國《衛報》上撰文寫道「厭女情結殺人」，再隔天，心理學教授克里斯・佛格森[87]就於《時代雜誌》上回擊：「厭女情結沒有把艾略特・羅傑變成殺人犯。」相反的，他認為羅傑的厭女情結是心理疾病、社會孤立、性挫折的產物，僅此罷了，「而非任何社會『教導』他的事情。如果他不是這麼在意自己性生活的不滿，他下手的對象可能就會是購物商場的客人，而不是姐妹會的成員。」[7]同一天，勞麗・佩尼[216]在《新政治家》上提出異議：「長久以來，我們總為極端的厭女者開脫，正如同所有由白人男性犯下的恐怖主義行為都受到原諒、被視為脫軌之舉，或被視為由隨機的瘋子（而不是真正的男人）所犯下的行為，為什麼我們要否認這裡面有一個固定模式？」

隨後，在一則不經思索的推特發文裡，史蒂芬・平克*看似回應了佩尼的提問——至少某方面來說是如此：「說發生在加州大學聖塔芭芭拉分校的謀殺案屬於仇女的一種固定模式，這想法在統計上不準確。」他寫道。該則推特附上一條網址，連至海瑟・麥可唐納†刊於《國家評論》的文章。平克的推特發文有些撲朔難解，我們可以留意那些他成功地沒有使用到的字眼，他沒有使用「女性主義」、「不理性」、「歇斯底里」或「愚蠢」等詞彙。令人驚訝的是，他甚至沒有使用「厭女情結」一詞。相反的，他只是提供了麥可唐納的文章連結，文章裡說了所有他沒說的事，甚至更多，正合一些人的期待。

麥可唐納的文章標題古怪：〈加大聖塔芭芭拉分校的唯我論者〉，標題之下的標語則恰好可以歸納文章內容：「一名反社會者大開殺戒，而且殺的男性比女性多，但女性主義者又再次提起她們最愛的話題。」麥可唐納[166]輕描淡寫地把羅傑的行為形容為「顯然是一名瘋子的行為……他說的每個字、做的每個動作，都彰顯了瘋狂與自憐的錯覺，而這又在他錯亂的自戀心態所構築的回聲密室裡被放大。」更有甚者，「在這個國家裡，沒有任何以性別為基礎的暴行；在這裡，逐漸浮現的模式是精神疾病未受治療而造成的暴行。但是，」麥可唐納繼續說（而此處我們應該留意那個「但是」），「針對羅傑的大規模殺人，女性主義者的基本分

7 照此邏輯，若羅傑是男同志，他大概就會去敲兄弟會宿舍的門。如果羅傑是女人呢？他的性別有可能在此造成任何不同嗎？在佛格森的分析裡，我們並不清楚是否有這個空間。

* 編注：史蒂芬・平克（Steven Pinker），知名實驗心理學家、認知科學家、語言學家，目前為哈佛大學心理學教授，二〇一六年入圍美國國家科學院院士。

† 編注：海瑟・麥可唐納（Heather MacDonald），美國政治評論員，以其世俗保守主義的立場為人所知。

析前提顯然荒謬，說美國是一個厭女的社會。」事實上，「正好相反。」

我們的文化著迷於促進並慶祝女性的成功。全國沒有任何一間科學機構或實驗室不被大學校方或聯邦政府持續施壓，要求聘雇女性教授和研究員，就算沒有合格的候選人，也不管那會對菁英管理標準造成什麼樣的成本。富有的基金會和個別慈善家大量炮製一個又一個針對女孩的自尊和學術成功所設計的行動方案，而儘管在學術和社會層面上愈來愈落後的是男孩而非女孩，男孩卻是與慈善援助相距甚遠的亞軍……女孩不斷接收到「堅強的女性可以做到所有事」這類訊息，包括獨立養育子女。如果任何一名稍稍接觸到公領域的女性沒有深刻意識到，在要求研討會座談、媒體職位、新聞評論版面納入女性保障名額的壓力下，自己已經成為「受益者」，她就是在騙自己。企業董事會和管理階層飢渴地尋找女性任職，就算這種差別待遇明天就消失，女性，尤其是構成女性主義者階級、坐擁特權與高教育程度的女性，她們的前方也依舊是一個有著空前與無限機會的世界[166]。

麥可唐納是對的嗎？那些抱怨男性的侵犯（在性或其他方面上）如何限制了她們的女性呢？「那些女性顯然活在一個和我不同的世界裡」，她們大概和那些被她認定為「唯我論者」的女性主義者在一起。

在否定女性主義者針對伊斯拉維斯塔殺人案所提出的分析時，麥可唐納擁有許多同伴，且陣容龐大、立場各異。為了否認厭女情結在這起特定事件裡扮演了一個重要的解釋性角色，那些評論者提出以下五花八門的理由：

- 在內心深處，羅傑並不「恨」女人，他是「太過渴望」女人，而非不夠——也就是說，他不會因為她們而產生噁心、排斥等感受。根據一位知名男權倡議者的看法，羅傑「崇拜女陰」，而這因此讓他成了「第一位女性主義者大規模殺手」[264]。[8]
- 在內心深處，羅傑並不恨女人，某個分析層面上，他甚至對女人「不感興趣」。說到底，他恨的是比他更能成功吸引到女人的男人。如一位文化研究學者指出，女人對他來說並不「真實」。[9]
- 女人對羅傑來說「太過真實」了，不論是在性或其他層面上，他都沒有把她們視為物品。他賦予女性太多能動性、主體性、性自主權，所以他不能被看成厭女者。他也不認為自己「**理應**」得到和女性的性接觸，這同樣讓他不符合厭女者的條件。當他無法成功吸引

8 羅傑也活躍於網路上的男性權益論壇，例如「仇視搭訕藝術家」（Pick-Up Artist Hate），儘管這類社群和魯之・瓦礫札德自己用以宣揚上述信仰的部落格「王者回歸」（Return of Kings）（http://www.returnofkings.com）相當不同。前述社群的主要使用者是那些氣憤地反對「搭訕藝術」（PUA，也就是經常使用各種操縱技術搭訕女性的男性「玩家」所進行的「遊戲」）的人，但後者卻擁護搭訕藝術。

她們，他沒有直接強奪他想要的東西。10

- 在「內心深處」，即在終極的心理學解釋層面上，羅傑並不恨女人。他恨女人，僅僅是因為他自戀、妄想而且精神不穩定，或者如麥可唐納[166]所描述的，是一名「瘋子」。
- 羅傑並不「特別」恨女人，或者說他不只恨女人。如他在自己的「宣言」（但更像是回憶錄）中所清楚說明的，他對黑人和亞洲男性亦飽含種族仇恨（儘管他母親的家族有中國血統）。另一種說法則是他恨「每一個人」，這讓他成為一名厭世者。11
- 羅傑並不恨「所有女人」，他甚至不恨大多數女人。他尖酸的言詞僅僅針對「辣妹」，也就是對他有性吸引力，但在他看來沒有將他放在眼裡、使他受挫的年輕女性。然而，他愛他的母親，直到事件發生之前，他在情緒上仍然依賴母親。12
- 羅傑受害者的比例不對。比起女性，他最終殺了更多男性，包括他自己。因此，他怎麼可能算是厭女者[166]？

---

9 戴克斯特．湯瑪斯二世寫到：

近來我們聽到很多關於艾略特．羅傑可能厭女的討論，有些人說這宗殺人案是一起仇恨犯罪，另一些人則偏好將對話引開女性這個主題。這是公平的做法，因為說真的，艾略特完全沒有提到女人，他在說的是男人……除了他的直接家庭成員以外，女人對艾略特來說無關緊要。艾略特把女人描寫成平板、沒有臉的角色，她們很少有名字，而且也完全沒有人格可言。事實上，艾略特花在描述女性上的時間跟他用來描述他新買的ＢＭＷ三代差不多。

請注意，湯瑪斯最終似乎仍舊承認了，羅傑的書寫中具有明顯的厭女情結。但另一方面，他始終沒有撤回他開頭的論點，認為在槍擊案後，女性不應該是主要的討論焦點，因為在某個層面上，事件並不真的與她們有關。我將於第二章討論這一點。

10 在一篇批評女性主義者的厭女情結診斷太過簡化的文章中，梅根．道姆[67]寫道：「羅傑不僅不是一個強暴犯，他渴望得到女性的愛這一點更顯示出他沒有把她們物化，反倒是崇拜她們到一種令人無法忍受的痛苦程度。」甚至，「他的問題不在於拒絕，而是分離……（他）不屬於任何群體，考量他所享有的既得利益，事實上他擁有的是權利的反面。他是一個一無所有的人。」接下來，借用麥可．基梅爾[141]的概念，我將指出羅傑表現出的是一種權利受到侵害的心態。

11 凱西．楊於「理性」（Reason）網站上指出：針對羅傑的心態，「厭女情結」是一個非常不完整的解釋，最好的描述也許是，伴隨著心理變態的惡意型自戀。他的「宣言」清楚顯示他對女性的仇視……只是對人性整體概括性仇視中的一部分，而且也對應著他針對擁有成功浪漫關係和性關係的男性的仇視……有些人可能會說，因為那些男人可以和女性發生性關係而你卻無法做到，並因此仇視他們，這還是屬於厭女的一種形式，但那感覺是一種過度延伸的做法，讓這個概念變得沒有意義，或是把它變成了一個沒有辦法被證明為錯誤的、類宗教式的教義。[274]

12 若想概略了解在社群網站上有哪些論點經常被用於反對女性主義者對伊斯拉維斯塔一案的分析，可參考以下摘錄，這些是柴克．雄費爾德刊登於《新聞週刊》文章下的評論，雄費爾德認為這確實是厭女情結：

PT：錯。他因為漂亮女人無視他而痛恨她們，但他無視那些平凡的或中下的女性，他並不恨所有的女人，他不恨他母親、他的女老師，諸如此類。他也恨他的中國室友，但難道他恨所有的亞洲人嗎？在表達對他的憤怒時，你應該要精準一點。

SA：他恨每一個人。

GB：被殺死的六個人裡有四個男人。

AJ：如果他這麼恨女人，為什麼他刺死和槍殺的大多數是男人？

"Misogyny and Mass Murder, Paired Yet Again," Newsweek.com 的 Facebook 粉絲專頁，2014/05/28，https://www.facebook.com/newsweek/posts/10152443722775610l（以上姓名都已經過編輯並以字首取代全名）

我們可以針對上述的主張逐點回應——我們可以，但此刻這麼做沒太大意義。對於我們這些傾向認為上述辯證過程大有謬誤的人來說，我們可能希望能夠完整診斷為何有如此多的否認論述（多到有些不合情理）。我們也可能想要找出一個把厭女情結重新概念化的方式，對這些（在我看來的）錯誤，採先發制人。我們能怎麼做？有哪些指引或基本原則？

「厭女情結是什麼」是個什麼樣的問題？

當類似「厭女情結」這樣的詞受到質疑，我們如何能夠解決這些與其意義、使用方式、指涉有關的問題？針對如何概括回應「X是什麼？」這類問題，社會哲學家莎莉．哈斯蘭格[109]在三種不同的取徑上提出了一種有益的區別：

（1）**概念性**（conceptual）計畫意味調查我們（或許是「我們」，或許是「他們」）對X的普遍性「概念」，通常是藉由演繹方法，例如反思平衡和概念分析。

（2）**描述性**（descriptive）計畫意味調查這個詞彙的「延伸」，也就是X在這世上通常會用來指涉什麼，或被應用在什麼事情上。與此同時，我們會問：在這個主題的標準或相對沒爭議的範例之間，是否有任何特殊的共通處？如果有，是什麼？如果有，在此範疇內，最自然且重要的屬性是什麼？因此我們會立即提問：當人們使用了該詞彙，他們往往像在說什麼？由於這個原因最重要，這類計畫必須包含實證，即歸納式的調查。

（3）**分析性**（analytical）或**改良性**（ameliorative）計畫則試圖制定出一個概念，使它最符合該詞彙存在的「意義」。[13] 我們會問，討論X的目的究竟是什麼？這些目的合理或有根據嗎？如果目的超過一個，哪一個最重要？考量到這點，我們是否應該把一個現有的詞語強行拆開，或將幾個不同的詞語合併？我們要如何找出一個整體的概念架構，進而能提供最多支持給解放性的政治目標，以及其他有價值的計畫？[109]（頁222－225）

因此，改良性（或「分析性」）計畫需要我們積極決定文字要帶的意涵。同樣的，如果我們想要改變世界，可能需要以不同的方式建構世界的概念，尤其當討論的對象是社會活動和慣習，更需要這樣做——身為有自我意識的社會性生物，我們會遵守規範，而這些規範受到我們的基本概念、類別、架構所保護；而在面對他人時，我們也傾向於不假思索地強加這些規範與期待。正因如此，與其他種種理由，改良性計畫對於社會進展相當重要。

我認為，在此脈絡中，哈斯蘭格為這三種取徑做的區分很有用，甚至相當關鍵。除了有意識地追求這三種不同路徑中的至少一種以外，我們很難找到其他方法獲得方法論上的立足點。但同時認可（正如同哈斯蘭格自己隨後肯認的）這三種計畫也可能彼此互補，至少在

13 雖然為了行文清晰，我在此將使用後者，但這兩個標籤實為同義詞。

某些情境裡成立〔[109]〔頁351–354〕，尤其可見〔頁353〕的第23行與〔頁376〕〕，也很有用。比方說，有人可能會開啟某種概念性探究的路徑，不是因為擁戴傳統的先驗方法，而是為了了解一個詞彙的自然用途，即其最適合的用法，或可譬喻為：它的職責描述。這些用途隨後可能會遭到質疑，而該詞彙的意義會在這樣的過程中被談定。

描述性計畫也可能必須做出類似的語意選擇。一方面來說，不同群體可能會以不同方式使用同一個詞，例如用它來涵蓋不同類型的案例，或是程度不一的應用範疇。有鑑於此，我們可能必須要判斷哪一種語言和社群應該被視為權威。這往往會牽涉到一些價值上的考量，包括政治價值，至少，從一開始似乎就沒有任何明顯的理由排除政治價值。

因此，我們可以看到前兩種計畫以某種精神來實踐，可能會如何自然過渡到第三種。在那樣的脈絡下，我會先進行概念性及描述性的思考，而我最終的目標則是為「我們應當如何理解厭女情結」提出一個改良性的建議。

前文針對女性主義者對伊斯拉維斯塔案的厭女診斷的一串反對意見，已清楚彰顯一些人明顯接受了對厭女情結的素樸理解，根據它的定義，厭女情結主要是個別厭女者所擁有的一種屬性：他因為女性身為女性（也就是純粹基於性別）而一視同仁地，或至少非常普遍地仇視她們。此外，如果他們要被稱為真正的厭女者，可能還得將這股恨意懷抱於心中，提供一種深層的或根本性的心理學解釋，才符合資格。

但是，對厭女情結的素樸理解存在嚴重的限制。一些是基於認識論上的考量，因為所謂深層的或根本性的心理學解釋隱藏在個人的態度背後，往往無法被探知，所以素樸理解將可能導致厭女情結變得很難診斷，除非我們是那個人的諮商師（而有時就算是，也不夠）。這尤其會造成女性很難了解厭女情結，也意味著她們在面對自己可能遭遇到的狀況時，或許會被奪去必要的資源，無法獲取厭女現象的相關知識及合理見解，更無法據此提出正當的主張。結果，這樣的厭女概念實際上將等於把受害者消音。

有鑑於厭女情結的意涵可能扮演某種概念性的角色——指出性別壓迫中最富敵意、最為有害的面向——上述的素樸理解便可能讓女性失去一個合適的名稱，能用來稱呼她們可能遭遇的強烈問題。此外，考量到其他選項明顯不足，這種情況就更有可能發生。還有什麼別的英文字彙表達了類似的，或含有相近道德重量的性別特定概念？就我所知，沒有。「性別歧視」這個詞彙一開始可能會浮上心頭，但是在我聽來，它缺少了「厭女情結」帶有的敵意色彩（我將於第三章深入討論性別歧視／厭女情結的對比）。因此，我們面臨了讓「厭女情結」一詞偏離功能的風險。[14]

當「厭女」指控變得太過困難，還會帶來另一種重要卻較不明顯的成本：會讓被指控厭

14 可與米蘭達．弗里克[91]提出的詮釋不正義（hermeneutical injustice）概念互相對比，也就是人們缺少概念性資源去了解和明確表達他們的社會經驗（第七章）。此處的問題比較不在於不足，而是主動嘗試去把女性一直以來已經使用得相當成功的一個詞語從她們身上剝奪，我們隨後會討論到這點。

女、但其實無辜的人難以討回清白。如果連艾略特・羅傑都可以脫身，「無罪」的判決（姑且這麼說）便顯得不太有意義了。既然相關的犯行變得如此罕見而不易理解，辯護也就幾乎每次都能成功。

然而，對厭女情結的素樸理解帶來的問題不僅止於此，遠遠超出這些認識論上的考量。這種理解除了讓厭女情結成為一個在心理學上，甚至進一步在形上學上都晦澀難懂的現象以外，無法包含其他解釋。

何以如此？我們可能以為，至少在典型的父權情境中，厭女情結會是一個盛行的詞彙，然而一旦採用素樸理解，我們便很難想像事情如何發生、為何發生。為了幫助理解，我先就我所理解的父權社會秩序、關係、角色的本質做說明（無需多說，這裡沒有要完整討論它們複雜的社會學概念，只是說明一些有用且不太具爭議性的基本內涵）。接著我便能指出，對厭女情結的素樸理解，基本上會將它從父權體制中排除，但我認為父權秩序的背景正是厭女情結最自然萌生的溫床。

我認為，某種社會氛圍若要被視為是「父權的」，條件是在其中某些類型的制度或社會結構不僅大量存在，且獲得廣泛支持——例如來自國家，也來自更廣泛的文化來源，如物質資源、社群價值、文化敘事、媒體與藝術描繪等等。這些父權制度在物質內涵、結構、社會特徵上會有大幅差異，但它們都將女性置於一個位置，該位置「從屬」（subordinate）於某個特定男性或身處於此制度內的男性，而（在同樣的制度下）根據他們的性別（及其他相關的交織性因素),後者對前者具支配性的地位。

在我們繼續討論前,有三個較為微妙而不明顯的論點值得一提。第一,我並不認為在這個脈絡裡,「從屬」是一個成功的用詞。若依照我希望的方式理解「從屬」一詞,它可以是某種意圖將女性規範在特定位置的社會壓力,但這股壓力偶爾會被擊敗,甚至被取消(當然也可能被對立的社會壓力抵銷,因為其他階級壓迫的體系和性別等因素互有交織),導致不一定能夠「成功」。第二,一些父權結構不僅僅是男性特權的堡壘,更純粹只屬於男性,或由男性大幅支配。然而,我認為一般而言,這些結構需要其他來自父權結構的支持,在這當中,女性會因她們被交付的服務工作的獨特型態,而「被放在」從屬的位置上(且不僅是一時)。第三,這些支配與從屬的關係對於特定的父權結構與身處其中的個人而言,往往非常「局部」。再一次,有鑑於權力關係的交織性(依照種族、族群、階級、性、障礙程度而產生),認知到這件事情很重要,因為一個男人可能在他所處的領域內是主人,但在其他脈絡裡卻是從屬、受剝削、被邊緣化的。因此,男人不需要(通常也不會)被放置在一個可以支配所有或甚至大部分女性的位置上,仍然可以被看成是完整發揮作用的父權家父長,他只需要在面對某個或一些特定的女性時占有支配地位即可,而這通常會是在家庭或親密關係裡。從這層意義上看,父權的意識形態(我將緊接著討論由其所決定與控制的社會關係、結構、實質性角色)也可能要求所有或絕大多數的男性扮演家父長,並支配某個或某些女性,以遵守它整體的規範性願景。

然而，在父權文化裡，性別化社會關係的階級本質可能會與女性身處從屬地位時的實質性內容產生衝突。以一些具有陰性符碼（feminine-coded，即社會刻板印象認為與女性有關的事物，以下省略「符碼」二字）的照顧工作為例，當女性不只被交付某些特定的情緒、社會、家務、性、再生產勞動，更被認定做的時候要充滿愛與關懷或滿懷熱情時，父權的規範和期待便必須低調而安靜地操作，最好不要明言它們的強迫性。父權意識形態徵召了一長串的機制來服務、支持這個目標，包括：女性相關社會規範的內化，女性具有獨特氣質和偏好的敘事，以及將相關照護工作定調為可以帶給個人滿足感、對社會而言有必要、在道德上有價值，並且是「酷」、「自然」、健康的（只要是由女人來做）。女性遵從這些社會角色時，理應要盡可能看來自然，或看似是自由選擇的結果，幾個最明顯的例子便包括了充滿愛意的妻子、奉獻的母親、「酷」女友、忠實的秘書、稱職的服務生等等。陰性的非正式角色亦同，例如女性經常要當家庭、工作場所裡，甚或是公領域的情緒下屬，並從事相關工作。然而，整體而言，這個看似無縫的表象幾乎必然帶有欺騙性，因為一旦這些「軟性」的社會權力形式不足以維持這樣的表象，或多或少就會有一些隱隱帶著敵意、威脅、懲罰性質的規範執行機制隨侍在側，或在背景發揮作用。這些機制對女性帶來的後果大不相同，從造成生命威脅的暴力，到隱晦表示不贊同的社會訊號皆有（例如當女性和她們的男性同僚一樣，在人際互動中表現直接或不輕易道歉時，人們會不自覺微微感冒）。厭女情結的運作精髓在於這些強迫性的執行機制對應著父權規範與期待，也對應著它們管理的社會角色，我將於下一節加以討論。

但首先，為了理解為什麼當我們採納了厭女情結和厭女者的素樸理解，厭女情結便會在父權情境裡變得罕見，可以思考以下這點：在一個典型的父權情境裡，任一特定男性為什麼會對女性普遍而一致地懷有不滿，無論他們之間的關係為何？相對來說，我們反而會預期，即使最蒙昧的男性也能被某些女性取悅——即那些友善為其利益服務的女性。對這些女性抱持敵意不僅會帶來雙重的問題——在個人層面上無禮，在道德層面上令人反感——同時，在基本的道德心理學上也顯得奇怪。直白地說：如果一位女性不僅忠於本分，還滿懷愛意地迎合他的欲望，還有什麼好恨的？

當然，在典型的父權情境裡，一些男性可能對他**實際**接觸過的大多數或甚至所有女性抱持敵意，而這些女性剛好令他失望了。但這仍不足以構成真正意義上的「普遍性」命題，甚至無法成立一個寬鬆一點的概括式敘述。這類量化理當涵蓋這個人可能遇見的**所有**或**大多數**女性，至少在心理上和社交上的現實情境中，然而這說到底終究不太可能。做個類比：一個人即使對他一生中曾經去過的所有或大多數餐廳感到失望，他也不會因此普遍性仇視所有或大多數餐廳。也許他剛好運氣不太好，也許他的選擇有限或遇到麻煩。但當有一間餐廳是專門設計來取悅他，迎合了他所有的興趣和胃口，他仍仇視這間餐廳，這很難不令人驚訝。

於是，讓我們想想艾略特．羅傑。一個很有可能並絕對可以理解的情況是：當他面對的女性給了他所渴望的注意力和情感，他「不會」抱持敵意。事實上，對於處在如此一般社會位置的男性來說，為這種女性「賦予**價值**」或「崇拜」她們很自然。於是，他這樣的男性將無法符合前言所述普遍量化的主張，甚至無法符合一個寬鬆的歸納，因為「他會對多少女性抱持敵意」的結果可能隨偶然的社會條件大幅變動。若他滿意自己的狀態，並因此只對相對少數的女性抱持敵意，根據前述的素樸理解，他就不符合厭女者的資格。但是有多少男人（遑論女人）會「符合」呢？假如唯一符合條件的人必須持續（不間斷、任性地）反咬那雙安撫並服務他們的手，我們預想得到這樣的例子會非常少。因此，對厭女情結的素樸理解便會遇到經典的「沒有真正的蘇格蘭人」（no true Scotsman）* 問題（或說反駁），「**真正的厭女者才不會**……」一類的辯護將隨處可見。

寫到這裡，我認為對厭女情結的素樸理解實在不恰當。厭女情節／Misogyny作為英文裡唯一一個在指出女性需要命名的問題時益發常用的字眼（這點我們很快會討論到），素樸理解是一種浪費。事實上，厭女情節一詞最初被創造出來，正是為了因應上述目的，它由十七世紀的英國女性主義者所創，用以反擊文藝復興青年約瑟夫．史威南對女性做出的道德「毀謗」，因而如今反女性主義者不經意挪用這個字眼並過濾掉其政治意義的做法，顯得更為諷刺。[15]根據素樸理解的定義，厭女情結打從根本上成了一個過於心理主義的概念，建立在一種恐懼症或深層厭惡的模式上，一種心理學上的不健康或不理性狀態，而非作為社會權力關係中的一個系統性面向與可預期的表現形式，顯示出主宰它們的意識形態：父權。

厭女情結可能是什麼

在此，我們可以藉由提問重新開始：依據前述內容，我們可能自然而然地「期待」厭女情結是什麼樣子？換句話說，那股導向女性的敵意和憤怒（就算不完全是，但至少一定程度是因為她們的性別）的天然基礎是什麼？而其中哪些可以用來理解厭女情結如何作為父權意識形態的一面，或表現形式之一？有鑑於父權文化裡，一些女性的社會角色是提供男性注意力與關愛的從屬者，這指出了一種明顯的可能性值得深思：若察覺到女性反抗、破壞了用以定義這些社會角色的規範和期待，這類反應便可能自然地被觸發。從一個體貼而關懷的從屬角色叛逃——還有什麼能為敵意和憤怒提供更天然的基礎？我們可以預期，這會讓典型的性別既得利益者（也就是男性）感到權力遭奪且被忽視，而從情緒方面來看，這個組合可能會招致大禍。

模擬一個簡單的日常畫面可能有助思考。想像一個人在餐廳，他不但期待自己要獲得恭敬的對待（顧客永遠都是對的），還期待他的餐點要被殷勤奉上，伴著笑容。他期待餐廳讓他感到備受照顧且與眾不同，同時他的餐點會被送到面前（對他來說，這是個既有點弱勢又富有權力的位置）。現在，想像這位客人感到失望——因為他的服務生沒在服務他，雖然是

* 編注：又稱訴諸純潔（appeal to purity），一種非形式謬誤，指在原來的普遍宣稱遇到反例時，稱該反例不夠純正或正統，以替原宣稱辯護的論證方式。

15「厭女情結」大概最適合被看成不知名的女性主義者為了回應史威南所撰寫的反女性小冊而發展出來的一個新詞（或者講得遠些，這個詞是從數個散落的古希臘文文本中重新被引進英文的）；可參考本書開篇與結尾章節的題詞。

因為她在招呼別桌客人。或者她可能看來像在閒晃；或者她單純在做自己的事、不知何以地忽視了他。還能更糟：她可能露出一副期待「他服務她」的模樣，使兩人的角色發生了令人困惑的反轉。不論哪一種情況，她的舉止態度都不是他在這類情境中習慣的。我們很容易想像此人會變得迷惘，進而怨懟；很容易想像他用湯匙敲餐桌；很容易想像他在挫折中暴怒。

這舉例顯然很簡略，但我認為這確實為進一步的闡述和延伸奠定了大有可為的基礎。我們看到了一個易懂的比擬——當事情涉及這種近乎仇視和敵意的態度，部分是因為女性自身的性別，在此例中，部分也是認為她破壞了父權的規範與期待。此外，如果我們同意這是一個有效的例子，這個例子也告訴我們，厭女情結「不必是」什麼。一方面，它不需要針對所有女性，相反，它可以只針對特定女性，例如那些被看作不服從的、怠忽職守的，或違反規則的女性。另一方面，這個模型終結了一種想法：厭女情結和性渴望從某種角度來說不相容（儘管莫名其妙，但正如我們所見，還是有人擁護這種想法）。羅傑對阿法斐姊妹會女性成員的性渴望，以及他希望她們也想要他的渴望，在他醞釀憤怒的過程中扮演了關鍵的角色。這表示，面對她們時，他感到無力。從他的角度看來，她們「掌握」了他，而他對於即將發生的羞辱感到深深的憤怒，如同一名飢餓的用餐者，他所感受到的弱勢地位很可能導致他對擅離職守的服務生暴怒。

這個模型也初步預測了某些典型的厭女情結攻擊目標和受害者。前者包括那些被認定「不稱職」的女人——性別理念的叛徒、壞女人、「難以控制」的女人。[16]因此，厭女情結的受害者經常會包括進入了對男性而言具有權力和威信位置的女性，以及避開或選擇逃脫服務男性的女性。其中，一種自然的攻擊對象就會是女性主義者（還真想不到呢）。

延續這條思路，讓我們思考女性主義作家琳蒂·魏斯特被網路酸民騷擾的經驗，這名騷擾者在事後表達了懺悔。[17] 以下是一段魏斯特數年後與該名男子的訪談節錄，他以一種不常見的坦率和洞見解釋自己當時的想法：

男子：當年妳提到妳以自己的身分、身處的位置、前進的方向為榮，那有點為我的憤怒火上加油。

琳蒂：好的，所以你讀到了我的文章。你讀了，然後不喜歡。

16 一個女性因為抗拒父權壓迫而變得「不稱職」，針對這個概念，我們可以根據包括哈斯蘭格[109]（第七章）在內的某些關於如何做女人的討論，進行半字面上的詮釋。根據她對性別的分析性或改良性說明，做一個女人的內涵就只是以性別認同或實際生理性別為基礎，並以此基礎為前提，在社會中從屬於男性。然而，如同哈斯蘭格自己隨後承認的，她的說明至少需要一些修正，好還給跨性別女性的經驗一些公道。可參考凱瑟琳·詹金斯[133]的討論與塔莉亞·美伊·貝特契[26]所提出的另一條路線。

17 這名男性的各項行為包括了在推特上冒充琳蒂·魏斯特不久前去世的父親。他個人簡介裡諷刺的寫著：「一個白癡的難堪父親——不過其他兩個孩子還可以。」這裡的「白癡」指的是琳蒂。"If You Don't Have Anything Nice to Say, Say in in All Caps," This American Life, 第五百四十五集，首播日期為二〇一五年一月二十三日。可見：https://www.thisamericanlife.org/545/transcript

男子：某些地方。妳用了很多大寫，妳就是非常……妳寫作時幾乎無所畏懼。妳知道嗎？就好像妳站在書桌上，然後說，「我是琳蒂．魏斯特，這是我的信仰，假如你們不同意我，去你們的。」即使妳沒有真的用那些字眼，但我就是覺得，「這個自以為她什麼都知道的賤人是哪位？」

琳蒂：我問他，是不是因為我是女人，所以他這樣覺得。

男子：哦，絕對是，絕對。現在女人寫作比較直截了當，她們在說話或寫作時沒了膽怯的姿態，她們就這樣大聲說話。我覺得那……那一開始聽起來很具威脅性，我覺得，對我來說也是如此。

琳蒂：嗯，你一定知道——那就是為什麼我要這麼做，因為大家不期待聽到女人那樣說話，而我想要其他女性看到我那麼做，我想要女性的聲音變大。

男子：我了解，我了解。問題是，我整天都和女性一起工作，我對任何人都沒有意見。我那時會告訴你，如果有人對我說，「你是個厭女者。你恨女人。」我會說，「才不，我愛我的母親、我愛我的姊妹、我愛我這一生交過的女朋友。」但你不能一邊說你對女人沒意見，一邊上網侮辱她們、把她們抓出來，然後在情緒上傷害她們。

我認為事情正是如此。厭女者可以愛他們的母親，遑論他們的姊妹、女兒、妻子、女友、秘書。他們不需要恨所有的女性，甚至絕大部分的女性。重點是，他們傾向於恨直言不諱的女性。

毫無疑問，一些人會抗拒我剛才提出的這個想法。一些人可能會堅持厭女情結必須是因為女人的身分而仇視她們，而且沒有進一步的原因，因此厭女情結不能只是針對「某些」女性。但我找不到什麼理由支持這個概括性的堅持。而我懷疑，它的基礎來自於無由地假設厭女情結必定與最常見的（雖然在歷史面來看往往不準確）對反猶主義的想像十分相像，而後者顯然針對的是整個猶太民族。[18]但是，為什麼這種壓迫形式就該被視為標準範本？為什麼我們無論如何都該接受這個——讓我們這麼說吧，「範本中的範本」？以性別為基礎的壓迫可能在某方面自成一格，或者它可能為其他形式的壓迫提供一個有用的範例，我將在第五章簡短討論其可能性。

無論如何，把父權意識形態的目標看成是清除世界上的女性，或從某種直觀的角度，看成將女性放逐到貧民窟，這種視角不具太大意義。女性被徹底整合到典型的父權家戶之中，被賦予各種關鍵的家務、社會、情緒與（異性戀）性服務工作，這樣的女性對於支配者而言有太多用處了。這使她們變得不可或缺，甚至也無法在空間上被隔離，因為這會讓她們無法為支配者的需求和利益提供服務。

雖然照這樣說來，厭女情結的攻擊目標不是所有女性，但這不代表「**#所有女性**」倡議行動的論點有誤——幾乎每一個女性都有可能受到厭女者的威脅和懲罰。因為除了被「**認定**」對父權規範與期待造成破壞，或「**實際**」上真這麼做了以外，還有一種可能是單純「**象**

徵性」或「代表性」的破壞，而個別的女性會被迫為其他女性可能的罪責付出代價。

廣泛來說，我相信厭女情結的控制力量可能超出其所及範圍，因為它的企圖是藉由將某些女性看作其他人的替身或代表，充當沙包（punching down）——她剛好唾手可得，又缺少求助對象與資源（例如在親密伴侶暴力的脈絡下），在她身上發洩來自他處的挫折感，以重建父權秩序。

就我後續的目的來說，最重要的是，小小的規則破壞可能會被不成比例放大，然後用來暗示一名女性的「**人格**」中有某種必須被譴責的東西。他人可能聲稱她違反承諾、說謊，或背棄了「她」那一部分的協議，因此她嚴重不可信賴、欺騙他人、不負責任等等。如果我們努力搜尋，我們經常可以在個別女性的行為裡找到一些（或多或少）名義上支持這類抱怨的基礎，但這些被違背的承諾和未完成的協議卻是父權體制以她之名所進行的不正當作為。

這解釋了在伊斯拉維斯塔殺人案後，女性主義診斷所遇到的其中一種反對意見，即認為艾略特．羅傑的攻擊目標和受害者（各自）都沒有**真正地**違背與他有關的父權規範和期待，她們僅僅「代表」了那一類他覺得忽略並羞辱他的女性。那些被他針對的加大聖塔芭芭拉分校阿法斐姊妹會女性會員事實上從未有過任何機會注意他，因為，即使他曾經跟蹤過她們，他也從來沒有向她們介紹過自己。

然而，這是否代表因羅傑有妄想的狀況，就能駁斥女性主義者對他的案件做的診斷？答案是否定的。我將在下一章指出，事實上，厭女情結經常與此類的妄想有關，即使是那些確實知道自己在做什麼、因而無疑應該受到批評的個人，也是如此。

為了提供說明，拉許・林博出場了。

18 參考漢娜・鄂蘭在其知名著作《平凡的邪惡：艾希曼耶路撒冷大審紀實》對阿道夫・艾希曼的評價：「讓他不恨猶太人的『個人原因』之一是他家中的猶太人……『我個人對猶太人沒有任何仇恨，因為我的父母給予我的教育是嚴格遵守基督教義，而我的母親，因為她的猶太親戚，她有著和眼前的親衛隊圈子非常不一樣的看法。』他接著花了很多時間證明他從來沒有對他的受害者抱持任何不好的觀感。」更有甚者，

假如艾希曼沒有這麼一板一眼，或是警察詰問時沒有這麼小心慎重（他們並沒有進行交叉詰問，這麼做的理由可能是因為想要確保合作順利），他的「缺乏偏見」也有可能在另一方面顯現出來。在維也納時，艾希曼非常成功地強迫了猶太人離開該國，但當時他似乎有一位猶太情婦，一名他在林茲時的「老情人」。「Rassenschande」一詞的字面翻譯為「種族玷汙」，但是在納粹的詞彙裡，這個字單純表示和猶太人進行性行為，而這大概是納粹親衛隊成員所能犯下的最嚴重罪行。儘管在戰時，強暴猶太女孩成為前線軍士熱中的休閒活動，但在高階的親衛隊軍官中，和猶太女性交往的行為絕不普遍。[11]（頁30）

我們也要考慮到，在一九三三年前，猶太人在德國特別成功且融入社會，相比之下，其他許多歐洲國家內的猶太人則處於就業不穩定和被邊緣化的境地。包括阿默斯・埃隆和高茲・阿里在內的歷史學家近期都（分別）指出，因為如此，在激發強烈的反猶太主義的過程中，德國社會感覺猶太人「搞不清楚自己的位置」的心境扮演了重要的角色。見第五章，注釋40。

CHAPTER

(2) 改良厭女情結的解釋
Ameliorating Misogyny

截至今日，哲學家僅僅是用了不同的方式解釋世界；但重點是改變它。

——卡爾・馬克思
《關於費爾巴哈的提綱》

拉許・林博評論珊卓・福魯克

右派名嘴拉許・林博的形象向來不是對女性主義者特別友善，然而儘管如此，二〇一二年二月他在自己的每日電台節目上對珊卓・福魯克做出的以下評論，厭女的指控還是給他帶來了大麻煩：

當女大學生蘇珊・福魯克〔原話照引〕來到國會委員會前，然後基本上指出我們必須要付錢讓她做愛，這說明什麼？這代表她是什麼？代表她是一個蕩婦，對吧？這讓她成了一個妓女。[1]

福魯克當時其實是喬治城大學的法律系學生，她對民主黨眾議院成員主張，在宗教機構裡，健康保險也應該給付避孕措施。林博自然而然導出結論：福魯克要求的是她無法自行負擔足夠的避孕用品時，林博和美國納稅人要為她的性生活埋單。因此，他說福魯克是一個「蕩婦」和「妓女」——「侮辱性的字眼選擇」，他後續承認，並補充用這些字眼是為了「表達幽默」。[2]但更糟的是林博當時顯然無法決定自己究竟要用什麼比喻：

> 那代表我們是什麼呢？我們是皮條客（中斷）。嫖客？我們會是嫖客嗎？不，我們不是嫖客（中斷）。是的，沒錯，皮條客不是正確的用詞。好，所以她不是「蕩婦」，她只是「很隨便」。我收回那個詞。

但林博沒有收回那個詞太久。才隔了一天，他又再次在節目上說福魯克是「蕩婦」。他最終撤回這段發言並道歉：「在針對這個情境打比喻的時候，我選擇了不恰當的用詞。我並非有意對福魯克女士人身攻擊。」[3]

這帶我們來到一個與厭女情結的病原體和攻擊目標有關的重要難題。厭女情結往往是如何充滿妄想，又為何會如此？大眾怎麼會根據這樣明顯薄弱的基礎，就對他們不認識的女性懷有如此個人化的怨恨，或引發其他人的怨恨？而且很明顯，林博希望自己的謾罵在他的聽眾耳中不僅清晰易懂，還很吸引人。

林博對福魯克的評論將這個難題公諸於眾，還幫我們解開了。[4] 林博選擇的意象如何將自己和他的聽眾投射到上面，有個部分是重點：他描繪出一名明確表達需求、主張其應得權利、理所當然且堅決的女性，描寫她「從他們」（特別是納稅人）身上理所當然要求某樣事物。不只如此，她還要求他們為她埋單，好讓她可以沉溺於性交。這說法怎麼說都很牽強，但它讓林博得以把福魯克描述成好像虧欠他們什麼。讓我們回想林博後續故作游移不定的兩種意

---

1 這段及接下來正文中的節錄都來自林博於二〇一二年二月二十九日的節目逐字稿，可在《拉許林博秀》官方網站上找到。"X—Butt Sisters Are Safe from Newt and Rick," Rush Limbaugh Show, 2012/02/29, https://www.rushlimbaugh.com/daily/2012/02/29/x_butt_sisters_are_safe_from_newt_and_rick/

2 Rush Limbaugh, "A Statement from Rush," Rush Limbaugh Show, 2012/03/03, https://www.rushlimbaugh.com/daily/2012/03/03/a_statement_from_rush/

3 節錄自林博於三月三日發表的聲明（見上注釋2）。

4 亦可思考此面向：在評論女性政治人物時（不只是負面的，也包括中立或甚至正面的評論），大眾經常採用一種不恰當的私人語氣。其中一種症狀是使用女性政治人物的名字，而非姓氏，例如「希拉蕊」，以及將澳洲第一位女性總理茱莉亞．吉拉德稱為「茱莉亞」，我將在後續章節裡討論到後者的政治崛起和衰落。還有一個例子是：德國總理安格拉．梅克爾的暱稱是「媽咪」(Mutti)。

編注：曼恩在全書提及希拉蕊．柯林頓時，皆使用全名或其姓氏柯林頓，然考量台灣讀者的熟悉度和媒體使用習慣，此繁中版以希拉蕊稱之，特此說明。

象——被福魯克提供性服務（作為「嫖客」）和福魯克成為他的下屬（讓自己成為「皮條客」）。林博還一度提出以下這項小小的安排：福魯克可以拿他的錢——只要她把性愛影片發布到網路上：

> 我們被玩弄了，儘管我們都沒有實際見過她！福魯克女士，妳有沒有聽說過不做愛這個選項呢？所以，福魯克女士，如果我們要坐在這裡，如果我們得被捲入這件事，我們得有些回報：不如妳把所有的性愛影片公布在網路上，好讓我們看看我們付的錢到哪去了。[5]

這段話之所以引人注目，一部分是因為跟艾略特．羅傑的告白影片一樣，它從第三人稱轉為第二人稱的對話，或說指控。但是林博在和誰對話？似乎連他自己都察覺到奇怪之處，感到自己被一個全然的陌生人「玩弄」了。

我相信，這個難題的部分解方是要認知到，女性的從屬地位對她們施加了功能性和關係性的條款[109]（頁57－63）。前一章提到，根據父權的意識形態，女性經常被期待扮演從屬角色，給予男性注意力和關愛——用譬喻來說，好比要不斷對支配者投以愛慕的眼光。因此，深植於父權性別關係內的本質之一，便是女性在男性面前的行為會被放大（被男性本身，或是更甚，被他人以男性的名義）。因此，女性的冷淡等同於厭惡，不知情等同於刻意忽視，經驗分享等同於嚼舌，要求等同於勒索。

若要解決這個難題，我認為另一個元素是要留意到女性如何經常被認為能夠互相替代，而且個別女性能夠代表一種特定「類型」的女性。因此，女性可以被單獨挑揀出來，看成具代表性的攻擊目標，在想像中代理一大群他者。[6] 因此，艾略特・羅傑在他所謂的宣言裡宣示他的意圖：「我會攻擊加州大學聖塔芭芭拉分校裡最辣的姊妹會成員，這些女人正好代表女性這性別裡我痛恨的每一件事。」林博則稱呼福魯克為「一個典型的自由派代表」。但這些被迫成為代表的女性卻不需要展示自己具有任何她們所代表的女性類型特質，例如自私、孩子氣，以及想要讓人類史上的墮胎數量達到高點、跋扈的「女權法西斯」。事實上，某些時候，關鍵正在於她們不具這些特質，因為這類女性根本不存在。

在這每一個例子裡，敵意一類的態度皆扮演了顯著角色，包括怨懟、惡意、反感，和各種威脅性或懲罰性的傾向。如果這些例子可以提供任何指引（依據哈斯蘭格[109]對描述性認識的看法，它們理應可以），那麼，厭女情結往往包含了一些被斯特勞森稱為「人際型」的反應態度。正如序言所討論到的，這些態度某程度上只發生在我們和其他成熟、自主、精神健全的人類互動之時，而且應該要包含「所有本質上『個人化』的敵意」[252]（頁11）。因而這些態

5 Rush Limbaugh, "The Dumb Don't Know They're Dumb," Rush Limbaugh Show, 2012/03/01, https://www.rushlimbaugh.com/daily/2012/03/01/the_dumb_don_t_know_they_re_dumb/

6 可比較納思邦[206]（頁257）和朗頓[150]（頁226）對物化與可替代性的討論。我將在第三章分別說明更多兩人各自的看法。

度會以第二人稱的方式出現，但更多時候似乎是以第二人稱『**複數**』表述。讓我們回憶羅傑說的話：「我將為此懲罰妳們所有人。」從很多方面來看，這似乎是厭女情結的典型情緒，它含有懲罰性、怨懟，而且很個人，卻沒有指向某個特定對象。這類態度的心理目標可能不真的像它們實際的受害者；相反的，它們往往指向一副粗略合成的女子樣貌，而該樣貌被黏貼在一張真實的臉孔上。

一些人會向我提出一些看法，可能可以提供一點樂觀的理由。他們的看法是，就分析上而言，厭女情結不**真的**和它的女性受害者有關（例如可參考[259]）。但我們為什麼會一開始就連到這種結論？相較之下，反猶主義及其他種族與族群的仇恨形式通常不會被視為一種深層的或基礎的心理學解釋。想像一個人指出希特勒在內心深處並不真的反猶太人，只是因自己缺乏藝術天分而感到不安，又吸食了大量的鴉片和冰毒（甲基安非他命）。儘管事實似乎確是如此，而且不難想見那在關鍵時刻加劇了他的惡意，但在日後指出希特勒並不反猶，這說詞顯然不值得重視。然而談及厭女情結，類似說法卻很常見。那些動輒傳播厭女社會力量的人，有著各種焦慮以及心理上和社會適應的問題，這不讓人驚訝。但這怎麼能緩解「女性」所面對的問題？當一個人的等身擬像*就是由她的身體所做成的，一燃俱燃。

這說明了，轉換焦點可能有幫助。與其從被指控者的立場理解厭女（即便只是隱含地），我們不如轉向從厭女的**對象**或**受害者**的立場思考。換句話說，討論厭女情結時，我們可以聚焦在女性在探索這個社會性世界時所「**面對**」的敵意，而不是將焦點放在男性（首先是他們）

在和特定女性接觸時是否「感受」到敵意——並視其為一種深層的心理學解釋，或幫它安上任意的名目（隨後我會進一步討論後者的可能性）。

這樣的思考態度包含以下好處：

（1）避免心理主義，卻不否認厭女情結的敵意「氛圍」，也不否認它可能包含來自個人的敵意態度，但這非必要。它也可以協助統整厭女情結的各種可能呈現方式（例如，盛氣凌人的厭女者和感到失望的厭女者，以及來自個體行為人還是全然結構性的機制）。

（2）避免個人主義，藉由承認社會慣習、制度、政策等也可以表露出對女性的敵意，例如營造一個「有敵意的工作環境」或一個「不友善」差別待遇的社會氛圍；以及，

（3）使厭女情結在知識論上更容易處理†，讓我們能使用「合理女性」的標準，或者用更準確、也更好（基於較不健全主義）地，我們可以問問，一名女性身處在理應要能容納她

* 譯注：等身擬像（effigy）是一種人形雕塑或人像模型，通常在抗議時使用，群眾可能會燃燒或毀壞模型，以表達對肖像所有者的憤怒。

† 譯注：原文 more epistemologically tractable。認識論為哲學的子領域，研究知識的性質、起源和範圍、認識論的正當性、信念的合理性以及各種相關問題。

7 我在此把凱薩琳・麥金儂和其他學者針對性騷擾所發展出來的法律概念作為典範。同時可參考米蘭達・弗里克[91]（第七章）的論點，她討論到此概念對性別平等職場改革的重要性，並藉此說明在這個成果來臨前所存在的詮釋不正義。

的環境裡，是否能合理地將其中某種遭遇、面向或慣習「解讀」為敵意的表現？[7]這和透過心理學探查行為人的意圖，或必須接受他們的說詞的做法相反。

前面已經指出，個人的厭女情結通常包含負面的人際型反應態度，說明了對於我發展出來的主張，我們如何先發制人地回應一個難以避免的反對意見。因為，如今大家自然會好奇我對厭女情結的看法要如何迴避心理主義和後續的認識論問題——那些正是我反對素樸理解的部分原因。我們要如何得知某個表現出怨懟和惡意的人是真的發自內心，還是單單感到（比方說）焦慮？

答案是，此處的重點不在內心深處，而是就在表面上，當我們把討論焦點從厭女情結的行為人轉移到承受者上。因為，儘管我確實認為怨懟和不贊同等反應對理解厭女情結的本質很重要，我也想要用比較不那麼心理主義的方式去理解。不那麼強調「態度」，而是更著重於「反應」。這些是女性在探索她們的社會環境時會「面臨」的反應，以及她們遭遇各種限制時，這些反應如何被合理詮釋（如我在前述第三點內更直白的說明）。因此，依循這條思路，那些被表現出來、卻沒被覺察到的敵意，即可被看成真實的敵意。行為人對於自身行為的社會意義沒有壟斷權，而他們的意圖儘管對此有影響，卻不具決定權。

因此，在後續對厭女情結的分析中，一個厭女的社會環境可能是、也可能不是個別行為人偏執的結果。也可能是任何一種根深柢固的社會規範體系遭到拆解時，某些人在初期感受到不自在和敵意所形成的結果。那些抗拒或藐視性別規範與期待的女性，可能隨後便會遭到猜忌，引發驚愕，但不是因為她們挑戰了特定的性別規範，僅是因為她們挑戰了根深柢固的規範。對某些人來說，女性主義尤其深刻地破壞了他們對社會秩序的認知。這麼說吧，他們面對破壞或威脅到性別社會階序的女性時展現的敵意，和他們自視為一名平等主義者不衝突。他們面對不願意將自身力量拿來服務男性利益的有權女性時，仍舊可能把她們視為令人惱怒、帶威脅性的人。基於這點，厭女的社會環境便可能部分來自於多少懷有善意的人，出於自己並不承認的情緒所採取的行動，或是他們一時下意識將憤怒化為敵意的結果。確實，這樣將憤怒化為行動，一部分很可能是用來取代感受的表達：表達的行動化（acting *out*）在此脈絡裡不難聯想。

此外，厭女情結可能是集體（或所謂「大眾」）的活動產物。[8]此類敵意可以激起更多它所傳達的情緒，但這樣的活動經常四散且缺乏組織，也沒有協調到足以將施為者視為一群貌似真實的群眾代表。厭女情結也可能是制度和社會慣習的產物，具有表達上的價值，對以某種方式無法或拒絕聽從命令的女性傳遞了某些訊息。有些情況下，這些制度和社會慣習（包括法律和公共政策）的厭女元素在當代已大幅退化。但有些時候，在激進的社會運動獲得成

8 但此處必須說明的是，並不是每一個相信這類厭女「群眾」心態的人都一定會直接傳達厭女的社會力量，某些人反而會留意並模仿其他人的（道德）厭惡反應——換句話說，以間接或二手方式傳達厭女的社會力量。本書第八章更進一步討論這類機制如何被用來擊倒公領域內的女性。

果之際，有權者可能會利用無權者常見的不安全感及權利被剝奪感，進而倡導、復興上述的厭女元素。從我接下來分析厭女情結的角度來看，這些有權者是否只是趁勢利用和偏激犬儒（例如，企圖贏得選票和提高支持率），還是確實認同他們所兜售的毒藥，都無關緊要。重要的是，他們對厭女的社會環境做出的貢獻，也就是說，他們以父權律法與秩序來監督和懲罰女性的程度有多大。由此看來，艾略特·羅傑和拉許·林博的貢獻成果超出水平，可以在接下來的分析中被看作是厭女者。

一個改良的、交織性的提議

改良性計畫在某種程度上具有規定性的本質，但這不會（或至少不應該）讓它們變得專斷。如哈斯蘭格[109]所說，它們獨特的活躍思維是：「這是我們必須好好思考的現象。」（頁224）因此，在我思考厭女情結的概念性和描述性的概念、了解它們能導向什麼結論之後，我想於此刻提出一個改良性的提議，指出（為了許多理由）我們「**應該**」如何理解厭女情結。

我認為，就最籠統的描述來說，厭女情結應該被理解成父權秩序下的「執法」部門，整體功能在於**監督**和**執行**父權秩序的統治意識形態。我們可以說得更精確些：

本質上，一個社會環境內的厭女情結包含了有敵意的社會力量，而：

(a) 屬於某個階層（範圍有大有小）的女性會因為她們所在的（或多或少被清楚定義的）社會位置而遭遇這些力量；而

(b) 這些力量會服務於監督和執行父權秩序，具體事例會表現在其他互相交織、並影響上述階層中女性的壓迫與弱勢體系（例如各種形式的種族歧視、仇外情結、階級歧視、年齡歧視、恐跨情結、恐同情結、健全主義等等）之上。

同時，一項**堅定不變的事實**是，這些厭女的社會力量將會：

經常因為（特定類別的）女性對自己受到的父權規範與期待提出了實質、可察覺、具代表性的挑戰或破壞，進而攻擊她們（再一次，與其他相關的交織性壓迫力量聯合運作）。

舉例來說，此處所指的父權規範和期待可能包括：

(a) 特別依性別而定的**內容**，它們反映了父權秩序，並協助規範或重建它；或

(b) 對（特定類別的）女性，比起（同樣類別的）男性（也就是她們的男性對照組），採用特別嚴厲的**執行機制**；[9] 或

(c) 和男性對照組相比，對（特定類別的）女性採取特別密集和／或帶有侵略性的監督（例

如監管、檢視、猜疑）。

因此，相對於素樸理解，我的看法是：

厭女情結把女性當成首要攻擊目標，因為她們是活在「男性世界」（亦即以歷史角度來看，長久以來的父權世界）裡的女性，而不是因為她們在「一名男性心目中」作為女性，而該男性是厭女者。

我們同樣可以回顧，根據我對於該如何理解厭女情結的分析，相關的敵意可能展現在個別行動者、集體（或所謂「大眾」）的活動，或純粹的結構機制上。在我們繼續討論之前，以下有幾點值得留意的延伸：

根據這個定義，厭女力量可能會針對社會空間不同位置上的特定女性，也可能以一種更普遍全面的方式作用於女性群眾。

比方說，「厭黑女情結」中的消抹（erasure）以及隨之而來的隱身（invisibility）形式，便可說是既獨特，又絕對只專屬於某些地區的某些人。該詞由莫亞．貝利[15]提出，指的是美國黑人女性因其獨特的社會位置而面臨的厭女情結——結合了反黑人種族主義、異性戀霸權，以及父權力量的運作。我會在第六章末討論，並援引克莉絲蒂．道森和瑪莉塔．吉伯特等學者的論述。

儘管如此，即使厭女情結運作的方式具普遍性，卻不代表被體驗到的形式，還有對女性造成的後續衝擊都一致。這在邏輯上說不通，而且在很多情況下都是錯誤推論，這種錯誤會掩蓋某些重要的事實——例如不同的弱勢身分會彼此加乘，或反之，藉特權（及其他可能性）而被減緩[56][59]。

在此有一個例子，我們可以回想不久前的羅賽塔・華森一案。她是居住在美國密蘇里州楓林市的身障黑人女性，因為男友的家暴，包括造成「噎傷」——或者用更恰當的術語說是「非致死地以手勒頸」（如我們在前言中討論過的）——在短期內報警四次。由於她是租屋者，所以她在一百八十天內報警超過兩次後，她的行為被認定為「滋擾」。這條法規在美國很多城市與鄉鎮內很常見，華森因此失去了在該市定居所需要的居留資格，基本上被逐出當地六個月。這一切都是因為她在遭遇恐怖、有致命危險的暴力時試圖尋求保護。[10]

對於黑人女性來說，被驅離是個普遍存在的問題。社會學家馬修・戴斯蒙認為這和黑人

9 在此我刻意保留了一種可能性，亦即在此議題之上，不論是和同類別中的女孩／女性還是男孩／男性相比，那些不屬於二元性別者的遭遇都可能更為惡劣。

10 Melissa Jeltsen, "A Missouri Town Exiled a Woman for Calling the Police on Her Abusive Ex," Huffington Post, 2017/04/11, https://www.huffpost.com/entry/rosetta-watson-maplewood-missouri-abuse_n_58ebece5e4b0ca64d91864f0

男性被大量監禁類似，它構成了一個深層的系統性不平等與弱勢源頭，卻鮮少受到注意。「可憐的黑人男性被關了起來，可憐的黑人女性則被擋在外面。」戴斯蒙[69]指出。這說明厭黑女情結和居住不安全、遊民、法律問題、監禁等各種負面結果緊密相關，使得弱勢黑人女性特別容易受這些問題影響。[11]因為此種種因素的結合（使她們早已不成比例地弱勢），處於這類境地的女性又特別容易遭遇到家庭暴力和性侵害的威脅。厭黑女情結就此陷入一種惡性循環。

在將厭女情結首先定義為社會環境內的一個屬性後，我們如今可以說：

由此衍生，只要個人在一個社會脈絡裡展現出來的態度或行為反映或延續了其中的厭女情結，他就可以被視為厭女者。

我們也可以用類似的方式，將厭女情結定義為社會慣習、制度、藝術品或其他人造產物具有的特性。

但大體說來，當我們稱一個人為厭女者，必須謹慎面對箇中風險，這有理可循。此處的風險包括我們可能高估了自己，以及可能會涉入某些道德教訓，而後者正是在處理厭女情結時，我們被教導須謹慎以對的事。此外，這裡當然也有公平性的考量，我們通常不會想要為了一種近乎普世性的人格特質、態度或行為傾向而給某人貼上一個羞辱性的標籤。

因此，我認為「厭女者」一詞最適合被看作一個「門檻」概念，而且是「比較性」的，

它具有某種「警告標籤」的功能，應該被謹慎使用於在不同社會脈絡中態度和行動格外且一致性厭女的人身上。根據此觀點，

> 當——且僅當——和其他相對可類比的大多數人（即在類似的社會環境裡有著相同性別，以及很可能有著相同種族、階級、年齡等條件的其他人）相較之下，該人的厭女態度和／或行動顯著地(a)更為極端，以及(b)更為一致時，這樣的人才能被看成厭女者。

某方面來說，「顯著」和「相對」是含糊的表達，我卻是刻意為之，因為在這個脈絡裡，就我的目的而言，我不需要決定如何填寫這個定義。因此，最好的做法是保留空間，讓大眾可以根據規範性和道德性理論中的不同目標自行發展。

在提出以上我對厭女情結的改良性分析後，我將稍事暫停，先專注討論這份分析的一些重要特點，以及以此思考出發所能帶來的吸引力與好處。內容將包括此論點在概念上和實質上的進一步應用，以及厭女情結何時可能崛起：它如何運作、針對誰，以及由（或者有時更好的說法是「透過」）哪些個人和社會慣習、制度、藝術品、人造產物等等產生作用。我也

11 如金柏利．克倫肖[59]所示，在近代史中，和黑人男性與白人男性間的對比相同，相較於白人女性，黑人女性的入監率也因為類似的因素而提高（頁1437）。雖然一路以來，女性之間的差距看似顯著減少，但不變的事實是，這個問題不會如前者般受到關注。而這很可能是一個症狀，反映了黑人女性如何從整體公共論述中被消除。

會從厭女情結的認識論提出一些初步看法，亦即我們如何能夠指認出這世上的厭女情結和厭女者，以及它或他們存在的可靠證據。

厭女情結在形上學與父權的從屬關係

我的分析指出厭女情結是一個固有的政治現象。具體而言，這代表從形上學來說，一個社會環境裡的厭女情結仰賴存在父權本質裡的規範與期待。這不代表厭女情結只發生在完整運作的父權體制中，但這確實代表它們必須有某種歷史上的「連結」，其解釋廣泛到不論是承襲而來的，還是從別的文化借來的，甚至只是剛開始形成的規範與期待，都足以構成厭女存在的背景條件。[12]我的分析便是基於這些重要的前提。若是缺少在背景運作的父權壓迫體制，針對女性的敵意就僅僅是個人的怪癖，或某種類似恐懼症的東西。[13]我的意思並非這類的「恐女症」不是真正的困擾（因為它確實是）——例如，可能來自某種與母親相關的心理問題（人們在討論到這類議題時有時會援引的概念，我們將在下一章討論）。[14]但我不認為在當前的政治氛圍裡，這是一個需要關心的問題，因為女性已經在面對這麼多更系統性的難題了。

厭女敵意的多種形態

依我看來，厭女敵意可以是任何能用以達到懲罰、威懾、警告功能的行為；它們（取決於你對懲罰的看法）可能包含對人類整體厭惡的行為，或僅針對目標女性。厭女敵意包含了各式各樣「貶抑女性」的舉動，型態多樣到讓整份清單像是毫無止盡，但概括來說是以下這些：成人被羞辱地比作兒童、人類被比作動物，甚至比作物品。幼兒化或藐視也屬此範圍，包括了奚落、貶低、嘲弄、侮辱、毀謗、妖魔化，以及「性化」，或是相對的，「去性化」、噤聲、

---

12 此處有個推論值得一提：假如厭男情結可以被理解成厭女情結的類比（而它應該要被如此理解），那麼，如果沒有任何母權意識形態所衍生的母權規範與期待在運作，並使違反它們的男性遭人怨恨，也就不會有任何真實的厭男案例存在。我認為這樣的推論完全合理。在歷史上，這類規範究竟有多常見，並不是我作為哲學家有辦法回答的問題；就像我在前言中提到的，這是一個留給歷史學家或人類學家的問題。但是讀者可以參考葛爾達．勒納[156]針對父權體制的歷史普及度和霸權本質所做的經典論述。

13 我在第一章開篇時提到一個觀察：如果我們採用譬喻，厭女情結是一個「飽滿」的字眼。但請注意，根據我的分析，從這個詞最嚴格的意義上來說，厭女情結並不是一個道德化的概念。然而，有鑑於父權的壓迫體系在道德層面上應該被反對，以及對這類道德事實的標準看法在形上學方面會因為它們所引起的描述性事實而成為必須，關於厭女情結的主張確實仍舊有著顯著的道德影響，這種必要性就算不是概念上的，也是形上學上的。

14 在此我略略提到了辭典編纂者蘇．巴特勒的說法，我將在下一章就此進行討論。"Misogyny Definition to Change after Gillard's Speech," *Sydney Morning Herald*, 2012/10/17, https://www.smh.com.au/national/misogyny-definition-to-change-after-gillard-speech-20121017-27q22.html

無視、羞辱、責怪、故作紆尊絳貴或高人一等，或是其他在特定社會脈絡下輕視與輕蔑地對待。然後還有暴力和威脅的舉動：包括「充當沙包」——亦即延宕攻擊，或替代性攻擊*。根據我的看法，既然在厭女的想像中，個別女性經常成為全體女性的替代品或代表，那麼，幾乎每個女性都有可能受害於來自某處、某種形式的厭女敵意。

接下來，我將會特別討論厭女情結如何透過常規式的社會規範機制、道德主義、概括式的人格醜化、階級感的社交舉動，以及類似的過程運行。依我所見，厭女情結並不需要、通常也不是來自於某些特定的以及（在我看來）不知為何被公認的心理態度，例如將女性視為性物件、次等人類，或認為女性擁有某些令人厭惡與憎恨的「本質」。相反的，厭女情結通常是為了執行和重建父權秩序，或是在此秩序受到挑戰時提出抗議。噁心感（disgust）源自這些社會過程，也強化了這些社會過程。這將是我在第五和第八章的個別討論重點。

換句話說，除了有時的一廂情願或刻意否認，否則很多時候，這些各式各樣的「貶抑女性」行為並不能反映出女性實際上如何「被看待」。這些行為是動態、主動、強力的巧妙操作，在女性有了逾越本分的念頭時，要她們安分守己。因此我認為，來自個人的厭女情結其實沒那麼關乎信念，而更涉及欲望——要求世界能夠維持在父權秩序之下或與其接軌的欲望，以及類似的心理狀態，至少一開始是如此。[15]我會在第三章時回到這個主題，同時一併討論厭女情結與性別歧視的差異。

厭女情結的認識論

說起厭女情結的認識論，首先有兩組對比在這裡特別重要（儘管這些對比的間接證據可藉由多種方法找到）。若要證明特定女性是否受制於厭女情結，可以透過比較一位處於大致相同社會位置的男性對照組（亦即一位在種族、階級、性、順／跨性別身分、身心障礙、年齡以及其他條件上狀況一致的男性），無論就強度、普遍程度、品質、數量或時間長短上來說，他都很可能不會受制於女性面臨的敵意。我認為這精巧地構成了一種對厭女情結的通俗定義。

必須注意的是，這類敵意不必**顯見地**針對女性（即和她們的男性同儕相比）才能被視為厭女情結的症狀或表現。只要該對待方式就某種性別的維度來說具特殊性，就已足夠。因此我們可以承認：一些男性在類似的位置上，也可能遇到同樣（甚至更強烈）的敵意；然而，根據我的分析，只要這份針對女性的敵意帶有明顯的**性別基礎**或**特質**，便可視為是厭女情結的展現。

---

* 譯注：替代性攻擊指的是當個人宣洩衝動與怒氣的管道被阻擋，個人會試圖尋找一個比較可以被接受的出路。

15 信仰的內涵是呈現這個世界，並且認定世界已經是某個特定的樣貌（或者是在進行預測時，認定世界在未來將會是這個樣貌）。因此信仰可以被稱為「由世界所引導」或是「由世界所指揮」的心理狀態。而根據上述對欲望的「適用指向」的（粗略）描述，欲望是一種「指揮世界」的心理狀態。針對這個對比，可以參考安思孔[7]的權威性論述。

依我所見，另一個診斷厭女情結的方法，是假設一個狀況類似的人活在沒有父權規範與期待的世界時，不會遭遇到同樣的敵意。舉例來說，懷孕的人（通常是順性別生理女性，但也有一些跨性別男性和非二元性別者）經常無法從雇主那裡獲得必要的醫療與合理的經濟安排，反而因此被解雇。我認為這是此份分析的重要優勢，我們得以適當地處理有關懷孕的案例：如果順性別生理男性懷孕了，他們會遭遇同樣的職場懲罰嗎？或者他們只是會成為生育和工作並行的二線員工？答案難以得知，這問題也不太有意義。我們可以揣測，這沒有一個絕對的答案。在跟懷孕、哺乳、停經及其他相關的例子裡，這一類在社會學（若非科學）意義上極為縹緲的想像世界不是一個好的比較基礎。更好的做法，是想像一個有孕之人並非生存在「男人的世界」——亦即不是生存在這個以異性戀父權規範和恐跨情結為架構的真實世界，而是活在另一個人人都有權主張自己和他人在道德上應平等互動的世界，情況會是如何？我認為，在後者的世界，我們會更致力於為負責生養人類下一代的人們提供協助。

（潛在的）厭女情結作為一種傾向

在此階段，我對厭女情結的看法有另一個面向值得提出，就是它刻意訴諸性格或傾向。因此，社會環境並不需要在當下主動對任何人顯露出負面的態度或行動，才真正符合厭女的資格，只要某些相關的反事實成立就已足夠。我認為事情正該如此。從這個角度看來，厭女情結可能是潛在的，處於蟄伏的狀態。

有鑑於這個和前一個論點，我們自然而然會好奇：假如相關的社會機制太過成功，是否還有任何方法能夠得知社會環境厭女與否？也就是說，假如女性在當下很少感受到厭女的敵意或攻擊，但這只是因為她們成功地被降級到某些從屬的社會角色上，我們要如何判斷？

這將我帶到下一個論點，我認為，那可以作為本章內容完整性的重要補充，並鼓勵後續討論。

厭女情結作為一種體系，並且隸屬於另一個廣大（許多）的體系

雖然我認為合理的做法是在一開始就將焦點放在直指女性的敵意態度，以及它們的典型表現形式（基於其特點和造成不可逆傷害的能力），但切記，硬幣的反面也同樣重要。事實上，我的分析發現，有兩枚硬幣需要被翻面：一個是關於否定，另一個是性別。

因為，儘管厭女情結的主要表現形式可能是懲罰壞女人並監督女性的行為，然而一個懲罰與獎勵（以及定罪與赦免）的系統幾乎總是以全面性的方式運作。因此，若我們只針對這個論點的結構特性來反思，我們可以預測到，我所定義的厭女情結很可能持續不斷，並伴隨著一整套用來執行性別服從的方法。我們粗略察看周遭的社會世界，即可初步確認這點：針對女性的敵意真的只是一座巨大且惱人的冰山的一角。我們也應該為那些服從性別化規範與

期待的女性所受到的獎勵和評價憂心，當她們成為一名（舉例來說）慈愛的母親、殷勤的妻子、忠誠的秘書、「酷」女友或優秀的服務生時，我們應該憂心。另一個擔憂重點，則應該放在藐視陽剛規範的男性所受到的懲罰和監督，這個論點算是相當受到注意，某程度上也頗受接納。（雖然這並非本書的主題，其重要性也絕對不會受到否定，可參考迪歌比[72]的討論。）然而，也許比較少被注意到的，是男性受益於支配女性時，他們所獲得的正向和赦免態度，以及它們的表現形式。不過，我預期我們在第六章能夠捕捉到其中的一些可能性。

揭示厭女情結內含的道德特質

我論點的另一個特徵，是能夠容納一些乍看或許十分不同卻同樣可信的厭女案例，例如：在進步社會環境中出現的厭女情結，以及在專制高壓的社會條件下出現的厭女情結。我的論點揭露了兩者共享的根本道德特徵。以孟加拉國內的潑酸或硫酸攻擊行為為例，其中將近八〇%的攻擊都是針對女性。這些攻擊造成嚴重的傷害，留下了傷疤，並對受害者的臉部、胸部、生殖器官造成組織與骨骼創傷。有時，這些攻擊可能致命。根據一份不久前的報告，「這些攻擊最常見的原因是求婚、求愛或追求遭拒。」[215]此外，有學者指出，這類犯罪的典型動機是「出於嫉妒或復仇心態想使她受傷或毀容」[255]。米立杜拉．邦多帕迪耶與馬穆達．汗[16]進一步解釋，這些「因為被拒絕而發起的攻擊不僅是因為女性的拒絕而懲罰她們，也奪去了她們的社會／性資本」（頁72）。針對孟加拉國內對女性的暴力與高壓社會規範之間的關係，她們的整體結論是：

> 當地對性與性別的意識形態形塑了暴力的條件、形式、風險。工作的性別分野建構了一個「性別階序」，把女性放逐到私領域，使她們為求生存而持續依賴男性，並將她們置於弱勢的位置。因此，暴力是一則索引，和經濟實力與經濟參與度的性別差異互有關聯。潑酸攻擊強調女性對男性的高度依賴，作用在於警告許多可能會抗拒男性權威的女性[16]。

根據這份對孟加拉國內潑酸攻擊行為特徵的描寫，在我的分析裡，該行為很明顯屬於極度厭女。同時，反思那樣的攻擊行為和艾略特・羅傑的作為之間哪裡相似，會對我們有益，也是我的分析要闡明的。海瑟・麥可唐納[166]認為犯下厭女情事的主要是被種族化的他者，這類種族主義刻板印象會掩蓋深層的結構相似性，而後者值得有能力之人仔細探索。[16]

16 即使他們會採取不同形式，並提出非常不同的解方。這顯示出一種敏感度，這種敏感度在對待文化差異、不同社會意義，以及所採用的實務與知識姿態可能反映殖民道德主義等議題時是恰當的——然而敏感度並不代表完全不予批評的順從。

厭女情結可與厭女者共生或獨立存在

我已舉例說明了在沒有個別偏執者致力於此的情況下，許多厭女社會機制是如何運作的。不過，基於這些補述內容中確實包含個別行為人，我的論點亦明確證實了某些應被稱為厭女者的個人可能存在。再三考慮後，我認為保留這份可能性對我而言很重要。我認為，厭女情結的「壞蘋果」譬喻顯然有誤，而且並無助益，一直以來我也渴望擺脫它，但我們也不應該太急著赦免個人。根據我的論點，粗略地說，厭女者就是厭女情結的結果，亦即，厭女者就是對厭女的社會環境貢獻卓越的人（無論在考量所有因素之後，該體系是否可以被視為是厭女的環境，重點在於他們堅定致力於往那個方向推進）。此外，厭女者也可能是被一種厭女的社會氛圍深深影響其信仰、欲望、行動、價值、忠誠度、期待、修辭等等的人。因此，根據我的論點，羅傑和林博都做了不少事讓他們無愧這個稱號。在接下來的章節中，我們將看到另外一些符合這種要求的個人。

因此，針對厭女情結，我的研究試著避開兩種我認為是錯誤的極端：第一是把厭女情結看作由個別的「壞蘋果」所散布的禍害；第二則是以全然結構性和社會性的角度來思考厭女情結，排除了個人和人際互動的特殊性。如哈斯蘭格[109]所說，我們必須試著在將個人、社會結構，以及它們彼此在物質現實裡如何以複雜形式密切相關的過程，進行理論化的同時，也公正地對待它們（〔頁11〕、〔頁414－418〕，尤其是〔頁414第8行〕）。我嘗試在此強調的其中一種後續可能性：

一個社會體系或環境對於身處其中的某些人而言，具有特定的氣氛或「風氣」，而為了公正評斷人們的經歷體驗，需要用上較廣義的態度形容詞。對特定女性來說，這樣的風氣可能被形容為特別不友善、令人生畏，或是「令人發寒」。

與厭女情結的素樸理解相比，這個說明補全了我的分析中對厭女情結邏輯（即其**構成本質**）的簡短概述。然而，討論到厭女情結的**實質內容**，還有很多工作等著我們，其中一些內容是特定的地方脈絡所獨有。透過討論厭女情結和性別歧視之間的對比，以及這兩者在當前的美國政治中經常如何互相合作，我將在下一章陸續處理這段從理論到實質的過渡。我也會討論一些不同類型的厭女者，以及藉由全然的結構機制、政治運動、社會慣習的運作，厭女情結能夠用什麼樣的方式具體化。

但首先，讓我回到伊斯拉維斯塔殺人案上，為一些開頭討論尚未處理到的問題收尾。

無人區

在第一章裡，針對女性主義的厭女情結診斷所提的反對論點，此刻還剩下哪些？透過我的分析，其中多數已經變得沒有意義，因為它們立基於以下的錯誤對比：

- 一名男性是自戀者或妄想者，與他是一名厭女者（即一個強力且持續在傳達厭女社會力量的人），兩者之間不衝突，因為厭女情結在本質上就是自戀而妄想的。它把非個人的失望轉化成苦澀的怨懟，或轉化成——借用社會學家麥可．基梅爾為此發展的用詞[141]（頁18–25，第一章）來形容——某種「忿忿不平的應得感」（aggrieved entitlement）。在想像的層面上，厭女情結也能夠將行為人與他完全陌生的女性之間的關係轉化為親密。

- 一名男性感到脆弱和缺乏安全感，與他是一名厭女者，兩者之間不衝突。事實上，我的分析預期到這種脆弱性會是一個常見的觸發因子。某人是種族主義者（打個比方）和他是厭女者同樣不衝突。相反的，一個人會異常執著於他在眾多顯著的社會階序中站在什麼樣的位置，是很合理的現象。
- 一名男性會攻擊其他男性，與他是一名厭女者，也不衝突。艾略特．羅傑渴望能同時支配地位較高的男性以及受他們吸引的女性，這組合完全合理。事實上，對於羅傑這類人來說，這種支配可能是唯一能讓他得償所願、獲得「阿法男」地位的可行辦法，至少，如果他對自己在社會階序中的位置判斷正確，是這樣沒錯。他必須在社會性的世界裡晉升到比其他男性更高的位置，而為了這個目的，他在「辣」妹（亦即高地位的女性）眼中的地位會很有用處，甚至可能十分關鍵，反之亦然。同一性別內部和不同性別之間的階序自然深刻地相互交纏。
- 與史蒂芬．平克的意見相反，我們沒有理由期待厭女情結通常會以暴力或甚至暴力傾向的形式呈現。從執行父權社會關係的目的來看，這既不必要，甚至不理想。當一切依照計畫行事，父權社會關係理應溫和而無縫，暴力大多是在事情出了狀況才會浮出水面。當強大的女性被認定不夠全心為了支配性男性的利益提供服務，有很多非暴力且低成本的方式可化解她們帶給男性的精神威脅，例如毀謗、妖魔化、貶低、侮辱、嘲弄、譏諷、躲避、羞辱。女性可以在**想像層面**而非真實層面上被打倒。

- 與克里斯·佛格森[87]的意見相反，我們沒有理由設想厭女情結會透過直接的教導而在不同文化間傳播。再一次，這沒有必要。伴隨著個人強烈的應得感，個人被教導的（或者更恰當地說，他們**學習**或內化的）其實是各種父權的規範與期待，這些規範與期待被用來決定女性在為支配地位男性的利益服務時，她會處於什麼樣的社會地位。因此，當一名女性被認定為挑戰、抗拒或破壞了這些規範與期待，她和其他女性便有可能受到懲罰，或面臨其他遭遇。因此，厭女情結牽涉到的往往是個人覺得被女性威脅、推入困境、反對、貶低、辜負、訓斥、傷害、擊敗、勝過、糾正、超越、奪權、取代、打破希望、侮辱、磨練、顛覆、驅逐時，所產生的普遍反應。
- 與海瑟·麥可唐納[166]的意見相反，女性體驗到的社會進步與針對她們的厭女情結之間並無衝突。進步和怨懟完全可以共存。事實上，女性確實可能因為她們在某些領域內達到了快速的社會進步而遭人怨懟。我的分析是，當某些女性在迄今為男性所支配的角色上獲得成功，以及放棄傳統上陰性的照護工作，就可能激發厭女的敵意。厭女情結的源頭往往來自於想要打倒女性，以使她們再次安分守己的渴望。因此，當她們爬得愈高，就愈有可能被迫摔落。玻璃天花板也許被打破了，但攻擊也隨之而來，在其他女性崛起時，某些女性會被散落的玻璃碎片擊中。

最後，是否每一個男人心裡都住著一名厭女者，如湯姆・佛地所好奇的那般？按照我在此處下的定義，亦即將厭女者看作一個門檻概念，答案是否定的。與此同時，要成為厭女者，也不是非男性不可。事實上，女性同樣可以符合這份描述，非二元性別者亦同。（雖然單就女性而言，厭女態度與行動的頻率要多高才能符合必要的一致性，這是一個仍未有定論的實證問題，我在最後一章將提到相關研究。）但撇開這點不談，身處於眼前的這個歷史性時刻，我們之中有許多人，甚至是大多數人，在某些時候都可能有能力行使厭女的社會力量，即使我們抱著真誠的平等主義信念並投身於女性主義亦然。我相信我也不例外。這些操作形式可能不只包含不經意地監督和執行性別化的規範與期待，根據我的分析，它也可能是過度監督和過度執行性別上中立且正當有效的規範，亦即一些真正的道德義務。倘若這麼做的結果是，當我們面對那些被隱約認定（再一次，正確或錯誤地）在某些方面不守規矩的女性，相比於面對這群女性的男性同儕，我們表現出更過度、更針對性的敵意，那麼，在本書裡，她們所面臨的處境仍然可以被視為厭女情結。在本書接下來的例證中，將不乏清楚展現雙重標準的案例。

CHAPTER
(3) 差別待遇式的性別歧視
Discriminating Sexism

「沒有了女人，男人是什麼呢？什麼都不是，先生，可以說什麼都不是。」

——馬克・吐溫

性別主義 vs. 厭女情結

針對我對厭女情結的解釋，有一個重要的反對意見可能是，在持續確認厭女情結的敵意「氛圍」和特質的過程上，我的解釋仍舊太過狹隘。我們是否應該從更廣義的層面上理解厭女情結，好涵蓋所有把女性描繪成天生或理所當然就比不上男性的信仰、主張、敘事？（至少在這些主張缺少證據的情況下——因為既然沒有一群長期在性別平等環境下成長的控制組，這些證據通常不存在。）

我認為，值此關頭，這會是錯誤的舉動。我目前針對厭女情結所提出的改良性解釋擁有一個優勢：它可以在厭女情結和**性別主義**（sexist ideology）*之間做出一個清楚而有用的對照。[1] 回

想我在前一章裡提出的初步簡略定義（我隨後又進一步細緻說明了），也就是：本質上來說，

> 我們應該將厭女情結主要理解為父權秩序的「執法部門」，它的整體功能是**監督並執行**其中的治理規範和期待。

同樣地，我們也可以指出，本質上來說，

> 性別主義應該被看作是父權秩序的「辯證部門」，它作為一種意識形態，功能是**合理化與正當化**父權的社會關係。

此處有一個關鍵的事實：很多時候，性別主義的運作方法是藉由將性別之間的差異自然化，讓這些差異看似無可避免，或是將試圖反抗它們的人描述成在打一場必輸之仗，藉以正當化父權邏輯下的社會框架。此處未被言明的前提是某種版本的「應該蘊含能夠」（ought implies can）原則*——大抵可以被降級成一種類似「毫無可能蘊含毫無必要」（can't even implies don't bother）的心態†。如果男女之間的某些特定社會差異幾乎不可能改變，那麼，還有必要試圖與之對抗嗎？另一方面，更謹慎說，如果男性和女性本來就傾向於擁有相當不同的能力和癖性，那麼，最合理的做法（換句話說，一般而言最安全的對策，或是最有效率的預設）

可能是鼓勵（或至少不要阻礙）一種父權邏輯下的分工。最重要的可能是，這樣的分工並不能充分證明歧視、結構性阻礙，或所謂「輸送帶問題」（pipeline problem）‡造成了女性人才以不同方式流失。

因此，性別主義的意識形態通常包含各種預設、信仰、理論、刻板印象，和廣泛的文化敘事，透過某些方式來呈現出男女大不同，而如果這些不同為真、被傳誦為真，或是至少可

---

* 編注：性別主義（sexist ideology），強調男性與女性天生有別的意識形態，多帶有認為一方（通常是男性）比另一方（通常是女性）優越的意涵，因而普遍譯為「性別歧視」。然此段為曼恩探討此意識形態如何被拿來粉飾和正當化父權秩序，故選譯能表達其模糊性（或說故作中立）的「性別主義」。

1 在進行一項改良性計畫時，我認為有種做法很有幫助，就是去思考詞彙與概念之間的相對性，試圖讓兩者得以在最和諧、有效率的方式下相輔相成。這通常會涉及語意上的分工：在這個例子裡，便是「厭女情結」和「性別歧視」兩個詞彙的差異。在我聽來，後者不如前者來得有敵意。事實上，它甚至可以說是缺少任何有效的涵義，僅僅除了某些時候，當我們指出一件事情帶有性別歧視，意味或暗示著在一個薄弱的意義上，這件事情某種程度是錯的，它帶有歧視意味。

* 譯注：「『應該』蘊含『能夠』」是由哲學家康德所提出的原則，指出一個人如果在道德上被認為「應該」做某件事（X），在邏輯上就表示他「能夠／有能力」做某件事（X）。

† 譯注：「『應該』蘊含『能夠』」的邏輯其實也就等同於，當一個人不可能／無法做到X，就不存在所謂的他「應該」這麼做。據此，作者再一次將此邏輯延伸為：如果一個人不可能／無法做到X，他也就不需要嘗試（因為注定會失敗）。

‡ 譯注：流水線上某個環節卡住導致問題，在社會學上，指在人才培養或職業發展中，早期階段缺乏足夠多樣化的人才，最終導致高層或專業領域中多樣性不足。

能為真，便會使得理性大眾更傾向於支持、參與這個父權邏輯下的社會框架。性別主義的意識形態也包括了替父權社會框架「搽脂抹粉」，將其描述成比其實際上更值得嚮往，而且較不令人憂慮、失望、沮喪的存在。與此同時，如我所定義的，厭女情結則負責監督與執行父權社會裡的秩序，卻不一定需要以人們的預設、信仰、理論、價值和其他事物作為中介。厭女情結的功能在於使用直接和或多或少帶有強制意味的方式，來制定和生產符合父權邏輯的社會關係。

在此基礎上，性別主義傾向於對男性和女性給予差別待遇，典型手法是透過某些超出我們所知或可知範圍的性別差異主張，這類主張有時甚至違背了時下最佳的科學證據。厭女情結則通常會區分出「好女人」和「壞女人」，並對後者進行懲罰。整體來說，性別主義和厭女情結懷有同一個目的——維持或重建父權的社會秩序。但性別主義標榜自己不過是理性中立，厭女情結則毫無顧忌、為達目的不擇手段。因此，性別主義之於偽科學，正如厭女情結之於假道學。性別主義穿著實驗袍，厭女情結則獵殺女巫。

性別主義和厭女情結之間又是什麼關係呢？在日常情境中，性別主義的意識形態（以及它的載體，包括了性別主義的態度、行動、慣習、制度，以及反映或刻劃了性別主義意識形態的藝術品或其他人造產物）[2]可能會被用來服務厭女情結的目的。然而服務是否成功，以及它是否因此便能被稱為厭女，則要取決於這些性別主義的表現實際上如何運作。它們是否為身處此情境中的女性構成了一個可能會遭遇到的障礙，或某種形式的敵意？同時她們在遇到時，也會自然地將它們詮釋為障礙和敵意？（假設我們這裡所提到的女性很理性，而根據我在前章的討論，這裡指的並非一些過度理想化的狀況。）還是說，某些帶有性別主義意識形態的物件（如一段文字或影像）僅僅會被看作是可笑的偽科學以及媚俗的胡說八道，正如今日許多女性在面對一九三〇年代的廣告時會有的反應？答案將同時隨著物件的脈絡與觀眾的背景資訊有所不同。而我們也會看到，同樣的思考亦適用於個人所擁戴與保護的性別主義態度。

但首先，回顧我在第一章的討論，和對手（也就是所謂的素樸理解）相比，我針對「厭女情結可能是什麼」而提出的（雖尚屬初步的）改良性分析，至少可能在一組核心的案例中，為女性所面對的敵意提供較佳的心理學解釋——我當時主張，對厭女情結的素樸理解幾乎不會預測到任何敵意。至此我已準備好再往前推進，整體來說，我的改良性分析以及我所提出的「性別歧視／厭女情結」區別，和近期的「草根」語義行動主義方向一致。*這種語義

2 然而，當「厭女」這個詞彙被應用於個人，我們可能選擇將「性別歧視」這個與厭女類似的詞語定義為一個「門檻詞彙」，而不是一個有級別之分的形容詞。在我看來，我們似乎比較少討論日常情景中出現的「性別歧視者」，而在本書，我也並不覺得有此必要，因此我將這個術語的問題暫時擱置，讓未來的理論者可以分頭進行探索。

* 譯注：作者在此意指厭女情結一詞在大眾媒體與社群網絡上被使用的方式並不同於以往字典中的定義。當女性主義者在媒體和社群網站上使用厭女情結一詞，她們所指涉的攻擊類型往往更為廣泛，並非只是一種「心理上對女性的仇視」。可參考其後澳洲前總理茱莉亞・吉拉德的例子。

行動主義早已將「厭女情節」一詞的使用（或甚至某程度上的詞彙定義），推向了一個更光明的方向。若確實如此，此處的意義有二：一來，我的改良性提議的日常使用情況，和被我稱之為「女性主義」使用模式同步。因此，當這群人使用「厭女情結」一詞時，素樸理解並不符合他們想要表達的意思。於是，這進一步削弱了素樸理解獲得擁戴。我的提議則適用於大多數人，只有某些語言使用者會需要進行一些修改。

二來，這說明了女性主義（對這個字彙）的使用模式具有理論的一致性和根本的理據。這個字彙的使用方式並非特意建構，也不是為了命名五花八門的現象。相較於對厭女情結的素樸理解，女性主義式的使用闡述了一種重要的統一屬性，一種我們應該要關注的屬性。於是，這些描述性和改良性的思考方向在最後巧妙地聚集在一起，而且彼此互補。

若要說明這點，我們可以回想二〇一二年十月，時任澳洲總理的茱莉亞．吉拉德發表了如今廣為人知的「厭女演說」，批評了當時反對黨黨魁東尼．艾伯特的性別歧視和厭女行為。談到政治中的性別歧視和厭女情結時，吉拉德叫艾伯特如俗話說的：去照照鏡子*。吉拉德只把艾伯特的某些行為稱為性別歧視，「假如男人在生理和性情上就是比較適合掌權或發號施令呢？」艾伯特曾經在一場談澳洲女性擔任領導職位比例偏低的辯論中若有所思地這麼問。「假如整體說來，男人真的就比女人擁有更多權力，這是一件壞事嗎？」這句話是艾伯特下一句半真半假的反問。同樣被吉拉德描述為性別歧視的，是艾伯特在討論碳定價經濟學時，為主婦訂做的解釋（「澳洲女性需要了解的是，她們在熨衣服時……」）。最後她指出，艾伯特在擔任健康部長時將墮胎稱為「輕鬆的出路」，也是性別歧視的發言。

如此看來，所有這些被吉拉德單純稱為性別歧視的發言，不是將身處陽剛領域的女性描述成不如男性的存在，就是理所當然地將她們交付給陰性屬性的勞動形式。藉此，兩者達到了同樣的效果，也就是說，要麼將這些框架描繪成天生自然或值得嚮往，要麼將其他選擇形容得比較不吸引人，例如抨擊女性的墮胎決定是「逃避」。吉拉德只在討論到某些艾伯特針對她的攻擊言論時（由他親口所說，或他曾公開表示支持），她才特別提到厭女情結一詞：

> 當我以總理身分坐在這裡，而反對黨領袖在隔桌對我發出噓聲，我也因為他的性別歧視立場和厭女情結感到被冒犯。「在政治領域上，如果總理想要當一個誠實的女人……」永遠不會有人對坐在這個位子上的任何一名男性說出這樣的話。當反對黨領袖走到國會大樓外，站在寫著「甩掉那個女巫」的標語旁邊，我深受冒犯。當反對黨領袖站在把我形容成「男人的婊子」的標語旁邊，我深受冒犯。我因為這些東西，性別歧視和厭女情結，而深受冒犯，它們日日來自於這位反對黨領袖。[3]

---

* 譯注：此處作者指的應是叫艾伯特看看自己，因為他是公認的厭女者。

3 "Transcript of Julia Gillard's Speech," *Sydney Morning Herald*, 2012/10/10, https://www.smh.com.au/politics/federal/transcript-of-julia-gillards-speech-20121010-27c36.html

吉拉德的演說得到許多人的回響，尤其是女性，無論在澳洲還是國際社會上皆同。但吉拉德的英語詞彙也引發一些惡意反應。一些艾伯特的親信抱怨，每一個人都知道「厭女情結」一詞代表「對女性的仇視」，但不會有太多人同意吉拉德對艾伯特做出這樣的指控。然而，對許多人來說，吉拉德對「厭女情結」一詞的使用顯然很恰當，其中包括某些字典編纂工作者，他們進而以這件事為基礎修訂字典。澳洲學校採用的標準字典之一是《麥考瑞字典》，其中一位編輯蘇・巴特勒是首位採取這項行動的人。巴特勒在一場訪談中說明，這個字彙過去的定義沒能確實地跟上它在過去二十或三十年間被使用的情境，尤其是在女性主義者的圈子裡。吉拉德並不認為艾伯特需要花時間在「諮商師的沙發」上處理他對女性的病態仇恨，巴特勒補充道。《麥考瑞字典》進而更新它對「厭女情結」的定義，藉以將「對女性根深柢固的偏見」，還有其中所含的仇視囊括進來。其他字典隨後亦納入別的描述，包括不信任、鄙視、單純地不喜歡等等。[4]

然而，我們並不確定添加「根深柢固的偏見」這段描述是否確實掌握了吉拉德的用意。讓她選擇「厭女情結」一詞的情境都是在針對她本人進行卑劣的貶低，而這樣做的用意似乎都是為了要削弱、輕視、羞辱或貶抑她——好讓她待在自己的位置上，不論是在比喻上還是現實裡。根深柢固的偏見催生了這種位置或角色的概念（見注釋4）；厭女情結則試圖強迫女性回到其中，或是因為她們擅離職守而施以懲罰。此外，厭女情結也可能因為女性占據或試著占據男性的位置而懲罰她們，藉由個人、集體或團體活動，以及全然的結構機制所執行的敵意對待，來達成結果。厭女情結有各種口味，從純粹的惡意與攻擊，到刻意的冷漠和冷酷的沉默等等，都有可能。考量到我們的社會天性，光是遭遇任何這類敵意的可能性，就

4 當時《雪梨晨鋒報》的一篇報導寫著：「編輯蘇・巴特勒表示，是時候〔厭女情結的定義〕改變成一個當吉拉德女士上週於國會指控反對黨黨魁東尼・艾伯特性別歧視與厭女時，可以反映出她真正意思的詞彙了。他並不需要坐在心理諮商師的沙發上進行對話，他只是單純對女性持有『根深柢固的偏見』。在本字典的下一版更新版本裡，那將會變成這個詞彙的第二個正式定義。『我們過去決定了一個基本的定義——也就是對女性的仇視，但這並不是過去二、三十年間厭女情結這個詞被使用的狀況，尤其是在女性主義者圈子裡。』巴特勒於週三時對ＡＢＣ電台這麼說。『「性別歧視者」似乎逐漸變成對表面特徵的描述，而「厭女者」則適用於根本的態度。』這個根本的偏見衍生了這些性別歧視的案例，巴特勒說道。厭女情結就像性別歧視，但『更為鋒利』。」

"Misogyny Definition to Change after Gillard Speech," *Sydney Morning Herald*, 2012/10/17, https://www.smh.com.au/national/misogyny-definition-to-change-after-gillard-speech-20121017-27q22.html

另一篇針對字典重新編寫的代表性報導則寫著：「被視為澳洲詞語意義絕對權威的《麥考瑞字典》編輯蘇・巴特勒於週三表示，這些政治上的喧鬧讓她的編輯同僚發現，他們字典內的定義已經太過脫離時代……巴特勒說，《牛津英文字典》早在十年前就把這個詞的定義從一個心理學上的術語加以拓展，將它的現代意義包含進來，但直到吉拉德的演說引發辯論，才促使《麥考瑞字典》檢視它的定義。『作為字典編輯，也許我們之前就應該注意到這件事情，而不是等到它被粗魯地推到我們的眼前，如同一件我們忽略了的事。』巴特勒對美聯社表示。她提到，這個決定引發了抱怨。」其中一個抱怨是：「看起來比較符合邏輯的做法會是，首相應該要改進她的字彙選擇，而不是每當有政治人物破壞英語語言時，《麥考瑞字典》就得一直去改動字彙的定義。」艾伯特的參議員之一，費歐娜・奈許這麼說。

Rod McGuirk, "Misogyny Fight in Australia Sparks a Change in Dictionary Definition," *The Star*, 2012/10/17, https://www.thestar.com/news/world/2012/10/17/misogyny_fight_in_australia_sparks_a_change_in_dictionary_definition.html

足以成為一種有效的威懾，因為對人類來說，這種對待令人嫌惡。一般而言，人們不希望失去其他人的尊重和認可，或是遭到他人迴避、羞辱、排除，而女性可能尤其不願如此（因為她們經常在社會化的過程中變得格外親切友善）。我們未來也可能需要他人的幫助、合作、保護，因此，對於有可能投入「不好的」（請注意引號）性別行為，或是未能提供某種陰性屬性的好處與服務的女性來說，遭遇廣泛敵意的可能性可以是特別有效的威懾。

厭女情結與性物化

瑞・朗頓區分出兩種性物化的可能呈現形式，有效解說了性別歧視／厭女情結之間的對照。這段討論也會澄清女性主義者極感興趣的主題，亦即厭女情結如何與這個父權思想的重要形式（也就是性物化）產生關聯，並能獲取它的支持。朗頓的看法是，在性物化的情境中，人格性的一個重要特質（也就是自主性）可透過下列兩種明確方式的任一種來否定：

（1）使自主性不屬於個體；或

（2）破壞個體的自主性[150]（頁233）

類型（1）的物化情境可能意味著一個人「**忽略**」了其對象的完整自主性與思想本質，或僅是不在乎她的本質（或者說她的身分）所得到的結果。女性可能因此被設想為空洞、天真、不善言詞、愚笨，她們可能被傲慢對待，彷彿她們是幼童似的，並且用令人痛苦和沒有尊嚴的方式被粗暴地對待與剝削。與此相對，類型(2)的物化情境則往往來自於一個人刻意想要藉由無視她的意願、使她受苦，或破壞她的身體完整性來損害她的內心平靜或使她自我懷疑[150]（頁234－235）。這種物化形式似乎是以破壞一個人的某些能力為前題，透過（比如）以對待一個物件的方式對待她，彷彿她不具生命，因此可以將之買賣、蒐集、使用、耗盡、毀壞、熔接、摧毀、丟棄卻不需受罰[206]（頁257）[150]（頁225－229）。

我們可以合理地設想，類型(2)的物化情境幾乎總會被視為厭女，而類型(1)的物化情境可能僅被視為一種性別歧視的極端形式，只要其作用是合理化某些社會安排，包括一致的性關係和情色描繪。

從朗頓的區分出發，瑪莎．納思邦（她針對物化這個主題的開創性著作後來也被朗頓援引）近期主張，第二種「破壞自主性」的物化總是帶有懲罰性目的，因而在在網路上發洩厭女情結當中扮演了重要的角色[208]（頁68－71）。納思邦因而指出，類型(2)情境中涉及的這類物化往往是尼采所說的怨懟（ressentiment）的結果，在這種怨懟中，一個人感受到自己在社會性世界中卑微或逐漸衰退的地位，這促使他們猛烈攻擊那些他們認為比較有權力的人。（或許無需多說，這些感受不必精確，儘管它們也可能很精確。）

納思邦的這些主張顯然與我的目的一致，[5]也非常合理，但我想要提出幾項補充。這樣的物化在表面上不只可以作為懲罰，也可以減緩某些女性造成的精神威脅。除了怨懟，還需要思考一種可能性是有意的否定和自我吹捧，亦即一個人拒絕看到自己在社會性世界裡屈居於女性之下，或甚至拒絕面對這件事情可能發生的任何一點風險。

這巧妙將主題從我家鄉的前任總統轉移到現居國度的現任總統：唐納．川普。我將於下一節談論，我的分析同樣巧妙地捕捉到他的行為模式。這對我的分析只有好處，因為他已經成為媒體中最廣被接受的厭女情結案例之一——也正因如此，他依然當選更令人沮喪。

打壓的藝術

上一章簡要地介紹了兩種非常不同的厭女者——那些在執行父權律法和秩序時，成就超乎尋常的人。第一種是艾略特．羅傑這類失望的用餐者，他在自己沒有得到（以父權的規範與價值來看）好的服務時用湯匙敲打餐桌。第二種則是利用他人的敘事者，如拉許．林博，他為羅傑這樣的男性提供了可以針對與責怪的女性，她們犯下令他們在自己遭遇裡感到忿忿不平的同類錯事，例如自私、粗心、不負責、不感恩，或對他們不公平。林博在珊卓．福魯克和他的聽眾之間彷彿變魔術般地變出一個粗略又迂迴的連結，指出他們明明從未在這段（非）關係裡獲得任何「好處」，繳納的稅金卻會被用來支付她的避孕處方。林博藉此提供了一名罪犯，可以符合他們想像出來的犯罪，而福魯克成了未能履行職責的女性代表。

當然，還有其他類型的厭女者。想像一名很少或幾乎從不曾失望過的用餐者，而原因是每當服務欠佳，他就會舉止卑劣。他就此名聲遠揚，尤其是他還享有其他形式的權力、威望、影響力、特權的話。他精通打壓的藝術，不太需要練習。針對女性的隱藏威脅始終在暗中潛伏，因為這份威脅就來自於他本身的人格設定。

這就是川普風格的厭女情結，如許多評論者所言，這是他多年來持久展現的特點之一。他的打壓形式主要是連續性騷擾、性侵害，以及如小學生般侮辱那些惹惱或威脅他的女性。蘿絲．歐唐納*（非常風趣地）質問他有何道德威信足以寬恕環球小姐未成年飲酒的行為，

5 朗頓也做出下列引人思考的類似評論：「值得注意的是，怨懟看似和物化態度一致……當一個人用簡化的態度把女性視為粗野的生物以滿足男性的性欲時，他也可能表現出對女性的怨懟。厭女情結有時因而也可能呈現出這樣的組合，而或許怨懟和物化態度之間的連結並非巧合，或許它由恐懼造成，因為當事者擔心他的欲望會讓自己受到這類可鄙生物的控制。」[150]（頁332）這是第一章注釋3裡所提到的，朗頓針對厭女情結提出的一個清晰而重要的主張。我對朗頓所提到的可能性存疑，亦即女性在被視為「可鄙生物」的同時，卻又被怨懟。我將在第五章說明理由。與此同時，我要檢視另一個可能性：「怨懟–恐懼」的組合並非極端的性別歧視結合厭女情結的結果，而是來自厭女情結本身，或是厭女情結結合了一種較緩和的性別歧視形式的結果。回想我在序言中的題詞，維吉尼亞．吳爾芙因為在牛劍校區內踏上了男性的領地而引發教區執事的恐懼和憤慨。一個針對該段落的自然解釋是，他因她的無動於中或厚顏侮慢（或者用更概括的說法，她的自由）而怨懟。無論該項規定是否受到性別歧視理論的支持，導致草地被視為專屬於男性的領域，吳爾芙確實擅自離開了女性應該要堅守的碎石路。此處的恐懼可能來自於一個社會角色的反轉或破壞，我將在第五章的最後一節討論這點。

* 譯注：蘿絲．歐唐納（Rosie O'Donnell）為美國喜劇演員。

川普便說她是「豬」、是「狗」，給了一堆綽號；卡莉．費奧麗娜*和川普一同角逐共和黨的總統提名資格，他暗示她的長相未達總統等級的水準；曾任職於福斯新聞的梅根．凱莉†追問川普他侮辱女性的歷史，川普怒氣沖沖地指出有鮮血從她的眼睛和「不知道哪裡」流出來，藉此遮掩自己無話可說的窘況。

在我的分析脈絡裡，這些例子顯然都可視為厭女情結，顯示出厭女情結既適用於失望的厭女者，也適用於跋扈的厭女者。適用於有權之人，也適用於無權之人。適用於因為父權律法和秩序受到（實際或假設的）威脅而做出反應的人，也適用於忽略了的確存在女性義務成規的人。這些例子都符合我的分析，而有鑑於大眾傾向於使用「厭女」而非「性別歧視」來形容川普，顯示他的行為也完美符合。

把厭女情結比作父權秩序下的執法部門，這個比喻在此格外貼切，因為(a)川普以「法律和秩序的候選人」的稱號行銷自己，以及(b)他是「有毒男子氣概」的具體化身（我將在第四章深入討論這點，及其與羞恥和侮辱的關係）。

回顧我前面的論述，厭女情結藉由監督和巡視父權的社會規範來維持，而性別歧視的作用則是**合理化**這些規範——主要是透過假設男性和女性在才能、興趣、癖性、愛好方面皆「理所當然」不同的意識形態來行使。在這樣的看法上，性別歧視之於厭女情結，就像是公民秩序之於法律執行。「性別歧視」本身相信男性在陽剛、高聲望的領域（例如知識鑽研、體育、商業、政治等）中比女性優越，同時，他們在其中自然而然或甚至無可避免地會處於支配的地位。「厭女情結」則涉及焦慮、恐懼、維持父權秩序的渴望，並致力於在其受到破壞時加以重建。因此，性別歧視可以是自滿的，而厭女情結則可能是焦慮的；性別歧視是學究的，厭女情結則是好鬥的；性別歧視坐擁理論，厭女情結則揮舞棍棒。

此刻，需要留意的是，在個人的層級上，被如此定義的性別歧視和厭女情結有可能脫鉤（與此同時，一個合理的想法是：儘管它們在分析層面上有所不同，但兩者都是父權體制裡合理的必要元素，除此以外還有「同理他心」、赦免敘事，以及其他稍後會提到的文本與資源）。川普的例子展示出在沒有性別歧視運作的情況下，厭女情結仍可能存在（無論是否真的如此，這個可能性確實存在，而這對於我的目的便已足夠），因為在表面上，針對女性是否有（無）能力在商場和政治領域中與他在同等層級上競爭（不管該層級為何），川普並沒有特別明顯展現出性別歧視的信仰。一方面，川普雇用女性在他的公司裡擔任高階職位，這表示他並不低估（所有）女性，而是需要控制她們，並防堵她們可能比他優秀的風險。（「我有很多女性執行長，她們為我賺錢。」川普曾經如此吹噓。）另一方面，在和女性一起角逐一些競爭激烈的獎項或位置時，面對這種可恥的可能性，性別歧視經常讓川普這樣的男性相對自滿，但是當他在二〇一六年的美國總統大選中和希拉蕊·柯林頓競爭，他對她展現出來的敵意很快就讓事態變得難看，尤其是在三場總統辯論會中，他的言辭和舉止都帶有威脅、

* 譯注：卡莉·費奧麗娜（Carly Fiorina）為前惠普執行長，二〇一六年時加入共和黨的總統初選。

† 譯注：梅根·凱莉（Megyn Kelly）為福斯新聞女主播，曾擔任美國總統大選辯論會主持人。

報復心、惡意、孩子氣。這顯示了，無論川普在自己的一些主張裡究竟說了什麼，他（典型風格的強烈）好勝心或許並未伴隨著相信自己一定會贏的自信，而後者通常源自性別歧視。例如，川普曾說，假如希拉蕊沒有打「女人牌」，或吸引到「不知道哪裡來的」選民，她連五%的選票都不可能拿到。然而這無疑只是川普一廂情願的想法，顯示出他渴望相信，如果沒有所謂的身分政治，希拉蕊著實是一名糟糕的候選人。在這種情況下，假如他贏了，他可以認為自己不過是公平取得勝利罷了。假如他輸了，這場選戰就是個騙局，換句話說，是政治正確的結果。因此，這個一廂情願的想法也有預先保護自尊心的功能。[6]

有時候，這類由渴望所驅使、針對女性的低評價甚至更加明顯。佛羅里達州的共和黨執行委員長鮑伯．蘇頓日前聲稱川普當然會在總統辯論中擊敗希拉蕊：「我認為，唐納．川普和希拉蕊．柯林頓辯論時，她會像莫妮卡．陸文斯基一樣蹲在他面前*。」[7]（她並沒有這麼做，但這幾乎不重要。）

然而，即使厭女情結和性別歧視可以、也確實會在個人層面透過其他的零碎方式脫鉤，但一般說來，在維持父權秩序時，兩者當然仍舊是緊密的同夥。我們幾乎找不到比生育權這個主題更明顯的例子了，而這將討論帶到印第安納州的墮胎法規，通過該法的是當時的州長，也就是川普現任的副總統，麥克．彭斯。

此段也將用來強調幾項厭女情結的關鍵論點，我們先前已經提過一些，但是值得透過詳細的例子進一步強調與說明：

（1）厭女情結不只是第二人稱式的敵意（例如羅傑和川普，以及林博的聽眾，他們的敵意建立於前述的迂迴關係上），也是第三人稱式的憤慨、盛怒、譴責和其他類似的態度。即人們可以因為認定女性虧待了「他人」，包括那些被認為最脆弱且需要捍衛、保護、正義的人，從而對女性展現敵意。（「難道沒有人想想那些（在此情境裡，尚未出生的）孩子嗎？」）

（2）厭女情結由針對女性的社會慣習與制度，以及一個人的行動和態度所組成。因為社會結構可以藉著特定的方式支持各種意義與代表政治實體，進而創造出帶有敵意、貶低他人、具懲罰性的待遇形式（也就是一個「令人生畏」的環境的概念）。

（3）厭女情結和種族歧視密不可分，非白人女性（尤其是貧窮女性）在白人至上的環境裡所遭受的待遇特別可能包含各種形式的**消抹**，我將在下段簡短描述，並於第六章再次回到

6 除此之外，這些主張也構成了對支持群眾的迎合，他們因為所謂的受害者文化感到委屈，第七章將以此為主題。因此，對於這類人來說，一個很常見的舉動就是指出「別人打××牌」，並且在他人抱怨自身因為種族或（尤其是）性別因素遭遇到體制不正義時，自動地予以否定——這是一個在表面上似是而非，且很可能偽善的舉動。可參考史勞伯[235]的相關討論。

* 譯注：莫妮卡・陸文斯基曾在比爾・柯林頓擔任總統時於白宮實習，實習期間爆出兩人曾發生性關係，柯林頓坦承陸文斯基為他口交，因此蘇頓在此使用了「蹲在他面前」（going down on him）以暗示口交的動作。

7 Sara Jerde, "GOPer: Clinton Will 'Go Down Like Monica Lewinsky' Debating Trump," Talking Points Memo, 2016/04/28, https://talkingpointsmemo.com/livewire/florida-republican-clinton-down-like-lewinsky

這一點。

在一些厭女的情境裡，女性會因為錯待了和她們有某種模糊、名義上的關係的第二方，而遭受責怪與懲罰，例如在珊卓·福魯克的例子裡是納稅人。在其他的厭女情境裡，設定則大不相同。比如說，在生育自主權（和沒有生育自主權）議題的領域裡，女性受到責怪與懲罰，是因為她們錯待了一群新形成、某方面來說確實很特殊的群體；一個無法為己發聲，並且在產生感知前都不會有任何意見（爭取利益或主張權利）的第三方。我們也要注意，新教徒直到最近才認可胎兒是人。（因此，根據我所承襲的形上學基本假設，就算他們的主張確實正確，這立場也是建立在錯誤之上，而且是在意識形態層級具有欺騙性的理由之上。）這改變發生在一個（相對於草根的）「偽草根」（astroturf）的運動降臨後，該運動明確致力於抑制並擊退女性主義的社會進展。我認為，反墮胎運動是厭女情結反撲的典型範例。

慈愛的母親，抹煞其他

二〇一六年三月，在一場由克里斯·馬修主持，並於後續的總統初選過程迅速贏得惡名的MSNBC電視台訪談中，川普犯了一個錯誤。他（在稍作猶豫後）承認了一件大多數共和黨員至今只敢暗中盼望的事：根據他們針對生育權（或再一次的，沒有生育權）所主張的看法，試圖尋求或獲得非法墮胎服務的女性「必須受到某種形式的懲罰」。[8]一名政治人物隨後以一種不尋常，且在我看來相當驚人的坦率態度指出：

> 川普可能是共和黨員中最無法無天的人，但他說出了他們所有人都相信的事情：他們想讓墮胎變得不合法，而且他們想要懲罰女性和醫生。川普犯了錯，他把〔共和黨員的〕真心話說出來。

上面提到的政治人物是希拉蕊．柯林頓，這是她在美國紐約布魯克林的一場選舉造勢活動上的發言。[9]

希拉蕊是對的。雖然提出這樣的主張可能不明智，卻是重要的行動，而不是繼續假裝這純粹是倫理與宗教的問題，如同一些哲學家為了辯證而傾向採納的立場。我相信，此時再繼續裝模作樣已經太遲，至少在這場辯論的整體框架下（不過在當中提出特定主張還是有一定作用）。墮胎已經成為與女性主義高度相關的議題，因為會形成一個強大的場域，設計出官

8 "Donald Trump Advocates Punishment for Abortion," Hardball with Chris Matthews, MSNBC, 2016/03/30, https://www.msnbc.com/hardball/watch/trump-s-hazy-stance-on-abortion-punishment-655457859717

9 Nick Gass, "Clinton: Trump Said What He Believes on Abortion," Politico, 2016/04/05, https://www.politico.com/blogs/2016-dem-primary-live-updates-and-results/2016/04/donald-trump-hillary-clinton-abortion-221594

僚主義形式的社會控制，並試圖加以執行，這類的社會控制讓女性無法取得自身需要的健康照護，即使這麼做可能危及她們的性命——例如當共和黨主導的參議院通過了第三五八號法案，允許醫師基於個人良心，寧可任女性死亡，也不施行緊急墮胎手術。當時這條法案很顯然會遭到否決，因此，看來它最重要的功用是表達出一種渴望或幻想。此外，我們如今回顧，它也構成了一個警告。

那是二〇一一年發生的事，但根據耶魯法學院教授瑞娃・席格的完整紀錄，「反選擇運動」*的政治根基及它與主流基督教之間的脆弱關係有著更久遠的淵源。這份紀錄的部分內容是和普立茲獎得主、《紐約時報》記者琳達・葛林豪絲的合作成果，葛林豪絲和席格[106]指出，一種在過去只有嚴謹天主教徒會採納的立場，被刻意挪用成尼克森「南方策略」的一部分，為的是幫他在一九七二年（在羅訴韋德案判決的前一年†）贏得選舉。在一篇刊登於《紐約時報》以〈尼克森將如何贏得選戰〉為標題的文章中，身為南方策略主要規畫和擁護者之一的凱文・菲利浦說明了反對墮胎（還有迷幻藥〔LSD〕和赦免逃避兵役者）的理由依據。席格[238]總結了菲利浦的看法如下：「墮胎權……確認了傳統社會角色的崩壞，也就是男性要做好在戰爭中殺戮和死亡的心理準備，而女性則要將自己奉獻給婚姻以及……母職。」

因此，若希望動員勞工階級的白人男性，要他們反對一個對女性解放而言重要且有力的物質手段和文化象徵，就必須從一整套在形上學與道德方面有高度堅持，且錯綜複雜的天主教教義中刻意地擷取出一部分。根據席格對菲利浦的論述所做的重建，這麼做是為了獲得犬儒主義式的政治甜頭[238]（頁1371）。

對天主教意識形態的挪用也並未止步於此。大眾直到近期才開始宣稱「生命乃從受孕開始」的想法，但從那之後，隨著多州提倡修訂人格性的定義，已有許多人試圖把這種想法在法律中發揚光大。無論這些努力最終是否成功，多年以來，生育權在美國受到來自共和黨員史無前例的系統性攻擊，在近期又更加劇烈。因為各種毫無任何真實醫學依據（一如墮胎服務提供者所控訴）的限制，全國的墮胎診所紛紛關門大吉。診所的工作人員被要求得有權利在醫院安置病人‡，而診所本身則必須符合外科手術等級的標準，例如走道必須足夠寬敞，好讓兩張輪床可以同時並排通過。結果是，在撰寫本書之際（二〇一七年二月）[10]，美國中

---

* 譯注：在美國，墮胎議題的討論可分為兩個陣營，支持女性擁有墮胎權者自稱為「選擇支持者」(pro-choice)，強調女性應該有權為自己的身體做決定；相對的，反墮胎陣營則被稱為「反選擇支持者」(anti-choice)。但從反墮胎陣營的視角來說，他們則傾向自稱為「生命支持者」(pro-life)，表達對未出生的「生命」的支持。

† 譯注：羅訴韋德案（Roe Vs. Wade）是美國司法史上影響最大的案件之一，當時化名為羅的女性當事人控告美國德州的反墮胎法規違反美國憲法。美國聯邦法院在一九七三年做出裁定，宣告限制婦女墮胎權的法律違憲。此後，地方政府不得立法禁止婦女在孕期二十二至二十四週前墮胎。

‡ 譯注：也就是說，在墮胎診所工作的醫師必須和鄰近醫院合作，取得「病床數配額」，讓他們在有需要時可以安排病人住院。

10 Rebecca Harrington & Skye Gould, "The Number of Abortion Clinics in the US Has Plunged in the Last Decade- Here's How Many Are in Each State," Business Insider, 2017/02/10, https://www.businessinsider.nl/how-many-abortion-clinics-are-in-america-each-state-2017-2/?jwsource=cl

部的五個州裡每州都只剩一間墮胎診所，而「停止資助生育計畫聯合會」（Planned Parenthood）則是共和黨在二〇一六年大選後公布的第一項措施。[11]

因為上述這些和其他對墮胎服務的阻礙，例如強加等候期、在手術前必須要有多次回診、難以及時預約，以及很多州內針對二十週後墮胎有嚴格規定，許多女性因此求助於非法、由密醫或自己動手的墮胎措施。結果是母親的死亡率一路攀升——在德州，自從生育計畫聯合會的經費資助從二〇一一年遭到取消，死亡率成長了兩倍。[12]許多女性的經驗相當悲慘，即使是健康未受危害的女性也不例外。有一名女性的胎兒儘管還有心跳，但先前就已經被判定因嚴重的先天疾病一脫離子宮便無法存活。該名女性就算已經出現流產症狀，胎兒的雙腳開始伸出，死產無法避免，她仍舊被醫院趕回家數次。這種情況持續了四天，直到她自然破水。她曾多次尖叫著尋求醫師的協助，但醫院卻不得施行緊急墮胎手術，因為她的孕期剛過二十週，已經超出了德州「胎兒疼痛法」（"fatal pain" law）規定的可手術時間點——即便已經到了這個地步。證據顯示，胎兒在第三孕期（也就是第二十七週）之前並無法感受到疼痛。[13]

執行這些限制的同時，在一些已有殺嬰罪（fetal homicide）的州當中，有些還引進了殺胎罪（feticide）的法令。在印第安納州，最早兩名因為殺胎罪而被起訴的人是亞裔美籍的帥貝貝和泊威．裴塔，她們住在一個亞裔美籍人口不到二%的州內。一些倡議工作者表示，因為大眾對她們家族（或在帥貝貝的情況裡，是她個人）原生國的刻板印象，包括（很諷刺的）這些國家對女性的貶低，還有性別選擇性墮胎的文化，導致這些女性特別容易遭受不正當的猜疑。[14]

裴塔的案例登上了頭條。她因為使用網路上購買的藥物自行墮胎與拋棄胎兒而遭到逮捕、起訴、判刑。根據裴塔的證詞，胎兒在二十三或二十四週間流產時已經死亡（在某些州，此週數的墮胎仍為合法）。法庭上對這起案件的事實為何出現分歧，該州的專業證人作證指出，當時胎兒的週數比裴塔說的多了一至二週，而且出來時還有呼吸。然而，倡議工作者兼學者迪帕・艾耶表示：「裴塔的判決等於懲罰一個流產然後尋求醫療照護的人，沒有女性應該擔心自己會因此入監服刑。」[15]因為印第安納州反覆、且可能刻意地以這條法律針對亞裔美籍女性，艾耶決定投入此案。

裴塔於二〇一五年三月被判處二十年徒刑，她坐了一年四個月的牢，直到在印第安納州

---

11 Tara Culp-Ressler, "Paul Ryan Pledges GOP's First Legislative Action Will Defund Planned Parenthood," Think Progress, 2017/01/05, https://thinkprogress.org/republicans-health-care-3bbcb30f626a/

12 Katha Pollitt, "The Story Behind the Maternal Mortality Rate in Texas Is Even Sadder Than We Realize," The Nation, 2016/09/08, https://www.thenation.com/article/the-story-behind-the-maternal-mortality-rate-in-texas-is-even-sadder-than-we-realize/

13 Brandy Zadrozny, "Texas Forced This Woman to Deliver a Stillborn Baby," Daily Beast, 2016/03/31, https://www.thedailybeast.com/texas-forced-this-woman-to-deliver-a-stillborn-baby

14 "Asian American Women's Reproductive Rights are Being Targeted, Says Advocate," NYT Live *New York Times*, 2015/11/11, http://ntylive.nytimes.com/womenintheworld/2015/11/05/asian-american-womens-reproductive-rights-are-being-targeted-says-advocate/

的最高法院成功贏得上訴。然而，如今將有多少女性會因為擔心被逮捕、起訴、監禁，而在類似情況下（大量陰道出血）、甚至在流產之後，逃避去急診室就醫？[16]更有甚者，這條法律似乎帶有種族歧視的本質：棕膚身體被當成用完即丟的物件，作為給其他女性的教訓。這生動地示範了性別歧視、厭女情結、種族主義之間的糾結牽連。更羞恥的是，這僅僅是眾多案例中的一件。[17]

因此，在保守派的觀念裡，女性已經因為墮胎而受到懲罰了。但是當然了，他們不會明說，在談到孕婦和胚胎或子宮中的胎兒時，「兩者皆愛」是一種老套說法。但這是一種很奇怪的愛，這種愛甚至可能會強迫強暴或亂倫的受害者懷胎直到足月。正如女性主義哲學家安・卡德[61]所說，這是一種奇怪的愛，竟然強制人懷孕。

這是一種奇怪的愛，它使得三分之一的美國女性犯下殺人罪，並在集體層面上犯了種族滅絕罪。二〇一六年共和黨總統初選的另一位參選人泰德・克魯茲曾稱讚福音教會的反選擇極端人士特洛伊・紐曼的道德領導能力，而紐曼清楚地表達了他針對墮胎女性的灰暗觀點，其著作《他們的血哭乾》（二〇〇〇）裡寫道：

> 藉由直接將墮胎和其他形式的預謀委託殺人加以比較，我們很容易就可以看到它們在原則上並沒有差別。然而，在我們的社會裡，一名墮胎的母親被視為是不可批評的，但任何一名殺害了其他家庭成員的母親都會被指出她們究竟是什麼：殺人犯。[18]

在題為「殺人的母親」的章節中，紐曼繼續寫著：

> 在當前的社會氛圍裡，我們可以接受把墮胎的責任歸咎到手術施行者身上、社會中鼓勵墮胎的自由主義者身上，以及允許墮胎、甚至為其支付費用的立法者身上，但母親是唯一一個我們不能指控有罪的人。諷刺的是，她才是那個最需要看見她做了什麼的人……

在「擁命派」運動中，那些採取直接行動拯救生命的救援者想要把墮胎稱為謀殺，但

---

15 Jessica Valenti, “It Isn’t Justice for Purvi Patel to Spend 20 Years in Prison for an Abortion,” *The Guardian*, 2015/04/02, https://www.theguardian.com/commentisfree/2015/apr/02/it-isnt-justice-for-purvi-patel-to-serve-20-years-in-prison-for-an-abortion

16 也請思考其他情況，包括副總統彭斯曾提出對胎兒遺體的強制火化（或說所謂的葬禮），對流產女性進行刑事調查的趨勢增加[105]，以及在許多州內，性侵害加害人擁有完整的親權（有時甚至是在被判刑的情況下）。可參考如Eric Berkowitz, “Parental Rights for Rapists? You’d Be Surprised How Cruel the Law can Be,” Salon, 2015/10/04, https://www.salon.com/2015/10/04/parental_rights_for_rapists_youd_be_surprised_how_cruel_the_law_can_be/

17 例如可參考安琪拉．戴維斯[66]（第四章）針對這個議題和監禁處境之間的關聯所提出的有力討論。

18 被引用於Miranda Blue, “Anti-Planned Parenthood Activist Troy Newman’s Terrifying, Women-Shaming, Apocalyptic Manifesto,” Right Wing Watch, 2015/09/14, http://www.rightwingwatch.org/post/anti-planned-parenthood-activist-troy-newmans-terrifying-woman-shaming-apocalyptic-manifesto/.

即便如此，他們也對於把這些母親直接稱為殺人者的做法遲疑，因為擔憂會冒犯了她們與「政治正確」的群眾。但我們的目標在於，藉由當面質問母親的罪行，讓她看見其行動所引發的邪惡。如果不與她對質，我們便阻止了讓她導向悔悟和最終修復的機會。

回顧這些觀點，我們可以看見，事實上，川普那套懲罰墮胎女性的說詞，並非如希拉蕊所說的，是保守派對此議題看法中最誇張的版本。川普至少願意接受、甚至假設，即使墮胎被禁，有些女性仍會試圖這麼做。就算共和黨人士宣揚著舉世無雙的愛，就算他們拒絕提供物質支持給那些在缺少適當的物質、社會、財務資源的情況下仍然必須懷孕到足月的女性，她們也還是會這麼做。反選擇運動裡的其他人基本上則是試圖藉著將這些女性從論述中消抹掉，有效抵抗了「承認她們必須受到懲罰」在邏輯上帶來的壓力。有時他們似乎認為，這些女性就會從此不再存在於他們想像的美國裡——也就是說，當墮胎服務的提供者被迫關閉，支持選擇權的意識形態不再被允許引領女性走上歪路之後，就不會再有任何女性尋求墮胎。就算是在被強暴或亂倫的情況下，她們都會為了理想而想要出借自己的子宮。歷史紀錄強力反駁了這個預測。

特洛伊．紐曼在書末寫到，那些墮過胎，並且在「不會悔悟」的狀態下死去的「女殺人犯」：

大概會帶著殺人罪走入墳墓，她們的靈魂因為被謀殺的孩子的無辜血液而腐敗；她們只能等著，在死亡時聽見無辜的孩子嚎叫著她們的名字，指控她們，要求復仇。

根據這種意識形態，好母親值得在活著時受到讚揚，在天堂得到無限獎勵，但對那些可能選擇墮胎的女性來說，地獄或許都太過仁慈。這些女性不只不道德，更嚴重的是，她們極度不自然，名副其實地令人深惡痛絕。這是我們在共和黨人士的厭女情結和性別歧視的有毒交織點上看見的現象。我們可能會好奇實際上究竟是誰在嚎叫，又是為了誰而嚎叫。

拒絕（的）女性

結果是女性不僅受到懲罰，也被拒絕提供可以救命的醫療措施。但她們是為了什麼而受懲罰？而這種拒絕又是為了什麼目的？

一個左派人士之間常見一種假設：右派人士試圖懲罰有婚外性行為的女性，因此反墮胎主要是為了監督女性的身體和控制她們的性。無庸置疑，這些動機確實是這個暗黑組合的一部分。但如果事情真如此單純，為何要禁止為強暴與亂倫受害者提供墮胎的機會？而這卻是一條受到廣大支持的禁令。根據蓋洛普近日所做的一項民調，在二〇一六年，幾乎五分之一的美國人表示，墮胎在任何情況下都應該是非法的，甚至連「危及母親性命」這樣的例外情況都被包括在內。[19] 因此，我們很難相信反墮胎是為了拯救生命。然而，如果真是為了反對墮胎而反對墮胎（也就是認為讓一兩個人死亡比起謀殺胎兒或甚至胚胎來得好），為什麼不盡全力讓許多（往往很便宜的）避孕措施變得容易取得，既然它們能夠避免受孕？但就如我們在最高法院對「伯韋爾訴霍比羅比」（*Burwell v. Hobby Lobby*）（二〇一四）＊一案的判決所見，顯然這並沒有發生。

於是問題來了：女性是因為做了什麼或身為什麼，而被認定有罪？

我認為，是拒絕與未能付出；是冷漠、麻木、無情；是女性在將一個脆弱的生物從其正當的家中、其與生俱來的權利中驅逐的同時，也無視了自己的天然責任，亦即提供安全港和養育。因此，即使女性是為了拯救自己的性命而墮胎，她們仍像一張空白畫布，人們在上面投射了一系列的不滿，其中承載著他們未被滿足的需求，這些需求又承載了一種理所當然的應得感受。我將於下一章闡述這個想法。

林博反覆說著珊卓．福魯克「不負責任」，而且是一個「典型的自由派」，他的謾罵裡尤其引人注目的是：「這是一個樂於表現出自己不道德、沒有根基、對生命毫無目標的女人。」但我們反而可能會認為，問題其實在於她的生命裡有太多的目標和方向，而非太少。

林博擅於操弄他的目標聽眾（主要是保守白人男性與某些狀況類似的白人女性）中常見的迷惘、失落和悲傷感受，並將之轉化成憤怒，有時候是藉著一種合身的道德論述來為他們妝點，賦予他們受害者的角色。

一方面，福魯克被描繪成破壞了社會契約（因為她從林博和他的聽眾身上拿了錢，卻沒有提供相應的性服務）。在林博和他的聽眾面前，福魯克是一名妓女——回想林博搖擺不定的態度，他們要麼是她的客戶，要麼是皮條客，而這個比喻的重點在於，福魯克應該要將自己女性特質中的一部分給予他們。我猜想，把焦點放置於性上是一個自然卻不一定必要的做法。此外，在這個故事裡，福魯克也不正當地認定自己有某種**資格**。她期待從他們身上獲得東西，卻沒有把自己的注意力回報給他們。而掩藏在這一切之下、背後的問題是：**她未能提供照護，拒絕創造生命或照顧那些脆弱的存在**。

在結構上來看，針對這類故事的另一個合理解釋，可能指向此類女性惡行裡的另一名對象，並且透過認同感或道德聖戰來激起憤怒。因此，我認為，將懷孕女性描述成不可靠、不負責但或許並非完全無可救藥的這類論述，箇中的力量在於將她們形容成受到真正邪惡的墮胎倡議者和手術提供者所誤導，才會把無助的胎兒從其正當的庇護所中驅逐。因此，胎兒在此的用處是作為一個有力的文化象徵，代理某些男性覺得被女性忽視和剝奪的感受。他們

19 “Abortion,” Gallup, https://news.gallup.com/poll/1576/abortion.aspx（資料最後擷取時間：2017/05/12）

* 譯注：此案原名為「西比劉斯訴霍比羅比案」，西比劉斯和伯韋爾分別為美國前後任衛生部長，霍比羅比則是美國一家工藝品連鎖店。霍比羅比反對健保強制企業雇主提供員工的「事後避孕藥」支出，認為在憲法增修條文第一條之宗教信仰自由條款下，企業可以以信仰為由免除支付的義務，但美聯邦政府則認為營利組織所有者的個人宗教信仰不應該獲得豁免權。二〇一四年時美國最高法院以五比四票判決霍比羅比公司可以以宗教信仰為由，拒絕為員工支付事後避孕藥支出。

的脆弱感可以被投射到胎兒身上，讓他們能夠以另一個想像中人的名義來感覺憤慨，剛好這些被想像的人並沒有自己的計畫，而且在他們成為一個真正有知覺的生物前，也無法出聲拒絕別人為他們決定身為有知覺的生物該擁有什麼樣的利益。相較於承認自身遭拒和受傷的感覺，占據道德高地往往比較容易。一位作者寫道：

儘管還被母親的子宮包圍著，但未出生的胎兒已經是一個人了，而剝奪胎兒它尚未來得及享受的生命，幾乎可以說是一樁令人毛骨悚然的犯罪。如果在我們看來，在一個人家中殺害他比在戰場上更為恐怖，因為家是人最安全的庇護所，那麼，在一個胎兒未見天光前就在子宮裡摧毀它，自然應該被視為更殘暴的行為[46]。

這是約翰．喀爾文寫於十六世紀的文字。將母親的子宮類比為一名處於支配地位的男性的家兼安全港——或安全空間，這種類比早已是父權意識形態的一部分，而且一直持續至今。

至少，這是我正在思考的假設。這個假設的優點在於它可以解釋為什麼保守人士對墮胎的看法如此不一致、隨機，而且似乎從未真的搔到癢處，即使當他們獲取了自己表面上所爭取的結果，依然如此。

厭女情結作為一種反挫

我們常常以為厭女情結是過去的事了，或是它已經脫離舊日的形式，即將被一種「新厭女情結」取代（[38]；參見[178]），但我懷疑這種感受是真實的，而且它還違反了簡約原則*。雖然父權秩序涉及的內涵比厭女情結更廣闊，但後者卻是前者之中一個普遍存在，而且可說是因果關係上必要的面向，因為它服務於執行父權的規範與期待。這幫助我們解釋了為什麼厭女情結普遍存在於明顯高壓的政權之下，而又是為什麼我們同樣可以看到愈來愈多的厭女現象浮現於當前的美國。女性主義在很多方面都有快速而驚人的進展，但這也導致了憤怒、焦慮和厭女情結的反挫（backlash）。我們看到這股反挫力道披著道德主義的外衣出場，或受到匿名性的掩護，例如在網路評論區。

原因在於，即使人們已經不那麼遵從性別歧視的思維，已經不那麼懷疑女性的知識敏銳度或領導能力，也較不會接受關於女性過於情緒化或不理性的性別刻板印象，但這並不表示女性主義的任務已經完成。相反的，當女性的能力變得突出，並因此使人感到喪氣或威脅時，過去在文化裡潛伏或冬眠的厭女情結便可能出現，而這可能會導致或多或少在形式上精巧而不易察覺的抨擊、道德主義、一廂情願、蓄意拒絕，以及某種在抗議肖像或代罪羔羊上惡化、

* 譯注：簡約原則（principle of parsimony）意指在相同的條件下，用愈少的概念即可以解釋社會現象的理論愈好。

燃燒起來的低級怨恨。

某些時候，女性會被告知，在其他條件都和男性相等的情況下，她們需要表現得加倍優秀，才能獲得同樣的尊重、成功、讚揚，諸如此類。但考量到各種形式不一、不知何時會發揮作用的性別歧視，無論這種表現是否真的必要，可能都不夠，而且有時候我們甚至不清楚要怎麼做才夠。一名傑出的女性可能會在某些人眼中造成反效果，使她成為一個兩極化的人物。換句話說，女性可能會因為太夠格、太有能力而受到懲罰，大眾可能會因此「反感」，並且不經意地參與某些事後的合理化，以便解釋他們一開始的懷疑或驚愕。我將於第八章重回這個論述。

在美國總統大選後，我回顧了一些我在競選期間寫下的筆記。二〇一六年三月，我寫下：

川普的競選活動充分展示了，在〔當代美國〕這個世界裡，一些過去富有特權的男性步履蹣跚，並拖累了那些因為他們的殞落而失去方向的女性。因此，當女性反轉性別階序，渴求帶有陽剛符碼（masculine-coded，依上下文又譯陽性符碼，以下省略「符碼」二字）屬性的社會角色，就有可能激發厭女情結。我們可能想不出比（女性）投入政治工作更明顯的觸發因子了，尤其當這麼做可能會使敵對的男性政治人物付出代價……

如果上面這段話大抵上是對的，那麼，這便影響並釐清了我們需要對從政的女性詢問哪些問題。即使希拉蕊這類的女性並不會受制於錯誤的看法或不復存在的性別刻板印象，但她們卻正好可能會因為自己表現的能力而遭遇充滿敵意的看法與對待。希拉蕊的政治能力可能會在某些脈絡裡對某些人造成威脅感。

在這樣的理解基礎上，比起低等級的憤怒，厭女敵意可能或多或少會更明顯、強烈，表現的範圍可以從輕微地不喜歡與懷疑，到理直氣壯地仇視和暴力。男性和女性都有可能表現出厭女情結並加以操弄，有鑑於父權社會結構的崩解可以影響到任何人，這件事應該很明顯。格倫．格林沃德卻宣稱，對於所謂「伯尼青年」的厭女指控被誇大了，因為某些辱罵出自於女性之口*。

如今，大眾通常願意承認自己被隱藏的偏見所影響，例如細微的種族和性別偏見可能在他們沒有意識到的狀況下影響了他們的思考和行為。這不是川普那種毫無歉意的偏執，他們也追求平等的價值觀，然而談到性別時，隱藏著偏見的概念在發展初期的性別歧視和厭女情結之間，卻似乎變得模稜兩可，而後者往往可以獲得事後的合理化。心理學充分記載了這個現象，例如當我們體驗到對某人的敵意，卻不太清楚為什麼，我們的大腦隨即會搜尋理由以正當化我們的負面感受：她的聲音很刺耳；她在吼叫；而且她為什麼不笑？

* 譯注：伯尼．桑德斯（Bernie Sanders）為美國無黨籍政治人物，曾任佛蒙特州的參議員，二〇一五年加入美國民主黨總統初選。此處指的是在民主黨初選期間，桑德斯的支持者對希拉蕊的批評辱罵。

我可以想出不只一個理由。因為不管希拉蕊應不應該成為總統，這都顯然不公平。而我擔心這將會影響十一月的投票率。

不管我們怎麼看待希拉蕊．柯林頓，不管她是不是一位支持女性主義的候選人，一名女性可能即將成為美國的下一任總統，這仍然是一樁值得被指出的女性主義成就。饒是如此，卻也是這件事讓我們在最近目睹了這麼多厭女情結的反挫。諷刺的是，我們確實可能選出一位女性總統的事實，也是現在阻止此事成真的原因，希拉蕊的勝選可能會使她及其他許多女性暴露在白人男性的憤怒之下，而這些男性組成了川普主要的支持群眾。[20]

我在此處提出這些並不是想展現我的先見之明，而是這一切都太容易預測了。女性政治人物作為公眾人物和集體注意力的焦點，是一個常見而富有吸引力的厭女攻擊出口，以道德的角度來說，她們也是羅夏克的墨漬*。她們幾乎注定要以某種方式被傷害，也確實會受到道德批評，但問題不僅在於她們是否受到性別歧視，或某程度上明顯性別化的標準所評斷，而是在於和她們的男性同儕相比，她們面對了多少道德批評，以及這對她們的道德聲譽造成多大的損害。

許多左派人士激烈堅持他們沒有對希拉蕊抱持偏見，儘管如此，他們仍堅信她腐敗、不懷好意、貪婪、搞特權而且麻木不仁。《赫芬頓郵報》的一位投稿人形容自己是個支持伯尼．

桑德斯並喜歡艾麗・高登（我猜這是一個相對流行的象徵）的小鎮部落客，他寫道，自己因為總統大選而失去了一名女性友人。這名友人指控他對希拉蕊有成見，而他表示反對：「我始終不清楚讓她這麼覺得的確切原因……當我選擇不支持某位候選人，我試著為這個決定提供好理由。」也就是希拉蕊「看似貪得無厭」，她未經證實卻廣受揣測的貪腐。這當中必定有幾分真實吧，他如此推論（但似乎並沒有，例如可參考[1]）。還有她的偽善，這表現在她「對血腥的明顯渴望」上，她甚至不惜冒著殺害孩子的風險，而她聲稱自己在乎孩子。[21]

換句話說，希拉蕊被認定比珊卓・福魯克擁有更多權利，比紐曼口中的殺子母親更加嗜血與麻木。隨著初選緩步進行，對大刀闊斧進行經濟和結構改革的強力呼聲逐漸開始帶有更多摩尼教般、個人主義的指責意味，某些桑德斯的支持者在美國呼喊著「燒死那個女巫」†，也就是希拉蕊。與此同時，他們不經意地呼應了不久前才在澳洲聽到的疾呼，這些疾呼（正

---

20 Kate Manne, "What Misogyny Means (Or, Rather, Meant) for Hillary Clinton," 該文草稿可見於：https://www.academia.edu/29785241/What_Misogyny_Means_or_Rather_Meant_for_Hillary_Clinton_-_Draft_of_March_21_2016

* 譯注：羅夏克墨漬測驗乃是由瑞士精神科醫師、精神病學家羅夏克發明的人格測驗，是最著名的投射法人格測驗。測驗內容由十張有墨漬的卡片組成，受試者會被要求回答他們認為卡片裡的圖案看起來像什麼，測試者根據這些答案判定受試者的性格。

21 Jason Fuller, "Hillary Clinton May Have Experience but She Lacks Judgment," Huffington Post, 2016/04/14, https://www.huffpost.com/entry/it-is-not-sexist-to-say-h_b_9699060

† 譯注：英文原文為「Bern the witch」，取桑德斯的名字Bernie和burn（火燒）一字的諧音。

如我們在此章看到的例子）在吉拉德短暫擔任總理的期間糾纏著她。無論是兩名女性遭遇到的厭女謾罵和道德質疑，還是後者的海量程度（我將在最終章討論此事），她們的經歷有許多驚人的相似之處，而這是其中之一。與此同時，餘下的故事便是最近的消息了：希拉蕊在火光中落敗的時候，川普登上了白宮。

CHAPTER (4)

奪取(抹煞)他的所有物
Taking His (Out)

應當長跪乞和的時候，她卻向他挑戰；應當盡心竭力服侍他、敬愛他、順從他的時候，她卻企圖篡奪主權，發號施令：這一種愚蠢的行為，真是女人的恥辱。

——凱特於莎士比亞《馴悍記》第五幕第二場

厭女情結與理所當然的應得感

在艾略特．羅傑的自白影片裡，他強調他覺得一切都「不公平」——沒有「辣妹」給予他情感、注意力、讚賞、性與愛，賦予他在同儕中較高的社會地位。從道德觀點來看，他這種特權意識自然不合理，可是在今日美國社會(可能包括美國以外的地區，但我把這留給其他人判斷)的男性裡，包括如羅傑在內的年輕男性，我們卻常常聽到這種說法。這是羅傑的言論(見第一章)之所以困擾許多女性的原因之一：不是因為內容本身有多驚人，恰好相反，是因為它們聽來太過熟悉，有鑑於羅傑後續的行動，這是一個殘酷的領悟。

一些男性，尤其是高度享有特權的男性，似乎認為女人「虧欠」了他們各種我將在本章談的個人付出和服務。我不會說這種情形（無論何種形式）有多普遍，我僅僅會指出（根據本章和結論一章裡提出的討論），（a）在許多聲稱為後父權的脈絡裡，這仍是一個真實存在的問題，一部分是因為（b）在其他條件都平等下，男性對女性表現出這種態度的情況，遠比反過來更為普遍。但我接下來的主要目的是探索這些關係的輪廓，因為，如果父權體制確實存在於此時此地，也就是存在於美國、英國、澳洲的文化中，我相信它主要（雖然絕對不只如此）存在於這個「付出和取用道德」兼「社會好處與服務」的不平等性別化經濟之中。[1]

接著讓我們思考，一般說來，應得感的反面，是義務：他被虧欠之事物。因此，如果一名男性在面對女性時確實覺得自己應該獲得某些權利，他就很可能會賦予女性錯誤或偽造的義務，而若女性反過來**要求**這些好處，他就可能將此視為嚴重的不道德或恥辱。這也類似於（第一章裡的）女服務生不但未能為她的客人點單，還要求他替她服務。這不僅是角色的反轉，也可能激起一種類似「她以為她是誰」的感受：最初是怨懟，接著，如果她沒有以適當的愧疚表情來回應批評，並改善自身表現，便將轉為震驚憤慨。當一個人不僅毫無羞恥心地規避自身責任，還在成功翻轉局勢後顯得歡快且毫無歉意，這格外令人憎厭。她們不僅沒有做到自己的工作，還要求他人還一個不存在的禮，或是要求他人替**她們**履行職責。她們窩囊、漫不經心、不負責任，諸如此類。

注意，這與拉許．林博對珊卓．福魯克的敘事精巧共振了。表面上，林博認定，如果健保給付她的避孕藥處方，她便有義務提供他和他的聽眾性服務，作為對他們賺的辛苦錢（亦即他們繳納的稅金）的回報。但是當然了，林博並非真的想要人們認真看待他的說法；實際上，他真正提供的是某種歸謬法式的論證，福魯克理論上沒有必要提供他們性服務，因此也沒有必要給她「他們的」一毛錢。

即使以這類議題的標準來看，這都是很糟糕的論證：靠的是把財產和稅務的邏輯扭曲到面目全非的地步。（更別提這裡頭的雙重標準，因為如同很多人提到的，威而鋼——舉例來說——有保險給付，而自由派女性也同樣納稅。）但這裡讓我感興趣的是它所透露的心態，那不是一種心理學的狀態（就我們所知，林博有可能只是在演戲，在提供一場憤世嫉俗的表演），而是這洩漏了一個在社會層面上的感受，包括「**誰擁有什麼**」，以及誰是誰應得的權利——不只是她們的身體，還有她們的**心智**，也就是她們做決定的能力、意志、自主性。誰被假設有優先權，可以擁有她的注意力，讓她以他為主，以他為優先？正如同這裡選用「她」所暗示的，在許多領域內，一些男性次群體，尤其是享受著相對高程度權力和特權的男性，在面對女性時，似乎比女性面對男性時更強烈意識到所有權。本書的結論也將會清楚呈現這點。而當這種意識被挑戰、阻撓、破壞、威脅時，經常會觸發厭女情結；或者在一些情況裡，男性對手認為自身的「假定」財產被侵害時，則會觸發暴力。他可能也會奪取（他認定）她

1 參見培德曼[212]，尤其是第六章。

虧欠他的事物，也就是他認為女性應該要給予他，理應供他取用的事物。

整個情況中有一個複雜的問題十分關鍵，如同羅傑和林博的例子，就是可能並不存在一個特定的女性讓他們能主張自己想像上的應得權益，或能用來指責她試圖詐騙他們的權益（再次，此乃是根據他們扭曲的厭女情結邏輯）。相反的，他們各自創造了一種敘事，為他們自己（在羅傑的案例裡）或代表他的聽眾（在林博的案例裡）描繪出一個朦朧迂迴的連結。這個連結與故事的終點是一名女性代表，她的功用是為這個令人氣憤的、不存在的女性擔任代罪羔羊（或者，在羅傑的情況裡，是雙重缺席，一個由非特定人物犯下的疏忽之罪）。因此羅傑需要找到一名女性，她大約符合一種女性類型：在他眼裡，她殘忍地剝奪了他的所有物，且根據他抱怨背後的邏輯，她從他那裡剝奪走的物件是「她本身」。她不僅僅忽略他，更刻意無視他；她不僅僅不留心，更高傲到未能注意到他；他不僅僅覺得自己不被她看見，她還讓他覺得自己什麼都不是、不存在、不被當成一個人。

因此他將以其人之道奉還，或者應該說，加倍奉還。他會徹底消滅她和她的姊妹們：一整個屋子的人都是世界對他不公的證據，其中犯下了「罪行」（用他的話說）的人活該受到懲罰，她們的罪是使他感到挫敗。[2]

請注意到有多少女性將可能遭受到這類的暴力，儘管實際發生的機率相對低——羅傑的爆發是對常見不滿的極端反應，但比之輕微的不良影響也時而出現。此外，如果有一個和妳相像的人得以作為代罪羔羊或目標，妳就成為了某特定群體的一分子，會遭受一種非典型犯罪：來自全然陌生人的報復，他盯上並獵捕妳（回想羅傑如何跟蹤他的受害者）。若妳為此感到不安，也合情合理。[3]

她所能付出的

「女性有所虧欠，或應該付出」的想法為何持久不衰？除了先前提到的好處和服務以外，還包含了什麼？

我認為，一個使它持久不衰的理由是這些好處確實非常有價值：它們真的很好，缺少是件壞事。人們當然會想要，其中一些甚至是被需要的，因為除了愛意、傾慕、寬容等等，這類陰性符碼的好處和服務還包括了單純的尊重、愛、接納、照顧、平安、安全感、庇護；還有仁慈與同情、道德注意力、在意、關心、安撫。這些情緒和社會勞動形式超出了有形的生

---

2 這是羅傑在他的「宣言」中，對他如何身處於「我的扭曲世界」常見的描述。

3 參見史蒂芬．平克在伊斯拉維斯塔殺人案後紆尊降貴的評論。回想第一章裡他的推特發文：「要說發生在加州大學聖塔芭芭拉分校的謀殺案屬於一個仇視女性的固定模式，這想法在統計上來說並不準確。」然後附上了海瑟．麥可唐納於六月一日刊於《國家評論》上的文章連結。次日，平克於推特上發文：「災難的不可控制性讓世界看似一個危險的地方，不論客觀的風險為何。」並附上一則網址，連結到盧爾曼於二〇一四年五月三十一日刊於《紐約時報》、名為〈我們畏縮的心智〉一文：https://www.nytimes.com/2014/06/01/opinion/sunday/luhrmann-our-flinching-state-of-mind.html。

育與家務勞動，在一些異性戀伴侶關係裡，可能已不那麼期待由女性負擔，或已經稍微平均分配（相對來說）。但無形的工作形式仍是工作，但它們不是那種「裝忙的工作」，之所以「非做不可」（ought-to-be-doneness，借用道德哲學家約翰．麥基的用詞），是因為資本主義誤導了我們，一個美好、富有意義的人類生活必然是什麼樣貌。陰性工作確實需要人做，但這也是為什麼不會有做完的時候——如同那句性別歧視的諺語所說*。不僅在家庭中如此，工作場合上亦同；不僅在私領域如此，在公領域亦同，在許多公民互動中也是——假如要文明一點的話。

因此，當這種工作經常受到道德鼓舞，並被女性內化成「待辦之事」，也就不令人意外了。接著，倘若這些職責沒被實踐，社會贊許就有被收回的風險；而當它們被樂意執行，則有愛與感激作為激勵。[4]

假如女性不僅會被指派去執行份外的工作，還會在規避這些推定職責時遭遇慘痛的後果，問題自然更嚴重。在陰性照護勞動的情境中（可參考霍希爾德和曼蓉一九八九年出版「第二輪班問題」〔second-shift problem〕的相關著作），基本上，她會付出，而他會取用，不然她就會受懲罰。

許多這類公開的鼓勵被進一步用來執行這個道德與社會勞動的性別化經濟。換句話說，在公共生活裡對一名女性展現的厭女情結，可能有警告其他人不要模仿她，或甚至不要公開支持她的功用。女性之間也可能會出於妒意而守衛與私藏給其他女性的支持，使得男性受沒錯，從一種描述方法來看——也就是由跟蹤被害者的陌生人所犯下的多重謀殺案——像艾略特．羅傑這樣針對女性的暴力犯罪，在統計上的機率仍低。但若就另一種描述來說，這卻是一種太常讓女性為此犧牲、卻鮮少在媒體上獲得注意的暴力形式：因為性嫉妒，以及企圖控制那些拒絕（或試著拒絕）男性的女人而產生的暴力。比方說，在美國平均每日約有二到三起發生於親密伴侶間的殺人案，這些案件經常源自於上述原因。在《人性中的良善天使》一書中，平克[218]更直白地表達了他如何輕視女性主義者在性和性別暴力議題上的看法。「如今我們都是女性主義者。」他貿然宣稱。自由發揮的平克表面看來公平：「雖然女性主義運動確實促成了某些措施，讓美國國內的強暴事件數量降低，」這方面他表示認可，「但女性主義者一路以來使勁攀上權力位置，並重新平衡政府手段，以滿足她們的利益。」最終，這主要變成了一個「沒有功勞也有苦勞」的結果，因為「勝利來得很快，不需要杯葛或烈士，且〔社運人士〕沒有遇到警犬或憤怒的群眾。」尤其是在性暴力改革上，「整個國家很明顯已經準備好了。」平克這麼認為（頁403）。女性主義者僅僅是讓這個勢必會發生的快樂結局加速到來。這些進步也多虧了掌權男性們愈來愈了解女人在性方面的細微差異，例如，女性迄今仍令人不解地傾向於「認為和陌生人之間唐突、不請自來的性令人反感，並不吸引人」（頁406）。儘管「強暴並不完全是正常男性性欲裡的一部分」，但也相距不遠了。平克指出：

> 請允許我提出一個反女性的看法：認為強暴和性無關的理論可能對於某個性別來說較為可信，因為對這個性別來說，想要和不願意的陌生人發生不帶個人感情的性行為，是個太過奇怪而無法理解的欲望。常識永遠不會阻礙得以促成暴力減少的神聖社會慣習，而今日的強暴防治中心一致堅持「強暴或性侵並非出於性或欲望的行為，而是關乎侵犯、權力、羞辱，是將性當作一個武器。強暴者的目的是支配。」（針對這點，記者海瑟．麥可唐納回應：「在酒桶派對上硬上女人的男人只有一個目的，而那並非恢復父權體制。」（頁406）

麥可唐納又出現了，扮演平克的反女性主義代言人。

* 編注：指英語俗諺「A woman's work is never done.」

4 在此有益的做法是，區別出三種可能性：男性（a）比起同居的女性親密伴侶來說，實際上較少從事這類工作；（b）在這方面面對較不嚴格的規範和期待；以及／或（c）就類似的疏忽或不負責，受到較不嚴重的懲罰。

益，再加上要求忠誠的常規，便可能危及女性對厭女情結受害者的表態聲援。最後一章將對此有更多討論。

不過，如果她拿走了呢？如果她開口要求了呢？我們必須將問題稍做區分，好加以攻克。答案將取決於她是否要求，或嘗試拿取被指定如下的事物：

（i）她必須給予他的事物（即從她的角度出發，是「收回」的舉動）；或
（ii）他可以給予她，她卻無需回報（或至少不必提供）社會規範要求她提供他的好處與服務；或
（iii）長久以來僅供他取用的事物（在和其他男性競爭的情況下）。

一個女性可能會因為（i）遇到的常規：不要要求或取用妳理應付出的事物，無論付出的對象是他，或是這個社會。若妳已經「虧欠」他，甚至也許他被其他女性欺騙過，或者整體來說生活不順利時，這尤其不恰當。

女性可能會因為（ii）遇到的常規：當女性回饋的好處類型，競爭不多且容易到手時，不要要求他可能一度提供過的好處或服務——金錢、彬彬有禮的態度，或他們所標榜的殷勤（有時不過就是基本的體貼）。「親愛的，這交易取消了」往往會是此處的訊息，基本上這就是林博對珊卓·福魯克譴責中的關鍵。[5]

最後，我將指出女性會因為（iii）遭遇到的常規：不要要求或試著取用陽性符碼的好處和特權，至少不能是在他仍渴望它們的情況下。與此同時，即使他不渴望，第三方也可能代為對她明顯的奪權企圖感到憤怒。

5 以下內容來自「王者回歸」（Return of Kings）部落格上的一名社群成員在論壇裡的發文，該文名為〈如何覺察一個女孩是付出者，而不只是索取者〉：

我終於理解我對美國女性的主要不滿是什麼了：她們大多數是索取者。她們索取你的注意力，她們索取你的時間，她們索取你的認可，她們索取你的錢，她們索取你的屌。但她們回報了什麼呢？（一個拉丁女孩告訴我）她們的陪伴所帶來的歡愉。

上一次某個你認識的女孩幫你按摩或煮飯是什麼時候？上一次一個女孩為你做件事情，卻沒有為她自己帶來好處是什麼時候？上一次一個女孩在你沒有為她做任何事的情況下，為你做件事卻不期待回報，是什麼時候？上一次一個女孩在你沒有先付出的情況下，真正地為你付出是什麼時候？……

……所以，測驗在此：為一個女孩做件事情或給她什麼，可以是幾杯飲料、晚餐、你幫她看某篇報告等等，如果她沒有辦法真心誠懇地謝謝你，那你不會從這個女孩身上獲得太多東西：她是一個索取者而不是一個付出者，事情就這麼簡單……

……一個付出者不僅對於一段像樣的關係來說很重要，她們也是我在床上最喜歡的女孩。一個付出者在床上會更顧慮到你的歡愉，一個索取者只會考慮她自己，而大多數的美國女孩在床上都是這樣。根據我的經驗，我可以告訴你，不要想著和一個不是付出者的女孩有情感上牽連，你會後悔的。

Nomad77，RooshVForum，2014/09/27，https://www.rooshvforum.com/thread-40795.html

他所能取用的

我們所談及的陽性好處與特權包含哪些？包含了社會上的領導位置、權威、影響力、金錢和其他形式的權力，以及社會地位、名望、身分與這些事物的標誌。此外還有非實體的面向，例如社會「顏面」、驕傲、名譽、聲望，以及其他相關事物的缺席（absence），例如擺脫羞恥的自由、不必遭受公開羞辱的可能，這些或多或少是每個人的渴望，卻只有少數人有資格獲得。

許多陽性好處在某程度上是「缺貨」的，儘管它們不一定是零和結構，比方說權力、名望、金錢、身分、競爭優勢。但在這個類別中，同樣重要的是男性驕傲、名譽、尊重等等；這類社會性的好處和地位並非天生就供給不足，理論上也不受限，但當證詞衝突或分歧，限制了當下有多少人可以被視為真誠且可信時，缺貨的情況就可能出現。[6]

女性不應該和男性競爭、不應該剝奪他想要的陽性好處或損害其男性驕傲等，當這樣的規範被破壞，就會進一步成為厭女攻擊的常見來源。即使這些好處本身並非特別叫座，他可能仍會因為把它們輸給了女性而感到難為情或丟臉。我會在第八章回到這個主題，並連帶討論兩性競爭陽性權力位置時，會出現哪些偏見。另一個事實是（如同我們將看到的），第三人稱式的偏好和鼓勵有著強大的社會影響力，勝過於第二人稱式的反應型態度，以及表態的行動。

在建立了一個初步且粗略的理論，說明厭女情結如何透過道德勞動的性別化經濟而穩固運作後，我們可以在此基礎上提出一些具體的預測（重要的是，可以被否證的預測）。它們無疑會需要細微的補充和修飾，好捕捉到不同社會環境、次文化、特定社會關係等等之間的差異。我無意說其他額外的規範不存在（它們很可能存在，而我也在後續的章節記錄了一些其他父權社會結構的遺跡，但基於此段的目的，此刻先不多談）。我能夠根據上述（i）－（iii）的規範提出愈多正確的預測，就愈有助於呈現這個藍圖可信的預測力和解釋力

儘管我更感興趣的是這個現象的型態，而非其普遍程度，在此表明立場可能有益：我個人的整體看法是，縱然社會確實進步了許多，厭女情結在很多我關注的脈絡裡仍然普遍。但我也相信，一直以來，社會進展總是分布不均、非線性的，而要求**她給予他陰性好處**，並限制**她從他身上拿走陽性好處**，這個常規持續產生重大的影響（再次，因為此常規的分布不均和非線性，會被偶發但時不時嚴格地執行）；或者可以說，我傾向於認同這個假設，一部分因為它能夠預測和解釋以下現象：

- **右派女性（一個反預測）**：這個模型預測，當女性為了服務父權利益而行使權力時，她們的權力會比較能夠被接受，例如保守右派的「家庭至上」政治運動。過去幾個世代間，

6 我在第六章詳細討論了這點，並且說明，在其他條件都相等的情況下（也就是基於相關的交織性考量），證詞不正義如何用來保護支配群體男性不被女性奪走這類陽性屬性的「臉面」。

在政治領域相對順利取得領導位置的右派女性看來證實了這點，例如菲利斯．施拉夫利、瑪格麗特．柴契爾，以及至少某段時間的莎拉．裴琳和澳洲的寶琳．漢森。[7]

- **街頭口頭騷擾**（Cat-calling）：這個模型建議將此類行為看成男性對女性注意力的索求，這份注意力被（錯誤地）認定是她欠他的，而他也能夠（還是錯誤地）理所當然認為，自己可以公開對她的吸引力以及她因此被社會賦予的價值，做出評分。在其他情境內，這種對（女性）注意力的索求更著重不允許她的心智（a）轉向內在（即思考自己的想法），（b）藉由搭起情緒的「高牆」，由他身上移開（根據我個人的道聽塗說，這經常會使她獲得「賤人」的稱號），或是（c）反感於他那股猛烈，且有時如侵略或威脅般強加於她身上的注意力。事實上她一定暗喜。這是街頭口頭騷擾者中一個常見的回應。同時她可能需要看起來「開放」或「透明」；[8]「甜心，笑一個吧。」是一種表面上比較不無禮的說詞，但表達了同樣狡猾的命令：一名女性臉上的情緒應該要清晰可讀。對於任何懷疑這些情境的父權本質或社會意義的人來說，想想當把性別反轉，那些情況就變得少見，大概就能懂了。問題不僅僅是它們所造成的傷害（各式各樣），而是也揭露並延續了一個深層的「誰虧欠了誰什麼，以及誰可以提出要求」的判斷。[9]
- **羞辱與要塞軍事學院**：在蘇珊．法魯迪[84]針對美國南卡羅萊納州過去專收男性的要塞軍事學院的討論，男性軍校學員對招收一名女性學員的想法高度反感—事實上可以說是勃然大怒。因為她的加入會剝奪他們的隱私，以及伴隨而來的，免於在女性眼中遭受羞辱和侮辱的自由——想想他們作弄新生的儀式、激烈的競爭以及其他行為。他們惡劣對待該名女同學，導致她只就讀了一星期。

對於男性學員來說，特別具涵義的情境包括(a)在有她的場合被比自己高階的軍官訓斥，(b)必須從事陰性家務勞動，儘管有她可以接手這些事情，以及(c)不僅要在她面前情緒崩潰與哭泣，還安慰彼此（這顯然很常見），並且是溫柔的安慰，夾雜在殘酷的霸凌回合之間。

因此，若她身處於那高牆之內，這會剝奪男性學員原本覺得自己理當擁有的事物，即不會在她眼中丟臉的保證。[10]「女性的不在場，讓我們可以更理解她們，從一種美學的角度來說，因為她們不在這裡，我們更珍惜她們。」一名高階團部指揮官，諾曼・杜希特對法魯迪解釋[84]（頁114）。

---

7 見德沃金[80]。

8 可參考最近《美國眾生相》（譯注：*This American Life*，由芝加哥廣播電台WBEZ製作，並由其他公共廣播電台聯合播放的一齣廣播節目）針對街頭口頭騷擾所做的一集節目中提供的證據，其內容說明了，在女性明確表達自己的感受和偏好的情況下，男性仍改寫女性想法的現象。Eleanor Gordon-Smith, "Hollback Girl," *This American Life*, 第六〇三集："Once More with Feelings," 2016/12/02, https://www.thisamericanlife.org/603/once-more-with-feeling

9 想想「蕩婦」這個稱號，它粗略的意思是，一個女性給予太多的男性、錯誤的男性自己的注意力，以至於不正當地排除了「他」，讓他不再是正當的接收者。和立基於暫時性、半編造的幻想或非自願的角色扮演相比，這個現象應該或多或少反映了社會現實。

因此，即使許多明顯的父權社會結構逐漸衰落，我們仍可以看到男性支配如何持續存在於這類互動和慣習中。根據付出方面的差別性規範，最理想的情況是，女性會被認定虧欠了某些男性一些典型的陰性好處，或至少虧欠了社會；而一名男性會被認定有權利主張從某些女性身上獲得它們。進一步說，如果他沒有被給予他應得之物，他就會被允許索取這類好處，亦即從她身上強取，不用受懲罰，如我們將在第六章所看到的情況。和付出一樣，取用亦有差別性規範，女性基本上可能被禁止和他競爭，或被禁止從他身上搶走一些陽性獎勵，而他也會被認定有權阻止她。最後，根據她在「他們自己人的比賽裡」（確實也是如此）嘗試或成功擊敗他們的不同程度，她可能會被認定作弊，或從他們身上竊取了什麼。

某方面來說，她確實這麼做了，只是她所「竊取」的其實是一直以來他透過不正當方式獲致的，而非他的正當財產。她或許完全有資格這麼做，甚至有義務這麼做，或至少，她是在做一件有價值的事——奪回那些一直以來只有男性可以不公平取得的東西。但儘管許多人在理性上可以認同，我們的道德直覺和注意力習慣卻經常落後於我們的道德原則。這可以理解，而且往往也可被原諒。但是我們可以，且必須做出適當的調整，不應過度肯定我們那些性別化的社會本能，畢竟它們的成因本身就值得懷疑。我將在第八章重回這個主題，在那之前，我會先檢視全美國最受通緝的女人：希拉蕊．柯林頓，她的不端與她所受對待之間的比例問題。

現在，我們必須發問：這類（她的）付出和（他的）取用的規範在何時運作？如果女性並未和一名男性處於一對一的親密伴侶關係中呢？如果她，比方說，處於一段女同志親密關係裡，或單身，或有伴侶無子女，或處於多偶關係中呢[132]？在此可以提出一項初步觀察，有些強度不等的異性戀霸權壓力，規範了關係，同時協助了維持白人至上主義，而這些壓力又和父權規範交織，創造出專門反同志（anti-LGBTQ）的厭女形式。它們也可能和用來管理德行與性格的規範交織，這些規範經常鼓勵女性將能量和注意力放在外界，而非向內、投入她自己的「個人計畫」（personal project）——用伯納．威廉斯[270]的話說。社會偏好亦同，有可能會獎勵女性照顧男性而非女性、照顧一人而非多人，以及照顧具有種族優勢，並對她的喜愛表示或懷有渴望的男性（請再次留意，其中差異可能很大，我的動機僅是在此列出可能性，而不是做出我專業外的實證主張）。否則，她可能會受到譴責，例如被批評為自私或自戀，或是因為恐同或反多元的偏執仇恨，而成為一個「種族叛徒」等。除此之外，女性經常面臨嚴格的要求，她們必須盡力讓他人一方面相信她的真誠和誠實，另一方面相信她的忠誠和決心。厭女情結不僅常會因為她沒能展示心智的「開放」或易讀性而懲罰她，也會因為她沒有

10 參見「LA Pussy Posse」（洛杉磯妹妹群）現象，法魯迪於著作《僵局》中的同一章裡比較了此現象和要塞軍事學院[84]（第三章）。在此，和一名新女孩發生性關係是一個得分遊戲，可以在床柱上又記上一筆，而聲望與昭彰惡名是這項活動的最終目標。有趣的是，這是川普的個人人格和厭女歷史的兩面。儘管法魯迪將它們標記成不同類型的男子氣概，它們可能只是不同的形式，並在不同的脈絡裡變得重要；一個是類似於封閉的、私人的訓練活動，另一個則是後續的公開比賽，在觀眾面前，為了粉絲而打。

表現出堅貞的意圖或決心守諾而懲罰她。由此可知，女性的權力、力量、自主性遠遠不會受到禁止，反而會被高度珍惜——只要她是站在偉大男性身後支持他的「偉大女性」。[11]

真心和忠誠的相關規範在此可說很重要，有幾個密切相關的原因。一是，它們確保了上述某些好處確實被視為好處。如果動機不是發自內心為了對方的最佳利益著想，善良就不是善良；愛如果太無常或易變，可能也就不是真正的愛。此外，這種規範防止她掌握她本可以擁有的權力，也就是可以（更）自由地離開他。最後一項，這些規範確保她可以靠近他，卻不會顛覆他的地位，或阻止他追求更多陽性特權。於是，她是支持的來源，而非對手。一個偏袒他的特定權力差異結構，也可以達成同樣的目的，同時，假如律法是透過反映這些偏見的方式執行，甚至不需要是出自他手。

為了防止女性從支配地位男性身上剝奪陽性好處，甚或只是威脅這麼做，堅貞與忠誠的規範在此也變得十分重要。他需要確信她的話是真心的，需要知道她不會突然改變心意，在沒有前兆下形成具威脅性的新意圖——例如離開他，或透過讓他「戴綠帽」羞辱他。[12]

因此，從這個角度看，她本身可能就構成了一種陰性好處。[13] 親密伴侶暴力的統計數字鮮明地證實了這點：如果她離開，也就是威脅從他身上（有時候也包括從他的子女身上）奪

11 若只考量厭女情結本身的動力，同類的反向互惠義務（在異性戀關係裡便是由男性給予女性）分布會較為不均。它們當然可能是特定關係裡道德觀的一部分，並且某種程度上被當地習俗所珍視，但幾乎不變的事情是，總會有些一般性義務帶著其他類型的父權秩序內涵以這個方向流動，最明顯的例子就是養家者和持家者的關係。

12 可參考被稱為「玩家門」(Gamergate)的事件所引發之爭議。在一篇由其前男友所撰寫的部落格文章中，獨立遊戲開發人柔依・昆恩被不實地指控提供性服務給遊戲記者，好為她的遊戲《憂鬱自白》換取正面評價。由「柔依文」出發，此案例接著涉及了雙重劑量的（被假定的）不忠誠、不可信賴，和「女性詭計」。此外，昆恩打敗了許多男性遊戲開發者，她的遊戲在網站（由另一位記者所撰寫，與前述的短暫關係無關）上獲得了相對正面的評價。根據我的分析，這個「在男孩的比賽裡擊敗男孩」的結果和滲透一個高度由男性主導的次文化，有可能成為一個完美風暴，結合各種因素，得以引起遊戲社群成員不合比例的強力、密集、漫長的厭女反應，而情況也確實如此。玩家門事件至此與後續的相關細節相當複雜，而且仍然有可能引起辯論，因此我會引用麥特・李近日在英國《衛報》上針對主要議題所提出的摘要：

> 玩家門是一個線上行動，基本上起始於一名男性想要懲罰他的前女友。它最值得留意的成就是騷擾了許多進步人士——其中大多數是女性，到了使她們感到不安全或考慮離開遊戲產業的程度。遊戲開發者柔依・昆恩是最初的目標，在這之前，安妮塔・撒奇席安將基本女性主義理論應用到電玩遊戲上的影片就已經使她成為目標對象（因為太多人無法區分文化批評和言論審查），但這股仇恨被玩家門事件有力地放大，導致了死亡威脅、強暴威脅、公開洩漏個資。

Matt Lee, "What Gamergate Should Have Taught Us about the Alt-Right," *The Guardian*, 2016/12/01, https://www.theguardian.com/technology/2016/dec/01/gamergate-alt-right-hate-trump

如同李和其他人所指出的，單單透過史蒂夫・班農和他的新聞網站「布萊巴特」(Breitbart)，玩家門在另類右派運動的發展中扮演了一個重要的角色。李繼續指出：

> 玩家門事件和極右派線上運動——也就是所謂的另類右派（alt-right）——之間的相似性巨大、令人震驚，而且絕非巧合。畢竟，這場開始於遊戲中的文化戰爭如今有一個資深代表在白宮裡。作為新聞網站「布萊巴特」的創辦成員和前任管理人，史帝夫・班農在創造媒體怪獸米羅・雅諾波魯斯一事上推了一把，後者藉著對玩家門表示支持和加油而打造他的名聲和推特追蹤人數。這個標籤是煤礦裡的金絲雀（危險的先兆），而我們忽略了它。

我在第六章裡也會討論這個案例和證詞不正義與男性支配間的關係。

走她這個人，親密伴侶謀殺的風險便大幅提高。[14]

「滅門男主」*的現象，以及他們所表現出來的「帶應得感的羞恥情緒」（entitled shame）也證實了這點，以下這個令人不安的個案研究將提供更多說明。可以預料：「理當屬於他」的事物，可能包括他的女性伴侶及其子女的性命——尤其當替代的結果，是他會在他們眼中顏面盡失，並且目睹他們不再仰望他而繼續生活。

剝奪生命：羞恥感和滅門男主

人們常說，厭女情結是羞恥感的表現，尤其當它被個別男性執行時最明顯，但甚至可能不只如此。而且那理論上有可能成為執行者和受害者之間，一個同理心或團結的基礎。厭女攻擊經常會慢慢灌輸其受害者一種羞恥感，部分是透過以噁心為基礎的「汙衊」機制，第八章會進一步討論。這類反應也不一定非理性：羞恥具有社會意義，通常會形成一種想要斷開自我與他人視線的渴望。這裡說的是把自己臉藏起來的渴望，以及典型的羞恥樣貌——垂下的頭與低垂的目光，但那不是唯一一種斷開的方法。與其躲躲藏藏，一個人也可以消除旁觀者。「羞恥之人會想要世界不再注視他，不再注意到他的暴露，他會想要毀掉世界的眼睛。」艾瑞克．艾瑞克森的名句這麼說道[82]（頁277）。此處選擇「他」作為代名詞可能無意中點出了問題。

因為，在我看來，恰好就是在此點上，厭女情結（及其他壓迫形式）的受害者感受到了一種不同的羞恥感，至少和最富特權的加害者感受到的不同。前者是一種普通的羞恥感——人們不指望自己能完全免除它（或至少不是以這類形式），通常會使人表現出試圖逃避遮掩或躲起來的意圖，而不是想要「摧毀他人的眼光」。後者這種「帶應得感的羞恥情緒」則會導致這類的摧毀傾向，且經常會被社會性羞辱的可能性或實際發生所引發。「帶應得感的羞恥情緒」是本節的重心，我將討論其最鮮明的表現形式之一：滅門男主。我將點出，這個現象使我們看到特定家父長和他們的女性親密伴侶與子女之間，所存在的所有權關係及其重要特性。

直到最近，人們才開始區分滅門男主和其他類型的大規模殺人者，並進行研究。其中一個案例是一名英國男性克里斯・佛斯特，他是某種油井鑽探安全閥的發明人。這是最優秀的安全閥，他大賺一筆，買了一整隊的豪華房車以及一間位於施洛普郡的豪宅，將妻子吉兒和

13 這也進一步解釋了墮胎和「支持選擇」立場所引發的道德恐慌（如同第三章的討論內容）——也就是，一個女性意圖自私或放蕩地拒絕生殖和照護勞動（偏離了正道），以及將胎兒從他們正當的家庭或安全港中驅離。與此同時，有色人種可能遭受剝削，好給所有女性一個教訓，例如在印第安納州，當涉及自我施行墮胎和殺嬰罪法規，亞裔美國女性似乎特別被針對，如同泊威・裴塔的例子。

14 根據一些估計，在離開親密關係後的兩週間，女性被前任親密伴侶殺害的風險高出於其他任何時間點大約七十倍。例如可參考：”Domestic Violence Statistics,” https://domesticviolencehomicidehelp.com/statistics/（資料擷取於二〇一七年五月十二日）

* 編注：family annihilators，直譯為「家庭消滅者」，無指定性別，基於此處脈絡，採「滅門男主」譯。

女兒克莉絲蒂安頓在那裡。他和許多女性有婚外情——金髮女子顯然是他的菜——但妻子吞忍下來。他並非一個好看的男人，但金錢給了他自信，他的小姨子在記者約翰．榮森的一篇報導裡這麼說。[15]

佛斯特蒐集了許多槍枝，且是一家飛靶射擊俱樂部的成員。他在俱樂部其他男性成員眼中，是一位愛妻的丈夫與溫柔的父親。一個看來平凡無奇的下午，他前往俱樂部的烤肉聚會參加射擊活動。當天晚上在家中，他對著妻子和女兒的後腦勺開槍殺了她們。接著他澆上汽油，放火燒了所有的財物和豪宅，最後在餘下的篝火中自殺。

你知道原因後會驚訝嗎？我大膽假設不會。他已經因為一連串錯誤的商業決策而破產，即將失去一切，當地官員原訂於隔日收回被他燒掉的財產。

在試著理解他的罪行時，榮森最初覺得不可思議，但某一刻他突然醒悟，當中的邏輯變得清晰。當榮森坐在克里斯的友人伊恩陳設講究的廚房（美麗、維護良好的梅斯布魯克鎮郊區，那裡住了許多像克里斯一樣白手起家的富豪），他不只懂了為什麼克里斯這麼做，還明白了他為何使用那種方式。榮森寫道：

> 我坐在伊恩的廚房裡，克里斯．佛斯特選擇從後腦勺開槍射殺吉兒和克莉絲蒂這件事情突然合理了。他彷彿因為太過羞愧而無法直視她們。也許這起殺人案是某種類型的榮譽殺人，佛斯特彷彿無法忍受他可能失去她們和友人的尊重。（同注15）

許多克里斯的友人也覺得他的行為（不只是自殺，包括殺害他的家人）相當可以理解。榮森寫道：

> 聽到佛斯特的朋友談論他們如何同理他的行為很令人震驚。我不會想到，當生活出問題、當他們的男性氣概和財富象徵受到威脅，住在施洛普郡這個飛地裡的人們有多麼脆弱，多麼容易想讓一切玉石俱焚。（同注15）

玉石俱焚是一種說法，也請留意這個說法將誰放在故事的中心。

佛斯特犯下罪行不到一個月，另一個滅門男主出現在南安普頓：他打電話給分居的伴侶，告訴她，他們的小孩已經「長眠」。悶死他們之後，他上吊自殺。[16]

榮森在文章中引述犯罪學家大衛．威爾森的說法，滅門男主和大規模殺人者不同，他們

15 Jon Ronson, "I've Thought about Doing Myself in Loads of Times⋯," *The Guardian*, 2008/11/21, https://www.theguardian.com/uk/2008/nov/22/christopher-foster-news-crime

16 如榮森所指，滅門男主在美國也很常見。他引用的研究指出，家庭內的謀殺伴隨著丈夫後續自殺，這樣的案件平均每星期發生一次（同注15）。傑克．李維後續所做的研究則主張，在經濟蕭條發生後的月份，這個比例可能會增加——這很令人驚訝，畢竟失業率和謀殺發生率之間並沒有普遍相關性。Catherine Skipp, "Inside the Mind of Family Annihilators," *Newsweek*, 2010/02/10, https://www.newsweek.com/inside-mind-family-annihilators-75225

過去通常在犯罪司法體系或甚至精神衛生體系裡都沒有紀錄。威爾森對記者凱蒂・柯林斯解釋道：

> 從各方面來說，這些人都是深情的丈夫和好父親，他們經常有受人矚目的工作，在眾人眼裡看來非常、非常成功。[17]

威爾森和其他研究者區分出四種主要的滅門男主類型：自以為是型、迷惘型、失望型、偏執型。**自以為是型**為了自己的沒落責怪他人，通常是他們的妻子或分居妻子。**迷惘型**則因為如破產之類的外部事件而感覺丟臉。**失望型**覺得被家人辜負，彷彿社會秩序正在崩解。**偏執型**則認為他的家族受到外來者給的威脅，為了擊退威脅，他擅自決定動手殺害他們。

猜想這些類型並非彼此互斥，每一個類型都展現了可以被中肯稱為「有毒男子氣概」的不同面向，因為他們在受到威脅或羞辱時，都傾向暴力攻擊。威爾森告訴柯林斯：

> 很明顯的，通常是男性會訴諸這樣的暴力，而這四種特質和男性如何看待性別角色與他們在家庭中的位置緊密相關。男人有許多當男人的方式，但是在滅門男主的狀況裡，這些男性通常會因為各種上述範疇中的事件而走到臨界點。若單單認定這件事情肇因於女性〔在現代社會〕有較重要的角色，可能會變成試圖暗示女性必須為其負責；但事實

上，關鍵一直是男性。（同注17）

這個提醒敏銳且正確，但問題仍舊有可能在於男性無法接受女性逐漸提高的社會地位，且正如同威爾森在許多發言中近乎明確表示，幾乎所有的滅門男主都處於異性戀親密關係，而非酷兒關係。這同樣說明了，男性在身分認同上所遭遇到的存在威脅本質。

針對美國脈絡裡滅門男主的典型特徵，《家庭殺手之心》一書的作者奈爾．韋伯斯戴爾 [267] 也做出了類似的結論。記者凱薩琳．史基普摘要韋伯斯戴爾的研究發現如下：

> 絕大多數此類案例的犯案者是男性（他估計為九五%），多為白人、中年。他們覺得自己不是稱職的男性，且經常在童年遭受過虐待。基於幼年時的無助經驗，許多人試著對自己的家庭嚴格控制，並試圖創造一個他們從未體驗過的理想家庭樣貌。當經濟衰退、工作難找、壓力升高，這些男性所追尋的控制就變得更難維持。
>
> 根據韋伯斯戴爾的看法，這些男性落入一個介於他所謂「暴怒脅迫型」殺人者和「文明體面型」殺人者之間的連續體中。前者由憤怒驅動：他們有控制欲，且有時有虐待行為，藉由在家中行使權威而獲得自我價值。但那樣通常會使得婚姻陷入危機，妻兒試圖

17 Katie Collins, "Family Killers Are Usually Men and Fit One of Four Distinct Profiles," *Wired*, 2013/08/16, https://www.wired.co.uk/article/family-killers

離開，這造成的失控感激發了羞辱的感受，最終導致父親爆發暴力以再次確認自己的威權。（同注16）

根據本議題的另一位先驅研究者理查・蓋勒斯的看法，後者這類「文明體面型」殺人者則由一種「自戀的沙文主義」（narcissistic chivalry）所驅使，這明顯表現在這類殺人案的驅動因子、動機、本質上。蓋勒斯告訴史基普：

> 這些父親幾乎總是把自殺當成逃離某種財務危機的唯一方法。於是，殺害他的家人變成一個出口，將他從破產和自殺所帶來的艱困與羞恥中拯救出來。
>
> 許多這類行為人處決受害者的方式，都明顯展現出這種自戀的沙文主義。職業拳擊手克里斯・班瓦於二〇〇七年殺害妻兒並隨後自殺，一般相信他在勒死兒子前曾餵食他鎮靜劑。（同注16）

大多數滅門男主（超過八〇％）會試圖在殺害他人後自殺（同注17），但這似乎和一般慢性的羞恥感導致的自殺傾向不同，此處的深層動機不可能是為了逃避他人，因為其他人的目光已被永遠地闔上了。

一些滅門男主可能會因他們如今缺失的不僅是自尊，更是一種純粹的自我認知，而被驅使（理查·蓋勒斯道：「他整個人的身分認同，都寄託在家庭之上。」；同注16）。鬆開擺脫羞恥感的逃生閥門讓他感到安心，卻孤獨、失去了目的；他的殺人行為不只移除了那無法背負的壓力，也移除了他存在的目的。他不再被羞辱了，但也失去了給予他讚賞的他者，而那些讚賞對他來說是存在的必需品。歸根結柢，那確實會是存在的必需品，是他一手打造的結果。

這一切和當代美國的政治局勢有什麼關係呢？我們或許可以主張，滅門男主處於有毒男子氣概光譜上最極端的一邊，而川普和史蒂夫·班農也在此光譜上，而最終，他們的差異只在於程度上，而非類型上。我不會針對這個可能性做出推斷（參見[126]：位碼4236與5631），我想要從這個脈絡討論中發展的是，它為「帶應得感的羞恥情緒」提供了一幅生動的圖像。讓我們看看川普如何煽動一種理所當然的渴望，想免除掉來自他者、令人羞恥的凝視，例如，在川普想像的美國中，墨西哥人可被高牆隔離，穆斯林可被審查排除（參見我對「憂愁的白人身分」之討論；[185]）。個人不再需要為自己無視有需要之人而感到羞愧，這對於飽受所謂「同情疲勞」之苦的人來說，是一個恩典。另一種同等或甚至更強烈的渴望，則是想要擊退來自自由派菁英那些令人羞恥的凝視，他們擁戴反種族主義、女性主義，以及其他各種形式的「政治正確」——那是最令人痛恨的信條。（**把她關起來**、控制她、阻斷視野、阻止她獲得優勢。）

「所謂的政治正確」——我立刻想要這麼說。因此，你可以大略觀察到，是什麼讓川普支持者的氣勢一旦被點燃，便得以延燒。我們的行動是「政治矯正」的行動。無論情願與否，我們經常被要求站上道德高地，儘管姿態彆扭。我們可以談論如何「愛罪人，但仇視罪行」，但我們要如何愛那些如此恨我們的人？

在川普當選前的那段期間，我覺得我很難想出應該向川普的支持者說什麼——那些人在希拉蕊的看法裡要麼可憐，要麼是一群「可悲的烏合之眾」、「無可救藥」（她這個評語並不明智，她隨後也道歉了）。言下之意是她瞧不起他們所有人。這對於包括我在內的許多人看來，明顯是個不正確的立場。但什麼才會是正確的立場？我將在結論章回到這個問題。

無論是何種立場，我們致力於譴責那些人的種族歧視和厭女情結時，基本上不太能指望他們會因為一個永遠不會來的道德頓悟而心懷感激。相反的，他們通常會變得戒備、怨懟，且態度會比以往都還根深柢固和沉溺，最終被困在感到丟臉和被消音兩種情況之間。當然，如同我剛剛指出的，他們有一些逃生門可用。

關於川普是在哪一個瞬間決定競選總統一事，我至今已經從幾個不同的記者那聽到相同的理論。在二〇一一年的白宮記者晚宴上，川普直白可笑、極為冒犯地要求歐巴馬總統出示出生證明，歐巴馬的回應被他視為羞辱（認真的嗎，你從哪裡來的？這是種族主義者的月經題啊）。歐巴馬在演講中大度地說他想到一個更好的回應：他願意播放他的出生影片。他放了電影《獅子王》的一個片段，賓客爆笑出聲。

顯然，有一名賓客沒笑。他抬起下顎、噘起雙唇，臉色轉為深橘——觀眾愉快看向川普的方向，再轉開視線。我聽到《紐約客》記者大衛．瑞姆尼克的描述時，心想：那真的是羞恥的表情嗎？我試著回想舊心理學教科書裡，保羅・艾克曼關於普遍情緒表現的一組代表性黑白照片。我好奇，和艾略特・羅傑的羞恥感相比，川普的情況是什麼。

但接著我意識到，川普的表情是羞恥感的內外翻轉——他表現出來的可以說是羞恥的外牆。被拒絕承認的羞恥，以憤怒取代，因為他和他的同類習慣在任何場合都被極致禮遇。那個表情來自於一個人徹底期待並認為，自己理所當然應該獲得其他地位較低、必須抬頭仰望自己之人的讚賞凝視。因為這樣的期待，佐以自戀情結，結果就成了他需要這些。川普的表情是艾略特・羅傑原本可能有的表情，如果羅傑有更多社會好運，如果他當初能夠成功成為他宣稱要成為的真阿法男。但是他沒有，因此他選擇拿下其他人。

展望

在第二章裡，我針對厭女情結提出了一個一般性的基本說明，指出作為社會環境裡的一種屬性，它究竟是什麼。也就是說，當一個社會環境裡，特定類別的女性面臨著一種敵意，其目的是監督和執行一些歷史上且某程度上今日仍然存在的、父權秩序下的性別化規範和期待，這個社會環境就可以被視為厭女社會。同樣的，如果一個行動是該社會環境下的厭女情結產物，或對其有益，那麼，該行動也是厭女行動。我同樣指出，伊斯拉維斯塔殺人案就是一個明確的範例，即使該案毫無疑問也具有其他意義，但這絕對無損此論點。

這回答了伊斯拉維斯塔案發生後，女性主義者面臨的兩個爭議問題中的第一個，卻沒有回答到另一個：美國是一個格外厭女的文化嗎？倘若真是如此，艾略特．羅傑可能如何傳達相關的社會力量？（換句話說：哪些機制使得厭女情結得以不朽，姑且不論他個人特定的心理狀態或生命故事細節為何？）

二〇一六年的美國總統大選後，隨著厭女情結從深水處浮出，靈動升上水面，顯然愈來愈少人會否認厭女情結就存在於水中。但我認為，持平而言，即使是對因為競選活動和十一月的大選結果感到震驚、進而改變看法的人來說，這仍是一個模糊並令人迷惘的現象。我們要如何同時理解這兩個事實——今日美國社會裡厭女情結的普及，但同時與過去任何一個時刻相比，本地女性確實擁有更多的權力和機會（參見[166]）？我希望本章所提出的「付出／取用模型」可以提供一個可能的解釋。

這個模型也回應了另一個憂慮：當女性主義者使用「厭女情結」一詞，是否只是涵蓋了各種四散、雜亂、可以成為報紙頭條的事件組合。如果真是如此，我的改良性計畫可能得與雜亂共存，抑或，儘管未能完全掌握女性主義者的使用習慣，依然得以釐清雜亂現象。因為，總結來說，厭女情結應該包含：

- 差異懸殊的傷害類型（從微小傷害到謀殺皆有，並包含了許多不同類型的口語和肢體攻擊）。

- 在敵意的整體範疇下，各種不同的心境和模式，常見的主題因而涵蓋範圍廣闊，包括報復、斯特勞森所說的「反應型態度」（例如責怪、怨懟、罪疚）、懲罰、背叛、不信任、位階競爭，以及其他形式的羞辱、噁心、「驅逐」行為。
- 在各種領域內的監督和執行手段，包括了性、母職、迄今為男性所有的空間、位置，以及傳統上屬於老男孩們的俱樂部。

面對這一團顯然雜亂的想法，「付出／取用模型」提供了一個意外簡單的方式，統一上述現象並創造出一個理論，可以提出良好與具體（重要的是，得以被否證）的預測，因為如前所述，這個模型區分了什麼是：

她所能付出的（陰性好處和服務）：注意力、情感、讚賞、同情心、性、子女（換句話說，社會的、家庭的、生殖的、情緒的勞動），以及綜合性的好處，例如安全庇護、滋養照護、安全感、安撫、安慰。與此相對的是：

他所能取用的（陽性好處和特權）：權力、聲望、公眾認可、身分、名譽、榮耀、「顏面」、尊敬、金錢和其他形式的財富、位階、向上流動，以及因為擁有來自身分高尚女性的忠誠、愛、奉獻等等而帶來的地位。

有鑒於此，大多數前述與之後將提到的厭女情結案例，都可以被歸類至女性所面對的下列兩種互補性的社會規範之一：

（1）她**有義務**提供陰性服務給某人，此人最好是一個在社會位階上與她相當或高於她（根據存在於許多脈絡中的種族、階級、異性戀正典價值）的男性，至少在他想要從她身上獲得這些的情況下。

（2）她**被禁止**擁有或拿走陽性好處，特別是從支配地位男性身上（此為最低限度，可能也還包括其他人），至少在他想要、期待獲得、意圖保存這些的情況下。

我們因此可以得到一些推論結果：

- 如同第二章提到的，厭女情結發生在監督和執行這些社會規範，以及保護它們不被破壞之時。
- 至少就許多相關的陰性好處來說，一名支配地位男性必須能夠「讀她的心」，以確保這些相關的個人服務是**真誠**的。就如同，若動機不是對他人的好意，善良就不是善良。
- 他也會需要確保（a）她的誠實、（b）她的忠誠、（c）她的堅貞，以確保安全感、穩定感，和持續的安全港等這一類好處。如果她可能已經「心生離意」，或她只是因為他的世俗成就、好名譽、聲望或類似的原因而有條件地愛他，這對他來說就不是一個安全的空間。

- 他將會經常必須比她有權力，可能出於各種工具性的目的，也可能單純想要權力本身的各種形式。或是在某些情況下，他不想要權力。（再一次，這裡存在很多不同的可能，一些厭女之人並不想要伴隨社會權力和特權而來的責任，例如所謂的「巨嬰」〔man child〕）。[18]

現在，掌握了本章提出的概念區別，我們來辨別後續的提問：

- 如果他無禮奪取了所謂她「應給」他的事物呢？我認為，我們通常傾向原諒、遺忘、赦免這類由支配型男性所犯下的罪行，並將我們的同情心延展到他們身上，而非受害的女性。（因此第六章「赦免男性」會討論強暴文化，以及我稱之為「同理他心」的議題。）
- 如果她要求或試著取用所謂她「應給」他的事物呢？當她尋求陰性好處，例如道德注意力，或為她個人所受的道德傷害而爭取關注，我認為我們傾向於懷疑她不誠實、裝腔作勢，就算我們沒有證據支持任何一種指控。（第七章「懷疑受害者」會探討所謂受害者文化的意識形態。）

18 此外，某些做法看起來比較像是為了取得比她更優勢的地位（從知識面來看，比如男性說教），或他理所當然地認為他應該擁有比她更多的空間（比如在大眾運輸工具上男性開腿〔manspreading〕的情況）。

- 如果她要求或試著取用所謂他「應得」的事物呢？我認為，在以這種方法尋求陽性好處時，她有可能會被描述為貪婪、腐敗、資格不符以及脫序。（第八章「落敗（給）厭女者」將討論到二〇一六年間，希拉蕊．柯林頓角逐入主白宮未果的過程中所遇到的厭女汙衊。）

但在那之前，讓我稍事暫停，先討論並駁斥一個和本書目前所發展出來的厭女解釋對立的論點，一個流行、但往往未被充分發展的論點：厭女敵意源自於未能認可女性具備完整的人性。

但我會說，受制於本章所描述的厭女動力的女性，其實更像是被視為處於一個特定社會位置的人，甚至可說是「人性過於充沛之人」——一個給予者。而因此，作為一個特權者，他覺得她的「人性」是一個自己有權可以使用、剝削，或甚至在不受懲罰的情況下摧毀的物件。令人悲傷甚至羞愧的是，很多時候，我們默許他們。

CHAPTER (5)

人性化仇恨 Humanizing Hatred

班尼，你知道最讓我生氣的是什麼嗎？這些該死的賤人看我的眼神彷彿我天殺的是一塊肉，你知道嗎？彷彿我是一個該死的性玩具。但我是人啊。我是個人，你知道嗎，有感情和情緒的……我就坐在這裡不是嗎？沒錯，我也是人！她們認為我這麼高大，內心就不會受傷。

——喬治．「小鬍子」．曼德茲
《勁爆女子監獄》第一季第十一集，〈有感情的高大男子〉

我經常無法察覺到男人內在的人性。

——路得維希．維根斯坦
《文化與價值》

當代的道德論述中，有一個無論在哲學領域內外都常見的反射反應，出現在許多種族暴力的道德心理學討論，以及厭女威脅暴力的討論中。「整體來說，這是一個文化問題，也就是我們教導男性，女性是要被『賺取』、被『贏得』之物，是一座獎盃，而非把女性看作，你知道的，人，有自己故事的主角，如同我們（男性）。」文化評論者亞瑟．朱[52]在伊斯拉維斯塔殺人案發生後這麼寫道。[1]女性主義作家琳蒂．魏斯特[268]描述她在網路上和「她最殘酷的騷擾者」對質的經驗，提出同樣的疑問：「是什麼讓女性如此容易成為目標？為什麼傷害我們令人感到如此滿足？為什麼他沒有自發地把我們看作人？」出乎她意料，魏斯特的騷擾者在與她對質後悔悟了，並為他的厭女行為道歉（可回顧本書第一章中魏斯特與這名男子的訪談）。但根據魏斯特的報導，這是唯一一個她提出、他卻無法回答的問題，儘管他盡力了。

在本章裡，我要指出，像是「為什麼他沒有自發地把我們看作人？」這類問題，其實建立在一個常見的錯誤假設上：將「男性對男性的不人道行為」[2]反射性地歸因於某種去人性化的心理態度。我稱這為一種「人道主義式」（humanist）的解釋，用來說明那些不僅在道德上令人反感，某程度上來說殘酷、暴虐、羞辱、貶抑，因而會被描述為「非人道」（inhuman）的人際舉止。[3]根據這個接下來將被我稱為「人道主義」（humanism）的道德心理學看法，這種「去人性化」很常被視為對這類舉止的最佳解釋（雖然並非總是如此）。換句話說，從人道主義的觀點看來，這類行為經常源自於人們無法認可他們的某些同伴同為真正的人類；相反的，前者可能將後者視為次人類的生物、非人的動物、超自然的存在（如惡魔、女巫），或甚至只是物品（也就是無心智的物件）。這個觀點認為，只要人們能夠真正體會彼此「共享的人性」，就很難殘酷對待同族類的成員。

這個意義下的人道主義，是一種受歡迎、令人熟悉而且在許多方面都具有吸引力的觀點。然而儘管如此（或說正因如此）它並沒有總是被界定清楚，也沒有在面對敵對解釋模型時獲得辯護。此外它沒有經歷過太多批評，除了一些著名但短暫的例外（見注24）。[4]然而，我有些懷疑，作為一個關於偏見的一般性命題，它是否站得住腳，尤其在談到厭女情結時。我最終將會嘗試提出一個驚人的結論以供討論：人文主義的觀點未必適用於許多看似與其最為契合的案例，也就是當人們受到去人性化的意識宣傳影響，犯下大規模暴行的情況。他

1 可和前一章提出的假設進行比較，也就是她被賦予了任務，要在父權社會關係的核心情境裡扮演丈夫的「夥伴」（參見該章開頭的題詞）。

2 這個有名的說法乃由詩人羅伯特·伯恩斯所創，他寫出了不只一首啟蒙運動頌歌。又，伯恩斯此言可能是改寫自重要的啟蒙思想之父塞繆爾·馮·普芬道夫的一句話。

3 不可否認，對不同人來說，「人道主義」和它的同源詞可以代表很多不同的意思，但我想不到更好的詞彙可以表達出我所將討論主題的箇中韻味。

4 分析哲學領域中，廣泛的人道主義思考長期所面對的批評之一，主要來自於一些人認為這樣的看法帶有令人反感的「物種歧視」意味。我逐漸能夠理解這些批評的內涵，儘管對於如何能夠最適當地理解它們和其他政治解放運動間的關係，我仍帶有疑問。但無論如何，這類的批評和我在這章所發展出的論點大多是相互獨立的，因為根據我的描述，人道主義（在我看來）並未致力於含糊地主張人類相對於其他生物來說具有著更優秀的價值或更大的權利。

們的行為經常透露出一個事實：他們的受害者對行為人來說勢必具有人性，甚至「過度有人性」。留意男性對女性的非人道行徑時，這點尤其顯而易見——在種族清洗屠殺的事件中，女性經常遭受大規模的殘忍強暴。

運轉中的人道主義思考

瑞．朗頓[150]討論對女性的性壓迫時，「性唯我論」（sexual solipsism）扮演了關鍵的角色。古典意義上的唯我論，立基於對其他任何種類的心智存在抱持懷疑（或者是純粹的否定）。而性唯我論視男性心智為唯一的人類心智，相對的，女性則被視為「區區東西」或物件。根據朗頓的觀點，這與色情的道德弊病緊密相關。在以下段落中，朗頓藉由她從西蒙．波娃和凱薩琳．麥金儂那讀到的論述，說明她的看法：

〔波娃〕說，在被確認為「物件」的生物陪伴下，「男性仍舊是孤單的」。性壓迫是唯我論成真的結果……〔波娃〕認為，對許多人來說，它是「比起和一個真人有一段真誠關係，更具吸引力的經驗」。近代女性主義者們補充，色情作品便是一種獨特的、把人「物化」的方式，因為在色情作品中，「人變成了東西」。〔麥金儂的〕驚人用詞中的歧異，一方面昭示了在色情作品裡的人類——女性——被當成東西對待，另一方面，東西——

色情物件——也被當成人類對待[150]（頁2）。

朗頓繼續發展麥金儂對色情作品的看法，透過這種方式物化女性，色情作品（起碼暴力、貶低人、異性戀的色情作品）得以把女性消音並將她們置於從屬的位置。此主張不僅被認為是具備因果關聯的（因此是實證性的）主張，朗頓的中心命題更是一個本質性的命題（第一章）。[5]

根據雷蒙・蓋塔[96]的看法，種族主義經常牽涉到一件事：在面對受害者或攻擊目標時，對他們完整的內在生命不以為意或無動於中。在〈種族主義：對共通人性的否認〉一章中，蓋塔描述了一則帶有自傳性質的小花絮，故事裡是一名喪子的母親M，她不久前失去了她的孩子，且仍為此深陷悲傷。蓋塔和M看著電視上播放的一支越戰紀錄片，當片子進行到訪談一名悲傷的越南母親（不久前也因戰爭而失去孩子），M的身體先是往前傾，彷彿想要捕捉到這個同為喪子母親所說的每一個字，但M隨即又往後靠，平板地說：「但對她們來說不一樣。她們很容易就可以生更多（孩子）。」[96]（頁57）蓋塔明確指出，M的評論不是從一個純粹的社會學脈絡出發，單純指越南家庭通常人丁較多；M的意思也並非指越南人在這段期間受到戰爭重創，導致他們對悲傷的感受力遲鈍化。確切說，M表達的是，她認為越南人「本質

5 麥金儂[168]為色情提出了一個約定俗成的定義，色情主要涉及暴力、貶低、異性戀正典的素材（雖然這個定義的確切範圍是有辯論空間的）。此定義有益麥金儂（與安德莉亞・德沃金共同）在草擬反色情公民權法令時的企圖。

上」在情感上無法像她感受得如此「深刻」。[6]蓋塔寫道：

在M眼中，越南人並非偶然地不具備追求深厚內在生命的必要條件，如同一些人在經歷過磨難後可能會出現的狀況。對她來說，他們本質上如此[96]（頁59）。

因此，M無法理解她可能可以和越南人對話，能從他們對結婚、愛人，或為他人悲傷的意義中有所體悟（xxxv）。

蓋塔接著指出，在M的道德心理狀態中，對那些她懷有種族主義偏見的人，她抱持著一種截頭去尾的主觀性，而在許多受到種族主義意識型態影響的人中，這相當典型：

種族主義的受害者經常說他們被當成「次人類」對待。在許多情境裡——也許是大多數的情境裡——那一點都不誇張。我們可以從我的描述裡看到，M的態度極度貶低人，實實在在地去人性化，否定了這些受害者有一絲可能，對人類處境中的關鍵特性提出有深度和清晰的回應。就「人類」一詞的自然定義——當它不單單被用以指稱智人這個物種——被認定無法擁有一種具有深度和複雜性內在生命的人，確實可說是被當成了不完整的人、被當成了次人類對待[96]（頁60）。

談到參與過大規模暴行者的道德心理狀態，大衛・李文斯頓・史密斯採納了一條類似的路線。不過，李文斯頓・史密斯[158]採取的是更明確的政治和歷史路線，將「去人性化」（對特定人類群體，賦予一種非人、動物的「本質」）視為對政治中同理心問題的一種解方，因為：

為了認可某人為「人類」——我們的同類——你必須先有「人類」的概念，而一旦你將某個人歸類為人，就影響你如何回應對方……多虧了我們具有同理心的本質，我們大多數人很難對他人施暴，這種抑制作用促成了團結人類社群的強力社會連結，解釋了我們這個物種何以達到如此的非凡成就。但這催生一個謎團。自古以來，男性便彼此結盟，殺害與奴役他們的鄰人、強暴他們的女性（等等）……我們怎麼能夠做出這種暴行？這答案中有一個關鍵很清楚：藉由我們的想像力，我們將其他族群想像為非人類的動物。這個做法，使我們能夠釋放出往常會因為同類感而受到抑制的毀滅力量[158]（頁127）。

換句話說，一些人在一政權底下被賦予任務，必須對他人施暴或處決他人時，除非同情他者的天生傾向消退減緩，否則他們將下不了手。此時，普遍性的去人性化，尤其是去人性化的政令宣導，大有助益。

6 很可惜，我沒有搞錯的話，我們並未被告知M本人的種族或族群身分。但在蓋塔的討論脈絡中，可以很自然地想像她和作者一樣，是一名澳洲白人。

在此，人道主義立場和性別之間的關係已值得留意，即前者對性別的忽略。比如說，M腦中的越南人，同時也是一個女人和母親——因此，她是一個越南女人和越南母親——的事實，儘管在分析上不重要，卻可能具有一些社會和心理學意義，但在蓋塔的討論裡卻顯得只是一樁偶然。就我們所獲得的資訊而言，M的思考對象也完全有可能是一個越南父親。

儘管李文斯頓．史密斯在其論述中明確排除了性別壓迫，他也承認在他舉例提到的歷史暴行中，對女性的大規模強暴所扮演的角色，而我們不清楚這兩種態度如何彼此協調。同樣的論點，也適用於大屠殺期間被當成性奴隸的猶太女性的命運，歷史紀錄直到近年前都還普遍將她們遺漏在外[112]。同時，在道德哲學領域內，針對大屠殺的討論往往圍繞著普利摩．李維在《滅頂與生還》（繁體中文版譯名。原文書名*Se questo è un uomo*，意為「倖存於奧斯維辛」，美國版採直譯*Survival in Auschwitz*）一書中精采但必然不夠完整的描述，然而，該書的另一譯名——《如果這是一個人》（*If This Is a Man*，英國、澳洲、歐洲版本的譯名）——卻不經意地要求我們拓展觀點。

假如這是種族主義和族群仇恨的道德心理學特徵，我們可能會期待，要克服它，某種人性化的過程有其必要。在諾米．阿帕麗對《哈克歷險記》的討論中[12]（頁75–78），我們可以找到針對這類過程細緻入微的分析。故事的發展是，哈克和吉姆一起逃家，靠著一艘脆弱的竹筏順流而下（這是馬克．吐溫所設計的一個毫不隱諱的比喻，指出兩人「同在一條船上」）[7]。儘管哈克是白人男孩，吉姆是黑人奴隸，但兩人之間的相處早已變得友善而自在。當奴隸獵人逼近，吉姆差點被抓住，哈克聰明攔阻了他們，採取了適當的行動。然而，此處有一個難題：考量到哈克自身明確而錯誤的道德信念他應該交出吉姆，他卻做了相反的行動，他是否還應該為此獲得讚賞？若是，原因為何？另一個難題則在於：為什麼哈克要那麼做？阿帕麗認為，哈克的行為在道德上確實值得獲得讚賞，因為那源自於哈克在道德上的啟蒙，他對吉姆產生愈來愈人性化的看法。阿帕麗寫道：

在哈克和吉姆共度的時間中，哈克經歷了一種知覺上的轉變……他和吉姆討論他的希望與恐懼，密集互動時，哈克不斷接收到新的資訊（儘管他從未深入思考），這構成了一個訊息——吉姆是一個人，如同他自己。馬克・吐溫讓哈克輕易覺察到他自己和吉姆之間的相似性：兩人同樣無知、共享同樣的語言和迷信，且從各方面來說，就算不是約翰・史都華・彌爾這般的天才也可以認知到，沒有任何特別的原因引導我們去假設其中一人不如另一人。儘管哈克從未反思過這些事實，它們卻使他對待吉姆的方式和他對待任何其他朋友的方式愈來愈相像。哈克驚訝地發現自己對吉姆道歉——在一個把黑人當作某種不如人的東西對待的社會裡，這是一種無法想像的行為——哈克開始將吉姆視為人類同胞一事遂變得明顯……當哈克有機會可以把吉姆交出去，他體驗到一種強烈的不情願，很大程度上，他的不情願是他終於把吉姆視為人的結果[12]（頁76－77）。

7 針對這個情境的描述，我援引了我先前的著作[172]（第二部分）。

這應該足以為我在此處所指的人道主義思考提供一個初步的體驗[8]。我們該如何理解它呢？我認為我們可以認同，若一貫地、或毫無正當理由地忽視其他人的人性，是個嚴重的問題，[9]但把人當人看，或是認可他人同而為人，真的就是我們能獲得的唯一領悟嗎？這在多大程度上促使我們有分寸地對待他人？我們在多大程度上必須為人們對彼此最殘酷的行為負起責任？我們在多大程度上應該將其視為一個確實的心理現象，尤其是在厭女情結議題方面？這些是我在本章中會試著回答的問題，但首先，讓我先釐清人道主義的主要主張。

釐清人道主義

自始以來，「人道主義」（humanism）一詞對不同的人代表了不同的意涵，直至今日仍是如此。藉由前述的例子和介紹的多位理論家，我已指出我傾向的路線，而（我認為）依照這些理論家的觀點，可能會使他們質疑某些我在此提出的結論。然而，為了追求清晰與簡潔，與其試著釐清他們各自立場的細節，不如先從這些理論者的觀點抽離，嘗試從人道主義立場中提煉出一些關鍵的信念。這包含描述性的主張（概念性兼知覺性的、道德心理學的、歷史性的層面），以及一個規範性的主張（道德兼政治的層面），透過結合兩者，我試圖將前一節蒐集到的各種（在我看來）互補的人道主義思考，彙整成一個自然且吸引人的整體架構。我們將清楚看到，每一個主張都能夠相當合理地引導——但並非推論——到下一個主張。[10]我們可從以下論點開始：

（1）**概念兼知覺主張**（Conceptual-cum-perceptual claim）：人類有能力將他人看作或認可為同類，而非其他物種。這包含了以一種帶有視角維度與豐富認知維度的方式思考他人，將他們視為「人類同胞」、同類的一員，或（類似於）「我們的共通人性」中的一分子。[11] 這同樣涉及到，不僅單單認可他們屬於智人（*Homo sapiens*）這個物種（假使這個認可有任何必要），更是一個「人」（person）。[12]

這代表什麼呢？將他者視為人類同胞通常應該包括（但不限於）認可他人擁有，或至少

8 我所理解的人道主義觀點各個面向也會受到包括克莉絲汀・歌絲嘉、瑪莎・納思邦、史蒂芬・達沃、茱莉亞・馬可維茲在內等學者的辯護。

9 我之所以說「具有某種一貫性」，是因為跟隨斯特勞森的看法（以及回顧序言中的討論），我認為，我們必須為和其他人類間的「參與張力」創造間歇性的「舒緩」和「逃避」空間[252]（頁10、13、18），這可能包括了和其他人的人性在某種程度上的分離。而我之所以說「沒有好理由」，是因為可能在某些情況下，為了讓某些工作得以完成，這類的分離是重要的，例如當一名外科醫師的病人躺在手術檯上，醫師必須要將他們單純視為一具具的身體或複雜的系統。

10 但必須說明的是，我並無意暗示前述每一個理論家都完全支持上述每一個主張，更遑論這些主張的這個具體版本。

11 某種程度上，在此「看作」一詞帶有譬喻意味，因為某些這類認可經驗裡的專屬視覺面向不應該被過度概括。這一部分是基於健全主義的考量；另一方面，就整體主義（holism）來說，某種知覺性或半知覺性的說法似乎有爭議。幸運的是，就我此章目的而言，我可以保持中立，不評論從人道主義者的角度來說，什麼才是對（所謂的）社會知覺的適當敘事。

曾經擁有某種潛力，能夠[13]——

- 以和自己類似的方式運用心智（認知上、意圖上、情緒上、現象學上等等）。
- 發展並運用各種典型的人類能力，包括複雜形式的理性能力、主體性、自主性等等，以及判斷價值和反射性形成與修正至少一些這類價值的能力。
- 進入並維持各種典型的人際社會關係，包括婚姻、親職、手足、友誼、同儕關係；以及成為他人選擇來依附深層情緒的可理解對象，包括成為自己的潛在依附對象。

掌握了這個概念兼知覺主張，人道主義者如今即可以前一個主張（或類似的內容）為前提，提出他們的第二個關鍵主張：

（2）**道德心理學主張**（moral psychological claim）：當我們根據主張(1)的意涵，認可另一個人同而為人，這不僅僅為我們提供了一個必要條件，要求我們在人際互動脈絡裡人道對待她，更給予我們強烈動機和意念這麼做。[14]

但為什麼會如此呢？是什麼機制連結了「認知某人的人性」和「對她（比方說）仁慈」的動機，並反感於對她殘忍的作為？對於同意道德心理學裡所謂休謨派動機理論（Humean theory of motivation）的人來說，這是一個特別急迫的問題。根據該理論，信念和其他「受世界引導」的心理狀態本身不會賦予一個人動機；一個人也需要假設一種合適的渴望或其他「引導世界」的心理狀態，才能夠解釋個人採取行動的意念。

思考喬治．歐威爾提出的例子，我們可能可以為此找到一種解釋；不只一個人道主義者引用過該例子說明此連結機制（參見[70]（頁477）；[96]（頁48））。歐威爾回憶著西班牙戰爭期間的某日早晨，他在壕溝裡試著狙擊法西斯分子，此時：

> 一個可能是要傳遞訊息給長官的男人從壕溝裡跳出來，在眾人眼前沿著女兒牆的上緣奔跑。他衣衫不整，雙手提著長褲跑。我忍著沒對他開槍。確實，我槍法不佳，不太可能擊中一個在一百英尺外奔跑中的人，而且我那時主要想著，要在法西斯分子都將注意

---

12 當然，如果生物物種的概念在某個脈絡中並不重要或尚未變得重要，那麼，把某人指認為同個物種的成員也就沒有必要。

13 之所以納入關於「潛力」的條款，是為了要讓以下條件能夠包含那些因為特定疾病、傷害或障礙等原因，而在過去或未來以一種非典型路線發展的人們。許多人道主義者堅持不應排除那些目前無法，且可能永遠無法符合以下條件的人們。就我來說，這是人道主義思考中最具有吸引力（而且最人性化）的面向之一。

14 為了進行論證，我將會接受(2)中所包含的必要性主張。考量人類對人際認可的深層渴望，這個主張初步來說是可能的，而且就我的目的來說，我並沒有堅定的理由拒絕這個主張。但我想要使它得以和另一個主張相容，也就是人類並無任何特別之處，因為非人類的動物就和人類一樣有價值。（儘管有人可能仍會主張，深層的差異存在於不同類別的動物之間，包括人類和非人類，以及不同的非人類物種之間。）

力放在飛機上時回到我們的壕溝。但終究，長褲這個小細節也是我沒有開槍的原因。我是來這裡射殺「法西斯分子」的，但一個提著長褲的男人不是一名「法西斯分子」；他顯然是一個生物同胞，和你自己類似，你不會想對他開槍[210]（頁194）。

柯拉指出，歐威爾形容這名軍人是以一個「生物同胞」——而不是「人類同胞」——的身分出現在他的雷達上。儘管如此，她認為，對一個潛在目標的人性化視角特別容易引發**憐憫**，讓歐威爾處境中的人不願意扣下扳機。[15]

我們可以歸納，從主張（1）前進到主張（2），最有前景的路徑大概會是訴諸一個類似於**同理心**、同情心、惻隱之心或**同胞感**的概念。承此而來，因為我們認可到某個人和自身的相似之處，我們將能夠，並傾向於**認同**她，或（某種程度上較為審慎地）採納她的**觀點**。接著，我們將經常感受到，我們想像了她的感受，或至少體驗到一種一致的、有利社會的「助人者」情懷（例如憐憫）。[16]在這種情境裡，我們會傾向於想要對她仁慈而非殘忍，甚至想要幫助她，而非過分地傷害她。這大大有助我們得出結論：我們將會願意在人際互動脈絡中，以人道的方式對待她。如今她將不僅會被認可，還會被欣然**接受**成為我們共同人性中的一分子、一個道德關懷、互惠和類似感受的對象。因此，我們如今可以說，認可一個人是人類同胞帶有誘導效果，至少在典型的情境中如此（例如缺乏某些特定的心理狀態時）。[17]

因此，主張（2）自然而然（即使不是必然地）從主張（1）推導而來，再加上一些關於後續同理心或類似能力，以及隨之而來的利他傾向的主張。[18]

再一次，在主張(2)的基礎上，一系列的主張如今變得合理，即使它們不是邏輯上必然導致的結果。

(3) **準逆否命題的道德心理學主張**（Quasi-contrapositive moral psychological claim）*：為了使人們以最敗德的方式錯待他人（例如謀殺、強暴，或在相對免受罰的情況下折磨他們），不將他人視為人類同胞是一種強力的心理潤滑劑，甚至可能是必要的。[19]

---

15 歐威爾個人比較慎重。在回憶這起事件前，他警告讀者，此事「並沒有特別證明任何事」，而且他隨即重申：「這起事件說明了什麼？沒什麼，因為這是在所有戰爭中隨時會發生的事。」[210]（頁194）

16 見尼可斯[203]（第二章）的討論，他談到觀點採納在各種同理心的候選形式下所扮演的角色，以及各種同源和非同源的壓力與憂慮形式。

17 比方說，這些包括了精神病態、社會病態、自閉、憂鬱……這是個敏感的議題，而在此我並不想多做揣測。我並沒有足夠的時間可以公平討論這個議題，而且延續刻板印象的風險太高——更別提具體化會錯誤地病態化某些人的概念。

18 一個從主張(1)前進到主張(2)的另類路徑，涉及將人類同胞的觀念建構成一個基本上**道德化**的概念——例如，非常粗略地，建構成一個我們應該要以自身和親密伴侶能夠合理要求的同類尊重、仁慈、關心來對待的人——並且也要支持某種版本的**動機內在論**。然而在此脈絡裡，這有可能會引發疑問，我們無法獨立說明，為什麼這個人類同胞的概念具有這個道德內涵。換句話說，這條另類路徑僅僅有可能會包括被上述思考路線所解釋（或廢止）的利他傾向。

* 編注：哲學用語，指比如原命題為「若A（若視為同類），則B（則生同理心，不易傷害）」，但在心理或社會現象中，我們卻觀察到將之「逆否」（條件對調，且都加上「不是」）——若非B（若輕易傷害），則非A（則不視為同類）——似乎頗為成立的傾向。

（4）**歷史性主張**（historical claim）：當長期受壓迫的一類人，開始被支配社群中多數成員以及整體社會視為人類同胞，道德和社會進展就更可能發生，甚至也許幾乎無法避免。[20] 與此相關（或者再一次，具有準逆否命題性質），當屬於特定社會群體的人們成為目標，遭遇到最敗德的全面性或武器化惡行攻擊（例如種族屠殺、大屠殺、大規模強暴、系統性酷刑），這通常是因為他們一開始就沒有被視為完整的人類同胞，或是他們在那之後很快就被去人性化，通常是在去人性政令宣導的影響下。

（5）**道德兼政治主張**（moral-cum-political claim）：當特定社群成員被以上述方式錯待，當下關鍵的政治目標之一，應該是讓他們的人性在其他人眼中變得可見（不管那具體內容包含了什麼），而過程中，對觀點因而轉變的人而言，這也會構成關鍵的個人道德進步。

人道主義的困境

將人道主義理解為前述五個主張的結合後，我們應如何看待它？人道主義的診斷能夠多貼切地捕捉到信仰各種壓迫意識形態的人（尤其是種族主義者和厭女情結者）的道德兼社會觀點？

根據以下假設（第八章將提出證明），在厭女情結議題上，人道主義看來已經陷入相當嚴重的麻煩中：女性和男性一樣，也可以執行厭女情結。若此事為真，那麼，要不就是內化的厭女情結可能深到對一名女性而言，她都不視自己為人——並因而侵蝕了她認同自己屬於人類同胞的基礎。要不就是，她視其他女性本質上與自己是不同物種。乍看下，這兩種可能都顯得不合理。

上述觀點特別駁斥了人道主義對厭女情結的解釋，但我們不能夠確定，這個反對意見是否如乍看的嚴重。一種可能是，支配地位男性確實抱持上述態度，將女性抱持著上述去人性化的態度，但他們的看法孕育出一種針對特定女性的意識形態，而其他人接收了。事實上，雖然我反對這個組合裡的前半部（即支配地位男性的厭女情結通常包含將女性去人性化），但我自己最後也會提出一個類似於「意識形態感染」機制的說法（見第八章）。女性和特權男性分別扮演付出者與取用者的角色，女性與男性會內化這個想法，因此，身為陰性氣質俱樂部合格會員的女性同樣可能會執行這些規範，至少在某些脈絡裡是如此。事實上，當涉及第三人稱式的道德主義，而非第二人稱式的反應型態度時，她們更可能這麼做，因為那些所謂粗心、自私或疏忽，並顯然規避了自身責任的女性，為其他「好女人」或盡責的女人增加了工作量。更有甚者，這類女性可能侵蝕了許多女性押上自身的未來、身分、自我價值所建立的體制。我將在第八章討論這個看法，結論一章也會再談到，先預告一下。此時，在化解

---

19 我之所以說「準逆否」，是因為這些相關的主張都不該是一個絕對的條件句。相反的，它們比較是跟隨「若P，則很可能為Q」原則的概論。

20 此路線下特別有力的歷史兼目的論主張，可以參考平克[218]（第七章）。

了人道主義立場用在厭女情結上會遇到的問題後，我們應該看看它可能會遇到哪些更普遍的問題。

我們可從思考上述的主張(1)開始，亦即有一種看待他人的方式是不單視他們為同物種的成員，而是感到和他們之間有足夠的共通性，到能激起某種類似同理心的感受。而如我們所見，這個概念將能夠幫助我們自然地從主張(1)過渡到主張(2)。我認為某個版本的主張(1)相當可信，在後續的段落裡，我會為了論證之便而接受它。但問題在於，它極度不完整，因為對於你和你周遭的人來說，一個人類同胞不只是一個可理解的**配偶**、**父母**、**子女**、**手足**、**朋友**、**同僚**等等；他們也是一個可理解的**對手**、**敵人**、**篡位者**、**不服從者**、**背叛者**……除此之外，因為他們具有理性、主體性、自主性、判斷能力，他們亦可能成為會強迫、操縱、侮辱或羞辱你的人；因為他們有能力做關聯性的抽象思考，和你有一致的道德情緒，能把你想得很惡劣，輕蔑待你；因為他們有能力形成複雜的渴望和企圖，能懷抱惡意並密謀對付你；因為他們有能力判斷價值，可能會重視你所憎惡的，憎惡你所重視之物。因此，他們可能對你珍惜的事物形成威脅，而——你可能也意識到了——你可能反過來對**他們**珍惜的事物造成威脅。這只給了我們更多的理由擔心其他人殘忍、蔑視、惡毒等等的能力。

基本的結論是這樣的：即使在稍微不那麼理想的條件下，比如說，涉及可能耗盡的資源、眾人渴望的有限地位，或相衝突的道德與社會理想時，一些人的人性對他人而言，都有可能代表著雙面刃。將某人認可為人類同胞，你們都具備的典型人類能力不會只讓她變得可親，也可能讓她以人類獨有的方式變得**危險**、具**威脅性**，至少就我們人類特有的感受性而言如此。舉例來說，她可能會顛覆你的權威。[21]

至此我們得出什麼？考量主張（1）極度不完整（以及整體而言，僅僅說出了一半的事實），主張（2）如今也顯得有問題了。同理心的能力以及伴隨而來的利他傾向仍然可以被承認，但它們將必須和各種敵對立場的傾向**競爭**，且有可能被後者**抵銷**。[22]舉例來說：個人面對所謂的敵人，會產生試圖**摧毀**他們的傾向；對待表面上的對手，會出現試圖**擊敗**他們的傾向；對待當下的篡位者，出現試圖**扭轉局勢**的傾向，試著削弱與再次超越對方；對待不服從者，傾向試圖讓他們**再次安分守己**；而對待被看作背叛者的人，則傾向試圖**懲罰他們的背棄**。很明顯

---

21 見琳奈．提瑞爾[260]發人深省的說明。她談到在盧安達種族屠殺發生前，圖西族人如何被胡圖族描述為「具有威脅性」（以及其他特質）的，這一部分便是仰賴於去人性化仇恨言論的新興形式。胡圖人稱圖西人為「Inyenzi」（蟑螂）和「Inzoka」（蛇），而提瑞爾令人信服地指出，這些詞語有著激發行動的功能，因為人們對這類生物——也就是具有破壞性的生物——會採取一些特定的行動。提瑞爾也富有洞察力地強調了壓迫性社會脈絡裡的鑲嵌性，這些脈絡使得此類帶有高度貶意的詞語（她如此稱呼它們）比起其他如「香腸臉」（sausage face）之類的隨機詞語（這是提瑞爾所提出的例子之一，是一群孩童在玩遊戲時隨機發明的詞）來說更為有害。

22 如果我們接受後者這個可能性，也就是有點類似於約翰．麥可道爾[187]針對動機理由遭到「消音」所提出的觀點，那麼主張（1）就肯定錯誤，因為它受制於一連串重要的反面例子。但即使情況並非如此，也就是說，假如我們堅持採納前者的觀點，那主張（1）將會遺漏一半的情況——人道主義者將會需要這一半，以合理地進行從主張（1）到主張（2）的關鍵過渡階段。

的，這其中許多屬於厭女情結最典型的操作方式。

主張(2)，若將其理解為一個關於行動者的整體動機概況的主張，到這裡為止也就說完了。主張(3)由於近似於主張(2)的準逆否命題，它在此可以合理地一同被顛覆。而剩餘的主張(4)和(5)如今便沒了它們原先支撐的論證。(嚴格來說，這些主張是否能獲得獨立的證成仍有待觀察，但就我個人而言，我對它們是否能找到其他正當化理由抱持懷疑。)

到目前為止，在本節裡，我對人道主義核心主張的批評主要是概念性的，但只要看一眼具體例子，就能凸顯這些批評的適切性。人與人之間最骯髒、惡劣的事蹟中，許多似乎都是在清楚看見對方表現出共情或共同人性之後發生的，而且事實上很可能正是被這種表現所觸發的。[23]

以艾略特・羅傑為例，他(回顧第一章)宣告他有意報復加州大學聖塔芭芭拉分校的阿法斐姊妹會中的「金髮辣妹蕩婦」，因為她們未能給他他強烈渴望的愛、性、情感、注意力。事實上，羅傑抱怨她們根本沒注意到他，是因為她們全神貫注於「倒貼」那些她們偏好的「討人厭的畜生」、「高人一等的紳士」。「她們不喜歡我哪裡？」羅傑在他拍的影片中自憐地問。回想一下接下來的氛圍在情緒上與文法上的轉變。「我將會為此懲罰妳們所有人。」羅傑向這些女性保證。如今他以第二人稱的語氣對她們說話，而非談論她們。

這些情緒的驚人之處，在於它們不僅假定，甚至似乎仰賴於認定女性具有符合前文定義下的人性(見「釐清人道主義」一節中的主張[1])。羅傑給予了這些女性主觀性、偏好，以及形成深層情緒依附（愛與情感）的能力，認為她們擁有主體性、自主性，以及與他對話的能力。但這種認可絕非治療厭女情結的萬靈藥，事實上，那似乎反而是其根本前提。[24]羅傑渴望這些女性沒給他的東西；她們因此控制了他。他沒有否認女性的力量、獨立性、心智的存在，相反的，他仇視並試圖懲罰她們，因為他認定自己有權獲得她們的優點，她們卻用了使他感到挫折的方式表現出這些能力。

---

23 除了這些觸發因子相當奇怪之外，假設個人無法將他者認可為人類同胞的症狀也經常看似不太正確，因為它們往往包含了展現典型的人際「反應型態度」——用斯特勞森[252]的話說。我在序言中介紹過這個論點，而稍後我將會在本章中再次回到這點。

24 針對種族屠殺，亞當・高普尼克[103]和克瓦米・安東尼・阿皮亞[8][9]提出了類似的觀點。阿皮亞[9]寫道：

> 最糟的〔群體間的衝突〕情況可以導致種族大屠殺。怎麼說呢？熟悉的答案是：藉由說服我們，某些外來群體的成員完全不能被稱作是人。這不是很正確，它並沒有對這種巨大的殘暴——我想說，這種惡毒的殘暴——提出解釋，而這是它們的典型特徵。迫害者可能將他們的敵視對象比作蟑螂或細菌，但正好是透過侮辱、汙名化、辱罵和折磨受害者的行為，他們承認了對方的人性。這類對待（以及迫害者為合理化這種待遇所提出的，一成不變的、滔滔不絕的理由）乃是被保留給那些我們認定為擁有意圖、渴望、計畫的生物（頁144）。

在後續注釋中，阿皮亞[9]亦指出，種族屠殺者（genocidaire）經常「告訴你為什麼他們的受害者——猶太人或圖西人——活該經歷他們所經歷之事。」（頁247第25行）。在其他著作中，阿皮亞[8]提供了一個稍有不同的論點（頁151－153），他寫道，問題並不在於被邊緣化的人們被認定完全不重要，問題是在於隨機的合理化過程之中，他們被認定為不如支配群體成員重要。

社會脈絡下的一種替代選擇

然而，假如在一些應該要訴諸人道主義解釋的情境中，人道主義卻無法順暢運作，我們能夠以什麼代替？若歸納或延伸我先前對厭女情結的分析，還有什麼論點可以解釋人們對彼此的不人道對待？

在此我們可以從深究人道主義者想要處理的謎團著手：假如一位人類A理解人類S和自己極為相似，那麼，A為什麼能夠如此不公對待S，或是無視或轉身迴避受苦的S？

A不認可S的共通人性，是一種可能的解釋，但這便否定了開頭條件句的前提。這會排除一個看似牽強的可能性：當一個人認可其他人類同胞的身分，他仍舊可能殘酷錯待他們。但從結構上來說，另一個同樣合理的解釋方向，是某種額外的表述，即一種看待他人的方式，會引發一些對抗、甚至抵銷初始利他傾向的動機。這些動機會受到政治意識形態、權力階序、伴隨而來的應得感居中調節，而當伴隨這些應得感而來的需求遭到挫敗，則會引發隨後的需求與攻擊行為。而這將開啟一種可能性，人們可能會在將他者視為人類同胞的同時，仍舊惡劣對待他們。這個可能性並不牽強，它只是需要某種前傳，不然這個主張在實務上便會顯得反常。

這些額外看待他人的方式，可能包括哪些？我們已經提過部分，例如，把某個人看作敵人會引發摧毀他的動機，而將某人視為對手會引發擊敗他的動機。[25]在以下段落中，我將繼續聚焦於這些概念，以及篡位者、不服從者、背叛者的情況，以維持討論的重心。但某種程度上來說，無限延伸這張（或多或少隱含）敵意的社會立場列表，不是一件難事。這些立場是從某個特定社會世界內的特定位置出發，對他人所持的觀點。想想如「暴徒」（thug）、「福利女王」（welfare queen）、「城市青年」（urband youth），或甚至「打劫者」（looter）這類的詞語，與它們在當今美國國內政治論述中所扮演的角色；這些都是白人用來輕蔑指稱美國黑人的詞語，這便是為何傑森·史丹利[250]（頁158–160）說，這些詞語都能夠作為有效的種族主義「狗哨」。但乍看之下，去人性化似乎不能貼切形容這些詞彙所表達的任何概念。沒錯，某些詞彙反應並幫助形塑了一種「我們」和「他們」的分野，但這個「我們」無須代表大多數的人類群體，

---

25 此處這些相關表現和動機之間的關聯性是什麼？這對我而言，是一個特別重要的問題，因為我先前曾表明我支持某個版本的休謨式動機理論。我認為此處關鍵的觀察是：這些由世界所引導，或稱「從心智到世界」的描述，乃致力於符合一種引導世界的，或稱「從世界到心智」的狀態。因為你的敵人（在其他身分之外）是世界上一個具有心智的生物，處於一種「從世界到心智」的心理狀態——他想要摧毀你。同樣的，你的對手是世界上一個具有心智的生物，但處於另一種「從世界到心智」的心理狀態——他想要擊敗你。因此，把一個人描述成你的敵人或對手，這本身含有真實性性條件，涉及他人對你的欲望，而這自然會引發你的某種反應。亦即，你自然會以同樣的方式回應這些他者對你的（傳說中的）欲望，至少在假設你不想被那個人摧毀或擊敗的情況下（這假設很合理）。在其他情境裡，所需的回應未必對等；從將某人描述成（比如說）不服從者，到產生試著重新占據優勢的動機，這之間仍然有一個自然的進程。再一次，這涉及了一個不服從者被描繪成一個有心智的生物、有著「逾越本分」的念頭，或是某個試圖顛覆你權威的人。假設你不想要這件事情發生，你將必須採取行動。（編注：簡化來說，此處作者曼恩闡明她所支持的「休謨式動機理論」一個變形版本：認知〔對他人意圖的表徵〕本身可以激發動機，而不必依賴內在的欲望前提。）

「我們」可以是身處特定社會位置，或在眾多人類內部權力階序（包括立基於假想道德價值的）當中占據了特定階層的人。[26]

這些和敵意立場相關的動機，可以導致一些醜陋至極的行為（儘管它們之間當然存在巨大差異）。它們經常伴隨一種衝動，想要發洩、貶低他人，或試著（重新）建立支配地位，而這些看待他人的方式，不必然會被與他們共享人性的認知阻擋。事實上，它們可能正好仰賴這種認知，因為只有另一個人類才能夠被合理看作是敵人、對手、篡位者、不服從者、背叛者和其他類似對象，至少從這些詞語最完整的意義上如此。[27]相反的，遭人類施暴的非人類動物會被想像為可捕食的對象、獵物、掠奪者，也就是有野性而且會對我們造成危險的存在。或者，在馴化動物的情況下，牠們則是被視為不服從的，可以經由訓練來回應複雜指令，但「任性」的狗或馬卻會被認為是叛亂分子。比較人類與非人類動物時，我們使用的不同詞彙有其涵義，換句話說，這暗示了我們通常只有在面對被認可為人的對象時，才會採取專屬於人際之間、但無疑帶有敵意的姿態。（無論我們是否應該這麼做——別忘了這是一個描述性的道德心理學練習，而不是社會規範練習。）

這裡值得我們為敵人的概念稍作暫停，因為某些人道主義者似乎不認同這個概念能夠在認可共享人性的情況下持續成立。[28]例如，在討論先前歐威爾文字的段落時，柯拉·戴蒙[70]寫道，敵人的概念和「人類同胞」的概念在那裡處於某種緊張的關係（頁477），[29]然而，是什麼樣的緊張關係？她又為什麼覺得在此或其他的情境裡，這個說法有效？確實，後者的表達有前者所沒有的一種友善語調，但這可能只是語用學*的問題。這個表達的任務是為一個想法提供決定性的內容，亦即，他者和我們之間的相似性裡有某種內涵，而一旦我們察覺到了，就很難將他們當成敵對士兵對待。但我所見不是如此。真要說的話，隨著這些他者和我們自身有著愈多的相似性，我們愈有可能需要提防他們，以防他們和我們競爭權利主張或利益。[30]

當然，我不會主張這個辯論到此結束。也許「同胞」的概念裡仍有一些意涵是我沒有掌握到的，但可以在此提供一些必要的思考，而不至於只是預設結論，或省略了女性「同胞」的概念。但我認為，在現有文獻已經提及的內容（至少就我知識所及）之外，我們需要更多的論證才得以服人，而人道主義者必須負起辯證的責任。

---

26 和斯特勞森的立場類似，我認為這些立場應該被看成一個人對另一個人可以產生的整體全面性「反應」，包括了情感面向。它們限制與促使了個人可能會和她、對她、為她所做的事情，在前述的動機結果以外。儘管後者與我此處的目的最為相關，但我無意指出這是它們唯一的超認知面向。

27 根據個人如何理解亞哈船長（編注：《白鯨記》中的主角）和他面對白鯨時的愚行，「合理地」在此可能可被理解為「可以被理解地」，或是「合乎理智地」，但在此脈絡裡，我不需要在兩者間做出選擇。

28 這個方式得以有效解釋我的看法，而我必須將此方式歸功於大衛．李文斯頓．史密斯。

29 在本章所依據論文的前一版中，我錯誤地指出，戴蒙認為這些概念無可避免地處於一個緊張的關係裡。我現在認為，戴蒙想要強調的看法只是它們「在**那個**脈絡裡處於某種緊張關係」（「那個脈絡」乃是我的強調）。我不清楚為什麼這些概念在此脈絡中可能會處於緊張關係，而在他處卻不會，但我把針對這個細微差別的進一步討論留到之後的場合。我要為戴蒙教授就她此處的觀點所提供的信件幫助，向她致謝。

* 譯注：Pragmatics，語言學的一分支，研究語境對語言內涵的影響。

在此討論階段，還有一點讓人道主義者的任務變得困難：是什麼原因讓敵軍士兵的身分對歐威爾來說不再凸顯，此處存在一個對立的解釋。再一次，涉及「**階序關係**」。當歐威爾看到那名敵軍士兵提著褲子跑過戰場，那不只強調了那位士兵同為人類，甚至只是脆弱的生物體；相反的，或者說除此之外，歐威爾還捕捉到那個男人最可笑的模樣，而這件事便可能暫時改變歐威爾如何看待兩人相對的社會位置。此時，像歐威爾這樣憐憫地（一種親切但帶有降貴紆尊的優越感）看待對方，變得再自然不過。面對這樣一個身處如此難堪處境的「同類生物」，我們很難不覺得「**勝之不武**」，我們甚至會因此無法將對方「視為**敵人**」，考量到前者的意涵對於後者來說相當重要。儘管參與戰爭的士兵可能有信心獲勝，但敵人通常不至於如此無助且毫無防衛力，以至於此刻攻擊變得像是一次**偷襲**。

這些在社會脈絡中想像他人的方式——也就是作為敵人、對手、篡位者、不服從者、背叛者等等——顯然已成熟到能夠為不人道的行為提供有用的解釋。那麼，為什麼在此處的哲學脈絡裡，它們沒有更常被使用？據我揣測，原因之一是在設定問題時，一個人的位置經常被描寫得過於簡化。因為很多時候，一個人沒有被描繪成確實**身處**於人類世界，並捲入複雜的社會慣習、角色、制度和（在此脈絡裡很關鍵的）壓迫性階序關係裡。相反的，一個人經常只被想像成如神一般，試圖**評價**他人，論其功過。另一方面，前面提到的這五種立場基本上都是**位置性**的，且許多帶有**階序**的本質。它們關乎於試圖保護、改善，或重新獲得個人相對於他者的社會地位；它們涉及了（用一個有用的詞彙來說）「爭奪地位」。

除了敵意以外，許多這類的爭奪涉及了某種對抗，一個人不需要看不起他的對手才得以把他當成對手，或甚至是勁敵。事實上，情況恰恰相反，如果一個人沒有對他者在競爭領域中的優點懷有某程度的讚賞，則絕大部分與對方競爭時所帶來的內在（甚至外在）利益就不復存在。而儘管競爭可以是健康的，它也可能帶有惡意；對抗可以是友善的，但也可能苦澀。它可以促使我們對對手感到怨懟和敵意，使我們嚴苛看待他們（最主要是因為動機性推理造成的效果），進而惡劣對待他們。因此，從人類A對人類S的能力給予高評價——至少在內心深處——再推論到人類A會傾向仁慈對待人類S，基本上不是一個好推論（重要的是，反過來亦同，見注13）。

但是，為什麼這個推論一開始被認為可信？尤其，為什麼我們會認為，認可歷史上從

30 若我們認為，「在把一個人看作是人」和「把一個人看作是某件財產」之間有著根本上的衝突，則也可以進行類似的思考。若以本章開頭所引用的亞瑟．朱的說法來看，我們完全不能如此假設，它需要經過辯證。無可否認，在某些概念上（例如康德的某些概念上），「把一個人看作人」包含了把他們看作在道德上自主的存在，不能被買賣或擁有，而且就和其他人一樣有道德價值，並與他們具有同樣的權利等等。但是，就我了解，此處的人道主義必須行走於鋼索之上，才能達成它的解釋野心。如果「認可一個人為人類同胞」的想法包含了這所有的道德內容，那麼它很難作為道德心理學中承諾要提出的**解釋項**來運作。（若將這類認可歸功給某個行為者，幾乎太過近似於贊同地說：「她懂了！」，而這裡「懂了」的內容又被賦予了實質的描寫。）反過來說，如果「認可一個人為人類同胞」的想法被縮減到成為一個合適的潛在**解釋項**，那麼，我們就不清楚它是否將能夠如此經常地為**有待解釋的目標詞**提供最合理的解釋。感謝諾米．阿帕麗在這個論點上督促我，以及在此提供我有價值的討論和意見。

屬群體成員的人性——即認可他們作為人類、有能力達到同樣的卓越表現——對於迄今仍身處支配地位的群體成員而言，會是好消息？仔細想想，這顯得過分樂觀了。在當代西方社會裡，近來好比非白人族裔和白人女性進入了聲望最高的位置，這代表白人男性如今面臨激烈競爭，再加上競爭經常導致一直以來的支配者被他人超越，而且是被他們暗自認為社會位置低於他們的人超越，於是你就得到了一份食譜，烹調出怨懟和——用社會學家麥可．基梅爾的話[141]（頁18－25，第一章）——「忿忿不平的應得感」（aggrieved entitlement）。[31]

當我們謹慎將一個人鑲嵌於社會世界之中，而不是想像他憑空生成了對他人的印象，這點就變得清晰了。即便如此，我們仍須保持謹慎，適切地描繪社會景觀。另一個（就我看來）同樣低估問題背景的設定，是把相對有特權的個人放置於彼得．辛格[242]所說的「關懷圈」（the circle of concern）中心，因而在終結壓迫的對抗過程中，他們的核心道德任務僅僅只是張開雙臂、擁抱人性，甚或僅僅是覺察到我們其餘的這些人。這個圖像把（理應相關）的個人置於世界中，卻忘了這個世界所包含的所有垂直結構——也就是為了達到社會正義必須被拆解的特權堡壘。這些堡壘經常受到良好的防衛，也很難被挑戰，因為不意外的，人們往往致力延續它們。雪上加霜，這些結構對於受其維護與支持的特權人士來說經常是隱形的，因此對於特權者來說，拆解它們不僅令人失落，也彷彿是一種不正義。在此過程中，他們將會感覺自己被夷為平地，而非只是和他人變得齊頭。

根據這點，我會認為，解釋歷史上的從屬族群、被視為威脅現狀的人們所受到的不公，我們往往不需要任何特別的心理敘事，例如「去人性化」；相反的，這份不公可以用目前與過往的社會結構、階序關係、規範、期待解釋，也可以用它們被高度內化、難以根除的事實解釋。如同我所發展出的厭女分析，我們不需要補充說明去人性化的框架；相對的，此心理敘事可以視為人們內化這個（不正義卻太過真實的）道德兼社會景觀的意識形態和特點的結果。

如我們所見，人道主義者認為某種特別的心理敘事在此有其必要，其中的假設是，對於一個人來說，對他人施暴或攻擊弱勢者與無辜者通常相當困難，因此，一定得發生了什麼，才能改變了一個人對準受害者的觀感。但這個假設未能領會到一個事實，亦即身處支配社會位置的人，通常一開始就不抱持這種中立或健全的觀點；對他們的相對社會位置，以及他們相對的義務、許可、權利，支配者始終深陷於某種**錯覺**。因此，從他們的觀點來看，他們錯待的對象通常絕非無辜。相反的，後者經常被暗自地（且錯誤地）認定犯下了大罪[32]。特別在涉及厭女情結時，我們一再看到這類情況。但我認為這個觀點能夠更全面，事實上，在某種意義上必須如此，好充分體現種族主義和厭女情結的交織，比方說，在厭黑女（misogynoir）

31 在本段落以及這一章中，我援引了我之前出版的著作[174]（參見序言）。

32 具體來說，根據父權和白人至上的意識形態，非白人和白人女性經常被認定為犯下了某些嚴重的不敬、恫嚇、不服從、粗心等行為；而由於這些強烈不正義但又極度被內化的社會秩序，這些歷史上的從屬群體者常常單是出現在有名望的社會位置上，就已經可以構成攔路搶劫的行為了。

的情境裡。

麥可・基梅爾和大量白人男性的訪談內容點出，當一名黑人女性擊敗了一名有類似資格的白人男性並受到雇用，後者傾向於抱怨前者奪走了他的工作。基梅爾提問：為什麼是「他的」工作？而不只是「一份」工作？[141]（第一章）我認為答案相對直接明瞭。在這個不正義的父權和白人至上的階序裡，與一種亟需被彌補的應得感之下，這個女人的確奪走了他的工作。這份幻想不是一種最終會促成道德錯誤的心理學狀態，也不會因為偏執者能夠更清楚認知到先來後到，便有可能停止運作。恰恰相反，這裡所討論的是一個普遍而天生的道德錯覺，形成自白人異性戀父權秩序底下持續不斷的有毒遺產。

支配他人

這一切對我們來說意味著什麼？我先前指出，一個人認可另一個人「同而為人」這件事，可能很難有力地——或甚至根本無法——促使他傾向以人道的方式對待對方（即在人際脈絡中給予應有的體貼、尊重、關心、道德關懷）。這並不代表我認為人道主義者錯了——當他們指出，在其他條件都對等的情況下，對一個人人性的認可將可能鼓勵人道行為的時候。問題在於我認為，其他條件經常不對等。事實上，可能極度不平等。此外，我認為人道主義者沒有充分考慮到這類認可可能會被蓋過的事實，競爭性的行為及其所激發的傾向可能會壓制或甚至抵銷利他的意向。我們可能從未忘記他者的完整人性，卻將他們看作對手、**不服從者**、**篡位者**、**背叛者**和（尤其是）**敵人**。接下來，我們可能會傾向於試圖擊敗、懲戒、斥責、懲罰、摧毀那些人，並永久闔上他們的雙眼，而我們清楚知道他們就和我們一樣。

有鑑於此，讓我們回到開頭的例子，看看在同時考量社會脈絡觀點和人道主義立場的情況下，我們可以如何解讀它們。在一些人道主義者視為範例的主要情境裡，這兩個模型否能有效解釋？何者的更強？

阿帕麗將哈克的道德善行（在她看來，他在道德上值得讚賞的行動）解讀為他迅速認可到吉姆的人性後的產物。我曾在他處指出，阿帕麗只順口提到促成哈克在道德上徹底轉變的關鍵原因：哈克和吉姆建立了一段真誠的**友誼**[172]。這解釋了，在故事的這個階段，為什麼哈克其實正因為吉姆產生了**超出自身身分**（他作為奴隸、因此是主人的財產的身分）的想法而怒氣翻騰。深陷於自己持久、怨懟的種族主義觀念，哈克怒氣沖沖地說：

> 我自言自語時，吉姆一直大聲說話。他說等他抵達一個自由州，他第一件要做的事情就是存錢，然後一毛都不花，等到他存夠錢，他就會買下他的妻子，她屬於一個鄰近華生小姐住所的農場。然後他們兩個都會工作，以買下他們的兩個孩子，如果他們的主人不願意賣，他們會讓一個廢奴主義者去偷走他們。聽到這樣的言論，我幾乎全身凍僵，以前的日子裡，他永遠都不可能敢說這種話。看看，一旦他判斷他即將自由，他有多麼

不同。就像那句老話說的，「給一個黑○一寸，他會前進一尺。」我心想，這就是我不動腦的後果，我基本上幫助了這個黑○逃跑，然後他現在直截了當說出他會去偷他的孩子——這些孩子屬於一個我完全不認識的人、一個沒有對我造成任何傷害的人。聽到吉姆這麼說，我覺得很遺憾，他變得如此低下[262]（頁99–100）。

接著哈克決定修正這些他認定錯誤的事情，藉著告密發洩他的怒氣：

我的良心開始前所未有地熱烈鼓動我，直到最後我對它說，「放過我吧——現在尚且為時不晚——我會在露出第一道曙光時把船划到岸邊，說出這件事。」我立刻感到輕鬆，而且快樂，而且如羽毛般輕盈。我所有的煩惱都不見了。[262]（頁100）

於是，哈克預計告發吉姆的打算不僅僅出於一種真誠的責任感——但同情心或良心中和了這個責任感並最終獲勝；這個打算至少也同樣程度表達出了哈克怨懟的、自詡正義的、想要給吉姆上一課、讓他再次安分的渴望，因為吉姆逐漸變得「高傲」了。[33]

那麼，在故事裡，是什麼改變了哈克的心意？正當哈克往（正巧）現身的奴隸獵人方向前進時，吉姆說出了這段話：

> 我馬上就會因為喜悅大喊，我會說，這都是因為哈克。我是一個自由的人，而如果不是因為哈克的緣故，我永遠都不可能自由。哈克辦到了，吉姆永遠不會忘記你，哈克。你是吉姆有過最棒的朋友，而且你是老吉姆如今唯一的朋友了。[262]（頁100）

作為敘事者，哈克繼續說道：

> 我划著船，急著想要告發他，但他這麼一說，似乎把我的力氣都抽乾了。[262]（頁100）

因此我認為，主因是哈克認知到了他和吉姆之間的友誼，加上他抱持著「一個人不會告發朋友」的社會認知，這份認知勝過了他的明確信仰，亦即一個人應該歸還盜取物，包括像

---

33 根據強納森．班奈特[22]針對這個例子的獨創性討論，我對這個情境的解讀也與阿帕麗[12]的主張背道而馳，也就是，哈克一開始「不斷希望可以找到某些藉口，讓他不要告發吉姆……（但是）卻沒有辦法找到一個漏洞。」（頁75）然而，就動機理由在某些種族主義和性別歧視的例子中所扮演的角色，阿帕麗提出了極具啟發性的說明，這代表著，她（不像其他許多理論者）可能擁有資源，可以在此處容納我的觀點（頁98－114）。而且正如同她所提出的，就哲學目的來說，正確地解讀小說裡的這個事件並不是非常重要（頁76）。一個餘下的問題是，根據班奈特和阿帕麗的解讀，我們要如何評估哈克這個因為同理心而發生的大轉變，既然哈克從未在事後質疑過自己的種族主義意識，而且事實上一直為了幫助吉姆而感到內疚的話？[172]這是否顯示，他的道德指南或多或少壞掉了？或者這暗示了在此處運作的道德評估面向不只一個？儘管這些問題很有趣，它們卻和我的目的並無交集。

吉姆這樣的逃跑奴隸在內。我樂於同意阿帕麗的觀點，對吉姆人性的認可在此扮演了一個重要的角色，因為，可能就是這份認可，使得哈克在一開始和吉姆變成朋友。但這正好支持了我在此脈絡中的論點（而這對阿帕麗想透過這個故事說明的觀點則較不重要）。認可吉姆的人性無法阻止哈克企圖殘酷地背叛他，但這份認可構成了友誼意識，而這層意識最終完成了這項概念上兼心理學上的重要工作。哈克經歷了某種「知覺瞬變」（gestalt shift）＊，從將吉姆描繪為一個「不服從者」及「低下的人」，到在關鍵時刻成為一個「朋友」，而看來便是這份轉變把因為前者這組觀感而產生的意圖「抽乾」了。哈克對吉姆人性的基本體會在整起事件中持續作為一個常數。

那麼，在蓋塔舉例裡的角色M是什麼情況？假設我們認同蓋塔對M的看法，亦即她只賦予了紀錄片中的越南女人一個截頭去尾的內在生命，這種形式的種族主義確實有可能，事實上甚至常見。但蓋塔似乎假設這是M對越南人所持有的，一種相當普遍的看法——亦即她一貫賦予他們的一種特定天性或本質。這是一種可能性，但這絕不是唯一一種。另一方面來說，在當代人們的記憶中，越南人曾被眾多澳洲人視為敵人多年，而這支紀錄片乃是關於越戰，這有可能喚起了這份聯想。因此，就所有我們聽到的資訊來說，我們似乎無法回答，在一個不同的社會脈絡裡，若M知道對方的國籍和種族，但他們往昔的敵人身分卻較不顯著時，M是否仍可能對一名越南人出現相同的反應。

此外，還有特別具性別化的可能性需要納入考量。某些社會規範允許或鼓勵「俯身取用」

非白人女性的照護和家務勞動，而不幸的是，這些社會規範在種族歧視的澳洲白人文化中殘留的程度，就跟在美國一些特定產業內一樣普及。而大約在此時間點，越南移民（通常是難民）所占的相對高比例使得她們格外容易遭遇這類剝削。因此，再一次的，從意識形態和心理上來說，限制這名女性怨懟這類待遇的能力可能是一種權宜之計。同情他人的能力可能讓我們不好受，甚至難以承擔，於是我們轉身不看他們。

這指出了一種可能性，但蓋塔[96]在發展種族主義的整體論述時（頁62–66）卻對此輕率地加以駁斥——亦即當一個像M這樣的人想要極小化外圍群體成員主體性（subjectivity）的行為（至少在某些情境下），其實更近似於一種一廂情願的想法，或者更準確說，近似於有意識的否認。這不必是針對所指群體本質的一種直接信念，或甚至不必是一種隱晦的表徵，至少在一開始的情況可能不是。相反的，任何相關描述可能都只是某種「動機推理」的結果，源自於一種原始的渴望，想要極小化這些人的主體性。此外，這樣的渴望也可能是因為，若不這麼做，個人可能會感受到內疚和羞恥感，或被會削弱力量的同理心淹沒。還有一個較不討喜的可能性，那或許源自於（再一次，經常是原始的）一種想要維繫住某種特權的渴望，這種特權通常仰賴於不把外圍群體成員的偏好和計畫，看得與內圍團體成員的一樣重要。

於是，有些方式可以用來填補M的故事，使得她對越南人的完整人類主體性的否認顯

* 編注：又譯「格式塔轉換」，是一種心理現象，指對某個事物的整體知覺瞬間發生轉變的情況。常見的運用如「鴨兔錯覺圖」之類的曖昧圖形。

得相對膚淺，且最終要仰賴於她不自在地覺察到，他們當然和她享有同樣會受傷與悲傷的能力。於是，讓M從較不帶種族主義的觀點中分離的，會是更強大的情緒力量和道德清明，而非將他者人性化的經驗。

我們又可以如何看待朗頓對色情本質的觀點？某方面來說，朗頓顯然是對的，也就是有一類異性戀的色情會將女性描繪成空白、睜著大眼，相對無心智的生物（女性主角總是渴望他想給她的東西，而光是小聲肯定便已經差不多用光了她的字彙）。但我認為，假設這類色情作品引發或反映了這種對女性的表面觀點，是錯誤的；更可信的做法反而是把它看成一個可供行銷的幻想，它為痛苦和迎面而來的現實提供一個逃避的出口。只要一個人不是充滿妄想，或只要他連得上網（這是酸話），他便已經愈來愈難否認女性的主體性和性自主，因為女性的聲音在網路空間裡太大聲而清晰了。[34]因此，從父權價值的觀點而言，女性可以是人——有時候甚至人性過了頭。色情作品可以為令人擔憂而難以承受的現實，提供一份受人歡迎的寬慰；因為女性有能力使男人感到羞恥，或在性上面羞辱他們，在想像層面上減輕女性人性可能造成的心理威脅，便得以安撫人心。這和表達甚或形塑男性對女性的刻板觀點相反（一段引人省思的討論可參考[19]）。

至目前為止，這個社會情境模型進展得相當順利，但若要將它大幅延伸，則會遇到一個明顯的挑戰：對那些受政令宣導影響，而被明確的「去人性化意識形態」牢牢控制的人，我們該如何理解其道德心理狀態呢？如果社會情境模型無法提出解答，它就會勾勒出一個人道主義模型顯然更具優勢的重要領域。

然而，即使是在這個情況下，我也不確定這個社會情境模型是否應該這麼快被擱置。這顯然是一個龐大的議題，直接討論的文獻十分豐富且仍在增加（例如，可參考[260]和[250]，以及[159]），因此，在此我只嘗試提出一點初步看法，將完整的討論留待以後。

一個簡單的觀點是，因為去人性化的言論具有威嚇、辱罵、貶抑、藐視等功能[174]，它便自行轉譯為有力的特定**社會意義**。而有鑑於人類普遍（可能是錯誤地）被認為比其他生物優秀，否認他人的人性可以作為一種特別羞辱人的**貶低形式**。當一名佛格森市*的白人員警稱一群黑人政治抗議者為「該死的動物」（抗議是針對當地警察射殺麥可·布朗一案，我將於第七章討論該案例），他運用這個修辭貶抑與降低抗議者的地位，並重新確認他自身的支配位置。白人至上的意識形態受惠於這類唾手可得的貶低詞彙。這類貶低鮮少適用於對象是**真正的**動物時，因為動物既不能理解這種侮辱，也不會因為被正確指認出牠們的非人類地位而被成功貶低。這需要人類的理解力，更別提與生俱來的人類地位，好讓一個人可以**從該位置被降級**。如果你真的就是隻老鼠，你被稱為老鼠時，你沒有什麼好反駁的。[35]

---

34 這裡一個明顯的諷刺是網路色情的崛起，它和網路整體而言提供了讓女性主體性得以被表達的平台之間，兩者似乎並非毫無相關。因此，反撲與消音同存。

* 譯注：美國密蘇里州佛格森市，二〇一四年時一名黑人青年在未持有武器的情況下遭到白人員警的射殺，該事件隨後於當地引起一連串抗議行動，甚至暴動。

人們也許會退回到這樣的觀點：去人性化的意識型態最適合用來解釋參與大規模暴行的人的道德觀，這也是大衛．李文斯頓．史密斯的討論重點。但即使在此處，我們也有理由擔憂這類從去人性化宣導（或隨後人云亦云的說法）讀取道德心理的做法。[36]接受去人性化宣導，可能會內化為錯誤的意識型態，至少在許多例子裡是如此。我懷疑這種情況發生的頻率比我們意識到得高。

我為什麼這麼想呢？在此脈絡中，很重要的一點是，戰爭、種族屠殺，以及所謂的種族清洗，經常包括了對女性的大規模強暴。在我看來，這引發了一個重要的問題，需要人道主義者來回答：如果大規模暴行的施行者經常將他們的受害者去人性化，為什麼他們這麼常強暴女性受害者？人類與非人生物之間的性不僅一般而言是禁忌，且相對罕見，這可能是部分的原因。[37]另一方面，大規模強暴通常傾向於傳達報復、懲罰、洋洋得意、專橫跋扈的意味，表示這些行動帶有所有**人際間**暴力的標誌，它們表現並發洩出了典型的人際反應態度，例如怨懟、義憤填膺、嫉妒等等。[38]

人道主義者如何處理這個質問？李文斯頓．史密斯[159]追求的論點中，有一個有趣的可能性，去人性化的受害者**同時**被描繪成人類和次人類。具體來說，他們被認定有著人類的外表形象，但和非人動物共享某種本質，這個本質通常對人類來說代表著威脅或危害（例如蛇、老鼠、蟑螂有的本質）。他認為，大規模暴行的受害者有點像是被看作是「怪東西」和可怕事物。

我認為李文斯頓．史密斯在探討知覺型態的瞬間改變，以及一個人在面對被交代要處決或摧毀之人時會產生的矛盾心理，確實點出了一些重要面向。但我擔心，如果他這個特殊觀點真的帶來影響，反倒會讓大規模強暴變得更難被解釋。和那些被視為「怪東西」進而激發恐懼和反感的人發生性行為，理應比與她們做出其他互動更令人嫌惡才是。

第二次大戰期間惡名昭彰的蘇聯政令宣導部長伊利亞・愛倫堡本人便確信這點。根據歷史學家安東尼・畢佛[21]近期的說明，德國政令宣導部指控愛倫堡煽動蘇聯紅軍在占領柏林期

---

35 因為內圍團體的成員和彼此對話時，也會以這些方式談論外圍團體的成員。李文斯頓・史密斯[159]指出，去人性化的言論不可能單單只有支配、威嚇、侮辱等功能，這論點顯然是正確的。但也有一個簡單的觀點是，內圍團體的成員可以慫恿彼此，並藉由反覆使用這些詞語來批准某些針對外圍團體成員的行為，而這些行為在過去是被禁止的。在其他脈絡裡，這些詞語的中心目的仍可能是去羞辱外圍團體的成員。

可參考提瑞爾[260]討論的另一種情況：最初，這些貶損詞語（如注21中所描述的）主要是被內圍團體成員在彼此對話時以一種類似的、激發行動的方式所使用，只是隨後才被用來表示對外圍團體成員的嘲弄（頁175）。提瑞爾也指出，藉由威脅那些理解這份侮辱的「好成員」（而受到侮辱的「壞成員」則不理解），如果他們不乖乖聽話，就會被類似的方式貶低，這些貶損詞語可以達到監督外圍團體成員的功能（頁192）。我認為，在這個社會脈絡模型裡，這些可能性與去人性化言論是完全相容的，記住這些可能性將對我們有所幫助，尤其是在試圖了解某些厭女的表現形式時。

36 可參考強森・史丹利[250]（第二章）。他針對一種他稱之為「真誠狀況」（the sincerity condition）的情形提出了發人深省的討論；在他看來，即使去人性化的修辭經常很明顯是譬喻性的，它們仍可能為真。

37 可和伯納・威廉斯的說法進行比較：「以起草《權利法案》的奴隸主為例，這裡有很多錯誤的意識，因為當這些奴隸主在占女奴隸便宜時，他們其實並不覺得他們正在進行人獸交。他們很清楚知道，他們在上一個人類！」威廉斯接受艾利克斯・佛胡訪問，未校訂版本，二〇〇二年十二月，出版於作者過世後。

38 如同李文斯頓・史密斯[159]在提到盧安達種族屠殺期間強暴女性的羞辱本質時，他自己所提出的看法。

間強暴德國女性（頁25）。愛倫堡這位從不回避惡行和冷酷指控的人，卻堅持蘇聯軍人「對德國女人沒有興趣，我們感興趣的是那些侮辱我們女性的德國青年」。蘇聯政治部呼應了愛倫堡的意見說：「當我們在軍人心裡培養出真正的仇恨，他不會試著和德國女人發生性關係，因為他會覺得噁心。」

愛倫堡的政令宣導是一種包含了「去人性化修辭」和「具體化敵意」的經典組合。在本章的脈絡中，前者格外令人吃驚，它是在名為《殺！》（一九四二）的小冊裡的主要內容，這本被發送給超過一百萬紅軍軍人的小冊開頭寫著：「德國人不是人類。」在另一本更為追根究柢的《仇恨的正當理由》（一九四二）中，去人性化修辭也很關鍵；其中愛倫堡苦心強調蘇聯人民富有同情心的天性，他們在第一次世界大戰裡的行為應該清楚展現了這點，這使他面臨了以下的質問，更別提辯解的重擔：

> 那麼，這是怎麼發生的？蘇聯人民怎麼會抱持難以平息的仇恨憎惡著納粹？仇恨從來都不是俄國人的特徵。它不是從天上掉下來的。不，我們的人民如今所表現出來的這份仇恨是從苦痛中所生。最初，我們許多人以為這場戰爭就和其他戰爭一樣，我們所對抗的只不過是和我們穿著不同制服的人。我們在人類友愛和團結的偉大理念下長大，我們相信文字的力量，但我們之中許多人並不了解，我們所對抗的不是人類，而是令人害怕與厭惡的怪物，人類的同胞情誼原則迫切要求我們不顧一切對付法西斯⋯⋯

俄國人民有一首歌，歌詞裡人們表達了他們對正義和不正義戰爭的態度：「獵犬是合理的，但是吃人肉不是。」摧毀一頭瘋狂的狼是一回事，但威脅另一個人類是另一回事。如今每個蘇聯男人和女人都知道，我們被一群狼攻擊了。[39]

這裡的說詞和李文斯頓．史密斯的主張意外一致，遭到去人性化的對象被描繪成披著羊皮——或更準確地說，人皮——的狼，而「令人害怕與厭惡的怪物」這個聯想，同樣符合李文斯頓．史密斯的論點，或至少，如果我們認為這段政令宣導確實成功幫助十九軍*用文中描繪的方式看待德國人民，史密斯的論點便獲得了支持。

但蘇聯軍人對德國女性的大規模強暴，還有他們並非單純聽從指令，都使我們懷疑這項假設。事實上，情況正好相反，當時包括史達林本人在內的高階軍官十分憂慮軍人的殘酷行為（包括洗劫，以及在柏林的大規模破壞）可能會損害他們在軍事上的努力，更別提破壞了如工廠在內的寶貴資源。因此，蘇聯軍人其實違抗了命令。縱然如此，大規模強暴德國女性的情況仍持續了數年，在這段期間，至少有二百萬名女性遭到強暴，而許多人（甚至可能是大多數人）是反覆被強暴；輪暴非常普遍。紀錄中，遭強暴的女性中最小的只有十二歲，最年長的則為八十歲，無人倖免——修女、醫院裡的孕婦，甚至正在分娩的女性，都沒能倖

39 "The Justification of Hate," Stormfront Russia: White Nationalists in Russia, https://www.stromfront.org/forum/t107725-2/.

* 譯注：蘇聯紅軍的一支地面部隊。

免。有很多女性被我們所能想像到最殘暴的方式強暴，一些軍人因為喝得太醉而無法如願繼續時，他們會用玻璃瓶插入女性體內，有時候甚至是破掉的玻璃瓶。不用說，這造成了嚴重的傷勢，許多女性喪生，還有許多人自殺[21]（頁24－38）。

在試著理解這類恐怖情事的同時，我面對的問題是：如果去人性化的政令宣導確實滲入了軍人的道德觀深處，那麼，要如何解釋他們對這些女性（這些母狼）的後續行為？又，假如在這麼強力的推送下，去人性化的政令宣導都沒有滲透進人心深處，它平常能夠滲透嗎？它滲透進去過嗎？

這意味著一個儘管有些顛覆、卻重要的可能性：在一種錯誤意識表面的掩飾之下，人們其實清楚知道，這些被他們殘酷貶抑和以不人道方式對待的人是人類同胞，但在一些社會條件下——我在本章只討論到皮毛——他們仍有可能集體屠殺、折磨、強暴她們。40

女性，都人性化過頭了

所以，是什麼讓許多人——似乎還包括許多政令宣導者——相信人道主義的觀點是正確的？在本章的最後一節，且讓我提出與前述內容相比，不那麼明顯的兩種可能性，它們看來也能夠導致人們去人性化看待和對待女性（包括其他人）。但這兩種可能性都不會削弱我的揣測，亦即「無法將他人認可為人類」的情況很少見，尤其是女性受制於第四章所描繪的那類動力時。相反地，這兩種情況都再次假定了她的人性。

第一種可能，關乎人們在觀察到他人異常行為時所產生的觀感，而該行為是一種對其平日人性化（甚至人性化過頭）的社會角色、關係、義務的翻轉。第二種可能，涉及對女性的「以其人之道還治其人之身」，也就是說，當一人覺得自己被她或她的同類當成不受歡迎的人或甚至次人類對待，嘗試對她進行報復，通常是錯誤且不公平的報復，因為他的傷痕可能來自一種不正當的感受，他覺得自己理應成為她的凝視對象、關注的焦點或體貼對待的受益者。而和他認為自己應得且期待獲得的感受相比，他受到的待遇讓他覺得自己不像人，或者更恰當的說詞是，不被當作人，因此他「加倍奉還」，作為回禮。

我將依序討論這幾點。

關於第一點：要被認可為人，部分內涵包括了能夠憑藉個人的群體成員資格或身分（以及其他因素），而在社會劇本中具有被賦予特定角色和關係的潛力。[41] 我們已經看到，這如

---

40 有趣的是，畢佛[21]強調蘇聯軍人面對柏林人時感到羨慕，因為後者的生活比起前者所曾夢想過的來得更加舒適。他提供了一個驚人的例子：憤怒的蘇聯人摧毀了很多枕頭和床墊——典型的物質享受——以至於柏林街道經常看起來像是在暴風雪中，因為羽毛紛飛（頁35）。在近代針對一九三三年前德國國內反猶太主義加溫一事所提出的歷史性解釋中，對猶太人的羨慕也是相同重要的主題。例如可參考：阿默斯．埃隆[81]的“The Pity of It All: A Portrait of the German-Jewish Epoch, 1743-1933”和高茲．阿里[5]的“Why Germans? Why the Jews? Envy, Race Hatred, and the Pre-history of the Holocaust”。

41 感謝喬．薩帝在我於加州大學柏克萊分校演說時，針對這點所提出的寶貴意見。

何可能引發殘酷的（不良）對待形式。但若個人未能在劇本中盡到本分，或嘗試某種角色翻轉，則可能會觸發驚嚇的反應——一種「出乎意料」的感受。這些人於是可能被視為「脫軌」、令人厭惡、奇怪、詭異的；她們甚至可能被視為可怕的，或像機器人一樣，彷彿她們冒名頂替了這個角色，只是「做做樣子」。但這並不表示她們不被當成一個完整的人；這表示，看待她們的目光伴隨著個人行為在社會上顯得反常時，可能會出現的猜疑，甚至是憎惡或恐懼。她沒有盡到她在劇本裡的本分，因此我們嚴重懷疑她的性格或人格，或甚至懷疑她是否擁有性格／人格。

比方說，讓我們回想卡繆的《異鄉人》（一九四六），莫梭分別在兩個不同場合裡遇到一位動作機械化的嬌小女子。他第一次見到她時，她正在一間餐館裡點餐，她的行為十分刻意，她的主體性引他注目，對於我們讀者也是，她在做一件高度似人，而且高度社會化的事。她正和莫梭做著同樣的事：獨自用餐。以下是他對她的描述：

侍者送上開胃小菜，她開始狼吞虎嚥。在等待下一道菜時，她從她的包包裡拿出另一支鉛筆，這次是一支藍色的，還拿出下週的廣播雜誌，開始在每日節目表裡幾乎每一個項目上打勾。雜誌有幾十頁，她在用餐的過程中不間斷仔細研究。我用完餐時，她還在專心打著勾。然後她起身，以同樣突然、機械化的姿勢穿上外套，迅速走出餐廳。反正沒有別的事好做，我跟著她走了一小段距離。保持在人行道的邊緣，她直直往前走，不

> 曾轉向或回頭看，而考慮到她嬌小的身形，她的速度快得不可思議。事實上，她的步伐對我來說太快了，我很快就看不見她，於是轉身回家。有段時間這個「小機器人」（我是這麼看待她的）讓我印象深刻，但我很快就忘記了她。[48]（頁30）

這個女人不僅和侍者互動，進行社交，甚至還表現出了其他大量的心智力量和自主主體性：她有偏好、據此點餐、閱讀雜誌、做計畫（她讀的是一本廣播節目表）、書寫、計算，並且以一種「不可思議的速度」行走，甚至超越了莫梭。這兩個人基本上先後在同一個社會劇本裡扮演著同樣的角色，但在一名女性身上，這行為顯得奇怪，甚至好笑。她因此顯得脫離常軌——她的常軌——而且不知怎麼地沒有說服力、虛假，甚至可以說是機械化。希拉蕊·柯林頓於二〇一六年參選總統時，她獲得了許多相同的評價（包括「如機器人一般」的指控）（見第八章），而同樣的，希拉蕊扮演了一個以往都只為男性保留的角色，並且反過來要求她被期待要給予他的東西，也就是：支持和注意力。許多在其他情況下會被預期要給予她支持和注意力的人（例如強力反對川普的人），對她卻有所保留。

莫梭再次遇見這名「小機器人」女子時，是在法庭上。那時莫梭已經槍殺了那名對他怒目相視、使他覺得自己不像人而只是一個物品或障礙的「阿拉伯人」——具體地說，是像一顆石頭或一棵樹那樣，一個可以被移動、沒有獨立意志的物品。莫梭和他的朋友雷蒙外出時，第一次遇到了那群「阿拉伯人」；他們僅僅是以一種他覺得難以捉摸的目光看著他，這個注視就被描寫為對我們的敘事者造成了一種輕蔑的、可怕的，甚至貶為非人的感受——至少在他心中是如此。亦即：

> 他們沉默盯著我們看，用一種這些人特有的方式——彷彿我們是一堆石頭或枯樹。雷蒙悄聲說，左邊第二個阿拉伯人是跟他幹架的人，「就是他」。我覺得他看起來有點擔心，但他向我保證這一切都已經是過去式……沒有必要在此流連。往公車站走的半途，他轉頭看，說阿拉伯人沒有跟著我們。我也回頭看，和剛剛一樣，他們還在漠然凝望著我們剛剛站的地方（頁32）。

再次，我們必須從和道德心理學常規的反方向思考「去人性化」：去人性化作為一種心理表現形式，展現出一種不正當的**資格感**，認為自己應該是旁觀者或裁判，或應該收到關懷與讚賞，而非猜疑、輕視、敵意、冷漠。對於被認定目光不善的人來說，當他們的視線對象出現類似被害妄想的狀態，這種感受可能極度危險。當雷蒙的「就是他」再次出現在海灘上，就出現類似的情況；彷彿為了凸顯他的脆弱一般，這一次他隻身一人。以為事情已經解決了的莫梭大吃一驚。這個男人的臉被岩石遮住，氤氳的熱氣使他的身影朦朧。莫梭從雷蒙的口袋裡掏出他的左輪手槍，對著帶有威脅性的幽靈開槍；他對著屍體又開了四槍，在屍體上「沒有留下可見的痕跡」。（頁39）他同時看著並聽著槍聲落到屍體上，就這麼解決了一個在阿爾及利亞的異鄉人。這一刻過去了，莫梭在監獄時才重新遲鈍卻真實地感受到自己的人性。

現在這名「小機器人」女子正在旁聽他的謀殺審判。根據描述，她穿著一件「男款」大衣，視線對準他（頁54）。莫梭尖銳地感受到她的存在，（在他的想像中）她評價著他，儘管她只是法庭旁聽席上的眾人之一。而從小說開頭，每當莫梭覺得自己被評價時，他就會感到迷失方向；他失去對自己主體性的感知，彷彿遇到了所謂的「築牆」（stonewall）行為（或者，類似的情況是結論中將會提到的「冷臉」（still face）範例）。可能不令人意外，在這一切發生之前，莫梭的母親剛過世不久。他們同住時，她一雙眼睛總是在家裡四處跟著他，「儘管我們鮮少說話」，他覺得她「總是看著」，而他似乎並不介意。[48]（頁5）我們在此會覺得，事情本該如此，也許這讓她做好一個母親該做的事：她照顧他。

除了因為缺少同情的關照而產生的戒斷症狀以外，我們現在可以思考第二個同樣不太明顯的去人性化行為來源。當女性沒有在一個人所採納的社會劇本裡扮演自身角色，因而扭曲了他對現實的認知（他卻未理解到這個認知只是單純的希望或幻想），復仇行為便會針對她們出現。艾略特．羅傑沒有及時從匹配的「辣妹」那裡收到他想要的注意力、情感、讚賞、性，他的社會劇本如此死板，他卻如此徹底安居其中，導致他覺得這些他所跟蹤的女性都無視他——儘管他從未去自我介紹。她們的故事沒有給他任何角色，直到他施壓。

但如同我前面所述，羅傑並不認為女性是無心智的東西、物品、非人類或次人類生物，這也不是父權秩序裡一般女性的真實情況。相反的，女性被視為虧欠特定對象自身的人類能力，這個對象通常是主張白人至上、處於異性戀關係裡的男性或其子女，反過來說，他們則被認為理當可以獲得她的服務。這基本上可以被視為夫權制法律*的殘留——一名女性的父親為她發言，之後是她的丈夫、然後女婿，等等。這也可能是讓女性更廣泛成為某個人的母親、姊妹、女兒、祖母的原因之一：她永遠是某個人的誰，鮮少是她自己。但這完全不是因為她不被認定為人，而是因為透過勞動服務、愛、忠誠的形式，她的人格性被認定歸屬於他人。

此外，對身處她的關懷軌道內、被認定她注意力歸屬之處的對象而言，她的個人服務則有使人恢復人性的心理影響。因此，當她未能提供他認定有權獲得的東西，包括各種形式的照護、讚賞、同情心、注意力，他可能因此覺得自己不那麼像人，而是像「一隻不重要的小老鼠」，正如同艾略特．羅傑一度對自己的描寫。他的復仇可能是反過來將她去人性化：以其人之道還治其人之身，讓她感覺自己不是人。以下是羅傑所謂「宣言」（其實更像是回憶錄——一種預示性的、可憐的，始終以自我為中心的描述）的開場白：

> 人類……我在這個世界上所受的苦都出自於人類之手，尤其是女人。這讓我理解到，人類作為一個物種是多麼的殘酷與扭曲。一直以來，我唯一想要的是融入人類並過著幸福的生活，但我被放逐與拒絕，被強迫忍受一種孤獨和無足輕重的存在，只因為人類物種裡的女性無法看見我的價值。

隨著《我的扭曲世界》推進——或者說展開，事情愈來愈清晰，這場性別之間的戰爭對於羅傑而言不只是一個譬喻，這份敵意乃源自於他感到需求未能滿足，以及後續因此而生的脆弱感受，而某些時候，這份敵意煽動了人際間的侵犯。羅傑對這類女性的恨意，就如同情感依附不安全的孩童（至少在廣受歡迎的依附理論裡），在母親（通常是母親，以他的案例尤其顯然）把他們交給陌生人時，對母親的恨意和憤怒。他們因為她讓自己感到無助與孤獨而忿恨，他覺得自己理當應該獲得她的時間、焦點、注意力、關懷，而且可能熱烈愛著她——但是是作為一種個人的所有物，必須被飽含妒意地守衛著，而且她不能背叛他，不能不守諾言或使他失望。同樣的邏輯適用於羅傑對拒絕他求愛的女性所產生的仇恨；再一次，因為他所認定的一種社會孤立和遺棄感，她們讓他覺得自己不是人。他做出結論：

> 我不屬於人類這個物種。人類拒絕了我，雌性人類從來不想要和我交配，那麼，我怎麼可能覺得自己屬於人類？人類從來沒有接受我成為他們的一分子，而現在我知道為什麼了，我不只是人類，我比他們所有人都優秀。我是艾略特．羅傑……偉大、光榮、至高無上、卓越……神聖非凡的！我是世界上最接近於神的存在。人類是一個令人作嘔、墮落、邪惡的物種，我的目的是懲罰他們所有人，我將會淨化這個世界上的一切錯誤。

＊ 編注：coverture law，舊時英美普通法中一種的法律原則，規定已婚女性的法律身分為其丈夫覆蓋（covert），因此她無法擁有獨立的法律與經濟權利。

在復仇日當天，我將真正成為一個強大的神，懲罰每一個我認定為不純潔且墮落的人。每當我想到，假如女性能夠在性上受我吸引，我可以擁有多麼驚人與令人滿足的生活，我全身都因為仇恨而發燙；她們拒絕給我一個快樂的人生，那麼，我將會奪走她們所有人的生命作為回報。這只能說很公平。

他還沒說完，他在結語中繼續：

女人代表了這世界上所有的不公平，而為了要讓這個世界變成一個公平的地方，她們必須被消滅。但為了繁殖的目的，少數女性會被饒過。這些女性會被保留，培養在祕密實驗室裡。在那裡，她們將會接受人工授精，繁衍後代，她們的墮落本性會隨著時間消失。

這聽起來像是電影《奇愛博士》（一九六四）[42]結局的不幸版。如果不是羅傑真的拿到槍枝且採取了行動，我們恐怕很難不發笑。

羅傑對公平（或者說不公）的感受建立在一種自戀的錯覺上，這個錯覺囊括了一些父權體制的瘋狂與秩序。父權的意識形態經常把女性定義為一個人類道德和社會生活裡的付出者，而這不與她的人性衝突，反而是以之為前提，但這也導向了索求她的注意力、觸碰她的身體部位，以及在她猶豫或拒絕效勞時壓制她的行為（或者更糟）。這些行為在社會意義上，或是在女性作為接收者的感受上，不見得帶有去人性化的特質。無論情況為何，我相信它們根本上源自於一種意識，認定她作為一個女人（在此）的**目的為何**，將她當成道德好處和資源的提供者（最重要的是，對他來說如此），安置在社會脈絡中。在所謂後父權社會中，隨著女性主義社會進展的出現，我們可能會看見一些剝削心態的症狀，這很合理。當對女性注意力的需求遠遠超過供給，男性採取手段，比如藉由街頭騷擾、吹口哨和各種形式的網路騷擾（從公然辱罵到看似合理的理性辯論要求，不幸的是，後者有時候會導致她被藐視、侮辱或被男性說教），好讓這些他們素昧平生的女性轉頭，也就不令人意外。在公共情境裡，她被告知要微笑，或被許多（男性）陌生人問她在想什麼，尤其是當她顯得「沉浸在自己的思緒中」或「在自己的小世界裡漫遊」，即當她看似在思考自己的事，注意力專注於內在而非外在之時。這些手法意在**迫使她注視**，抑或迫使她築起石牆——這是一種有所保留的反應，而不是全然的缺席。於是，她的沉默成了冰冷，她的中立表達被視為慍怒，她的不注視是怠慢，她的被動是侵犯。

---

42 回憶一下奇愛博士想要在豎井裡打造一個地下育種實驗室的計畫：

特吉森：博士，你提到了每一個男性對上十個女性的比例。但這不就會迫使我們放棄所謂的單偶性關係嗎？我的意思是，至少就男人來說？

奇愛博士：很遺憾，是的。但你知道，為了人類種族的未來，這是必要的犧牲。我也要趕緊補充，每一個男人都將需要從事這一類巨大的……服務，女性則將必須根據她們的性特徵而接受篩選，她們必須要是極度令人興奮的。

但一個冰雪女王、一個賤人、一個妖婦——或者她也可以是一個天使，她們每一個人都有著一個共同點：她們都是人，甚至人性化過了頭的，女性角色。

CHAPTER (6) 赦免男性 Exonerating Men

尊貴的布魯特斯
對你們說凱撒野心勃勃；
這要是真的，那是一個嚴重的過失，
凱撒也為此付出了慘重的代價。
在此，在布魯特斯及其同志們的允許下——
因為布魯特斯是個正人君子；
他們都是正人君子——
我來到這，在凱撒的葬禮上致悼詞。
他是我的朋友，忠誠與公正對待我；
然而布魯特斯卻說他有野心，
而布魯特斯是個正人君子。
他曾經帶著許多俘虜回到羅馬來，
他們的贖金充實了國庫：

這樣的凱撒看起來像是有野心嗎？
窮苦的人哭泣時，凱撒也曾流淚；
野心應該是剛硬無情的。
然而布魯特斯卻說他有野心，
而布魯特斯是個正人君子。
在盧柏克節的那天你們都看到了，
我把一頂王冠獻給他三次，
他三次都拒絕了；這是野心嗎？
然而布魯特斯卻說他有野心，
而布魯特斯是個正人君子。
我不是要推翻布魯特斯的話，
我只是說出我所知道的事實。
你們都曾經愛過他，那並非沒有理由；
那麼是什麼阻止了你們為他哀悼？
唉，理性啊！你遁入了野獸的心中，
而人們失去了明辨是非的能力。
……

就在昨天，凱撒的一句話還可以
抵禦整個世界；現在他卻躺在那裡，
沒有一個窮苦的人向他致敬。
啊，諸君！若是我企圖攪亂
你們的內心與心智，引起叛亂與憤怒，
我會對不起布魯特斯，對不起凱撒，
你們都知道，他們是正人君子。
我不會對不起他們；我寧願選擇
對不起死人、對不起我自己和你們，
也不願意對不起如此正人君子。

——馬克・安東尼於莎士比亞著作《凱撒大帝》
第三幕第二場

如何逍遙法外

在本章中，我將以兩起謀殺案開場。兩起的受害者都是女性，主嫌都曾經是她們的親密男伴，而在兩起案件中，男性的故事都被改寫——以至於其中一案從謀殺變成了她精心設圈套算計他。第一起案件，他最後被認定無辜；第二起案件，情節被一個疑問推進：他是否能逃過懲罰？（祝他好運。）

這兩則故事都是虛構的，但仍為普及的文化敘事提供了實例，我們應該仔細觀察。兩則故事都反映並延續了一種尚未被充分承認的集體努力——試著維持特定男性的清白、捍衛他們的名譽，過早或未經合理授權的情況下寬恕他們。在許多案例裡，這始於將「善意的信任」（benefit of the doubt）給那些被指控的犯罪者，而不是指控方兼受害者，無論懷疑她的言論基礎多麼薄弱。我於是接著把這些「赦免敘事」（exonerating narrative）（我這麼稱呼它們）和米蘭達．弗里克[91]、何賽．梅迪納[193]與蓋樂．博豪斯二世[220]所提出的證詞不正義理論連結。再來，我將參考克莉絲蒂．道森和瑪莉塔．吉伯特[77]針對「奇怪的消失」（curious disappearance），以及公共論述裡針對一些人的參與隱形（attendant invisibility）所提出的見解。

提出論點時，我將聚焦在享受到大多數主要特權形式的男性。[1]然而有一個值得關注的奇觀，即這麼做在多大程度上使我們無法留意到，女性在這些故事裡「被消失」。我們可以把這看作一種黑暗藝術，如同魔法：一個把女性變不見的把戲。

但還有一件重要的事，我們必須承認，特權不多的男性也經常會被上述的動力所傷。事實上，這正是重點之一。極端的摩尼教語言（如黑與白的二元說法）可能會區分「壞男人」和「好男人」——透過忽視細微差異但基本上正確的手段，以及深層、系統性的不正義，將前者描述為怪物、心理變態、性掠奪者、戀童癖者。再一次，這屬於同一組連鎖且動態的社會機制：這些怪物的誕生，為享有高度特權的未來英雄們提供了一種對比，為他們增添了光彩。

我引用了當代的例子，因為我在本章與下一章使用的研究方法屬於哲學上的拾荒者，一個蒐集閃閃發光小零件的人，用它們為自己築巢。在接下來的篇幅中，我將引用電視、政治事務、新聞事件、小說、社會科學、民族學誌中的例子，它們大多都發生在同樣的時間和地點，部分構成了我所經歷的文化時期。但本章描述的動力就如同父權體制本身般古老。好人不可能做錯事，因此我們不會聽到任何有關他們的壞話。我將此稱為「正人君子布魯特斯問題」（the honorable Brutus problem）。讓我略為刪節並改寫成如下的台詞：

1 儘管，我最終想要透過展示重要的道德和政治關懷如何能夠遞補成為用以不正當地求取男性救贖的手段，以探索一種典型的糾葛。我們可以比較，在一個我懷疑（但沒有足夠篇幅進行論證）是赦免敘事的討論裡，對隱性偏見的關懷所扮演的角色；這段敘事經由廣受歡迎的播客節目《連載》廣傳（該節目由莎拉·柯尼主持，芝加哥WBEZ電台共同製作，第一季，二〇一四，https://serialpodcast.org/season-one）此處，我的論點局限於：對這類偏見的表面關懷，鮮少能夠合理化對阿德南·席耶的同情，以及有時明顯想要赦免他的渴望。席耶因為謀殺前女友李海明而遭到起訴；案件發生於約十五年前，當時兩人仍在就讀高中。儘管種族偏見有可能會對阿德南不利，因為他身為穆斯林，但它們也同樣地不利於作證指控他的主要證人——阿德南的友人傑，一名同齡的非裔美國男性。然後還有針對李海明的敘事消抹——這是某種形式的厭女情結，而亞裔美國女性似乎特別容易受其傷害，如同我在第三章提出的論點。本章意在處理該播客節目中所提到的，另一個看似有理的一般性問題：赦免和開釋「模範金童」與「好男人」。在謀殺案發生當時，認識阿德南的人們都曾在《連載》節目中使用這兩個標籤形容他。同樣值得留意的是：李海明是遭勒頸致死的。如前言裡討論到的，勒頸行為顯著地提高了男性親密伴侶犯下殺人案的可能性。

她是我的朋友，忠誠與公正對待我——至少就我所知是如此。然而布魯特斯卻說她在說謊，而布魯特斯是個正人君子。

此處這個含蓄的**肯定前件**（modus ponens）太少被**後件否定***。換句話說，在這類「他說／她說」或「各執一詞」的情境裡，我們會從他是個「正人君子」或「好男人」的假設，推導到她一定在說謊或她歇斯底里的結論，而不是在有力證據指出**她才是**說真話方時，給予適當回應。接著，我們終究無法質疑他值得信賴的集體假設，即使有個馬克·安東尼對布魯特斯的殘酷背叛表現出了苦澀的怒意。

馬克·安東尼在他那段知名演說的最後情緒崩潰了，在揭露「正人君子布魯特斯」其實是個叛徒和騙子後，他說：「請原諒我，我的心和凱撒一同躺入棺材了，我必須稍做暫停，直到它回到我身上。」在二〇一六年美國總統大選結束，寫下本文時，我必須說：我懂那種感覺。

男孩殺死女孩

吉莉安·弗林的暢銷小說《控制》（二〇一二）就從好男人一方的故事開始和結束。用托爾斯泰的話說，結婚五年的尼克與艾咪「以一種日常的方式不快樂」（也許這種不快樂伴侶的「哏」是情境喜劇的產物）；他們都在經濟蕭條時遭到紐約的公司解雇，他們因此遷居至尼克長大的平凡中西部小鎮，以照顧他生病的父親。艾咪仍舊待業中，她感到無聊、惱怒、孤獨。尼克開了間酒吧並和他的一位寫作學生有染，他把剩下的時間都花在打電動和沉思上。

讓我切入正題。故事的結構是這樣的：男孩認識了女孩；男孩和女孩結婚；男孩辜負了女孩；女孩因為男孩失望；男孩殺害女孩——至少表面如此。但這原來是一場騙局：這個案例裡的女孩很瘋狂。

她設計了他。她製造出一本假日記，紀錄他們五年來的關係；她甚至花心思取得血液，假造陽性的驗孕結果。在她逃跑、投入富有前男友的臂彎後，女孩改變主意（因為她善變又不懷好意）。男孩也沒那麼糟，她如此決定。她在性愛過程中謀殺了有控制欲的前男友，如同一隻螳螂。女孩和男孩重聚。

這本出版於二〇一二年的作品盤踞《紐約時報》的暢銷書榜，二〇一四年的改編電影也有很好的票房。作者弗林（她同時也是電影的編劇）因為對女主角艾咪的描述含有厭女情結而廣受批評，弗林在電影上映後寫下：

大約有二十四小時的時間，我縮在被子底下想著：「我殺死了女性主義。我為什麼要

* 編注：即「布魯斯特是個正人君子」（前件），太少被與之矛盾的事實「她是我的朋友，忠誠與公正對待我」所推翻。

這麼做？真要命，我不是故意的。」然後很快，我某程度上又可以接受我寫出來的東西了。[2]

的確很要命——不管時間多短。但弗林絕對不是唯一一個沒有辨識出此處關聯性的人。因為我們在維持男性支配一事上的集體投資過剩，經常不會留意到我們願意為它付出多少心血。當中心點維持不變，我們既不會注意到支點，也不會注意到餘波。

我撰寫這本書的初衷之一，是我對自己的沮喪：因為面對我希望你們思考的第二起謀殺案例，我幾乎無話可說。此處我要討論的是，改編自柯恩兄弟一九九六年執導的同名電影、於二〇一四年首播的電視影集《冰血暴》，柯恩兄弟也被列為該影集的共同製作人。不同於電影版的主角，這個升級版的對應角色——刻意被改名為萊斯特・尼加德*——沒有計畫綁架他的妻子，她在電視版裡的新名字為珍珠（原電影版裡為「珍」）。一切都是他的所作所為；一切早已伺機而動，卻又隨機。被閹割的羞恥感引爆了這場暴力。

故事開始於萊斯特遇到了他的宿敵，高中時與他同班的惡霸山姆・海斯，海斯一如往常地羞辱萊斯特，如今還多了海斯的兒子在旁邊看。海斯告訴萊斯特，高中時珍珠曾幫他打過手槍。海斯讓萊斯特一下子天搖地動，不僅是內在——萊斯特被絆倒後，臉朝下地撞上一面玻璃窗，力道大到他鼻梁都斷了。

萊斯特在急診室的候診間遇到了一名神祕陌生人——正確說是由演員比利・鮑勃・松頓

化身的角色——羅恩・馬佛。萊斯特告訴他發生的事後，馬佛提議幫他報仇，殺掉海斯。萊斯特一開始因為這個提議不知所措，他試著拒絕，卻不夠明快，不夠有說服力，讓馬佛決定放手做了再說。他前往海斯的脫衣舞俱樂部，從海斯的背後攻擊他，他在海斯和舞者用後背式做愛呻吟時，用螺絲起子重擊他的頭骨。我們看到海斯的血飛賤到無名女子的肩膀和脖子上，彷彿早洩，然後我們看到海斯倒下，重重摔到她身上。隨著攝影鏡頭轉開，她大聲嚎哭尖叫。

萊斯特得知他的歌利亞為他殺了人，他既緊張又像得到膽量；他決定要修好家裡的洗衣機，好一陣子以來，壞掉的脫水功能都是他們婚姻裡爭吵的主題——連同萊斯特沒起色的職涯，以及與他野心勃勃的弟弟相比顯得微薄的薪資。雪上加霜的是，萊斯特在臥房裡也令人失望；他無法生育，而珍對性生活也不滿意。在隨之而來的爭執裡，她開始奚落他在做愛時無法看著她的眼睛。

這場戲開始於萊斯特自豪地領著珍珠來到地下室，想展示他成功修好了洗衣機，但萊斯特的勝利時刻並未到來——事實上恰恰相反，脫水功能比以往任何時候都還更加失靈。珍珠對著他的失敗冷笑，更糟的是，她對此毫不意外。

2 Cara Buckley, "Gone Girls, Found," *New York Times*, 2014/11/19, https://www.nytimes.com/2014/11/23/arts/talking-with-the-authors-of-gone-girl-and-wild.html

* 譯注：Lester 這個名字的涵義是「顯赫之人」，但影集裡的主角在一開始是個各方面都不成功的落魄男性。

他們故事的結構是：男孩辜負女孩；女孩譏諷男孩；男孩感到受傷；男孩憤怒；男孩用榔頭反覆重擊女孩的臉。[3]

一個嘮叨並閹割（可能有人會想在此插入「可憐」這個形容詞）丈夫的女性因此永久地「被閉嘴」了。我們看著她臉上血跡愈來愈多，直到它在我們可能眨也不眨的眼前變得不再是一張臉——變成了一團血肉模糊。珍珠的雙眼已經不在那裡了，或至少，我們看不到它們了。如我在第四章裡提到的，根據艾瑞克．艾瑞克森[82]的說法，羞恥感「想要摧毀世界的眼睛」。但接下來我想要說，似乎只有覺得自己應得更好對待的深感羞恥者會有這個狀況。他們想要對象的讚揚與認可，而因為這些對象用錯誤的方式看著他們，或完全不看他們，於是想懲罰對方。對我們其他人來說，只要掩面，逃離，或僵在原地，便已足夠。

當萊斯特抬頭，驚恐地意識到自己做了什麼，他的眼光落到牆上的勵志海報（如今有明顯的飛濺血跡），海報中有一群藍色的魚與一隻單獨的紅魚，紅魚逆著海潮而行。標語寫著：「假如你是對的，他們都錯了呢？」這不是什麼隱晦的暗示，這張海報受觀眾喜愛到被一名創業者複製在亞馬遜網站上販售，產品說明寫著：

> 《冰血暴》第一季中反覆出現的「魚哏」始於這張出現在尼加德地下室裡的海報。這張卡通般的可愛海報意在激勵人心，但在萊斯特．尼加德殺害妻子後，它很快變成了他的座右銘。和萊斯特很像，我們也在這張濺滿血跡的海報上找到靈感，但與他不同，我

們成功抗拒了我們的黑暗衝動……希望你也能做到。

可愛；希望；真正的激勵。

從某方面看來，當觀眾想要在二〇一四年觀賞這故事，對我們和這個時代的精神而言，說明了什麼？我在一位友人家過夜，與她和她的丈夫一同看這部影集，表面上這場戲沒有令我們任何一個人覺得有什麼值得注意或感到困擾的地方（我們要不要來點爆米花？要再看一集嗎？）這說明了什麼？這整部影集建立在一個假設之上，就是觀眾將會同情萊斯特，並且希望他可以消遙法外，至少一開始的設定是這樣。假如你覺得，這無法說明我們傾向於饒恕那些一直以來屬於支配群體的人，尤其是當他們走楣運之際，那麼，試著反轉性別。類似的性別反轉例子並非不存在，但似乎相對稀少，而且就暴力程度來說，有更令人驚嚇的特質。《陌路狂花》自然立刻浮上心頭，但那是二十五年前的電影了。[4]

從維持父權秩序的觀點出發，遇到「他說／她說」或「各執一詞」的情境時，我們有明

3 電影版中並沒有可比擬的事件，而且故事情結大不相同。傑瑞．隆德加德——萊斯特的大螢幕對應版本——急需用錢，因此試著安排他的妻子遭到綁架，好讓他可以獲得大部分的贖金。但是其中一個他花錢雇來執行任務的殺手因本性難移而殺害了珍。他的理由是她太吵了。

4 承蒙我的編輯彼德．歐林提供，另外兩個例子包括：珍妮佛．羅培茲在電影《追情殺手》裡和茱蒂．佛斯特在《勇敢復仇人》裡的角色。

顯的理由給予他證詞上的優先權。因為，萬一她是對的怎麼辦？他就可能會被證明是錯的。當她的話更可信，她將可能有權用她的證詞把他擊倒。而在支配群體面前，那份權力通常不會被拱手讓給歷史上從屬群體的人們。基本上，這類性別化階序的翻轉，是厭女情結應當避免的事情。

這引領我們檢視厭女情結和證詞不正義之間的關連。

證詞不正義作為階序維繫

在近代的分析哲學領域，證詞不正義是一個突出且頗具成果的主題。米蘭達・弗里克對此現象的描述吸引了分析哲學家的注意，隨後包括派翠西亞・希爾・柯林斯、查爾斯・米爾斯、凱倫・瓊斯、何賽・梅迪納、蓋樂・博豪斯二世、克莉絲蒂・道森、蕾秋・麥金儂在內的學者再將其進一步理論化（根據對此現象的不同描述）。

證詞不正義的出現，乃是因為存在於「信用經濟」（economy of credibility）——弗里克[91]發展出來的巧妙稱呼——裡的系統性偏見。證詞不正義對特定社會群體的成員造成困境，尤其是當該群體在歷史上、至今依舊在某程度上不公平地處於從屬地位時。[5]於是一般而言，證詞不正義指的是，當從屬群體成員對特定事務提出主張，或對特定人物提出指控，經常會被認定為不可信，因此他們身為從屬群體成員一事會被當成理由，使他們得不到**知者**（knower）

的知識地位。

在《知識的不正義》一書中，弗里克[91]一開始針對證詞不正義舉了一個例子，在《天才雷普利》裡，瑪姬．謝伍被未婚夫迪奇．格林立夫的父親打發。瑪姬說出她擔心迪奇可能被他最好的朋友，即本書的同名反派主角湯姆．雷普利傷害時，老格林立夫不願意傾聽。「瑪姬，女性直覺是一回事，事實是另一回事。」他實事求是地說，同時駁回了瑪姬恐懼的合理性，以及她表達的資格[91]（頁9—17）。以這個時代裡（也就是一九五〇年代）所運作的正確（言下之意：性別歧視的）客觀標準而言，她只是一個不理性且歇斯底里的女人。

根據弗里克的架構，一個人可能以兩種方式受制於證詞不正義。首先，她的**能力**可能會被小看，也就是人們在不盡合理的基礎上認定她可能不知道自己在說什麼，或使她自己也這麼以為。其次，一個人的**可信度**可能會被小看，也就是（再次）在不夠合理的基礎上，從聽眾的觀點看來，她的主張較不誠懇或不誠實。根據這個論點，老格林立夫表面上看是因為他低估了瑪姬的**能力**而駁斥她的懷疑。然而，我們輕易可以想像，這單單只是在粉飾（或者說，無意識地合理化）真正發生的事。也許老格林立夫慣性地懷疑女性有控制欲或有心機，她們

5 相反的，弗里克[91]談到了「社會身分力量」，並同意某些形式的證詞不正義較為局部、較不具歷史性，比方說，當一個特定的方法論或專業的擁護者被賦予負面的刻板印象時（頁28—29）。但和弗里克一樣，我在此專注於更為系統性的形式，例如基於種族、性別、階級、身心障礙、年齡、性歷史（包括曾經是性工作者），以及它們之間的交織性而造成的證詞不正義。

會戴上擔憂的面具以阻止男孩自由做自己、享受他們應得的玩樂；例如，他可能會想像，兒子迪奇和他好友湯姆正在享受婚前最後的單身時光，而瑪姬喋喋不休的憂慮只是不想讓他們盡興。每個人都會說謊，但女人是**說謊家**。

儘管瑪姬．謝伍的例子提供了對證詞不正義的生動描述，但這個現象往往難以捉摸，因此不知不覺地更為隱匿。就我的目的來說，很重要的一點，即使在沒有明確思考，或甚至提到任何特定社會類別的情況下，人們都有可能被不公正地視為不可信。更準確說，他們作為女人或非白人的事實，**預測並解釋**了他們會如何被看待與對待，即使他們的社會身分在聽者的意識裡並未占有一席之地。聽者可能會發展出事後的合理化解釋，或完全無來由便覺得他們的證詞源自猜測，或他們的主張沒說服力。

證詞不正義的現象便是如此。但它為何持久不衰？它的社會和心理學基礎是什麼？它最有可能在什麼時候、在哪裡，因為什麼原因運作？

精準地說，我們應該要區分四個問題：

（1）歷史上處從屬地位的群體成員（以下簡稱從屬群體者）可能會在**什麼時候**遭到信用赤字的傷害？

（2）從屬群體者可能會因為**什麼原因**而遭到信用赤字的傷害？

（3）從屬群體者實際上是否特別容易全面性遭到信用赤字的傷害？或者，這些赤字會發生於特定的領域或脈絡，甚至有時候源自於伴隨的信用過剩？

（4）這類信用赤字和過剩是否有任何意識形態功能，若有，是什麼？

讓我依序針對每一個問題進行說明。

（1）從屬群體者可能會在什麼時候遭到信用赤字的傷害？

詳細回答這類統計盛行率的細緻問題顯然超出了我的哲學專業，弗里克也沒有處理這類問題。我們可以指出的是，許多我於本章中提出或借用自弗里克的虛構案例，以及其他後續的真實事件中，證詞不正義都顯然或極可能是問題所在。即使有人反對我對某些案例的分析，但就我的主要目的來說，這一切也非徒勞。此處的重點是蒐集這個現象的形貌，才能夠精準針對某些候選案例是否真的屬於這類情境，提出有內容的反對意見。同樣的，我的用意是在不同類型的情境出現時，指認出它們及其普遍的程度，而非先驗地決定其普遍程度。

（2）從屬群體者可能會因為什麼原因而遭到信用赤字的傷害？

弗里克對此的回應是，存在「負面的身分刻板印象」，在她看來會「維持特定社群和一個或多個特質之間的貶抑聯想，而這個聯想體現了一種泛化觀點，展示出對反面證據的（通常是在知識上有誤的）抗拒情緒，且通常出於倫理上的不良情感投資」。[91]（頁35）。

這看來頗有道理，但弗里克並未詳述此處這種情感投資的本質（有時在隱性偏見的相關文獻中，類似的缺漏也很明顯）。針對這類刻板印象，進一步的問題仍舊存在，包括為什麼它們會抗拒相關的反證？我們可能也會好奇，為什麼從屬群體者經常被認為無能和不可信賴？這兩種刻板印象的目的經常互相矛盾，但這類觀感的並存絕非前所未聞。事實上，第八章內所討論的實證證據將會指出，這種情形很常見；有什麼原因可以解釋這點？

（3）從屬群體者實際上是否特別容易全面性遭到信用赤字的傷害？或者，這些赤字會發生於特定的領域或脈絡，甚至有時源自於伴隨的信用過剩？

當討論其中一個例子——哈波．李的《梅岡城故事》（一九六〇），故事中黑人男子湯姆．羅賓森被白人女性梅耶拉．艾薇誣告強暴——弗里克本人很快指出，答案當然是否定的。弗里克寫道：

> 我們已經談論過這類導致證詞不正義的成見對於脈絡的依賴：在和農作收成相關的許多其他議題上，梅岡城的陪審團成員會信賴湯姆．羅賓森；和愛人失蹤這樣的問題相比，在其他比較不會因為瑪姬的女性直覺而受扭曲的議題上，賀伯．格林立夫也會願意相信她[91]（頁135）。

弗里克並未針對這點提出明確的解釋，但她曾於稍早主張：

在某些議題上，就算是梅岡城裡最徹底的白人種族主義居民都有可能仰仗且信賴湯姆·羅賓森的知識——毫無疑問，這指的是和他每日工作相關的議題，以及許多有著實務意涵的日常議題，只要它們不會挑戰到白人的意見，不會看來像是他和白人在思維能力上並駕齊驅，同時這些主題不會在任何層面上暗示這名黑人自命不凡。人類的成見傾向於不連貫，它們透過心理上的區隔維持，得以讓重要的認知信任區塊相對不受影響，甚至是在面對一個強大、在無數其他脈絡中會侵蝕這種信任的種族主義意識形態時亦同[91]（頁131）。

於是，在此我們看到，弗里克同時指出了階序和意識形態的角色。雖然她沒有延伸說明這些論點，而我也不想要為她代言，但我相信它們很重要，而且極為關鍵地彼此連結；它們使我們能夠為此處提到的情感投資捕捉一個可信的政治基礎，例如強化了相關社會刻板印象的情感投資，它們一方面被證詞不正義所維持，一方面也維持著證詞不正義。

何賽·梅迪納[193]在此則更清楚呈現了階序的角色，他並且主張，有鑑於知識評估具有比較性與對比性——以及暫時被延伸的——本質，支配群體者所享有的過剩信用會造成從屬群體者的證詞不正義。梅迪納指出：

《梅岡城故事》的審判過程中，有一整套可信度假設的階序在運作著：白人女性比黑人可信，而白人男性比白人女性可信。在故事裡，〔阿提克斯〕芬奇和檢察官都用一種比梅耶拉本身更可信的聲調為她發聲。在被告和審問者互動時，觀眾對他們的觀感也彰顯了信用評估所具有的比較和對比性質，因為兩人的權威和可信度隨著他們的往來交鋒而縮小或成長……湯姆的證詞不被採信，這並非憑空發生，他的可信度被質疑與他周遭人的可信度相關；事實上，他的證詞威信是隨著質問者被隱晦賦予了知識權威而消失：檢察官被假定為比證人更適合評量他的情緒及其真實程度[193]（頁23–24）。

在蓋樂・博豪斯二世[220]對這個例子的討論中，她進一步闡釋了社會階序和證詞不正義之間的關係——尤其是兩者如何透過意識形態和查爾斯・米爾斯[199]口中的「無知的知識論」（the epistemology of ignorance）＊互相連結。博豪斯指出，湯姆・羅賓森的案例不只涉及到人們無法得知誰可信賴，以及湯姆和梅耶拉之間真正發生的事（即她向他求歡但他斷然拒絕，且她父親才是毆打她的人），還有人們**拒絕**承認證據所顯示的事實。這是「對世界系統性且成套的錯誤詮釋」，以及對**確切**的多樣性的無知（頁731）。[6]

為何拒絕呢？一方面，正如同梅迪納前面所主張的，要宣告湯姆・羅賓森無罪，意味著得採納一個黑人男性而非白人女性的證詞，這便和現行的社會階序相衝突（即使考量到和其他白人相比，艾薇極度貧窮且地位低落）。另一方面，博豪斯的討論則進一步釐清一點：若採信了湯姆．羅賓森的故事，人們隨之必須承認，一個白人女性有可能對黑人男性產生性渴望，而這是白人異性戀父權秩序深惡痛絕之事。白人女性的凝視屬於白人男性，因此在白人至上的社會裡，吸引到這種注意力的黑人男性就被認定為帶有威脅性——而且也會面臨身體威脅。

湯姆．羅賓森的肢體障礙清楚顯示他不可能有辦法攻擊梅耶拉，但對於維持現行種族秩序的目的來說，這也讓他的身體更無足輕重，可以用完即棄。梅耶拉和她的父親沒有得到信賴，他們的故事也沒被採信；事實上，兩人在鎮上徹底喪失了信用，這對後者來說是極大的羞辱（回想一下小說是如何結束的——不過我不打算對新讀者暴雷）。但是，艾薇一家的謊言隱藏了一個許多人決心不承認的事實：白人女性可能受到黑人男性的吸引，但他卻只是可憐她而已。維持這種無知的代價是判決一個顯然無辜的男人——如同一隻沒傷害任何人只是用歌聲帶來歡樂的知更鳥——有罪。湯姆．羅賓森沒有被誤會；他是被追獵、擊落，犧牲了。

綜上所述，梅迪納和博豪斯為弗里克架構補充的資源，指出了一個可以用來思考證詞不

* 編注：可視為「被建構的無知」，即權力結構如何形塑我們對世界的理解，並使某些群體維持在無知狀態，以維護既有的不平等。

6 針對這類無知為何特別不知不覺，博豪斯提出了兩點原因：「第一，在道德和政治論述裡，它阻止了知識的傳遞。這個傳遞本來應該就此知識的針對對象提出一個規範性的主張，卻反而因此呈現了一個因為錯誤的知識資源而產生的扭曲圖像。第二，這容許了一種對世界的共同體驗，且這個體驗是由知者們在沒有自覺的情況下所決定的，因為一旦一個人培養出了一種使用知識資源的能力，這些資源就能夠成為習慣，也因為知識資源可以協調知者們和世界及和彼此之間的關係。」[220]（頁731）

正義的方式，與我針對厭女情結本質的論點不謀而合。讓我先暫停，解釋為什麼並稍做整理。

至目前為止，我在本書中主要聚焦於女性面對的敵意。（對一本談論厭女情結的書來說，這應該合適甚至必要——你可能會問，不然這本書還能是關於什麼？）但回想我在第二章提出的論點，即我們需要記得此硬幣的反面，或者說，我對厭女情結的說明提出了兩枚我們必須要翻面的硬幣——一枚關乎否定性，一枚則關乎性別。

根據我的分析，厭女情結的主要功能和基本表現形式是懲罰「壞」女人並監督女性的行為。但是，懲罰與獎勵——以及定罪和赦免——的體系經常全面性同時運作。因此，這個解釋的整體結構特性，預測了我所理解的厭女情結可能會和其他體系與機制攜手合作，以執行性別上的順從。[7]若我們略略反思當前的社會現實，便會鼓勵我們繼續沿這個路徑思考，把女性所面對的敵意看作是一座大型父權冰山的尖角。我們也應該關注，那些遵從性別化規範和期待的女性，如何規訓他人要「得宜」，並透過投入一些父權體制常見的美德宣示形式（比如參與蕩婦羞辱、責怪受害者，或網路版本的焚巫行動）獲得獎勵和讚揚。另一個該關注的點是，當男性藐視陽剛氣概規範，他們所得到的懲罰和監督——這是一個相對廣泛被認同並接受的論點。還有一個討論度遠遠不及於前的議題，則是那些支配女性的男性所享有的正面評價與赦免待遇。這個和厭女情結偕同運作的系統，是我在本章的重點。

繼續之前，讓我暫時回到開頭幾章討論過的，艾略特．羅傑犯下的伊斯拉維斯塔殺人案。眼下我可以證實幾個預感，也就是為什麼女性主義的厭女情結診斷會到面對如此的抗拒。縱使你不認同，它們也不應該迎來這麼多敵意。我認為有兩個因素：艾略特．羅傑的「柔軟」和脆弱，以及我們傾向於同情男性的痛苦勝過於女性的，除非且直到一個享有特權的男性可以被賦予英雄或救世主的角色。在下一章裡，我們將清楚看到這兩點緊密相關。我們傾向原諒特權男性犯下的罪（表面上是因為他們在我們眼前的弱勢，或我們在他們眼前的弱勢，這使他們立於不敗之地），而這和我們對女性受害者的敵意相關。我們會保護他的利益且因此懷疑她，並代表身處她照護圈內的人（通常由某些支配地位男性組成）表達妒意。（讓我簡單預告接下來的重點：對什麼的妒意？對有人在真實或名義上的觀眾眼中，成為道德同情的關注中心。）

我稍早針對證詞不正義提出的問題還剩下一個，也就是：

（4）這類信用赤字（和過剩）是否有任何意識形態功能，若有，是什麼？

我們可以注意到，上述許多證詞不正義的例子之間都有一個有趣的共通點。它們都涉及讓一人的說詞和另一人的對立。具體說，它們都涉及在特定的社會脈絡裡，一個歷史上的從

7 請注意，在厭女情結的書名標題下，我偏好不將它們的非敵意表現形式納入，例如藉由父權意識形態對「好」女人的獎賞與激勵，以免讓這個標籤失去其情感內涵。「軟性厭女情結」會是比較好的說法，但我仍舊渴望一個更簡潔、特出的標籤。「墊高」是一個可能，而我喜歡它如何使人們注意到，女性們認為，聖母和天使是一個不穩固的位置，一旦她們犯下最細小的錯誤，她們就有可能會被擊落墜毀。但反面來說，這個標籤不包括有遠見的機制，例如對優良行為的鼓勵，以及透過符合父權體制利益的方式來抽取女性的能量。

屬群體者試著對一個支配地位的社會行動者做出不利的指控。或者在隱晦的情況，它們涉及了從屬群體者試著在某領域發言，但在那裡，支配群體者慣常被認定擁有一切的答案，且大多數時候得以彼此自由對話。

因此，我的主張是，信用赤字（以及過剩）的功能，經常是維護支配群體者目前的社會位置，保護他們不會從現行的社會階序上跌落，比方說，因為被指控、抨擊、定罪、糾正、貶低，或單單是被他們一直以來的支配對象超越。如果這個假設的方向正確，我們將可以預期，在衝突情況中（例如「他說／她說」的情境裡），以及當人們的認可或注意力是一種受歡迎且限量的好處（無論這是否是個零和競爭），相對於歷史上的支配地位者，一直以來的從屬群體者更容易受信用赤字所苦。[8]

本章提出的許多例子及其他章節提到的幾個情境已經證實了這個預測：

- 《控制》——在我們最終發現她非常有心機之前，他為自己辯護的言詞令人難以相信。
- 瑪姬．謝伍——她試圖告發有才華的雷普利。
- 湯姆．羅賓森——除了前面提過的因素外，和白人女性對比，一名黑人男性的說詞完全無用。
- 玩家門事件——這場大火起始於獨立遊戲開發者柔依．昆恩的前男友在自己的部落格上尖刻怒罵她、指控她不忠。火上加油，他指控昆恩利用和記者發生性行為，為她開發的遊戲《憂鬱自白》換取好評（最後發現是不實指控）。昆恩入侵了遊戲產業這個傳統上由男性支配的世界，同時在他人眼裡，她錯待與出賣了裡頭的特定男性，這導致了一場撲向她的厭女暴力海嘯；她收到許多死亡威脅、強暴威脅，還有鼓勵她自殺的訊息（見第四章，注12）。9

- 茱莉亞·吉拉德——推翻了前任澳洲總理凱文·路德後，吉拉德隨後很快就被指控她背棄了同意讓路德繼續任期的約定；因為違背了選舉時的承諾，她是一個叛徒與不誠實的人。吉拉德獲得了「茱騙子」（Ju-liar）的綽號，始終無法擺脫。她的民調信賴度也前所未有地低，她創下的紀錄*無法合理化這個結果。（我將在第八章繼續談吉拉德的例子，以及希拉蕊·柯林頓面對的類似——以及同樣特大號的——質疑。）
- 在性侵害案件中，女性的說詞和男性的對立——我們想要相信誰？

---

8 我在此採納何賽·梅迪納[193]的看法，她就弗里克的觀點提供了一個細緻的批評。弗里克寫道：

> 表面上我們可能會以為，信用赤字和信用過剩都是證詞不正義的案例。當然，某種「不正義」感可能可以自然而然且頗為適當地被應用到信用過剩的情境裡，例如只因某個人說話時帶有特定口音，他的說話內容便收到了過度強烈的可信度時，我們即可能會對此不正義提出抱怨。誇大點說，這有可能可以算是一個分配不公平的不正義案例——某個人獲得了比他應得的分量更多的好處——但這會是對此用語的曲解，因為信用不是一個隸屬於正義分配模式的好處……那些最符合分配模式的好處之所以符合，原則上是因為它們乃是有限的，而且有可能缺貨……這種好處面對著，或可能很快會面對著某種競爭……相對的，從這個角度來說，信用通常並非有限，因此並沒有需要進行分配的類似需求[91]（頁19－20）。

感謝蕾秋·麥金儂讓我注意到梅迪納的重要作品。

不幸的是，最後這個問題並非反問句。懷著沉重的心情，我現在要藉由一件近期在媒體上引起廣泛關注的案例來探討這個問題——而且，當時人們似乎比平常更嚴肅思考這件事。你可能會因此盼望，這會是打擊強暴文化的一座分水嶺，然而我們沒有這樣的好運，我將在描述事件之後解釋原因。這指出了一種可能性：不少人對以下的案例出現正確的反應，卻是基於錯誤的理由。

同理他心

二〇一六年六月，二十歲的史丹佛大學學生布洛克．透納接受審判，因為他把一名二十二歲的年輕女性當成俎上肉對待——一場校園派對之後，他在一輛垃圾車後方性侵了她；他侵犯的這名女性來此探望自己的妹妹，被發現時已不省人事。在布洛克被捕後以及整個審判期間，他父親的主要擔憂是兒子再也無法享受一塊現烤的美味肋眼牛排，他失去了胃口。我們之中許多人在閱讀丹．透納寫給法官的信時也胃口盡失。在信中，他沉痛感嘆，他的兒子不再是過去那個「隨遇而安」、「好相處」的大學運動員。但是，他本來是嗎？[10]

本案法官艾倫．裴斯基也同樣擔憂有罪判決會對透納的未來造成「重大影響」，因而判了他就一般標準而言非常寬大的刑期（於郡監獄中服刑六個月與三年緩刑，他最終只服刑三個月）。整個審理與判決過程中，布洛克．透納的高超泳技被再三強調。而丹．透納仍舊不滿意，認為兒子根本不應該坐牢；根據他的描述，他兒子的犯罪僅僅是二十年的良好表現裡「二十分鐘的行為」（網路媒體「世界女性」〔Women in the World, WITW〕員工，二〇一六，見注10）。

但是，就如同殺人犯不能因為他沒有殺害的人邀功，透納也不會因為他沒有侵犯的女性而改變他的強暴犯身分。我們也必須說：當有了一個受害者，往往就有更多受害者。因此他父親估計的比例可能偏低了。[11]

這個案例生動闡明了一個經常受到忽略的厭女情結鏡像，我稱之為：同理「他」心。它被忽視的程度之高，使它成了一個「沒有名字的問題」——借用貝蒂．傅瑞丹出自《女性迷思》[92]一書的知名用語，但這不是因為同理他心的問題很罕見，相反的，正因如此常見，導

---

9 我們應該要注意，很不幸的是這類暴力對所有在網路上活動的女性來說不成比例地常見，尤其當她們冒犯了父權價值時（如今經常以輕微程度重新包裝在「男性權益」、男權倡議者和「另類右派」運動的標題下）。然而，昆恩也被「人肉搜索」，她的住家地址被公開在網路上，所以這些要懲罰她的威脅確實有可能真正傷害到她。傷害的目的是讓她害怕他們，與此同時，一則論壇發文則指出頭部傷害可能會使她失去知覺能力。最終昆恩因此被迫離開住所。這是一樁再明顯不過的復仇，因為她使某些男性遊戲開發者失去了他們神聖且——再一次，容我大膽地說——安全的空間。Simon Parkin, "Zoe Quinn's Depression Quest," *The New Yorker*, 2014/09/09, https://www.newyorker.com/tech/annals-of-technology/zoe-quinns-depression-quest

* 編注：茱莉亞．吉拉德成為澳洲史上第一位女性總理。

10 WITW Staff, "Victim's and Father's Statements in Campus Sexual Assault Case Draw Strong Reactions online," *New York Times*, 2016/06/06, http://nytlive.nytimes.com/womenintheworld/2016/06/06/victims-and-fathers-statements-in-campus-sexual-assault-case-draw-strong-reactions-online/.

致我們將其視為日常。（參見[180]，我在其中也提出了「男性戀」（androphilia）的標籤。）

在此，同理他心在此展示的型態，是一種對性暴力的男性加害者表現出的過度同情。在當代的美國社會裡，這經常被延伸到白人、身心健全，以及在其他方面具有特權的「模範金童」身上，例如透納，他是史丹佛游泳獎學金的獲獎人。隨之而來，人們不願意相信指控這些男人的女性，或甚至不願懲罰罪證確鑿的模範金童——透納一案再次是個例證。

造成這種否定心理的原因之一是一種錯誤的認知，認為強暴犯必然具備某種樣貌：令人發毛、怪異，並且明目張膽表現出他們缺乏人性。布洛克．透納不是一個怪物，他的一名女性友人在信裡這樣寫，並指責政治正確導致了他被判有罪。他是「夏令營般的校園環境」下的受害者，在這裡，事情因為酒精和「被蒙蔽的判斷能力」而「失去控制」。透納的罪行「完全不同於一名女性去停車場取車遭綁架強暴」的情況；她寫道，「那是強暴犯，而我肯定布洛克不是那種人。」[12]

她隨後補充，她認識布洛克多年，他總是非常關心、尊重她，對她很親切，因此布洛克不是一個強暴犯，他的友人再次堅持。法官裴斯基同意她的評價，「這在我聽來很有道理，某程度上和相關證詞中對他在事發前的性格描述一致，都很正面。」

布洛克的友人與本案法官似乎都依照以下的推論模式進行思考：一名模範金童不是強暴犯，一名模範金童是如此這般的樣貌，因此如此這般的樣貌不是一個強暴犯。這就是「正人君子布魯特斯」問題。

是時候讓我們放棄模範金童的迷思了，拒絕這個重大假設，學著在適當的時刻以後件否定前件。透納在垃圾車後的小巷裡被人當場撞見，他正在性侵受害者，她因為酒醉而失去意識。這是強暴，而強暴他人的人等於強暴犯，故透納是一個強暴犯——他也是一名模範金童。因此……

我們太常移開目光，拒絕面對性暴力在美國整體社會，尤其是在大學校園內的普及程度和特性。我們向自己保證，真正的強暴犯會是帶角和乾草叉的惡魔樣貌，或如同怪物那般（令人毛骨悚然的恐怖生物）出現在我們的雷達上；怪物無法被理解、詭異，而且在外表上令人害怕。強暴犯的可怕之處就在於，除了他們多數時候皆為男性這點以外，他們缺少可辨識的記號與特徵，強暴犯是人類，太像人類的人類，而他們就存在於我們之中。透過誇張的描寫，

---

11 後來具體證據出現，揭露了布洛克・透納過去和女性相處時的行為並非那麼耀眼："Members of Stanford Swim Team Not Surprised by Brock Turner Arrest," Inside Edition, 2016/06/16, https://www.insideedition.com/headlines/17021-members-of-stanford-womens-swim-team-not-surprised-by-brock-turner-arrest

12 可和紐約布魯克林轄區警局指揮官彼得・羅斯的意見相比較。他於二〇一七年一月時指出，大多數在該區內發生的強暴案件「並不是陌生人在街上被拖走的那種完全令人憎惡的強暴。」羅斯接著說：「如果有一個真正的陌生人強暴案，也就是一名隨機男性在街上挑了一個陌生人，這種才真正令人憂慮，因為這個人好像完全沒有道德標準。」羅斯激起群眾廣大的抗議之後隨即致歉。Graham Rayman, "Certain Sexual Assaults Are 'Not Total Abomination Rapes,' Brooklyn NYPD Commander Reportedly Claims," *New York Daily News*, 2017/01/06, https://www.nydailynews.com/new-york/nypd-commander-sex-assaults-not-total-abomination-rapes-article-1.2938227

強暴犯如同怪物的想法達到了赦免的功效。[13]

另一個迷思則是強暴犯是精神變態，他們被描繪成無情、沒有感覺、殘酷成性；這個描述對兩方群體而言都不正確（不是指兩者之間並無重疊，因為現實中確實有）。許多性侵害之所以發生，不是因為性侵者對他人沒有任何掛念或覺察，而是因為侵略、挫折、控制欲望，以及再一次，一種我理應得的權利感——無論是已受到侵害的，還是仍被期待著的權利。這也表示，儘管酒精與其他影響意識的物質，還有兄弟會文化都毫無疑問促成了性侵害的普及程度，但它們比較像是啟動機制，而非動機。

即使是在已準備好承認性侵害有多普遍並同意上述這類迷思的人之中，也存在著一種隱約、常見的一廂情願，認為造成大學校園內性侵害的主因是青年的經驗不足和無知，而排除了厭女侵略、連續性的性掠奪，以及鼓勵並保護犯罪者的規範——也就是強暴文化。丹・透納說，他的兒子承諾全心投入教育其他人「飲酒和亂『性』的危險」，法官裴斯基贊同這個計畫。但性不是問題，暴力才是。在這個時間點上主張布洛克・透納可以是個合適的反性暴力代言人，這個建議最寬容地說都令人感到屈辱。在擅自幫別人上課之前，他需要自己先上一堂道德課，而在透過性暴力取得上風之後，竟如此著急想站上道德高地，強烈說明在這件事上，他還沒有學到關鍵的一課：在任何權力階序裡的卓越位置，都不是他與生俱來的道德權利。

然而，對他的父親、法官、友人生氣很容易，某程度上也合理。但若認為他們反映了另一個層次的道德愚昧，那就錯了。他們其實只是處在一條「同情男性」的光譜的極端，而我們許多人同樣身處這條光譜之中。為布洛克・透納說話的人展現了原諒的傾向，打造了赦免敘事。這些敘事太常被延伸到與他處境相同的男性身上；這種傾向主要源自於我們鮮少批判的能力和特質，例如同情心、同理心、對友人的信任、對子女的奉獻，以及在證據允許的情況下，對他人的良善性格抱持最高度的信心。14

在其他條件不變的情況下，這些確實都是重要的能力和特質，但當其他條件並不相等，它們也可能有不好的一面。比方說，當社會仍舊廣泛不平等，天真地挪用它們，將可能使已比他人擁有更多不合理特權的人更進一步獲得特權，且代價可能是不公地抨擊、責怪、羞辱，進一步危害與消抹他們的受害者當中最弱勢的一群。在一些情況裡，意識到這一點的犯罪者會以此為基礎挑選受害者。我將在本章最後談這個主題，同時討論丹尼爾・霍茲克洛一案中

---

13 可參考在《後果：暴力和自我重建》[33]（第一章）中，當蘇珊・布里森描述一個相對罕見、但確實有著許多「樹叢怪物」敘事特點的性侵害案例時，她引人注目的第一人稱描述。同時也可以比較布里森後續的敘述，在她說出被熟人性侵的經驗時，她面對了另一個不同——而且某方面來說更重大——的挑戰。Susan Brison, “Why I Spoke Out about One Rape but Stayed Silent about Another,” *Time*, 2014/12/01, http://time.com/3612283/why-i-spoke-out-about-one-rape-but-stayed-silent-about-another/

14 參見保羅・布倫[29]針對同理心作為一種道德萬靈丹所提出的批評，而我贊同他的批評——主要基於上述理由，也就是，同理心可能讓我們選擇站到歷史上的支配者那方，進而對抗較不具有特權的那方。布倫也正確地指出，把同理心光榮化，可能會從女性身上要求和索取得太多。這呼應了我對被宣稱為「後父權」脈絡裡的許多厭女情結內涵所做之診斷，我已於第四章中討論過這部分，並將於結論「付出的她」一章中再次回到類似主題。

清楚展現的厭黑女情結。

對布洛克・透納這類犯罪者的過度同情心可以歸咎於——同時也促成了——在面對其受害者的傷害、羞辱和（某種程度上歷久不衰的）創傷時，我們的關懷不足。同時，它來自並導致一種傾向，讓歷史上的支配群體者在面對一直以來的從屬群體者時，得以逍遙法外——譬喻上或實際層面上皆是。在男性支配的情境裡，我們會先同情他，而這基本上就讓他成了自身犯罪的受害者。因為如果強暴者在一開始就先因為失去食欲或游泳獎學金獲得同情，他在故事裡便將扮演受害者的角色。我將於下一章裡談到，一位受害者的敘事裡需要一名反派或一名加害者（至少在沒有自然災害的情況裡是如此）。現在，讓我們思考一下：誰是造成強暴者落入這個「要不是」（but-for）的境地？除了那名作證指認他的人之外，別無其他，他的受害者因此便可能被重新賦予反派的角色。

我懷疑這是一套經常促成責怪受害者現象的機制，而這之所以有害，一部分是因為這完全改變了敘事，促成這個邪惡的道德角色反轉。[15]

在此案例裡，法官和父親都沒有責怪受害者（但布洛克的女性友人有，儘管她否認）；然而他們採取了一種同樣的、甚至可能更狡詐的做法：他們把受害者從敘事中徹底消抹了。在他們的故事裡，她完全不扮演任何角色。

但於此案裡，受害者拒絕無聲離去。她被允許在法庭上讀出她強而有力、撼動人心的聲明，她以費盡苦心的清明思路揭露了布洛克・透納的犯罪對她的影響。他不僅違背她的意願，甚至在事後改寫她的心智；在他的行為於她記憶所留的空白上，他套上自己的故事，伴隨著許多省略和編造。（「根據他的說詞，我很享受。我很享受。」她恐懼且不可置信地在一篇報導裡讀到這件事——她也從同篇報導裡得知自己被發現時的狀態：半裸與（無意識。））於是，在那場性侵裡，無論是關於她的身體，還是她身體的故事，這名受害者都被奪去了正當的發言權威。她接著說明：

> 我收到警告，因為他現在知道我不記得了，他將能夠撰寫劇本；他可以說任何他想說的，沒有人可以抗議。我沒有權力，沒有聲音，我毫無防禦。我的失憶將被用來攻擊我，我的證詞薄弱、不完整，而我被說服相信，也許我不夠好，無法贏得這場官司。他的律師不斷提醒陪審團，我們唯一能夠相信的人是布洛克，因為她不記得了。無助感使我飽

15 你可能會好奇，這些敘事是否是問題所在；我認為它們是一個問題，但我懷疑我們是否有辦法完全放棄它們。我希望我們能夠更適切認知到，一個人可以同時受到威脅，也對他人造成威脅；可以同時受傷也傷人；可以同時脆弱，但也有敵意。我相信我們需要認真思考，我們該如何好好處理道德角色的二元性和模稜兩可，也許是藉由針對摩尼教的道德敘事提出更為細緻的其他可能；摩尼教的敘事目前被我們作為詮釋惡行的主要文化資源，但它卻是相對粗糙的。至少同樣重要的是，我認為我們需要學習更適當地認知到，有許多彼此重疊的敘事經常彼此衝突，如同安思孔[7]知名的論點所指出，所有行動都是描述下的行動。我們也可以補充，如果對某個行動有多個適切的描述，那麼該行動可能構成多個真實故事的一部分，它們分別以不同班底的角色作為主角，描述他們在不同的關係裡，和彼此以及與我們作為聽者的關係。這些是我計畫在未來著手的主題。

受創傷。

但我沒有時間療傷，因為我把時間花在回憶那一整晚令人痛苦的細節，好準備回答律師帶有侵略性與攻擊性，意圖使我離題、自相矛盾，並牴觸我妹妹證詞的問題，他們的用詞將試著左右我的答案。他的律師不是問：「妳發現任何瘀傷嗎？」而是說：「妳沒發現任何瘀傷對吧？」這是一個戰略遊戲，彷彿我可以被哄騙而忘了自己的價值。這場性侵是這麼鐵錚錚的事實，我卻得在審判庭上，回答這類問題：

妳年紀多大？體重多少？妳那天吃了什麼？好吧，妳那天晚餐吃了什麼？誰煮的晚餐？妳晚餐時喝了什麼？沒有？連水都沒喝？妳什麼時候喝的？喝了多少？妳用什麼容器喝？誰給妳飲料的？妳平常會喝多少？誰載妳去派對？幾點？但具體是哪裡？妳穿什麼？妳為什麼要去那場派對？妳到了之後做了什麼？妳確定妳那樣做了？但是什麼時候做的？這則簡訊是什麼意思？妳在和誰傳簡訊？妳是什麼時候小便的？妳在哪裡小便？妳和誰一起在外面小便？妳妹妹打電話來時，妳的電話是在靜音模式嗎？妳記得妳把它調成靜音了嗎？真的嗎？因為我要指出，在第五十三頁裡妳說手機是調到鈴聲模式的。妳讀大學時喝酒嗎？妳說妳以前常常參加派對？妳曾醉到失去意識多少次？妳參加兄弟會的派對嗎？妳和男朋友是認真的嗎？妳和他發生過性關係嗎？妳們從什麼時候開始交往？妳有沒有可能偷吃？妳偷吃過嗎？當妳說妳想要獎勵他，妳是什麼意思？妳記不記

> 得妳是幾點醒來的？妳還穿著妳的羊毛衫嗎？妳的羊毛衫是什麼顏色？對那晚妳還記得些什麼？不記得了？好的，我們讓布洛克補充。
>
> 我被狹隘尖銳的問題連環轟炸，這些問題剖析我的私生活、愛情生活、過去的人生、家庭生活；空洞的問題，累積著不重要的細節，試圖為這個甚至沒有問過我的名字就把我脫到半裸的男人找藉口。在一場身體侵害後，我被一連串意在攻擊我的問題侵害，好讓他們可以說，看吧，她的說法前後不一致，她頭腦不清楚，她基本上是一個酒鬼，她大概想要一夜情，他是一個運動員對吧，他們兩個人都醉了。無論如何，她記得的那些醫院裡的事情都是之後的事了，為什麼要納入考量呢？布洛克正處於人生重要的關卡，此刻他非常難受。[16]

這最後一句話清楚說明了同理他心的問題：當我們的立場偏袒強暴犯，我們便在他帶給受害者的傷害之上，再加諸深重的道德侮辱。我們也可能會忽略，在法律的眼中，他的罪行乃針對「人民」，也就是我們所有人，理論上如此。而針對這名挺身而出、為他的犯罪作證

16 Katie J. M. Baker, "Here Is the Powerful Letter the Stanford Victim Read Aloud to Her Attacker," Buzzfeed, 2016/06/03, https://www.buzzfeednews.com/article/katiejmbaker/heres-the-powerful-letter-the-stanford-victim-read-to-her-ra

的強暴受害者，問題卻太常演變成：她想要從中得到什麼？人們不認為她在一場犯罪審判裡做著辛苦的工作，反而認為她試圖尋求個人的復仇和道德懲罰。更有甚者，她可能會被看作不知寬恕，試著從她的強暴者身上「拿走」什麼，而非為維持法律和秩序做出貢獻的人。[17]

當我們詢問，「這是為了誰呢？」與「她這麼做的目的是什麼？」，我們便侵蝕了一名強暴受害者作證時的立足點：在她的身體上，發生了一起對社會的罪行。我們應該認可到，儘管她的身體屬於她且只屬於她，我們卻應該集體致力於保障這個身體主人的利益。至少理應如此：這是一個道德抱負。

更衣室對話

有鑑於對布洛克的輕判，以及（更重要的）背後理由在社會上引起了激烈抗議，許多人曾盼望透納一案可以成為轉捩點，使我們看見性侵害受害者。我必須承認，我自己也一度短暫體會到一種不常出現在我身上的樂觀心情，但目睹了幾個月後所發生的事情，以及在那之後未能發生的事情，這些希望很快被擊碎。我指的是川普一段錄音被公開的事，那段對話被無心錄下，如今惡名昭彰。在錄音裡，川普向比利．布希透露：

我會自動被美麗的〔女人〕吸引——我什麼也不管就開始親吻她們。簡直像磁鐵。就親下去。我一刻都不等。一旦你是明星，人們就會讓你這麼做。你想幹麼就幹麼……抓住她們的陰部。你愛怎樣都可以。

在接下來幾天與幾週間，這段話和其他類似的吹噓反覆在媒體上播放，卻沒有削弱川普的競選活動。不到一個多月，他當選了總統。

為什麼這段（距當時十一年前的）錄音沒有對川普造成更多傷害？但某方面來說，在錄音帶曝光後，更值得被提出的問題是，為什麼它只對川普造成了這樣的影響？川普的言語幾乎沒有透露出任何新資訊。川普有著一段漫長、廣為人知、被大幅宣傳的性騷擾與性侵

17 參見約翰．羅爾斯的知名論文《兩種規則概念》[223]，其中指出了一名法官和一位立法者在觀點上的區別。冒著把羅爾斯美好而細膩的討論過度簡化的風險：法官必須要考慮到法律的維持並據此提出問題，例如被指控者是否真的犯下了罪行、他們的動機、犯意，以及他們是否應該為此被懲罰、如何懲罰。與此同時，立法者可能，而且可以說僅僅只需要涉入到廣泛的效果論上的考量。例如，談到某些候選的刑法條款時，同時就它們的內涵和違反時的具體懲罰而言，將它們納入法律並當作一名法官或陪審團（以及其他對象）的判決與量刑基礎，會有哪些成本和好處？考量到它們將會在那些被懲罰的人身上加諸的成本，這種威懾手段是否會是有效且正當的？簡短地說，根據以上內容，我主張，一起犯罪的證人觀點應該要被當成類似於法官的非效果論角度來看待，就算我們認為法律的邏輯和目的是威懾而非懲罰。儘管我不認為自己針對這個意旨提出了恰當的論證，就羅爾斯提出的法官與陪審團情境，我認為這是自然的預設立場和歸納。同時，即使是對那些在此可能會採取不同路線的人來說，基本問題仍不變：在這方面，為什麼我們應該以和對待財產犯罪不同或相同的方式對待性犯罪？比方說，當一個人被闖空門，他報警的權利鮮少受到質疑。

害歷史，無數針對川普的可靠指控中，包括了他的前妻依凡娜，她為強暴指控給出的證詞並不是祕密（如前言一章中所述）。而就算我們把厭女攻擊的惡行範圍局限在其他家庭裡的女性——我們可能得補充是白人女性，因為在川普幾乎壓倒性的白人支持者中，許多人愛著他們的母親，但穆斯林和墨西哥人自始至終都被視為他者——這個主題也不算新聞。前文中提到，川普針對梅根．凱莉、蘿絲．歐唐納、卡莉．費奧麗娜還有希拉蕊．柯林頓的發言（見第三章）往往很快被原諒，或巧合地被遺忘，例如希拉蕊在十二月的總統大選辯論時，在進廣告時去上廁所的行為對他來說「噁心到無法開口談論」（儘管是川普自己提起了這個話題）。事實上，正因為他表現得毫無羞恥心，這種厭女情結對許多川普的粉絲來說反而是個賣點。對於厭倦了所謂政治正確的美國人而言，尤其是在提到性別化的貶損和表達對女性身體的看法時，受困於沉默與羞恥之間的男性而言，看著川普發洩他卑劣的惡意，卻不用擔心事後難堪，想必是快意又鼓舞人心的場面。

因此，為什麼川普定義裡的「更衣室閒聊」（他試著如此宣稱）具有如此的爭議性？他發言裡的哪些內容讓一些共和黨員終於考慮和他切割？儘管他們最後並未這麼做。

《紐約客》雜誌的亞當．高普尼克在事後立即一馬當先提出論點，我也猜測主要的因素是川普的發言裡有種純粹的怪異感：一種令人坐立難安、令人撇嘴的特質。[18]不只一位評論者用了「發自內心深處」一詞；保羅．萊恩則說「令人作嘔」。這不是因為被描述的行為本身（任何願意傾聽與採納女性說法的人，都會知道這是每天都在發生的事），而是因為川普的用字遣詞，他隨後也為此道歉。「『我跟個禽獸一樣往她身上爬！』('I moved on her like a bitch!')這種說法存在嗎？」高普尼克好奇問道；對於如今聲名狼藉的那句「抓住她們的陰部」(Grab 'em by the pussy)，我有同樣的疑問。高普尼克認為前者讓川普聽起來像個非英文母語的人，我則根據後者想像了一幕電影裡的滑稽畫面，劇本裡一個有性欲的（或也可能是無性欲的）外星生物必須假扮成一個血氣方剛的美國男人。男人會談論抓住他人的乳房、奶子、屌——或許還有睪丸。但陰部？我懷疑，我的受訪者也同樣疑惑。

誠然，男性確實會以這種方式性侵女性，但他們是否意識到自己正在這麼做？抓住這個地方很奇怪，這麼說吧，它並沒有握柄。同時我們也要思考，性侵害往往不只是違背受害者的意願，也涉及改寫受害者的心智：（「妳很享受吧，不是嗎？」就是一個假問題。）這種改寫傾向於賦予攻擊者優異的性能力，而非性無能。最後，即使這些攻擊者確實在內心承認了他們用這種方式撲向女性的下體，他們會在事後這麼厚顏無恥向他人吹噓嗎？他們是否會像川普一樣，在未經同意的一輪強吻之前先停下來假意嚼一顆薄荷糖？就強暴來說，這舉動多麼體貼。

然後在這句話裡，隱約含有其他用語的回音。（「我往他臉上一拳下去」、「我直直幹進她的屄裡」這類近期專業鄉民們在騷擾女記者和體育播報員時愛用的說法。）冒著太過探究這

---

18 Adam Gopnik, "Donald Trump: Narcissist, Creep, Loser," *The New Yorker*, 2016/10/09, https://www.newyorker.com/news/news-desk/donald-trump-narcissist-creep-loser

些人類歷史上最沒文化言論的風險，總的來說，這修辭聽來就是很不真實。它莫名前後不一致。川普聽起來脫序、粗俗、令人發毛，而且虛偽，甚至很假。

先不論這可能出於什麼原因，就社會大眾的抗議來說，這代表了什麼？

我遺憾地說，不是好事，因為這說明了最終基於此事決心切割川普的共和黨員，並不是因為困擾於他表現出的厭女情結，儘管他們可能告訴自己是。相反的，我懷疑真正令人們不安的，是那奇特的用詞、惹人厭的吹噓，以及整體看來很笨拙的社交應對，勝過於任何其他原因，勝過於已有豐富的證據顯示川普慣常對女性做不當行為。

確實，錄音帶公布數天後我做出這個論斷[181]不久，幾乎所有一開始因此事而決定要與川普切割的共和黨員們都改變了心意，因為符合他們的政治利益。儘管可以預料，卻仍舊令人憂鬱。我完全贊同，我們應該在適當時候放手，假使當事人表達出某種真誠的悔意（這東西顯然不存在於川普的概念或道德劇目中）。[19]然而，在短短一個月內寬恕了一名總統候選人如此的行止，原諒我這麼說——這在我看來無恥到不可饒恕。

接著，讓我們回到前述問題：為什麼布洛克．透納的性侵受害者不同於以往被認真看待了？我認為有兩個因素，兩者都不是對我們集體道德敏感度的褒獎——但或許正因如此，我們更應該抱持一種「令人沮喪的現實主義」作為必要的道德立場，畢竟這關係到之後將影響深遠的選舉結果。

(1) 布洛克・透納的受害者強有力發聲，且她的衝擊性聲明在網路瘋傳。但這不是一種具身的發聲；她依舊保持匿名且未曾露面，因此沒有被懷疑是在「博取同情」。而根據我們對她有限資訊的了解，她基本上有可能是任何人（尤其是男人）的某個人，例如他們的姊妹、友人、女友、妻子，或他們（現在或未來）子女的（再一次，現在或未來）的母親。除此之外——

(2) 她被兩名史丹佛的研究所學生所救。這兩人來自瑞典，是典型的主動旁觀者，也是道德上可佩的角色。兩位年輕男子的表現英勇而恰當，我絕對無意對此輕描淡寫，但正如他們自己不自在察覺到了（也因此在一開始拒絕媒體採訪），他們隨後在故事裡被賦予了英雄角色，與那位就讀菁英大學、享有太多好處，甚至在一些人的暗示裡是令人作嘔地被「嬌慣著」的有錢男孩，形成對比。

於是，儘管針對布洛克・透納的憤怒仍舊強烈持久，我們接下來必須好奇詢問：這是因為他的行為，還是因為他的身分及其所代表的事物？

在下一章裡，我將探索其中一些問題，連同所謂「受害者文化」的概念，以及覆蓋其上的惡性道德主義。我將主張，當一名女性追求道德聚光燈的注目，凌駕了一名與她擁有相等

19 "Trump Has a 'Great Relationship' with God," CNN, 2016/01/17, http://www.cnn.com/video/politics/2016/01/17/sotu-tapper-trump-has-great-relationship-with-god.cnn.

甚至更多特權的男性，這大約就跟她作證指控他一樣令人焦慮。因為這背後存在一種無聲卻經常錯誤的、對同情和道德優先權的競爭。我認為，這構成了一種不太為人認識、深層度卻不亞於作證遭遇的不正義，這包括責怪受害者的慣習，卻又不僅止於此。

但首先是另一個案例研究，顯示厭女剝削、同理他心及被我稱為「消她」（herasure）的情況如何以一種自成一格的方式合作，對美國社會裡的黑人女性造成傷害。討論這起案例，是為了要喚起對「厭黑女情結」的關注——由黑人酷兒女性主義者莫亞．貝利所發展的詞彙與概念。[20]

運轉中的厭黑女情結

〈誰是丹尼爾．霍茲克洛？〉這篇文章在緊接著的副標題中自答了問題：他是東密西根大學的足球隊後衛。[21]他也是奧克拉荷馬市的一名員警，因為犯下十八起性侵害案件而遭判刑，其中包括性侵害、強暴、強迫口交，受害女性全都是非裔美國人。霍茲克洛本人有一半白人（父方）和一半日本人（母方）血統。陪審團就上述罪刑判決他有罪，但同時針對另外十八起指控則做出了無罪宣告，最後他被判處二百三十六年的刑期。這些有罪判決只代表了十三位指控者中的八人。

這篇由傑夫．阿諾德撰寫的文章於二〇一六年二月十七日刊登於體育新聞網站「ＳＢ新

20 貝利寫道，她構思出「厭黑女情結」一詞以「描述在美國的視覺與流行文化中，針對黑人女性的一種特殊仇視」。貝利：「我在找尋一種精準的語言，好解釋為什麼瑞妮莎．麥可布萊德的臉上會被開了一槍，為什麼《洋蔥報》會覺得用那種方式討論葵雯贊妮是沒有問題的，或是黑人女性在實境節目裡的高能見度，夏妮莎．泰勒的被捕、西西被監禁，拉弗恩和露琵塔被排除在《時代》雜誌的名單之外，針對瑪麗莎．亞歷山大的持續法律行動，推特上以傷人的標籤對黑人女性的強力攻擊，以及好像應該很好笑的Instagram圖片，還有黑人女性在音樂中如何被談及。這所有的事情都讓我聯想到厭黑女情結，而不是普遍針對有色女性的一般性厭女情結。」[15]

（譯注：瑞妮莎．麥可布萊德，時年十九歲的黑人女性，於二〇一三年十一月二日凌晨在底特律市郊區發生車禍，她前往附近一戶住家敲門求助時，該戶的男主人對著她的頭部開槍。開槍男性表示他以為住家遭到入侵。

葵雯贊妮，美國女演員，二〇一三年時年僅九歲的她獲得奧斯卡提名。美國諷刺報紙《洋蔥報》當時在一則推特發文上用了「賤貨」（cunt）一詞形容她，隨後在社群網站上引發爭議。

夏妮莎．泰勒，二〇一四年這名黑人母親因為在面試工作時，將兩名幼子（當時分別為二歲和六個月大）留在車上，遭檢察官以兒童虐待罪名起訴。在引起廣大討論後，該起訴最後被撤銷。

西西，一名非裔跨性別女性、同志權益倡議者。二〇一二年時，西西和友人在一間酒吧外遭到攻擊；西西的證詞指出，攻擊者對他們使用種族歧視和恐跨的言語，他們試圖離開卻未能成功，一名攻擊者將玻璃杯丟擲到西西臉上，西西則持刀刺傷了其中一名男性。西西因此被起訴，最後被判處四十一個月的有期徒刑。

拉弗恩和露琵塔，皆為美國女演員，前者為跨性別，後者則為非裔黑人。二〇一四年時，時代雜誌舉辦線上投票，並結合編輯意見，選出當年「最具影響力之一百位名人」，而儘管兩人的線上得票率都很高（拉弗恩為第五名），最終卻都沒有入選。

瑪麗莎．亞歷山大，二〇一二年時居住在佛羅里達州、三十一歲的亞歷山大被當地檢察官以「持械重傷」罪起訴，並因為佛州對該罪的最低刑期規定而被判處二十年有期徒刑。亞歷山大於家中遭到有暴力傾向、曾經虐待她的丈夫威脅，聲稱要殺死她；試圖逃離未果後，亞歷山大取出手槍對空發射，表示警告，但並未造成任何人受傷。）

21 Jeff Arnold, "Who Is Daniel Holtzclaw?," 2016/02/17, 存檔於：http://archieve.is/O3Gub

聞」(SB News),文章幾乎只著重於霍茲克洛友人與家人的觀點。每一個阿諾德提及並引用的人都說,他們無法相信霍茲克洛會做出這些事,儘管一位受訪的前任足球隊友確實憶起了以下事件:

霍茲克洛試著打破球隊裡蹲舉紀錄,放了約莫六百磅槓鈴在槓上;霍茲克洛完成了一次驚人的上舉,而後,不知道該拿這股壓抑的情緒怎麼辦,他開始反覆用頭撞槓子,不斷頭擊金屬。

「每個人都在想,『老天⋯這人天殺地瘋了。』」

但其他霍茲克洛的前隊友就比較正面,唯一的異議是指控他使用類固醇,但沒有證據。而這位唯一例外的受訪者僅同意以匿名方式受訪。

第一個出面舉報霍茲克洛的女性是當時五十七歲的詹妮.李貢,她是奧克拉荷馬市一間托育中心的管理人。李貢作證指出,二〇一四年時她因為臨時轉彎而被攔下,這名員警為她搜身檢查是否攜帶武器,然後要求她脫下衣服。在那之後,他強迫她為他口交。李貢抗議:「警官,你不能這麼做⋯⋯你不能做這種事。」

陪審團同意李貢的說詞,認為霍茲克洛確實這麼做了,也在其他宗他被指控的類似罪行上判他有罪,部分原因是DNA證據和另一位原告提出的相符。霍茲克洛逮捕她、搜索她,再提議開車送她回家，當時她只有十七歲；她作證指出，霍茲克洛在她自家的前廊上強暴了她，才開車離去。

霍茲克洛的辯護人指出，在他的長褲內側發現的一塊液體痕跡之所以含有受害者的皮膚細胞，可能是因為「DNA轉移」，比方說來自他的雙手，因為他在脫衣服或上廁所之前曾經替她搜身。丹尼爾的姊姊補充，我們不能確定那些液體來自陰道。

他的父母也同樣確信兒子無辜，並且計畫針對判決結果上訴。他的父親艾瑞克說：

> 這非常難受，因為不會是丹尼爾。他只是個普通人，他不是他們所描述的壞蛋。目睹這一切真的非常非常難受，他們把他寫成這樣。任何一個認識他的人，都知道他不是那種人。

但問題是，在認識的人眼裡，尤其是在家人與朋友眼裡，基本上，沒有人會看起來像「那種人」。（回顧布洛克．透納的友人堅信他不會是強暴犯：「我確認布洛克不是那種人。」）「那種人」被描繪成不討喜、刀槍不入，而且在他們犯罪以前沒有過去，沒有自己的人生，也沒有寶貴的未來可以錯過。「那種人」不是一個身屬社會、在道德上具多重面向，有時甚至富有才華的人；相反的，他們是誇張的漫畫人物，或者再一次，是個怪物。

厭女暴力和性侵害一般由不起眼、不像怪獸的人所犯下，我們必須要接受這個事實，特別是我們想做出改進的話。借用漢娜．鄂蘭的名句來改寫，我們必須接受厭女情結的平庸性。這是一個經常被中傷的想法，但在我看來，無論鄂蘭對阿道夫．艾希曼不像一個怪物的觀察過程中，推斷出什麼樣的結論，她對邪惡的平庸性所提出的基本道德論點，在此刻不僅前所未有地正確，更至關重要且應該受到認可。艾希曼看來平凡，甚至有點愚蠢——或具體來說，他只是小丑，鄂蘭這麼寫道。（「不管檢察當局多麼努力，每個人都能看到這名男子不是一個『怪物』，但卻確實很難懷疑他是不是一個官僚小丑[11]（頁54）。」）那時對許多人（尤其是某些猶太美國人）而言，鄂蘭的描繪太反高潮、太冷靜了，令人難以直面。多希望我們那時直面了。[22]

負責調查的刑警金．戴維斯說，霍茲克洛只犯了一個策略上的錯誤，就是他挑了李貢；她沒有前科、沒被通緝，或其他任何他可以用來威脅她、讓她不願意挺身而出的弱點。戴維斯和其他調查員警表示，霍茲克洛挑下手對象時很謹慎，他會挑有前科、有藥癮或從事性工作，被邊緣化而最不可能被採信的人。戴維斯認為，霍茲克洛是這麼想的：「她們是完美的受害者，沒有人會相信她們。如果你相信她們，又怎樣？妓女不可能被強暴。」她如此總結嫌犯可能的推論過程，接著說自己的想法：「錯了，就是可能，就是會。這就是為什麼他會挑選這類女性，因為她們是完美的受害者。」

霍茲克洛的辯護確實聚焦在這十三名原告上，當中許多人因為不同的原因導致她們法律上站不住腳——從赦免攻擊者的角度看，她們確實是較佳的受害者。就連李貢也不夠完美，有罪判決過後，霍茲克洛於二〇一六年四月接受電視節目《20/20》訪談時指出這點。霍茲克洛說：

> 我們打開天窗說亮話吧。她不像人們想的這麼無辜，她在八〇年代被逮捕過……但我們不能向陪審團提這點。她不是一個，你知道的，一位足球媽媽或社會上覺得可靠的女人。

霍茲克洛提到的這起指控其實最後被撤銷了，且李貢自那之後也沒有再被逮補過。李貢的說法是：

> 情況是這樣的，他攔下很多妓女和藥癮者，用一些事情威脅她們，例如逮捕令。而我猜，很明顯地，他以為我跟她們一樣，但這是一個天大的錯誤；那晚他攔錯女人了。[23]

---

22 這個「小丑樣貌」乃是由於艾希曼陳腐且反覆的用詞、持續而毫無掩飾的謊言、無意義的宣示和後續的變卦，以及整體的毫無羞恥心與自戀心態。艾希曼極度在乎他的職業生涯以及與某個團體的緊密關係（根據鄂蘭的觀察，他明顯是一個「加入者」）。而因為他在那之前的職涯毫無光彩可言，一旦艾希曼加入了納粹黨，他就決心要在黨內獲得陞遷。但艾希曼卻對別人勢必是如何看待他毫無概念，例如面對他典型的自吹自擂時，以及舉例來說，當他對猶太員警描述他在納粹黨裡未能攀升到他所想要之位階的倒楣故事，並自憐自哀時。那不是他的錯，艾希曼在耶路撒冷等待戰爭罪審判的時候，對逐漸表現出懷疑的員警這麼說。

我把找出當代社會裡可比擬的對象這項作業留給讀者。

李貢說，她很為自己與其他受害者高興，她們獲得了公道。太多這類的事不是如此收場，陪審團皆是白人這點更是一個凶兆。

但在丹尼爾．霍茲克洛被判有罪一年後，他和他的辯護律師獲得了重要的支持與鼓舞：保守派記者蜜雪兒．瑪爾金播出一部分上下兩集的紀錄片，片中主張霍茲克洛無罪，他是因為當時在密蘇里州佛格森市的抗議行動而被犧牲。[24]丹尼爾．霍茲克洛認同這個判斷，「當時如果他們不判我有罪，奧克拉荷馬市就會重演佛格森的抗議事件。」

我們不確定這是否屬實。相比於好比艾略特．羅傑犯下的伊斯拉維斯塔槍擊案，霍茲克洛一案獲得的關注很少；很多時候，白人女性主義者對非裔美國女性經歷的犯罪持續保持沉默——一種令人痛苦的沉默，蜜雪兒．蒂妮斯．傑克森等人如此大力抗議[129]。對某些人而言沉默是金，但對受害者來說，沉默卻代表輕忽與敵意。

自由派白人對女性困境的同情程度，反映了我們在道德注意力上的種族主義習慣，克莉斯蒂．道森和瑪莉塔．吉伯特[77]在討論納菲薩杜．迪亞洛對（如今是前任）國際貨幣基金組織總裁多明尼克．斯特勞斯－卡恩提出的性侵指控時曾如此主張。道森和吉伯特[77]指出，我們之中許多人將記得他的名字，卻會忘記她的——或一開始就不會記住。她們所發展出的「易感性不平衡」（affectability imbalance）理論於是促成了黑人女性「奇特的敘事消失」（curious narrative disappearance），例如霍茲克洛就試著操縱並濫用這一點滿足自身利益。他一度很可能會成功，而這應該為像我這樣的白人女性主義者——當然包括我自己在內——提供一個令人羞恥的自我反省基礎，反省我們如何和厭女情結共謀，促成了黑人女性的「消她」現象——以及「俯身取用」的剝削和（白人）女性主義中其他這類的種族主義痕跡。

傑夫·阿諾德撰寫的〈誰是丹尼爾·霍茲克洛？〉一文探討了各種可能赦免霍茲克洛的解釋，甚至是在他的指控者沒有說謊的情況下*。阿諾德寫道，說到底，他（霍茲克洛）有可能是因為踢足球時頭部受過傷造成（這確實是常見的狀況，但在此案例中，法庭上沒有出現這類證據。同時，這和自我控制力降低或甚至連續性侵之間各自的關聯性，都完全出於推測）。另一種可能性，也許霍茲克洛受憂鬱症所苦，因為他沒有在大學畢業後被職業足球聯盟徵召——這讓他感到苦澀與失望。一名專家認為，這也有可能是一種性失調，並不反映他平日的道德觀，也許他做出那些事的當下，是性格失常了。

於是我們便看到了一列相當完整的理由，說明為何我們可能會對霍茲克洛這類人採取一種被斯特勞森稱為「客觀的立場」，而不是將他當成一個負責的成人同類、一個我們可以和

---

23 Joseph Diaz, Eric M. Strauss, Susan Welsh, Lauren Effron, and Alexa Valiente, "Ex-Oklahoma City Cop Spending 263 Years in Prison for Rape and His Accusers Share Their Stories," ABC News, 2016/04/21, https://abcnews.go.com/US/oklahoma-city-cop-spending-263-years-prison-rape/story?id=38517467

24 這些抗議最初乃是針對白人員警戴倫·威爾森射殺了黑人青少年麥克·布朗一事的反彈。根據數位證人的說法，威爾森在布朗舉起雙手投降後仍持續對他開槍，但威爾森並未因此被起訴。我會在下一章談到受害者敘事時討論這個案例。若想要了解「黑命亦命」運動的歷史，可參考克里斯多夫·勒布朗[155]的著作。

* 編注：亦即文章一開始便是基於受害者說謊的預設上。

他建立一般人際互動與道德關係，讓他為自己行為負責的人。相反的，轉移到客觀模式的意涵在於，我們必須克制自己，不為一個人的行動責怪他，或甚至不把這些行為歸咎於他。「他不是他自己」(He wasn't himself) 是一個特別有趣的「答辯」，用斯特勞森的術語說。斯特勞森建議，我們應該盡可能（也就是非常）認真看待這個「極具暗示性」的語言風格，儘管它帶有「邏輯上滑稽」的特質[252]（頁8－9）。而霍茲克洛的名聲——人們對他這個人的看法——在此影響顯著。我們的身分一部分取決於其他人怎麼看待我們，我們的社會名聲。就如我們所看到的，如果一個男人有著「好男人」的人物設定與足夠的物質和社會資源——或一個令人心碎的「落魄」故事——我們經常就會用盡力氣捍衛他的名譽、維持他的清白。

哪些證據有可能說服霍茲克洛的支持者他有罪呢？就算我們可以理解他家人的忠誠態度，且某些人也許認為那很合理（儘管不包括我），為什麼阿諾德如此同情霍茲克洛，以至於他寫下了一整篇如此一面倒的報導，讓刊登它的網站必須在文章發布的五小時後就將其撤下？網站編輯稱此文為「一次徹底的失敗」，並且令人激賞地承擔了內部編輯流程崩壞的責任。但這個崩壞怎麼發生的？麥特．邦史提爾於《華盛頓郵報》中指出，這是一篇長達一萬二千字的文章，勢必耗費了數週、甚至數月的時間完成，至少應該有一位編輯大幅度投入其中，這不是一篇倉促上線的部落格文章。然而，似乎仍然沒有人預期到這篇文章會遭遇的反彈，它幾乎完全是根據毫不可信的理由為一名連續強暴犯開脫，此人專門挑社會或法律資源不足的非裔美國女性下手，且已被判決有罪。他們也沒有留意到，受害者幾乎被消抹——她們直到文末兩個簡短段落才得以出場，因為文章引用了她們在法庭紀錄中的發言；沒有證據顯示傑夫．阿諾德曾試著和這些女性中的任何一人談話。

阿諾德是否學到了教訓？各種跡象都顯示希望不大。他隨後（二〇一六年十二月十七日）在推特上提到一篇「必讀報導」，正好是關於一名足球員據稱因為國家足球聯盟（NFL）漫長的調查過程受到不公對待。這名球員是伊齊集爾．艾略特，他被指控家暴。這篇提姆．羅漢寫的報導認為艾略特的指控者說了很多謊。[25]

讓丹尼爾．霍茲克洛被判有罪的罪行，以及隨此案而來的種種，都有力描繪了厭女情結如何有系統地運作，儘管裡頭確實有害群之馬的成分，仍同時涉及了社會結構與慣習（回想第二章的討論）。連環性侵者只構成男性的一小部分，但這個系統庇護與保障了他們不受法律規範。除此之外，存在各種不同的社會文本、道德許可、物質剝奪，它們的作用是從她身上提取陰性好處（例如注意力、關懷，以及其他類型的社會與性勞動），從反選擇運動到街道騷擾，再到強暴文化；還有一些部署和機制阻止或警告她，不得試圖占有陽性地位、權力、

25 Jeff Arnold @JeffArnold_17 Dec 2016
傑夫．阿諾德轉發提姆．羅漢的推特發文：「這裡是一篇來自@ TimRohan的必讀報導。」
https://twitter.com/JeffArnold_/status/810195406894362624
這則推特發文連結到提姆．羅漢的報導，“The Anatomy of an NFL Domestic Violence Investigation,” http://mmqb.si.com/mmqb/2016/12/14/ezekiel-elliott-domestic-violence-nfl-investigation-process.

權威，包括了證詞不正義、男性說教、責怪受害者，以及我們將在下一章看到的，各式抨擊受害者的手段。

注意，我們不需要知道像霍茲克洛這類男性的動機，也可以看到其行為的社會意義對他的受害者來說敵意深厚，這些行為得以發生的條件是她們在一個迄今都屬於男性的世界裡作為女性，並屬於某個特定的種族和階級——特別是在這個案例裡。無論他僅是把典型的受支配對象「當作沙包」，或是他明確埋怨女性不夠付出，或埋怨女性取代了他，或是他有著某些類似的性別化牢騷，情況都是如此。當男性被賦予特權或一直以來都享有特權，他們便可能接著認定，自己不僅在法律上免責，也在道德上有**理所當然的權利**——他們確信，他們所攻占的事物是自己應得的，而一些時候，當有女性未能如實履行這場歷來都不正當的性別化交易，他們便會試圖懲罰她們。

如果這些受害女性試圖將她們的攻擊者繩之以法，她們就必須對抗結構性的阻礙和路障，同時也會遭到懷疑、責怪、怨懟，諸如此類。對於承受其他弱勢條件（例如種族主義、貧窮、有前科、身為性工作者，以及它們以各種方式交織後的非疊加性結果）的女性而言，情況更是如此，而她們的攻擊者可能深知這點，肆無忌憚挑選他的受害者，好趁機利用她們弱勢下的無能為力。

對厭女暴力受害者的打發可能以知識的形式發生，最典型的狀況是，她們被認定說謊；但還有另一種狀況是，她們可能被歸為愚蠢、瘋狂或歇斯底里。或者，它可能以「**道德形式**」

發生，當一名女性宣稱自己是受害者的資格受到質疑，她會因不夠堅強（或在某些情況下，不夠寬容），而受到輕蔑。她甚至可能在知識和道德上同時遭到抨擊，被指控妄想，還是個騙子。霍茲克洛採取了另一種敗壞他人名聲的典型行動，他聲稱他的受害者們試圖撈他一筆，甚至是希望藉此變成「億萬富翁」。這再怎麼想，都是一個高風險低報酬的陰謀。

我不認為，討論常被用來解釋女性與非白人男性證詞不正義原因的刻板印象，便能夠解決這些運動的問題。對厭女情結受害者的抨擊和弱化通常是隨機的，比如說，我們很能想像，許多人不相信或不信任霍茲克洛的指控者，卻會願意信任李貢這樣的人在托育中心當他們子女的保姆。（回想本章稍早曾討論到，弗里克在證詞不正義的主題對湯姆．羅賓森提出類似論點。）這類刻板印象的本質與使用相當隨機，因為證詞不正義經常高度**具有目的性**。我們已經在本章中看到，人們有種儘管通常無心卻強大的傾向，讓我們保護支配男性的利益，維持他們的名聲，因此，許多人會感受到一種道德必要性，出於本能，千方百計找理由說明他無辜，所有作證指認他的女性為何不值得信任。或是，試圖指出為什麼挺身而出不符合她們的利益，彷彿我們不該信任這些女性能在各種不同的情境和脈絡中，為事情做出判斷。

因此，問題遠超出源自不正確資訊的錯誤，以及從社會想像中擷取的聯想錯誤——這是弗里克提出的主要分析。更善良高尚的傾聽（對此問題弗里克所提議的，儘管不全面卻有幫助的解決方式），不是一種人們一開始就有動機使用的技能；企圖進行直接的社會改革，也不一定足以解決這個顯然是結構性的問題。我相信，改變個人的態度、忠誠、注意力習慣也有其必要，但我們是否能夠做到（又如何做到）？是否能夠勸說（又如何勸說）足夠的人嘗試？

最後，為了要處理這種嚴重的不正義形式，必要（但遠不足夠）的一點，是當女性指控支配群體男性的厭女暴力時，阻止人們聲援這些男性，也阻止人們對抗這些女性。這個問題的本質暗示了它將很棘手；要說服別人他們其實懷抱著極度醜陋、不正義、道德上邪惡，並因此（只）會出現在特定社會脈絡中的偏見，這件事並不容易，尤其因為這種偏見影響著我們的道德注意力習慣，故對人們來說，可能打心底感覺這運作方式純粹是對被指控的男性公平對待，沒對提出指控的女性有何不公。她可能顯得不誠實、看起來是一個名聲不好且沒有同情心的人；或者，如果她太引人注目，也可能會有一些試圖脅迫她保持沉默不作證的舉動。

另一方面，他相信自己被虧欠了。他做錯事，然而我們的忠誠度經常偏向他——這個最不值得也最被期待的人。丹尼爾・霍茲克洛說：

> 我心裡百分之百清楚（知道），在我的家庭裡，每一個人都站在我這邊。他們都說：「你根本不應該被判有罪。」我看著（陪審團成員），我看著他們每一個人的眼睛，我對他們說：「我沒有做。」我看著那些男人，看著那些女人，然後我看到女人都在哭。

陪審團裡的白人女性認定霍茲克洛有罪——基於證據，這值得讚賞。即使如此，她們仍然為他和他在執法部門的光明未來而哭泣，在他的受害者面前。

CHAPTER (7)

懷疑受害者
Suspecting Victims

審判就像一部雙方焦點都在行為人，而非受害者身上的劇作。一場眾所矚目的審判，為達效果，甚至比普通審判更急迫需要針對行為人做了什麼及如何做的，有一份狹義且定義清楚的大綱。審判的中心只能是行為人——由此來說，他就像劇作裡的英雄，如果他受苦，必然是為他所做之事受苦，而不是為他對別人造成的傷害受苦。

——漢娜・鄂蘭
《平凡的邪惡：艾希曼耶路撒冷大審紀實》

關於所謂的受害者文化

我們和受害者與受害者身分（victimhood）之間的關係緊張，並非新聞。在艾莉森・柯爾的著作《對真實受害者的崇拜》[54]中，她追溯了自從一九八〇年代後期到九一一事件後的數年間，反受害者情緒在美國國內的崛起。這段期間，受害者的形象（或者說，自認或自封的受害者，她餵養或許也偽造自身的傷害，並展現出一種習得或捏造的無助感）在保守派意識形態中扮演了愈來愈重要的角色。一個個忿忿不平、情感脆弱、戲劇化的角色被描繪出來，這些人做出不公的毀謗，要求第三方的同情和注意力；主角往往不成比例地是學生、千禧世代、女性、女性主義者、進步分子、性侵受害者——或者在艾瑪・蘇克維茲的例子裡，是上述所有身分的集合（稍後會談到她的案例）。無須多說，這樣的描繪並非讚美。

儘管這絕非新現象，但是對受害者展現出來的敵意似乎在過去幾年間逐漸增長。[1] 在〈微歧視與道德文化〉一文中，社會學者布萊德利・坎貝爾與傑森・曼寧[47]將一種新興的「受害者文化」（culture of victimhood）與老式的「自尊文化」（culture of dignity）以及甚至更古老的「名譽文化」（culture of honor）* 進行對比，指出在當代西方社會，它們彼此取代。他們為說明「受害文化」的實踐提出許多例子，但都帶有一種殉道的色彩，例如古羅馬時期刻意髒亂貧困的修行方式，以及印度的席地靜坐抗議（sitting dharna）（頁708）。他們將這些行為類比當代所指出或揭露的「微歧視」（micro-aggression）舉動——微歧視指的是相對微小且經常是無心之過的輕蔑與敵意，但會以侵蝕性的方式積累，進而對一直以來的從屬或邊緣群體者造成損害。[2]

坎貝爾和曼寧[47]聲稱，他們進行的是一種純粹描述性的社會學操作，但考量到他們在語彙選擇上有明顯的道德意味，以及經常帶著質疑口吻的提問習慣：「為什麼要強調一個人的受害經驗？」（頁708）這樣的說法未免有些難以讓人信服。[3] 整體來說，保守人士總急於援引他們認定符合中立性規範的研究，以支持其道德與政治結論。除了保守勢力以外，有時女性主義者和進步人士也會質疑受害者敘事（例如可參考溫蒂·布朗出版於一九九五年的《傷害的狀態》一書），而儘管以一種較溫和但類似的方式質問受害者敘事的做法已有頗長的歷史，但強納森·海德特近來卻在他的部落格文章中專門討論上述兩人的研究發現，並兩次讚揚這篇論文「精采非凡」。[4] 海德特將受害者文化的想法大幅延伸，用來解釋觸發警告（trigger warning）*、安全空間（safe space），以及將微歧視的理論架構運用於大學校園內的做法如何崛起（還有從他的角度來看，帶來了什麼災禍）。很顯然的，對所謂「自封受害者」的反感正

---

1 可以「受害者身分」（victimhood）為關鍵字搜尋，並參考Google的趨勢圖表。http://www.google.com/trends/explore#q=victimhood（於二〇一五年十月進行最後一次搜尋）

* 編注：又譯尚武文化，一種盡量不犯他人，但不惜動武也不甘受冒犯或侵害的觀念，強調不示弱，不求助。古老封建社會常見的公開決鬥，或幫派間的某些械鬥報復即為二例。

2 坎貝爾與曼寧[47]一開始列出了各種社會控制的手段，包括種族屠殺、私刑、恐怖主義、人際暴力，以及公開宣傳微歧視。「公開宣傳微歧視是一種類似的社會控制手段——對他人異常行為的一種反應，也是某種形式的異常行為——這是一個被許多人譴責的行為。」（頁693，第一段）因為其他同夥們如此罪惡，這份名單上的最後一項似乎引人質疑。我們也可以回想他們針對「暴力自殺」（aggressive suicide）的看法，這被描述為是妻子們的一個「社會控制手段」，在其他家庭成員沒有符合她們的標準而認真看待其丈夫的「單純」毆打時被採用（頁705）。

3 可參考：Conor Friedersdorf, "Is 'Victimhood Culture' a Fair Description?," *The Atlantic*, 2015/09/15, https://www.theatlantic.com/politics/archive/2015/09/the-problems-with-the-term-victimhood-culture/406057/

4 Jonathan Haidt, "Where Microaggressions Really Come From: A Sociological Account," Righteous Mind, 2015/09/07, https://righteousmind.com/where-microaggressions-really-come-from/

* 譯注：在展示可能會引起他人不適的素材內容前所提供的警語。

大當其道。[5]

然而，坎貝爾與曼寧的提問應該也要激發進步人士的興趣。是什麼動機促使了歷來的從屬與邊緣群體者（尤其女性）紛紛挺身而出，並驅動人們關注她們如何被傷害？我們將會看到，這個問題的答案並不明顯。有鑑於她們極有可能不被相信、被打發無視，並反過來遭到指控（或是其他可能的對待），人們其實有有力的理由選擇不從一個從屬的社會位置挺身而出。但是，倘若從這樣的一個位置挺身而出很可能白費力氣或受到反挫，無論是為了滿足個人需要，或是爭取應得的物質資源與社會正義，這都會變成一條高度不確定的道路，或至少也會變成一個令人焦慮的、取得同情和注意力的方式，坦白說，為什麼還要自找麻煩呢？然而，愈來愈多女性（及其他群體）**正在**挺身而出，指認厭女敵意的存在。為什麼？如何解釋？這僅僅是因為希望戰勝了經驗嗎？或者這些行動還有其他目的，無論是否有效？我會指出，它們確實有其他目的——而且在某些脈絡裡，可能是有效的，因為挺身而出本身可以是一種主體性的表現，也是顛覆的行動；因為，這樣能使道德敘事權從既定且主流的版本手中奪回，並使原本漠視的人不得不正視當事人。第三方可能會寄予同情，也可能不會，事實上，他們的敵視與怨懟很可能更強，而非減弱。但至少他們知道了傷害的事實，或持續不斷的支配現狀。而這件事本身對於曾經受害的人，可能相當重要。

受害者為何？道德敘事的角色

身為受害者意味著什麼？主張自己是受害者又代表了什麼？正如我們將看到的，這兩個問題不那麼單純，而因為受害者的意涵實際上具有某種指涉性或視角性的特徵，兩個問題之間的關係也不明確。有鑒於此，一個人主張自己是受害者——通常字句簡短，或甚至某種程度上是透過隱晦的方式——不止包含主張「A是一名受害者，而我剛好是A」，還涉及了對於這個角色的某種表演或假設。

但首先，身為受害者通常並不只關乎遭遇不幸；其核心我相信是一個道德概念。典型的受害者通常是在道德上遭到一個人的錯待，而被傷害、羞辱，或得到隨之而來的創傷。通常，

---

5 也可參考喬治・威爾的說法，其煽動性的言論使他失去了《華盛頓郵報》上的專欄。威爾寫到：

> 大專院校受到來自華盛頓的教育，並覺得這個經驗難以忍受。他們正了解到，當他們說校園受害者無所不在（儘管在無知的人眼裡難以被察覺，「微歧視」四處可見），以及當他們讓受害者身分變成一個賦予個人特權而令人夢寐以求的身分時，受害者便激增。

George Will, "Colleges Become the Victims of Progressivism," *Washington Post*, 2014/06/06, https://www.washingtonpost.com/opinions/george-will-college-become-the-victims-of-progressivism/2014/06/06/e90e73b4-eb50-11e3-9f5c-9075d5508f0a_story.html?utm_term=.76718e0d369f

欲了解針對大學校園內性侵案案件以「受害者為中心」的處理方式有何疑慮，可以參考由吉妮・蘇克・格森[253]和珍妮特・霍利[107]所提出的論點，它們至少表面上看來較為謹慎周密（這兩位都是哈佛法學院教授）。

受害者的道德與社會地位不只會因此低於過去，甚至會低於那位做出道德惡行的加害人。6

我認為這是受害者狀態的核心情境。有沒有不存在加害者、霸凌者、壓迫者的受害者呢？這種說法可能過於絕對。我們可以、也確實會說自己是天災的受害者，或在某些時候，是疾病與病痛的受害者（雖然這在我聽來不那麼自然），但我猜想，這類情境乃依附於上述的核心情境，而這些之所以能被理解，是因為我們傾向將這類具破壞力的自然現象擬人化，或至少將它們想像為某種行動者。（回想一下我們為颶風命名，或罵癌症「賤人」，便可窺知一二。）若這成立，那麼，我們對受害者的概念，主要取決於某種特定的道德敘事是否存在於背景之中，即一個對象被另一個行動者以一種羞辱或貶抑性的方式錯待。在這個敘事裡，她是受害者，他是霸凌者或壓迫者。

我認為，受害者身分的核心情境堅守著這個文本，因此，若要依照此典型範本當一名受害者，便涉及了自身或他人被丟進這個敘事的某個版本中。某程度上，我們作為觀眾的反應也被寫入了文本裡頭。受害者是我們理應同情的人，他們是注意力的焦點，他們是主角，也許是英雄／英雌；而霸凌或壓迫者則理應是我們為了受害者而怨懟的對象，或者說得詳細一點，他們是被斯特勞森稱為「替代式」反應型態度的指定對象，即我們為他人而對另一人產生的態度。在此脈絡中，這些態度包括憤慨、不贊同、想懲罰等等[252]。7

假如是這樣，或至少大致如此，這就能解釋為什麼一個人把自己描述為受害者（或者，再一次，當一個人被認定這麼做時）如此令人憂慮。因為稱自己是受害者基本上會將個人放置到故事的中心。這個舉動甚至比一般的自我投射更令人憂慮，有可能立刻被視為太戲劇性和自以為重要，並且與此同時，很病態或脆弱。人們覺得這個人藉著想像力專注（與耽溺）於她自己的故事，而不是果斷前進；但是若她能前進，她便不可能真的那麼是淒苦破碎，這樣一來，又強化了她一定是偽善、虛偽、算計、自我中心的猜忌與指控。8

我認為，思考受害者身分的方式本質上和受害者／加害者的道德敘事相關，這個論點也可以幫助我們解釋幾個運用這些概念思考和討論事情的方式。自然，我們談到了**扮演受害**

6 有一個問題是，受害經驗（victimization）是否是一個「成功」詞語？也就是說，B試圖傷害A的行為是否需要被完成或有成果，才能讓A被看成是「B的」受害者（或單單是一個受害者）。我認為我們或許該把可能性放寬，儘管標準範例確實可能指涉了完整的行動。

7 參見保羅．布倫[29]，他討論到當同理心成為憤怒的反面情況，也就是，面對那些和我們同理對象對立的人時，我們會感到憤怒的心理傾向。

8 難怪如今真正的受害者們如此急於擺脫「受害者」之名，轉而愈來愈以「倖存者」（survivors）自居。人們對於當事人以令人反感的方式耽溺於過去的懷疑，可能會因為一種積極聚焦當下與未來的態度而有所緩解，但這麼做的同時，也讓那些她們之所以成為「倖存者」的行為人，從批判的聚光燈下暫時退場。我擔心，有時這可能源於錯誤的道德指示，尤其在一個富有「同理他心」的文化裡，那種壓力會促使人們淡化相對特權男性的錯行——實際上是透過賦予他們某種敘事上的豁免，來替他們開脫。但我絕對無意抨擊或藐視「倖存者」這個標籤；如果對某些人來說，這是最有益的做法，那我完全支持他們的選擇。我的論點僅是，當你是一名受害者時，主張自己的受害者身分沒有任何本質上的錯誤。因此我的論證目的在於建立一種**許可**或**資格**，而不是禁止或（相反的）義務，這是我在道德哲學上一貫的立場。

者，也談到把自己和他人投射到這個角色上；更重要的是，我們傾向於將受害者想像為天真無辜、沒有過失，以及（更糟的是）別無選擇。這經常伴隨著以下結果：當某些人犯下了，或甚至只是被質疑犯下一些不誠實的小過失，人們便不情願或無法將其認可為受害者；同樣的，當我們認定一些人是某重大犯行的受害者，我們往往傾向否認他們犯下的小欺瞞。當人們使用的劇本基本上是非黑即白的道德童話故事，不容許太多變動或細微差異時，就會如此。如果你是強盜，你就不能扮演警察的受害者。[9]

在這個主題上，麥可・布朗的案例頗具啟發性。二〇一四年八月，麥可・布朗在密蘇里州佛格森市死於一名警察手下。佛格森警察局長公開了監視器影像，顯示在案發的幾分鐘前，布朗顯然在一間便利商店偷一盒雪茄，影片中也可以看到布朗在離開商店前推了店員（彷彿在說「少管閒事」）。幾分鐘後，警察戴倫・威爾森對著布朗開了至少六槍，其中兩槍在頭蓋骨上。多位證人都表示，布朗身上沒有武器，並且在威爾森「不斷開槍」的同時舉起了雙手表示投降；同時，根據勘驗報告，布朗倒地時面朝威爾森——解釋了頭部兩槍為何以朝下的角度進入布朗的頭骨[174]。案發六天後，在初期的媒體喧鬧中，佛格森警察局長公開了便利商店的監視器影像，這個策略（看來是刻意為之）在許多媒體平台上發揮了預期中的功用。[10]

為什麼有用？用途又是什麼？理性的反應顯然應該是這樣：布朗遭指控的竊盜輕罪，和他是否遭到國家機器之下不亞於謀殺的嚴重公民權侵害，兩者毫無關聯。有一股種族主義在此運作，將犯罪與暴力歸咎於黑人男性，以至於發生在威爾森和布朗間的種種最終遭到扭曲，錯誤呈現。布朗不被描繪成一個典型的青少年，儘管事實上他明顯就是，而且在此情境下，這也應該是最基本、最低善意的假設。相反的，他最後卻被想像為一名「暴徒」(thug)——一個在當代美國社會裡帶有內定種族主義意味的概念。相比之下，警察威爾森則顯得無助。[11] 但這個意識形態手段似乎造成了一個感知上，或至少準感知上的阻礙；一旦布朗因為便利商店內的影像而被描述成罪犯或暴力者（不論多小的罪），許多白人就無法或不願將他

9 參見蓋瑞・華森[266]針對羅伯・哈里斯殘酷殺人案的知名討論。哈里斯自身曾於童年遭到嚴重虐待，這顯示了，在這樣的一個敘事內部，同情心的觀點轉移是很難被執行的。因此，要認知到在另一個脈絡，或也許正是在同一個脈絡裡，犯錯者本身也是一名受害者，這件事情也很困難。這想法在概念上並無任何困難之處，同時，受傷之人轉而傷害他人，或虐待他人招致了虐待反撲，這些都是人們往往會有的直覺想法。但要將這些想法納入敘事中、進而決定我們如何回應錯誤行為，就不容易了。我們只有一雙眼睛，因此很合理地一次只能採取一個視角。同樣的，我們的觀點通常是整體而非局部的，因此，如果同理心需要一種相對字面上（儘管當然不一定是視覺上）的觀點採納，這就可能會限制了在一個故事裡我們能夠同時同理多少角色——尤其當他們某種程度上相互誤解時。

10 警察局長如此著急公開這段影像一事說明了問題所在。他聲稱已有多位記者根據「資訊自由法案」對其提出要求，藉此合理化自己的作為，但對公開紀錄進行搜尋後，並沒有發現任何這類的要求，故這份聲明可能（雖然無法確定）是假造的。但倘若如此，原因何在？最重要的理由是，公開影像讓保守人士和政治人物皆得以將注意力重新轉移到布朗所被指控的犯罪行為，而非他的受害者身分。甚至連《紐約時報》都在報導中指出，「預計將於週一下葬，十八歲的麥可・布朗並不是天使，公開紀錄與親友訪談顯示了他年輕的生命裡同時有著問題與希望。」John Eligon, "Michael Brown Spent Last Weeks Grappling with Life's Mysteries," *New York Times*, 2014/08/25, https://www.nytimes.com/2014/08/25/us/michael-brown-spent-last-weeks-grappling-with-lifes-mysteries.html

看作警察暴力或不當執法的受害者。這兩條敘事——布朗犯下輕罪，以及布朗作為重大公民權受侵害、甚至也許算是謀殺的受害者——似乎在彼此競爭，儘管兩條敘事明明可以共存。

對受害者這個概念的敘事性說明有助於解釋，為什麼**責怪受害者**（victim-blaming）這件事被認定（且從直覺上似乎也是）在道德上有問題。一旦焦點從加諸於某人身上的作為，轉移到她（或許為真）的輕率魯莽，或甚至她在道德上有問題的舉止，如何導致了對她的惡行，她在敘事裡作為受害者的角色就可能受到動搖，人們可能無法再將她看成受害者（也可參考第六章，特別是「同理他心」的段落）。

對受害者概念的敘事性說明也有助於解釋，黛安娜·提嚴·邁爾斯何以根據國際特赦組織章程指認出兩類的受害者：一方為「可憐的」受害者，另一方則為「英勇的」受害者[196]。兩類受害者都很有辨識度：受困而需要救援的不幸少女，對照大膽的當代卡通英雌。邁爾斯指出，她們都被認定為天真無辜，理由卻非常不同——可憐受害者，她的被動與徹底的無助排除了她被懷疑有道德錯誤的可能性。而英勇受害者，她的主體性必須被用來為有道德價值的目的服務，好讓她符合資格。於是，在這樣的假設下，她是在為公義奮鬥；換句話說，她憑藉著她的敘事身分而免於責罰。[12]

看輕（扮演）受害者

為什麼，就算可能因此被認定在「扮演受害者」，過去或當下的邊緣或從屬群體者，仍會想要揭露他們所遭受的道德傷害呢？現在，我們終於可以開始探討這個問題。說到底，我之所以對這格外感興趣，是因為關係到因厭女攻擊而受創的女性，特別是當攻擊來自與她們差不多特權階級的男性時。

讓我們先思考一下，個人從一種過去或當下的從屬地位挺身而出時，會遭遇哪些令人氣餒或甚至反對的狀況。[13]這會讓我試圖解開的難題變得更為清晰。

坎貝爾和曼寧指出，強調個人自身的受害經驗——或完全造假，如同兩人在論文中四次提及的仇恨犯罪騙局——經常是一種取得「第三方注意力、同情心、介入」的花招。他們在論文副標裡寫道，受害者將自身的「受害經驗包裝成一種美德」，更有甚者，「人們愈來愈常

11 就此主題，我們可以回想在佛格森事件後戴倫·威爾森的發言；他談到，在面對布朗時，布朗如摔角選手浩克·霍肯般的身形讓他覺得自己像個小男孩。然而兩人其實有著相近的體重與身高，更別提布朗並未攜帶武器，威爾森則是一名受過訓練的員警。

12 我們可能會好奇，有多少遭受壓迫犯行的對象流失於這兩個概念間的巨大縫隙中？邁爾斯分享了這份擔憂，並且用性販運與死刑為例子，以極為發人深省的方式對此進行討論[196]（也可參考[197]）。

13 我在此迴避了對動機性和規範性原因做出可能至關重要的區分，因為就我的思考方式（我在其他場合裡已充分辯護過，如[172][173]）而言，這兩者間有著親密的關聯。此外，如果沒有好的（規範性）原因，那麼，我會假設，除了某些特別的心理敘事以外，有著同樣內涵的動機性原因也將不存在。換句話說，我假設，在面對那些支持或反對她們採取特定行動路線的原因時，這個脈絡中的女性基本上是理性，並會予以回應的。

要求他人的幫助，並將他們遭受的壓迫當成自身值得尊重和協助的證據。因此，我們不妨把這種道德文化稱為「受害者文化」，因為在這樣的文化裡，受害者的道德地位從名譽文化的最低點，上升到了新高度。」相較之下，「公開抱怨、宣傳或甚至誇大個人的受害經驗、博取同情，對重視名譽的人來說是種詛咒——這相當於承認自己完全沒了名譽。」[47]（頁714）

回顧我截至目前為止在本書——尤其是在第四和第六章——提出的論證，有另一種可能性存在：嘗試平衡道德受害者們所在的競賽場，亦即，當女性特別挺身而出「發聲」，便破壞了「誰應站在道德鎂光燈下」的預設。如果女性被認定要對支配地位的男性付出她們的同情、注意力、道德關注，而非為自己索求，那麼，當女性主張自己受害，就會格外引人注目，甚至引發嫉妒與羨慕。這些女性幾乎會被當成吃醋兄姊眼中奪走父母注意力的新生兒（回想一下「新嬰兒化現象」〔the new infantilism〕*的概念）。但在此情境中，嬰兒與父母是同一個人，故而怨懟、甚至暴怒都可能出現，因為作為代理父母的人正藉由翻轉關係，背叛了她們的角色。

這些感受都源於一種不正當的應得感，是父權規範與價值的遺產。但因為它們根深柢固，甚至同時被男性和女性都深深內化了，導致經常沒被注意到。坎貝爾和曼寧口中的名譽文化，可能只是一個文化情境，存在於當代想像中、從某個可能從未存在過的懷舊情懷而生，在其中聲稱受到傷害相當可預期，於是往往不需要被刻意指出。因為在父權秩序下，一名支配群體裡的男性經常會被他的妻子、母親、情人等女性安撫與修補，這類溫柔服侍他無需開口索求，便會自然得到。

反之，若你在某程度上明確主張受害者身分，可能的結果是（a）針對你所受到的道德傷害，你不會自然就被賦予你所需的同情與補償；及（b）你透過一些以歷史上被認定相對弱勢者來說較突出的方式，主張自己享有同等的**權利**，結果反被要求確保**其他人**的權利能獲得滿足。14

接著，當我們覺得一名女性在「扮演受害者」、「打性別牌」，或表現得過於戲劇化時，我們有理由批判與懷疑這些直覺[235]。她的行為可能引人注意，但這不是因為她索求太多，而是因為在這個社會脈絡下我們不習慣女性主張她們的應得權益。相反的，女性被期待成為「支配男性群體才是受害者」這種敘事的**聽眾**，提供道德關懷、傾聽、同情、安撫。

---

* 編注：指近代社會中成人表現出不願承擔責任，或轉向自我中心或幼稚行為的現象。有時會出現於「安全空間」或「過度保護」的討論脈絡之中。

14 我的想法是，當從屬群體者使他人注意到自身所受的道德傷害時，通常會更為驚人或顯著；相反的，當掌權者做出類似抱怨，我們比較不會注意到，我們單單只會同情。海德特及艾德華・史洛瑟——〈我是一個自由派教授，而我的自由派學生嚇到我了〉一文的作者筆名——所提出的辯論是極度諷刺的，當他們基本上聲稱自己逐漸因為學生對他們的抱怨而成為受害者時（在我看來，其證據並無說服力）。這個想法中，同情心確實如同商品（我大致上認為這種想法是狡詐且執迷不悟的，我稍後將會指出這點），它比較可能被擁有更多特權貨幣的人所享受（見注18）。參考：Edward Schlosser, "I'm a Liberal Professor, and My Liberal Students Terrify Me," Vox, 2015/06/03, https://www.vox.com/2015/6/3/8706323/college-professor-afraid

換句話說，被認定為女性應給予支配男性群體的典型好處之一，就是她們的道德焦點和情緒能量；反過來看，支配群體男性經常極度覺得自己應得這些東西，並且也許迫切渴求著。

我們也理當思考，相比於大規模監禁的議題，黑人女性在美國社會遭遇的不當待遇得到的關注度和道德關懷少了許多；前者經常被白人自由主義者描繪成一個或多或少專屬於黑人男性的問題。當然，這麼說不是為了淡化黑人男性所受之不正義的嚴重性與強度，而是要指出，首先，黑人女性也遭受類似形式的結構不正義，例如被驅逐，但這有時在（再一次，白人自由主義者的）公共論述裡卻相對被忽視，如同社會學家馬修．戴斯蒙所指出的。[69]此外，和黑人男性相比，黑人女性也遭遇到類似的警察暴力，且她們的入監率高於白人女性。[59]自由派白人（表面）支持者在討論「黑命亦命」（Black Lives Matter）運動時，卻經常無視該運動乃是由三位黑人女性發起的，這件事為我類人（包括我自己在內）要面對的羞恥諷刺再添上一筆。[15]

更有甚者，坎貝爾和曼寧似乎沒有留意到，強調（或僅僅陳述）自身的受害經驗，往往充其量只是用來得到第三方同情的手段，還未必可靠。事實上，他們的文章正好證明了，那些揭露自身所受道德傷害的人們，可能會遭遇到的敵意和怨懟（見注2）。對於從屬群體者來說更是如此——尤其是女性，但絕不僅止於女性。

回想迪阿奎．尼爾的經驗；他是一名患有腦性麻痺的黑人男性，在一趟從舊金山飛回他住的華盛頓特區的五小時航程後，下飛機時，他沒能獲得他需要的輪椅協助。他反覆尋求空服員的幫助，卻只被告知他應該保持耐心，以及他們「只是在做分內工作」。憋尿憋了整趟航程（因為機上的廁所無法光靠輪椅到達），尼爾需要上廁所，但為了等機上用的窄型輪椅，他又多等了四十五分鐘（機上走道無法容納標準輪椅）。最後，尼爾不願意再等，他用手肘撐著爬下飛機，震驚了周遭一群空服員。他取回了在飛機旁的他自己的輪椅，使用了機場的廁所，然後返家，沒有告訴任何人這件事。一位空服員對尼爾的遭遇感到不安，通報了這起事件，這樁新聞才登上頭條。

幾乎從任何方面來看，尼爾都是個完美的受害者——他沒有抱怨，因為他「不想小題大作」。他說這起事件「令人惱怒」、「令人感到挫折」，也令他「憤怒」，但也說他「習慣了」，畢竟他在過去三四個不同場合中都經歷過這樣的事情。接著，航空公司在一封給CNN電視台的新聞稿中，公開承認了這起事件，尼爾和藹接受了他們的道歉。

按照坎貝爾和曼寧的論點，像尼爾這樣清楚明確的案例（而且事主是像美國聯合航空這樣毫無同情心的反派，這點值得補充），應可在鼓勵人們爆料發聲的那些網路平台上獲得全面的同情。但並非如此；事實上，遠非如此。儘管確實有許多人表達了同情，卻也有許多責怪受害者的負面回應，一名記者寫了一篇報導，仔細描述了尼爾在電子郵件和線上評論受到的二次羞辱（該報導是二〇一五年十月二十八日當日《華盛頓郵報》閱讀量最高的文章）。

15 見克莉斯蒂・道森[76]與克里斯多夫・勒布朗[154][155]對此主題的重要討論。

尼爾被指控假裝身障（假如他不能走路，他怎麼有辦法爬行？），以及試圖為黑命亦命運動吸引注意力（尼爾支持該運動，但未親身參與）；他也被批評自戀，不正當地自以為理應獲得協助。從不同新聞網站的評論區揀選出來的網民發言包括了：

「你想要多少錢？多好笑，你正好就在飛機降落每個人都要下機時非得去廁所。」

「他得等多久？五分鐘？十分鐘？半小時？人總是有要等的時候，這是我們的平等之處。然後這趟剛好是他去參加無障礙交通工具講座的回程，可真諷刺。我打賭他有『我優先』的心態。我比你們更有價值。你們難道看不出來我很特別嗎。」

「為什麼航空公司得負責幫他上下機或去廁所？他上機之前就知道自己行動不便了，為什麼他沒有請護理人員或家人隨行幫他？現在的世界，我們都必須按自己的需求做好規畫，不應該期待別人為我們服務。」

「謝天謝地沒有墜機。我打賭他會期待空服員揹他逃生。自立自強的概念去哪了？接下來，弄丟假牙的老人是不是會要空服員幫忙嚼碎食物，盲人會期待有人讀書給他們聽？假如你知道你要搭機旅行，就該知道特定尺寸的行李箱可以上機，我們都知道了。假如你知道飛機走道很窄，那麼是時候買一個旅行用、可以進窄走道的輪椅了。這是獨立的代價，我沒有義務照顧別人！」[16]

除了極端、事實上也滑稽的惡意以外，我們可以發現，這些評論展現出對先來後到和誰得為誰負責的強調。一種普遍的觀念是，人們必須為了某些事物「守序」或排隊，而無論在美國還是澳洲，都存在一類明確的激動情緒，想像某個人正在插隊——尤其是移民，這個針對尋求政治庇護者或所謂插隊者的偏見，有段激起非理性道德焦慮的漫長歷史。[17]

但是，我們為了什麼排隊？我的主要猜測是：女性的情緒和社會勞動，這些事物如今正逐漸短缺中。這得以解釋對這項道德資源的嫉妒占有欲，以及當女性不交出這些她們被認定應該要給予支配群體男性的資源，或甚至（更糟糕的情況是）當她們為了自身索求時，對她

16 上述評論乃是摘錄自Michael E. Miller, "D'Acree Neal: Disabled Activist Who Had to Crawl Off United Airlines Flight Reveals the Humiliation That Followed," *The Independent*, 2015/10/28, https://www.independent.co.uk/news/world/americas/the-disabled-gay-activist-who-had-to-crawl-off-his-united-airlines-flight-and-into-even-more-a671626.html；以下節錄自該報導：

但是你可能還沒聽說，後來發生了什麼事：無知、網路評論、瘋狂指控，以及在公開場合用手爬行的羞辱——在網路上一次又一次地重新被經歷。

「網路上有一群人認為我在假裝，或認為我是一個機會主義者且我只是想要撈錢。」尼爾說，「有人甚至說我這麼做是為了要幫黑命亦命運動打知名度，我為此深受冒犯。」

關於尼爾，你首先要知道的是，他的人生至今過得相當辛苦。土生土長於華盛頓特區的他是個非裔美國人、已出櫃同志與身障者——三重弱勢。

「我出生便患有腦性麻痺……」

但第二件你應該要知道的事是，他絕對不想被憐憫……

們產生的怨懟。這也解釋了人們對尼爾這類的完美受害者——多重邊緣身分的人，以尼爾來說，黑人、身障、男同志——的憤怒。於是，這個「守序」的觀念吸引了很多人，儘管這顯然極其荒謬。但一名完美的左派女性受害者——或者說，受害者中因為特別弱勢而享有道德優先順位的人——將會是某些右派男性最糟糕的惡夢；後者可能會懷念父權體制贈與他們的預設優先權，因為那讓他們得以主張自己應被當成受害者照料。於是儘管他們有時不明說，他們猛烈捍衛這個主張，某程度上卻是藉由拒絕給予他人受害者的地位——一些情況裡，還自己扮演受害者。

記者報導尼爾經歷的雙重羞辱時，急於告訴讀者，在我們嚴厲批判尼爾之前，「有兩件事情我們應該要知道」：他的生活不易，而他不想被憐憫。如果他確實曾有過這種渴望，許多人的反應勢必讓他大大失望。[18] 尼爾對針對他的指控表達了不可置信與受傷的感受，「怎麼有人有辦法把這個故事變成負面的？」他納悶，「我沒有做錯任何事，尤其聯合航空公開承認一切都是他們的問題。他們已經發表了道歉和聲明，該做的也都做了。」（同注16）

我希望我稍微回答了尼爾的好問題。

故而，作為一個從屬群體者，在公共領域裡使他人注意到自己所受的道德傷害，似乎不是一個特別適合用來吸引注意力的方法，即使是在最直接明瞭的情境裡，例如尼爾的情況，似乎都仍可能激起許多人的敵意——而在受害者並不完美的情境裡，便更是如此了。

(7) 懷疑受害者 Suspecting Victims

17 參見亞莉・羅素・霍希爾德所提出的「深層故事」（deep story）概念，她也援引了「隊伍」（line）的譬喻，以試圖更清楚呈現她最新的民族誌著作《自己土地上的陌生人》[122]中，其研究對象們的政治世界觀。霍希爾德花了五年與路易斯安那州鄉間及小鎮內的保守白人相處，他們最初為茶黨黨員，且大多在共和黨初選後成為川普的支持者。霍希爾德寫道，在這些社群裡——

> 場景早已為川普的崛起搭建好了，如同聖火在比賽前被點燃起來。三項因素互相結合。自一九八〇年代以來，幾乎所有我訪問過的人都感受到不穩定的經濟處境，這個事實讓他們擁抱了「重新分配」這個想法；他們也在文化上感到被邊緣化：他們對墮胎、同性婚姻、性別角色、種族、槍枝和南方聯盟旗幟的看法都在全國媒體上被嘲笑是落後的。然後他們覺得自己屬於正在衰退的人口，「像我們這樣的白人基督徒愈來愈少了。」瑪多娜和我說。他們開始覺得自己像被圍攻的少數，而在這些感受以外，他們又加上了一個文化傾向——威爾博・凱許在《南方之心》裡描述了這個概念，但在南方以外的地區，這個概念卻以一種較為溫和的方式被共享著，會去認同屬於社會階梯上層的殖民者、石油巨擘，並疏離那些社會階梯的下層者。
>
> 這些都屬於「深層故事」。在那些故事裡，陌生人插你的隊，使你感到焦慮、怨懟與害怕；總統和插隊者結盟，使你感到不信任與被背叛；隊伍裡排在你前面的人侮辱你是個無知的鄉下人，使你感到被羞辱與憤怒。經濟上、文化上、人口上、政治上，你突然變成了自己土地上的陌生人。路易斯安那州的整體脈絡——它的公司、政府、教堂和媒體——強化了那個深層故事。故而，這些個深層故事——在比賽開始前就已經存在了（頁221－222）。

18 同情心和同理心是重要的道德能力，甚至也許是核心的能力（儘管我個人對此延伸說法有點猶豫），這已經是老生常談了。但是，當人們索求同情心和同理心時，經常有可能會引起敵意和怨懟。這些論點可能是緊密相關的——也許，對同情心的渴望被理解為情緒勒索或道德主義的情感類比。概略來說，我認為我們經常隱約地將同情心視為一份商品，個人必須為它排隊、根據個人傷害依比例獲得，而不是考量其他更需要的人是否必須獲得優先處理，或它對提供者造成負擔的程度。但這是錯誤的。同情心並沒有一個中央儲藏室，也沒有一個機制可以公平地將它分配給每一個有需要的人。此外，同情心並不是一種具有嚴格限制的資源。當然，它也不是無盡的，但是理論上，至少長時間來看，我們都可以對彼此懷有更多同情心，以一種互惠的方式。（更多相關討論可參考[177]）

那麼，其他促使個人公開自身不平的原因是什麼呢？再一次，那些明顯的答案顯然不足以解釋女性挺身而出的強烈意願。若從屬群體者做出這類主張，希望能夠爭取正義和認可，他們將面對到的結構性障礙將很驚人；比方說，若女性試圖控告（實際上或象徵性地）支配群體男性，說他們以應該受到道德譴責且明顯厭女的方式傷害了她們，她們很有可能會遭遇到：

- 一開始不被相信，並且被懷疑她們在騙人或「瘋了」、歇斯底里等等（如在證詞不正義的情況中；例如《控制》女主角艾咪的情境，女性被認為懷有殘酷的報復心）。
- 因為所發生的事情受到責怪（如同責怪受害者的整體概念；詢問她當時穿什麼，或是在家庭暴力和性侵害的案件中都會出現的挑釁概念）。
- 犯罪未能被妥善調查（例如許多涉及知名運動員的案例，以及某些員警未能認真看待家暴或性侵害案件〔也有家暴且性侵的案件〕）。
- 犯罪的證據遭到摧毀（例如強暴蒐證工具被破壞，以及其他我們所知道的，警方系統性的忽視或掩護，或二者兼具）。
- 她們的指控被輕視或不屑一顧（例如說服女性不要對她們的伴侶或前伴侶提起家暴訴訟；對男性大學生判處就其指控而言較輕的刑期，且通常是在受害者未同意或事前不知情的情況下）。
- 犯罪被認為是隨機發生且無法解釋的，而不是被視為廣泛厭女暴力的一部分，或是藉由在其因果論述中置入個人化或怪異的因素，例如心理疾病，使得指控完全被撤銷（回想在近期許多白人男性犯下的大型槍擊案中，正式與非正式的「精神障礙抗辯」）。

- 受到反向的指控，說她們自私、好鬥、虛偽、操縱人心（這些經常需要擔心被當成誣告強暴的理由，儘管很少有證據顯示這是真確存在的問題，而非想像中的威脅，可以回頭參照「社會正義戰士」的概念）。
- 被貶低（例如被認為幼稚、太敏感、無法用成熟大人的方式處理自身問題）。
- 受到行為人的粉絲和辯護者騷擾、威脅，以及可能被（二度）傷害（例如在「強暴屏障法規」〔rape shield laws〕* 問世前對女性的交叉詰問）。

有鑑於這類例子俯拾即是，以及在性別反轉的情況下很少有可供類比的情況，這類預測（即試圖將支配群體男性繩之以法的女性，將有較高風險遭遇如此的阻礙）初步看來相當可信。第六章中也提過進一步的證據，支持以下論點：支配女性的男性不僅僅享有特權，在許多情況下，所處的特權社會位置也異常穩固，鮮少失去。

於是，我們可以見到，倘若女性挺身而出，面對享受在社會關係上支配她們的男性，試圖控訴其厭女行為，她們會遇到許多潛在的絆腳石。同時，如上述證據所示，有些理由明確

* 編注：美國多數州通過的法律，禁止或限制使用有關強姦案或其他性犯罪案件被害人貞操或聲譽的證據。

對她們不利。在缺少司法或民事救濟的情況下，例如微歧視，能怎麼辦？這種情況下，更難想像為什麼會有人願意自找麻煩了。

因此，如果一個人的目的是將加害人繩之以法，也獲取物質資源和好處，更不用說博取同情和注意力，則坎貝爾和曼寧提出的質疑仍然成立。倘若假設這些才是驅使她們站出來的動機，那麼，她們的做法似乎既不理性，也難以理解。

但事情可能並非如此。瑞吉娜・蕾妮曾指出，作為從屬群體者，揭露自己遭遇的不公，有時候可能是促使相似遭遇者團結一致的最好方法，或甚至是唯一可行的方法。[19]個人可能得以讓自身傷痕受到正視，或至少因為被其他同樣弱勢的人認可而獲得安慰。[20]當然，假如社會(不論是正式或非正式)的約束體制都致力於維持父權價值和利益，那麼，「人多力量大」也不一定成立。但有時候，這類的「群眾募能」(可以這麼說)的確有效，特別在社群媒體的時代裡，也逐漸變得可能。

無可否認的，隨著群眾募能增加，與這股力量抗衡的暴力，以及對這股力量使用者的藐視與懷疑，也可能會跟著增加，但是，社會支持本身以及愈發認可此模式的可能性，也有重要的價值。對於女性來說，被預先警告厭女情結如何運作，等於為了防禦煤氣燈操縱及其他狀況(回顧前言)提前做準備。

因此，我完全同意蕾妮的解釋，公開討論(比方說，微歧視)的價值在於得以培養團結意識。但我認為，在此可能還有一片本質上相當不同的拼圖必須被補上。且接下來的討論也會戳破一種指控——不只來自於右派，也來自於左派人士——那就是，主張受害者身分等同於接受現在和未來的消極性，而不是以一種經常需要仰賴表現自主性和勇氣的方式，承認過去與當下所發生的奪權與羞辱。[21]我將藉由接下來的個案討論這點。此個案也將顯示，相關的傾向與動機在美國以外的社會同樣明顯，並遠遠早於網路、社群媒體的出現。最後，這說明了當反擊力量出現，在一些情況下有意識地扮演受害者，與重視獨立自主並不相悖。相反地，前者可能反而能展示出後者。

獨立的人：一個個案研究

在諾貝爾文學獎得主哈多爾．拉克斯內斯的小說《獨立的人》（一九三四／一九九七）[153]中，主角是不久前剛被解放的佃農畢亞圖，他正試著以獨立的身分在冰島一小塊荒涼的土地上牧羊維生（畢亞圖將這塊土地的舊名「冬屋」改成較為樂觀的「夏屋」）。小說前半段有一幕場

19 Regina Rini, "Microaggression, Macro Harm," LA *Times*, 2015/10/12, https://www.latimes.com/opinion/op-ed/la-oe-1012-rini-microaggression-solidarity-20151012-story.html

20 一方面來說，得知你並不是唯一一個有過某種難以被歸類，但卻顯然可以被看作是某種暴力、剝削、或一段權力極不對等親密關係等經驗的人，這可以帶來一種發自內心深處的輕鬆感。相關討論可參考[184]。

21 我在此從和奎蒂芮．古諾的討論裡，以及閱讀她在性侵害案件這個主題上針對「工具化主體性」（instrumentalized agency）所撰寫中的著作受惠良多。

景令人難忘，畢亞圖出外趕羊，他的新婚妻子蘿莎，懷著另一個男人的孩子，獨自留在家中與一隻母羊為伴。飢腸轆轆又孤獨到要發瘋的蘿莎說服自己母羊被惡魔附身了，她毫不留情地割開牠的喉嚨，將其製成肥美的香腸，放在火上烤，最後狼吞虎嚥地吃到失去知覺。

畢亞圖返家，蘿莎一如所料對母羊的去處含糊其詞，畢亞圖因此出發至山裡尋找失蹤的牲口。與此同時，蘿莎開始分娩，隨後於生產過程中死亡，畢亞圖返家後發現了新婚妻子僵硬的屍體，而他滿身蝨子的狗提提拉則蜷縮著髒兮兮的身子，盡其所能用腹部溫暖剛出生的小嬰兒。畢亞圖不得不想辦法養活嬰孩，他認為這樁任務「有著最高的重要性」，並為此感到高尚（此刻他已認命，儘管知道孩子的生父另有其人，他想把她視為己出），但由於他認為「獨立自給」有至高的價值，他同時發現，自己遇到了一個可怕的困境。「他是否必須向他人求助？」他自問。「他叮囑妻子的最後一件事，就是不要向他人求助——一個獨立自給的男人求助於他人，等同讓自己臣服於惡魔的力量，而如今這同樣的羞辱要發生在他——夏屋的畢亞圖——身上了，但他決心不計代價。」[153]（頁100－101）

眼下畢亞圖硬著頭皮前往鎮長及其詩人妻子家中，討一些牛奶餵嬰兒。一到目的地，他立刻決意吹噓自己的自由身分；他吃著管家給他的粥，管家問到蘿莎的健康情況，他回答：「龔薩拉絲，我高興就好。你知道的，我如今是自己的老闆，不需要對任何人交代，尤其是你。」儘管他很餓，他把珍貴的馬肉丟了些給狗兒，故意挑釁。

鎮長的詩人妻子「抬頭挺胸，踏著優雅的步伐」走進來，畢亞圖對她說，儘管難以啟齒，但他需要一點幫助——「當然，不是什麼大不了的事」，是絕對不會造成鎮長煩惱的「瑣事」。三人一同走向起居室的時候，小說敘事者照例呼應了畢亞圖的內心：「從穿著和外表上看，夏屋的畢亞圖遠比這個流浪漢般的鎮長優秀。」然而，「就算是乍看之下，也沒有人會懷疑，這一定是個統治著其他人、將他們的命運操之在手的男人；他的雙唇因咀嚼菸草而發皺，彷彿象徵在他把事物榨出其所有價值之前，他不會吐出任何東西。」（頁104）[153]

畢亞圖一試再試，用盡所有方法維護他在鎮長與詩人面前的獨立身分；他拒絕坐下，高傲地與他們閒聊許多事，裝大方，告訴鎮長如果有需要，他可以提供冬天用的乾草。（徒勞無功。「照顧好你自己，老弟。」鎮長以一種「自滿而憐憫的語氣」回應。「儘管沒有明確帶有侮辱意味，卻絕對是將他人歸類為可憐的廢物。」[22]）畢亞圖解釋，他只是為了帶「一點點訊息」而來；他用哲學語言討論死亡，他用最迂迴的方式——藉由神祕的詩句——傳達蘿莎早逝的消息，彷彿不只要展示他的智慧，也要展示他有能力和女詩人在她擅長的領域上競爭，甚至是擊敗對方。他暗示這對夫妻應該要幫助他，但不是基於慈善或好意，而是因為這個嬰孩是他們的孫女。（此事為真，他們也知道蘿莎懷了自家兒子的小孩——而儘管兩人喜歡蘿莎，但她的社會地位低微，因此他們才急著安排她嫁給畢亞圖。）

畢亞圖不認為自己的價值低於這些人，相反的，他對鎮長夫妻態度輕蔑；他也不羨慕他

22「這總反過來作用到畢亞圖身上，彷彿將某些犯罪傾向歸咎於他。這些年來，這培養了他天性中的暴力傾向，他對自由與獨立的熱情。」（頁104）

們的社會位置，他想要的是獨立，而不是取代他們。[23]但他深深怨懟他們之於他的權力，以及他們操弄權力的方式。前者專橫，帶有優越感；後者則是氣量狹小與具控制欲。[24]

但畢亞圖走投無路，他終於叩頭了。女詩人打斷他，要求「別拐彎抹角」，問蘿莎是否死於難產。他證實此事，她說：

> 也許我們會試著幫你，在你之前我們已幫助過許多人，不要求回報。但我們確實有個要求，那就是你或任何其他人都不該帶著關於我或我們家的影射言語而來。[153]（頁108）

「一直到畢亞圖全然並清楚消除了她的懷疑，說明他此行的並非為了查明夏屋裡嬰兒生父為誰而來，她才完全冷靜下來。」

隨著她明顯逐漸冷靜，畢亞圖突然變得恭敬。他抱歉地說，「您知道的，我的口舌較習慣用來談論羊而不是人類，而我只是單純想問問您，是否覺得值得試試倒幾滴溫牛奶到她的喉嚨裡，看看她能否撐到天明。當然，我會支付任何您要求的代價。」

最終，畢亞圖成功使自己足夠屈從，滿足他的前任女主人。至此，女詩人宣告，即使是在這樣艱難的時刻，為弱者伸出援手、支援弱者、養育新生的生命，仍是她「最大的喜悅」。她的心總與他同在，不論面對喜悅還是憂傷。[153]（頁108）

然後，她補充，她是真心的。

但是，鎮長與女詩人是否在任何有意義的層面上獲勝了（或者說，就畢亞圖個人重視的價值上來看）？沒有，這幕的效果是讓他們看來荒謬可笑。最終，畢亞圖表演了——甚至可以說過分強調了——他的從屬地位，好為讀者揭露他們的跋扈、小心眼、惡劣行為。[25]他們寧可讓孫女喪命，也不願讓畢亞圖維持某程度的尊嚴與獨立，那種我們所謂真正的「大人物」永遠不會計較的東西。

一般而言，那些決心要占上風的人經常可能會失去他們對觀眾的吸引力。羞辱他人時，他們將會擔任霸凌者的角色；他們可能會開始顯得可悲，我們會開始為弱者打氣。

從這個悲喜劇事件中，我們可以學到什麼？我認為，他指出了一個可能性，亦即，扮演受害者（這意味著接受或甚至擁抱自己受害者的身分）有時候可以是一種抗議或抵抗的行動，而非只是被動地臣服於自己的受害者身分。主動表演一個人的受害者角色，或試圖吸引他人

23 整體來說，拉克斯內斯的小說在許多方面證明了畢亞圖渴望獨立的深刻和誠懇程度，儘管小說其他部分可能僅表現出他如此宣稱時的自大傲慢。我曾經聽過有人說，畢亞圖是二十世紀文學作品裡最固執、殘忍、令人憤怒的角色。

24 這是對某種尼采所謂的「怨懟」的精采（且因此罕見的）內在描述，但進一步檢視後，我們發現，從許多方面來說，畢亞圖對鎮長和女詩人的態度都和典型尼采式的、弱者對強者的怨懟有所不同。然而這可能可以被理解為，在尼采的看法中，有時候強者可能對弱者產生的那種怨懟，因為即使他們之間的社會關係如此，這個組合鮮少是值得讚賞或高尚的。**他們的靈魂乃是**「偏斜的」，不同於畢亞圖的高尚猛烈。

注意時，事實上不是真的被動。[26]根據溫蒂・布朗[39]的看法，以這類方式接受自身受害者身分的人被一種尼采式的怨懟掌控，那是「一種反覆強調著無能的支配效果，是行動、權力、自我肯定的替代品，反覆強調無能、無力、被排斥……這種怨懟根植於反應——以理由、規範、倫理取代做出行動。」布朗不以為然地這麼寫道(頁69)。但在畢亞圖身上，這描寫顯然不恰當；他並沒有懷著怨懟接受，而是顛覆地表演著他自身相對於壓迫者的從屬地位。

我認為，在這種情境下，就規範上而言，這類的表演可能是合理並有價值的。雖然某種程度上來說，畢亞圖可能只是在刻意扮演一個角色，但他的表演乃是對他們之間的真實社會關係的戲劇化重現。(我們可以說，他只是任鎮長和其妻自投羅網。)此外，正如同前面所討論到的，這是一個最後的抵抗行動，因為在維護自我一事上，他已經窮盡了其他所有可能的選項，基本上，他的做法能示意給同樣處於絕境和感到無力的人看，透過有建設性的被動攻擊，可以有效展現反抗。假如我們如此解讀這一幕，它就帶有某種透過被動抵抗而達成的，帶著公民——或說社會性——不服從的意味。其典型的心態類似於：算了，我就讓你羞辱我，當作對這些社會規範與權力關係的一種抗議，是它們的結合使得這種羞辱成為可能。盡情霸凌我吧，暴露你的惡，人們都在看著，而他們記性很好。

如果這在某程度上為真，就解釋了為什麼這個來自於從屬者的舉動可能會使(尤其是)保守人士惱火。藉著讓當權者看來荒謬可笑、受威脅、小心眼，這樣做有機會揭露不正義的權力關係。

二〇一五年在希拉蕊．柯林頓出席班加西事件*特別委員會聽證會一事中，我們可以看到這類的憤怒。《紐約時報》專欄作家莫琳．多德（她和柯林頓夫婦之間長年的對峙關係廣為人知，但這不是此處的重點）寫道：

> 沒有人比希拉蕊更會扮演受害者。

---

25 隨著我們來到以下描述畢亞圖返家的段落，表演屈辱——一個不幸的狀況被化作如此！——變得更為誇張。當古德尼（鎮長的管家）試著幫助嬰兒恢復精力，並請他離開，好讓她可以繼續時，畢亞圖想著：

> 這是畢亞圖第一次被趕出他自己的房子，如果情況不同於眼下，他絕對會對這種滔天大罪提出抗議，而且會讓古德尼牢牢記住，他一毛都不欠她。但如此情境下……他被賦予一條尾巴，在雙腿間搖晃著，因為在絕對的恥辱中，他走上了和狗一樣的路並爬下階梯……他拉出了一綑乾草，將它們鋪在地板上，像一條狗一樣躺在上面[153]（頁109–110）。

畢亞圖「累極了」且感到「多餘」，「從未如那晚一樣地在他心中感到如此不獨立」。但隔天上午當他醒來時，他的孩子活著。他為她取名阿絲塔，並告訴自己「有許多事情得做」，要照顧羊群、要安排蘿莎的葬禮，並且要為所有參加的賓客提供一餐有煎餅、聖誕蛋糕、美味咖啡的「盛宴」。「我不會容許任何人在我妻子的葬禮上飲用任何舊洗碗水。」這個男人沒有忘了他的驕傲以及對他來說最重要之事——他的獨立，他也沒有反對生命和行動，或沉溺於自身的屈從；正好相反。這符合了我的直覺，也就是這是一種強壯的、激發行動的怨懟，即使其形式只是對他們所被迫展現的那類服從的顛覆性表演。就此主題，可以參考史蒂芬．達沃[65]針對怨懟所提出的、發人深省的討論。

26 參考朱迪斯．巴特勒[43]針對展示身體弱勢和（或，幾乎是，作為）一種政治抵抗行動的細緻探索。

* 編注：二〇一二年九月十一日晚間，美國駐利比亞班加西領事館遭激進伊斯蘭恐怖分子襲擊，多人殉職。希拉蕊時任國務卿。

她操縱這個標籤如操縱一段毀滅性的武器。

她的丈夫用白宮辦公室內的女友羞辱她，她便轉過身利用被激起的同情來開展政治生涯；她的共和黨對手在辯論賽中以專橫的姿態靠她太近，她便轉過身用這股同情贏得參議員的席次；保守人士以眾議院特別委員會的聽證會為名進行獵巫，她便轉過身利用這股同情駛進高速公路的高乘載車道，開往總統參選人的位置。[27]

多德在此的敵意驚人。希拉蕊做了什麼讓她得承受這樣的狀況？說到底，她其實什麼都沒做，她僅僅只是在難堪的情況下表現得令人佩服而已。緊接著上述的段落，多德抱怨：「希拉蕊．柯林頓最有魅力的時刻，莫過於當一群臉色蒼白、言詞傷人的白人男性霸凌她的時候。」她接著又說：「而在週四與共和黨侏儒們的馬拉松會議中，她顯得相當有魅力，他們完全不知道，希拉蕊總是在某些野蠻人試著讓她安分時，最能展現她的強大。」有鑒於多德的語氣充滿不贊同，這可能是正確的描述。但是再一次，此處似乎有邏輯上的跳躍，而我們想知道問題出在哪。藉著高尚的道德表現或當個「房間裡的大人」，希拉蕊揭露了他們的惡意與跋扈，與其稱此為「扮演受害者」，不如說這是「揭露霸凌者」。是的，這可能會改變觀眾的同情對象，但問題來了：為什麼不該如此？

當然，讓自己被如此看待可能過於誇張。可能拖延太久、太消極、太自討苦吃，或太有心機。這麼做也可能不公平，或者是出自錯誤的理由。無須否認，這些可能性都確實存在。

但這也有可能是有利的操作，並且我認為是一個合理的操作。那些認為不可能的人們，需要說出為什麼不可能，對那些已經窮盡了其他一切方法，試圖將霸凌者和壓迫者繩之以法的人來說，替代選項應該是什麼？

一位不久前發現自己面臨這類困境的人是艾瑪．蘇克維茲，彼時她是哥倫比亞大學的學生。蘇克維茲試圖對涉嫌攻擊她的人提出性侵害告訴未果，她認為是校園警察和紐約市警方的失職使得案件未能成功起訴；在那之後，她根據自身經驗設計了一場行動藝術表演「背負其重」(Carry That Weight)：她在校園內拖著重達五十五磅的標準單人床墊，去到哪裡都背著。她主動拖行著這個可見的象徵物，提醒人們在攻擊當下以及事發之後，她是如何被不公地剝奪了自身的主體性。這顯然很耗費精力——不單是情緒上的，也是肢體上的。

就我的目的來說，蘇克維茲後續的另一項作品也同樣有趣。她錄下一場表演，演出一段一開始為合意、但在後續變得暴力的性互動，由她本人扮演（是真的扮演）受害者，扮演襲擊者的演員臉孔則被模糊處理。這支影片名為「Ceci n’est pas un viol」，這不是強暴。正是透過表演與呈現被認定為被動和被羞辱的過程，這場藝術演出把這樣的經驗轉化成一場主體性的行動；這個創意彷彿是要說：**這些事情確實發生過**，它們發生在藝術家的身上，因此，出現了這個藝術作品。

27 Maureen Dowd, "The Empire Strikes Back," *New York Times* Sunday Review, 2015/10/24, https://www.nytimes.com/2015/10/25/opinion/sunday/the-empire-strikes-back.html

在蘇克維茲的創作計畫的網站上（http://cecinestpasunviol.com/），她邀請潛在觀眾在觀看影片前先思考幾個問題——關於「搜尋」、「渴望」、蘇克維茲本人（「我」）的問題：

- 你覺得你和我多熟？我們見過面嗎？
- 你覺得我是一個完美的受害者，還是這世上最糟糕的受害者？
- 你是否拒絕把我看作一個人或一個受害者？如果是，為什麼？是為了要否認我的主體性並進一步傷害我嗎？若是如此，你要如何看待，你之所以能夠傷害我，必須歸功於我一開始冒險將自己置於脆弱位置之上？
- 你恨我嗎？若是如此，恨我的感覺如何？

我懷疑，這之中也包含了一種令人滿足的情緒。有鑑於所謂的受害者文化，也就是怨懟和責怪某些受害者的情況，這應該讓我們感到憂慮。

因此，最後讓我們回到坎貝爾和曼寧的問題：為什麼要強調一個人的受害經驗？有時候是為了促進團結，如瑞吉娜．蕾妮所說。有時候是為了讓個人成為敘事的中心，可以主動地（重新）塑造敘事，而我認為，這個敘事能夠和主流版本競爭。作為從屬群體者，個人藉此有了機會——可能是獨一無二的機會——得以揭示，與支配方的視角對照，什麼才是自己對這件事的自然觀點，什麼才是自己這一面的故事。個人有可能得以揭露，誰以霸凌者和侵略

(7) 懷疑受害者 Suspecting Victims

者的身分使自己成為受害者，就算我們無法期待這麼做可以重新引導同情的慣常流向，畢竟同情如同熱空氣一般，自然會往社會階序的上層流動。

這類顛覆性的操作可能會使人們產生敵意與怨懟，尤其是涉入雙方分別是女性以及在社會上支配她的男性時。截至目前為止，我已經在本書多處指出，作為女性，索取同情和注意力往往是一種令人焦慮的嘗試，可能會在許多方面造成道德上的錯誤或社會反挫。但是，我想說，這就是道德生活。試圖破壞現存的權力關係充滿了道德危險，而面對那些始終堅信這麼做不合理的人，我的問題是：為什麼？更進一步來說，假如「扮演受害者」無可避免會遭受譴責，**誰**會從中受益？又對誰有害？許多時候，面對實踐厭女情結的男性，受制於厭女情結的女性理應要將注意力引到她們所受的道德傷害上。不令人意外，這種揭露並不受歡迎，嘗試這麼做則威脅重重。

CHAPTER

(8) 敗給（或失去）厭女者

Losing (to) Misogynist

若一個女人不夠合宜，便視她為贗品；若不夠端正，便視她為不正派；若她體格健壯，稱她為腫塊；若纖細，說她是榛樹枝；若皮膚黝黑，稱她是烏鴉；若氣色合宜，則如粉刷過的牆；若她悲傷或害羞，便視她如小丑；若歡快與愉悅，則她可能是蕩婦。

——約瑟夫．史威南

《對淫穢、懶惰、冒失與無常之女人的指責》

她被稱作女巫、賤人、騙子，以及兩顆爛蘋果裡比較不爛的一顆。「她有許多張面具，但誰看過她的臉？」一位名嘴故作姿態地問，表達出對她的真誠普遍又根深柢固的懷疑。儘管她的執政紀錄和其他政治人物相比遠遠優於平均，她的可信賴度評比卻異常低分。她是茱莉亞．吉拉德，我的家鄉澳洲的第一位女性總理。

吉拉德當時遭遇惡意的厭女圍攻，是讓她在面對黨內挑戰時最終輸掉領導地位的主因，此論點已為大眾接受，甚至可說是不爭的事實。[1]對於我而言，有趣的是為什麼、這又如何發生，以及我們如何沒能從這件事情上學到教訓。

因為在二〇一六年的美國總統大選中，透過同樣的修辭和運作機制，歷史以一種驚人的相似方式重演了，儘管兩個情境中，它們的目標和社會脈絡有重大差異。而我相信，在「川普擊敗希拉蕊」這個令人沮喪的故事裡，厭女機制和更廣泛的性別化動力扮演了重要的角色。[2]其他先不論，這個結果給了我們一個機會（我承認這是一絲非常微弱的慰藉），讓我們反省厭女力量如何能夠嚴重扭曲我們的思考，使我們的推論帶有偏見。

當男性與女性競爭：相對性別偏見

我們經常把性別偏見想成某種針對個別女性的扣分項目，進而我們會在那些懷有偏見的領域中更負面地評量她們；[3]我們傾向於低估她，使她較難和男性對手成功競爭，面對男性，我們則傾向較公平地評量（於是偏見得以延續）。比方說，在極端的例子裡，她可能得要加倍優秀才能打敗他。

不過，有一個方法能明確概念化性別偏見，解釋它們如何左右我們對男性和女性的排序，使我們在其他條件都相等的情況下（即控制了其他可能造成偏見的因素），偏好男性勝過於他的女性對手。這些偏好可能透過不同形式表現，比方說：支持、提拔、喜歡、相信，或投票給他而非她。這可能導致我們「高估了他」，懷抱著敵意反對她，且低估她的優點。不管她有多麼優秀，我們都可能會找到某個原因（甚或任何原因）去懷疑或不喜歡她，尤其是在極端的情境或「完美風暴」下。

在競選期間，我們可能兩度發現自己身處於這一類情況：男性和女性正面對決，爭奪一個自始皆由男性支配的權力和威權位置。在三組相關文獻裡，以下是幾則最為驚人的發現，每一則都指向了在這些情況中，人們有普遍與強烈的傾向維護既有的性別化社會階序。

（1）研究者大衛・保羅與傑西・史密斯[213]約於二〇〇八年大選的兩年前對俄亥俄州將近五百

1 例如，參見[175]。我在其中更仔細地討論了吉拉德的狀況，並且引用了歷史學家瑪莉蓮・雷克，她總結道：「如今這是自明之理，比起當代的評論者來說，歷史將會給予吉拉德的總理身分更多同情……然而，吸引最多歷史學家注意力的，會是她所受到的對待，猛烈的厭女情結、無法容忍女性掌權的男性們的歇斯底里，他們給予她潑婦、女巫、騙子、篡位者、一個拒絕在男性對手面前彎腰的不正當索求者等標籤。」

2 必須澄清的是，此處的用意並非並不是要從技術專家的角度分析哪些是導致結果最關鍵的「要不是……」因素，並依其重要性加以排序。相反的，這是為了要點出，在選舉前夕以及結果中所出現的、紋理更為粗糙的社會學議題：為什麼這甚至會是一場激烈的競爭？因為，儘管理性的心智們當然可以不同意希拉蕊作為總統候選人的優點，但他們依舊很難質疑：(a)根據當時的證據，希拉蕊是比川普更優秀的總統候選人，而這些證據在事後並未被證實錯誤（正好相反）；以及(b)如果厭女情結不會是（這樣）一個因素，這件事對（明顯）更多人而言，會是（更）明顯的。

3 本章的此段落大多援引自我先前的著作，參見[183]。

名選民進行調查。受訪者被要求評估五名可能的總統候選人——三名共和黨員、兩名民主黨員，三男兩女。選民將兩位女性列為五人中最無法勝任者，儘管從客觀角度上來看，她們都高度適任（根據研究者的意見）。而在可能出現的六組全國大選對決組合中，男性候選人在每一場個別競爭裡都擊敗了女性對手。

每位男性在對上女性對手時的表現，也都優於對上敵對政黨的另一名男性。也許最耐人尋味的發現是，選民從自身政黨的女性被提名人，「**跑票**」到敵對政黨的男性被提名人的比例，比起性別對調的情況高出了好幾倍。研究者做出結論，「在競選總統時，女性對手的存在，可能會有利於〔男性〕參選人」[213]（頁466）。

這項調查中的三位男性政治人物分別是約翰·馬侃、約翰·艾德華、魯迪·朱利安尼。女性政治人物一位是伊莉莎白·多爾，另一位呢？希拉蕊·柯林頓。

但你可能會說：等等，相比於十年前，二〇一六年時的希拉蕊政治經驗豐富許多。既然處在該位置上的女性無可避免會面對更嚴格或雙倍的標準，至此她的勝任資格已無庸置疑，這種性別偏見是否就不再會是問題？

錯，或至少，不盡然如此。事實上，根據以下研究（兩組研究者提出一致的發現），在一般大眾的層級上，這似乎不太可能。他們指出，當女性參與競爭一個由男性支配的角色，而其適任性不受質疑時，她們反而會**廣受討厭**，而且遭受社會性懲罰和排斥。

（2）心理學家麥德琳・海曼進行了一組研究，目的是解答以下問題：當有明確證據顯示一名女性能夠勝任受男性支配的領域，她們是否仍會遭遇性別歧視？[4] 看來似乎是的，事業高度成功的女性經理人獲得晉升的機率仍舊遠遠低於她們的男性對手。這是為什麼？

在一個特別驚人的調查中，海曼與其合作夥伴提供受試者兩份資訊，內容是在一個男性主導產業裡兩位高階員工的介紹：兩人都是一間飛機組件製造公司內的銷售部協理。一為男性，一為女性——只有他們的名字「詹姆士」和「安德莉亞」透露出這件事；這兩個名字經過事前測試，都同樣討喜。兩份資料會輪流分配給這兩個名字，因此在兩種實驗條件中，一半的受試者看到的員工名字是詹姆士，另一半受試者看到的員工名字是安德莉亞。

在「成就不明」的情境中，在說明詹姆士和安德莉亞是不是傑出的協理上，都只有模稜兩可的證據。被要求比較兩人時，絕大多數的受試者（八六％）評價詹姆士比安德莉亞更**有能力**，但是兩人討喜的程度差不多。

在「成就明確」的情境中，這一半的受試者收到了一份額外的資訊，清楚展現了兩位員工的能力：一份年度表現評量，說明了兩人都是「表現傑出者」，屬於這類公司裡所有協理

---

4 我在此主要參考海曼、瓦倫、福克斯、譚金斯[113]等人的研究——後續寫為海曼等人——以及海曼和沖本[114]與帕克斯—史坦、海曼、賀恩斯[211]的研究。

的前五%。在此情境中，大多數受試者評價兩人能力相當，但差不多同樣多的人（八三%）認為詹姆士更討喜。不僅如此，相比其他情境，在這個條件下安德莉亞還被評為在人際上較不友善——測量指標包涵了惱人、有心機、不懷好意，以及特別是，不可信賴。海曼等人[113]形容此結果堪稱「戲劇化」。

記著，這測試乃是奠基於相似的資料（考量到資料是交錯配對提供給受試者的），因此這些迥然不同的評價沒有任何理性基礎。就算受試者覺得自己有道理，他們也必定是使用了臨時的標準，並在事後將其合理化。

但是為什麼呢？為什麼他們如此不喜歡安德莉亞，儘管她的能力無可否認？

（3）心理學家勞麗．洛德曼提出了以下答案：人們（經常不自覺地）被鼓勵維持性別階序，對爭取晉升或威脅達到高處、陽性位置的女性，施以社會性懲罰。這個「地位不協調假說」(status incongruity hypothesis）和前述調查的結果一致，有助於做出解釋。連同海曼的著作，在另一項引用該假說的近期研究[229]中，洛德曼與合作夥伴指出，此假說的效力會受到所謂「社會支配懲罰」(social dominance penalty）的居中影響，也就是說，身處這類位置上、自主性明確的女性（亦即有能力、有自信、堅定）會被認為在陽性特質上表現極端，例如傲慢和具侵略性。她們經常被描述為「頤指氣使」和「閹割型潑婦」。（耳熟嗎？[5]）

這些也正好是女性不被允許擁有的特質（洛德曼等人[229]透過實證研究證實了這些主題）。因此，由於這些機制，自主性明確、與男性競爭那些男性主導角色的女性加倍可能受到懲罰和排斥。相比於具有同樣條件的男性對手（使用同樣的外在文字工具描述，例如推薦信，但姓名被調換），她們被看作有更多她們不被允許擁有的特質。

洛德曼針對社會支配懲罰所提出的這個解釋，進一步被以下精采的研究結果證實：在一個「高威脅」的情境裡，這個現象可能加劇。在實驗開始時，受試者須先閱讀一篇名為〈衰退中的美國〉的文章，包含了以下段落：

> 這些日子，許多美國人對國家的現況感到失望。不管是源自於經濟的崩潰和居高不下的失業率、對中東地區拖延已久、耗費美國許多生命與財物的戰爭的疲憊感，或是面對全球與科技變革，但政府卻似乎無法發揮優勢的普遍性焦慮，美國人感到深深不滿。許多國民覺得就社會、經濟、政治面向來說，這個國家已落入低谷[229]（頁172）。

5 比方說，可參考塔克・卡森，他在他於MSNBC電視台的節目《塔克》上反覆提到，每當希拉蕊・柯林頓出現在電視上時，他就不自覺地併攏雙腿。他說，「她讓我覺得害怕，我無法控制。」（但就算如此好了，他也並不需要在電視上表現出來。）Ryan Chiachiere, "Tucker Carlson on Clinton: 'When She Comes on Television I Involuntarily Cross My Legs,'" Media Matters, 2007/07/18, https://www.mediamatters.org/research/2007/07/18/tucker-carlson-on-clinton-when-she-comes-on-tel/139362

相較於在「低威脅」的控制組裡，在高威脅下，嚮往高權力位置、自主性明確的女性人物明顯較不被喜歡，而且更常在晉升過程中遭到拒絕。然而，對於自主性同樣明確的男性對手來說，這些威脅性的刺激不會造成不同。研究者解釋道：

> 因為在系統威脅下，人們傾向於捍衛他們的世界觀，其中便包含了性別地位的不同……同時，因為人們在系統威脅下會格外拒絕女性的自主性，〔這些結果〕提供了直接證據，顯示反挫的作用在於保存性別階序[229]（頁174）。

這有助於說明唐納．川普——甚至可能還有伯尼．桑德斯——對抗希拉蕊時的種種順遂；這份順遂在其他情況下會顯得很驚人，但這正符合了保羅與史密斯[213]所預測的，當一名男性總統候選人和女性對手競爭時，他將獲得的抬舉。針對「衰退中的美國」故事，川普和桑德斯都各自訴說了一個清晰可辨的版本（儘管有所不同），而這很可能使得希拉蕊更為弱勢。

我們也應該留意，認為千禧世代（一九八〇年以後出生的人）傾向於認同進步價值，也因此或多或少會對這類性別偏見免疫，這種常見的假設至少可疑。上述第二與第三則研究主要或是完全以這個年齡層的受試者為主（他們當時是大學生）。[6] 第一則研究也至少包括了他們；而根據研究，受試者的年齡在此沒有造成任何統計上的影響。[7] 在各項研究中，受試者的性別亦無影響。許多人對於選擇投給川普而非希拉蕊的（白人）女性人數表達了驚訝之情，但考量到女性就如同男性，可能懷有上述的相對性別偏見，這可能不如此令人吃驚。稍後，我將於本章返回討論，此一常見偏見有多種可能解釋，催生了哪些更複雜的議題，以及在這個情況中，為什麼白人女性特別容易受影響。但與此同時，我們應該要留意的是，假如厭女情結更關乎於執行性別化規範，而非將女性視為次等人類或無心智生物，抑或是令人噁心與令人恐懼的存在，那麼，我們在此可以獲得一個立即的解釋：毫無疑問，不難理解，女性監督著其他女性，且參與了性別化規範的執行。根據我在本書發展出的厭女情結論點，我們可以預期，對其他女性投注厭女力量的女性，尤其會教訓（比如，責怪與懲罰）不遵守性別化

6 在海曼等人[113]的研究中，參與者當時的平均年齡為二十歲半（但可惜範圍與標準差並沒有被列出），這將會讓參與者平均與我大約同年生，亦即屬於千禧年光譜的前半部。在洛德曼等人[229]的研究中，該份調查招募了修習心理學概論課程的大學部學生，因此，儘管詳細的年齡資訊並未被標明出來，保險的假設是大多數的人屬於千禧年世代。最後，保羅和史密斯[213]的研究調查對象被描述為是俄亥俄州內將近五百位可能選民所組成之相對具有代表性的樣本，其中包括年齡介於十八到二十四歲的人。

7 此外，另一項由保羅和史密斯連同瑞秋·保羅所作的研究[245]，明確地針對（當時為大學生的）年輕選民進行調查，並且發現他們評量虛構男性和女性總統候選人履歷的方式有所不同。當履歷上出現一個典型男性姓名時，和被替換為女性姓名時的情況相比，該份履歷有顯著較高的可能，會被認定為屬於一個較有成就的男性政治人物且較有希望的總統候選人所有。但有趣的是，這個結果在參議員候選人上並不成立，暗示了僅限於當女性在爭取未曾被挑戰過，以及／或史無前例的陽性符碼權力與威權位置時，這個結果可能才會出現。

規範和期待的人。同樣的，當談到內化厭女情結，我們可以預期，這不一定代表女性懷抱著全面性的自我厭惡，而是她們格外容易因為自己違反了陰性責任而感到內疚與羞恥。我將於稍後回到這些主題。

社會排斥乃由噁心驅動

因此，人們面對嚮往高位的女性政治人物，可預期的反應是厭惡與敵意，還有在無明顯根據的情況下，視她為不可信賴的人。然而，這看法從何而來？

近期針對噁心的研究有助於建立此處的關聯性，例如，噁心是一種社會性排斥而非憤怒的情緒。哲學家丹尼爾・凱利[137]認為，我們天生的噁心反應（由受污染的食品及病原體威脅兩者所引起）格外適合、也因此被用來扮演規範的角色，讓人們遵從社會規範、傳統、階序等等。一方面，使他人感到噁心的可能性大力驅使人們避免被認定噁心的舉止。另一方面，噁心的感受會陰魂不散、造成污染、會滲透、會傳染，目睹他人對一些人或物的噁心反應，我們可以輕易學習到此種感受。噁心作為基礎的聯想一旦建立，很難再解除。

心理學家尤爾・英巴爾和大衛・皮扎羅[127]指出，噁心反應具有得以透過聯想散播的優勢。與噁心事物有所牽扯的人也可能令我們噁心。於是，參與社會禁忌行為而使他人噁心的風險，在某程度上也成為另一種驅力，因為我們都不願被迴避、被羞辱、被自身社群驅逐。在過去，這往往會是死亡的喪鐘，即便不談物質上的剝奪，以及因為失去他人而帶來的脆弱與不確定，流放與孤絕感在情感上也令人痛苦，在極端的例子中甚至很折磨人。

噁心也帶有說教的意味，它強化、甚至驅使著新穎的道德判斷——在一些情況裡，力道還很強。[8]於是，即使是輕微的噁心感都可能促使人們評斷某個對象可疑、不懷好意，縱然這樣的判斷顯然沒有理性基礎——就算此人的作為完全無害，甚至值得讚賞時，也是如此。塔莉亞．惠特利和強納森．海德特[269]的一項驚人研究中，易感的受試者們先是接受了催眠，使他們在讀到「經常」或「拿」這兩個字眼時會感到一陣噁心；隨後受試者閱讀短文，寫到有人犯下常見道德錯誤，舉例來說，在一個「賄賂」的情境裡：

> 國會議員阿諾．派克斯頓經常發表演說，譴責貪腐並支持政治獻金改革，但他只是在試圖遮掩他本身〔會拿取／經常被〕菸草遊說團體與其他特殊利益團體賄賂，並進而支持其法案的事實（頁781）。

受試者閱讀了短文，並因為內容含有符合催眠暗示的字眼，而打從內心深處感受到被人為增強的噁心感。與閱讀了同樣內容、但沒有噁心誘發詞的人相比，他們明顯有更嚴厲的態

8　此處的獨創聯想應歸功於塔麗．曼德柏格[195]，在她對我的論文《厭女情結的邏輯》[178]的精采評論中，曼德柏格指出，川普非道德性的噁心反應將可能會在他的支持者中引發道德評斷。

度，也就是將之視為**更嚴重的道德錯誤**。

在追蹤研究中，實驗者納入了另一篇短文作為控制組，文中描述一個名叫丹的學生委員會代表（**試著拿**／**經常選擇**）大家感興趣的主題在會議上討論。這是完全無害的行為，對嗎？這甚至是好的行為。但讓研究者震驚的是，一些閱讀了含有噁心誘發詞的短文受試者可不這麼想。「他看起來就是有什麼企圖。」一位受試者模糊地說。對另一個人而言，丹看起來是個「譁眾取寵的勢利鬼」。他的行為「看來如此奇怪與噁心」，第三個人這麼說，一副無可奈何的樣子。「我不知道（哪裡不對勁），但就是這樣。」他們如此總結[269]（頁783）。

我們得到兩個啟示。第一，噁心反應可以讓我們在道德評判上變得更嚴厲，甚至可能促使一些人從顯然完全無害的行為中感覺到道德錯誤。第二，我們並非總是根據道德理由和論證做出評判；有時候，我們**試圖尋找**這些理由和論證，以合理化一個已經做出的判決。我們不自覺地先射箭再畫靶。[9]

對希拉蕊表現出噁心

現在讓我們切換到希拉蕊。許多人不僅不喜歡她、不信任她，還在她二〇一六年競選總統時表現出發自內心的噁心。其中一人是川普，對於希拉蕊在二〇一五年十二月的辯論會上，在進廣告的時候去洗手間一事，他連「想都不願意想」（儘管是他自己提起了這個話題）。

一些噁心感受集中在希拉蕊的健康狀態上，將她錯誤地描繪為軟弱、虛弱、衰老、瀕死，缺乏總統所需精力（言外之意：陽剛）的人——長話短說，她是一個老女人，如今除了提供照護勞動以外，可說是毫無用處。人們對於希拉蕊的分泌物，以及她污染他人的可能性也驚人執著，比方說，二〇一六年九月她短暫罹患輕微肺炎，可能傳染與她握手的人的時候；或當她因為喉嚨乾澀和季節性過敏而咳嗽，無論有痰與否，都能成為一個特大號的爭議來源。甚至希拉蕊的經典笑容——頭後仰，張嘴奔放大笑——也引發了噁心的反應，儘管對於經常覺得她不夠真誠的人來說，這種奔放理應是種反證。就許多人來說，她的這副「皮囊」似乎不夠密合，令人不安。

首場總統辯論會之前，一位接受電視節目《莎曼沙・畢秀》訪問的川普支持者表示，他猜希拉蕊會在台上使用導尿管，因為她健康問題很多。我搜尋了一下，發現不知為何，這已經變成了網路上一個廣為流傳的陰謀論。這名受訪者補充道，他已經試著表現出同理心，而訪問者巧妙回他，他可能必須再努力一點。同時諷刺的是，川普才是有傳言在二月辯論會上尿濕褲子的人——馬可・魯比歐的這則暗示太過詭異，讓它幾乎不可能是假的。不過，這件事很快就被輕巧遺忘了。提到結構性失憶——社會上的特權者與支配者所操作的集體性遺忘

9 值得注意的是，並非每一個人都同樣容易產生噁心反應。但英巴爾與皮扎羅連同保羅・布倫（及其他人）皆曾指出，容易感到噁心的人更可能在社會面向上持保守態度——這是一個在其他脈絡中更值得謹記於心的發現。但由於噁心似乎易於（更扼要地）透過公共論述而擴散，我們並不能肯定，其解釋力在接下來希拉蕊的例子中是否如此受到限制。

——我們幾乎找不到更好的例子。我們詆毀她的名聲，卻幾乎循規蹈矩地維護他的自尊。與此同時，第一場辯論會中希拉蕊夾克上的一個小污點被說成是口水痕——被視為另一個她無法閉嘴的象徵，儘管所有證據都顯示相反，川普才是咄咄逼人的一方，還揚言要讓她因為電郵事件而鋃鐺入獄。（事實上，那塊污漬是希拉蕊領夾麥克風的陰影。）

人們在川普的造勢活動上喊著希拉蕊的名字、嚷著「把她關起來」，這很顯然表達了一種想要看到她被懲罰的渴望，但也不僅止於此，而是似乎還有一種想要她被「牽制」的渴望。二〇一六年七月間，一位身為川普跟班的新罕布夏州共和黨眾議員要求希拉蕊應為她的電郵事件和班加西事件被判叛國罪並槍決，他這麼說：「事情不對勁……這整件事情都讓我覺得噁心。希拉蕊·柯林頓應該要被放在火線上，為叛國罪被槍決。」隨後他稱她為「一坨垃圾」。

因此，正如前述的實證研究所預測，當我說隨著希拉蕊的競選活動進行，她遭受了在數量上與程度上都驚人的噁心反應，不是誇大其辭。同時我們看到了，這可能導致人們不信任她，增加他們在道德層面上不贊同她行為的程度。同樣可能導致即使沒有具體的指控，或即使有強力反證駁斥前述指控，人們仍堅信希拉蕊有罪。因此，要嘗試澄清對她的不實指控以及證據薄弱的迷思和謠言，往往像是一場打地鼠遊戲。我下兩節要談的關於噁心的一般特徵將可提供一些解釋：噁心如何陰魂不散，還有，它如何使我們想與該對象保持距離。[10]

噁心如何陰魂不散

在談到選舉的幾處論述中我都發現，希拉蕊．柯林頓與茱莉亞．吉拉德兩人遭遇到了多麼出奇相似的道德猜疑。她們兩人都被烙上了說謊的標記——如同前幾章中所述，無論是媒體還是澳洲的一般家戶中，「茱騙子」（Ju-Liar）都成為後者在詆毀者間的標準綽號——且兩人都在明顯薄弱的事實基礎上被指控貪腐。對兩人的指控最終都以失敗告終，但猜疑卻從未減弱；即使沒有出現任何證據，而證據的缺乏理當可以被當成強力的證明，說明猜疑不應成立，但一些人仍毫不難為情地公開堅持他們的猜疑。[11]

這類事件也不只發生在政治場域。回想媒體上的「愛麗絲．高夫曼*審判」，這起事件沒多久後就被一位她較有良知的評論者定調為一場女巫獵殺行動[241]，同時，不管網路上如何深

10 值得放在心上的是，希拉蕊在不久前如何一度變得比較受歡迎，也就是在她離開國務卿的職位後。隨後她要求「升職」，進而被許多人視為貪心與貪婪的，多篇針對她的政治生涯所作的報導信誓旦旦地這麼指出。例如可參見：Sady Doyle, “America Loves Women Like Hillary Clinton – As Long as They’re Not Asking for a Promotion,” Quartz, 2016/02/25, https://qz.com/624346/america-loves-women-like-hillary-clinton-as-long-as-theyre-not-asking-for-a-promotion/；以及Michael Arnovitz, “Thinking about Hillary: A Plea for Reason,” Medium, 2016/06/12, https://thepolicy.us/thinking-about-hillary-a-plea-for-reason-308fce6d187c

11 例如可參見：Callum Borchers, “A Former Top New York Times Editor Says Clinton Is ‘Fundamentally Honest.’ So...,” *Washington Post*, 2016/03/30, https://www.washingtonpost.com/news/the-fix/wp/2016/03/30/a-former-top-new-york-times-editor-says-hillary-clinton-is-fundamentally-honest-and-trustworthy-so-what/?utm_term=.2759c1813670

* 編注：知名社會學家厄文．高夫曼（Irving Goffman）之女。

信她有罪，對她指指點點，沒有任何指控得以持久。高夫曼，一位年輕且獲獎的社會學家暨作家，得到了無所不包的指控，從學術不端（根據一份被廣傳的六十頁匿名文件，聲稱揭露了她在論述上的矛盾——但高夫曼隨後做出了解釋，參見[241]），到全然造假，甚至在「一場殺人計畫裡駕駛逃逸車輛」。這不意味高夫曼就該豁免於一些有根據的批評，但這些批評只針對她一人有失公允。這些批評多數都可以在許多、甚至是大部分的民族誌學者身上成立，但總的來說，他們卻都逃過了這類的公開羞辱。因此，在我看來，這些對高夫曼猜疑的特別強烈，或特別針對她的程度，已到了使我們必須迫切尋求解釋。而我認為，此處所討論的性別化模式就提供了一個最好的，或至少可信的解釋。

誠然，並非每一位女性政治人物或知名公眾人物都會遭受這類猜疑、譴責，以及想要看到她們受懲罰的渴望。但是，汙衊一旦展開，很快就會升級，而且通常不只會排山倒海而來（網路上常見），更有滲透的效果——也就是說，這些猜疑和批評會包含所有可以用來質疑她能力、人格、成就的方方面面。希拉蕊、吉拉德、高夫曼都被懷疑犯下了成堆不同的罪過，多到人們認定當中必然有某項是真的。

即使在並未抱持這種信念的人當中，這也可能間接影響他們。我的感受是，整體而言，自由派與進步派陣營中的人並不像票投歐巴馬時一般，對於把總統選票投給希拉蕊一事感到驕傲，儘管這兩人的政策和政治立場非常相似，以及從所謂身分政治的觀點上來說，兩人（分別）都是（或將是）創造歷史的總統。除此之外，我認為左派間有一種氣氛，導致了對「票投希拉蕊」的道德防禦心——彷彿把票投給她代表了與其共謀或自鳴得意，因為她某些方向錯誤的外交政策造成了無可否認的糟糕後果（我認同）。但這些政策中，大多數也是歐巴馬的政策，然而，不知為何，我感覺它們對他聲譽造成傷害通常較少，而且投票給他一事也沒有因此變成左派的道德累贅。

因為道德批評會變得個人化，並特別容易被導向女性的人格、進而造成深刻的傷害，此處的問題就更嚴重了。這也多少說明了厭女情結如何破壞女性團結，尤其是在白人女性之間。接下來一節，我將以相反的順序討論這些議題。

保持距離

回想第三章所述，厭女情結經常涉及根據女性是否遵從父權規範和價值，區分「好」女人與「壞」女人。因此概略來說，不難想見嚮往當「好女人」的女性有社會性的動機，遠離被認定為「壞女人」的女性（一如希拉蕊），並在對方因為被視為不道德的犯罪和不端行為遭到放逐與懲罰時，亦公開參與。

另一項麥德琳・海曼參與的研究[211]約略釐清了為什麼在二〇一六年的總統大選中，超過一半的白人女性選民將票投給了川普，而非希拉蕊。研究的發現與本章稍早提出的看法一致，女性就如同男性，會懲罰高度成功的女性，但原因卻似乎不同。研究者請男性和女性受試者就敵意、反社會特徵、整體喜愛程度等指標，對一份人資檔案中描述的新任女性副總裁評分；男女受試者都傾向社會層面上對她做出懲罰，推斷她違反了社會規範（例如操縱人心、冷漠、有傾略性）。除非，有明確資訊顯示出她的陰性美德和良好行為。出現後者資訊時，男女受試者的「社會懲罰」傾向都會消散。然而，關鍵的是，此時只有女性受試者會出現負面的**自我評價**。這支持了研究者的假設，也就是，懲罰其他成功女性，對女性來說（且只對女性）有自我保護的功能，懲罰緩和了當一名相似的女性（同樣良善、得體，甚至很「真實」的女人）比自己更有能力或成就時，所帶來的威脅感。與此同時，很明顯的，這看來與缺乏自我肯定相關，而正向回饋可以減緩這點。

在第一項實驗中，研究者將題目中的女性角色描述成具有陰性符碼與利他的傾向，藉此阻擋女性受試者對她們的懲罰，而在同一份研究報告中的第二項實驗裡，透過事前對實驗受試者（皆為女性）灌輸正向的回饋，肯定她們傑出的事業敏銳度，研究者達到了程度相當的效果：她們不再被驅動去懲罰成就較高的女性。

大選之後，我們這些對結果感到悲痛的人，對投給川普的白人女性的批判往往嚴厲過對白人男性。我自己當時也是。然而，看到這些研究結果後，我把好一部分的憤怒重新導向父權體系，在這個體系中，連年輕女性都相信，她們不可能在這個受男性支配的高權力職位上勝出（再一次，請留意本研究的受試者是大學部學生）。從選舉結果及上述心理機制的力道來看，她們很有可能是對的。一個錯誤卻合情理的心態是，人們會規避對自己造成威脅的他者,因為他們挑戰了自己現有的認知(即認定自己就算盡全力也不可能成為某種人,比方說總統)。規避的方法之一,即為認定這些女性與我不同,而且在某些方面較為劣等或令人反感;再不然就是形跡可疑,例如說,她們無情、麻木、冷漠,或者她們的成功讓她們成為女巫,她們的能力是黑魔法。

從這項研究出發,一個值得探討的問題是種族因素的影響。因為幾乎沒有任何黑人女性選擇投給川普而非希拉蕊,這麼做的拉丁裔女性也相對稀少。種族差異是讓她們在心理上區隔自己與希拉蕊的原因嗎?或者,對她們而言,因為選出一個白人至上主義的總統將面臨更多損失,以至於壓過了本來可能會產生的前述傾向?不過很可惜,前面那項研究並沒有提到受試者的種族,我們無從得知答案,也不清楚研究中的評估主角是否被受試者們設想為白人。

無論情況為何,白人女性看來有額外的心理與社會動機支持川普,並原諒他的厭女情結(及其他行為)。可能來自以下原因:(1)平均而言,比起非白人女性,白人女性更可能和川普的支持者成為伴侶。(2)也是平均來說,在一些情況裡,白人女性通常有更強的動機和傾向,試圖獲得或維持川普這類有權白人男性的喜愛,因為基本上,只有白人女性有絲毫機會能被川普這類男性視為「好女孩」——假如她能照遊戲規則來。與此同時,這類男性對黑人與拉丁裔女性則經常只有消抹與貶低。

金柏利.克倫肖[60]於選舉後與十六位社會正義領袖對話,強調我們在此有必要思考社會關係及社會身分的交織性。與克倫肖的對談中,種族批判理論學者與女性主義者周秀美(Sumi

Cho，音譯）指出，「與其基於個別（白人）女性自身的利益投票……我們反而聽到了這樣的說法，『但我擔心這會對我的兒子／兄弟／丈夫造成什麼影響』等等，我們有一個被高度種族化的家庭概念，戰勝並取代了普遍的理性選民思維。」周在此說明了對「小人物」的同理他心如何可能也成為故事的一部分。在美國社會中，一夫一妻的單偶制親密關係是統計上的常態，而且在許多社群裡，某程度上仍是顯見的道德常規，在許多保守社群內，女性的首要效忠對象經常是她們的男性親密伴侶，而不是其他女性。對於女性來說，假如男性伴侶身上出現了隱約的男性支配型態與其他形式的厭女行為，她們也有相當強的心理動機否認、淡化、忽視其普遍程度與重要性。這便包括了，他票投川普，代表他基本上不在乎其他男性同胞的不當性行為和厭女情結。

這個論點可以延伸下去。作為白人女性，我們習慣性效忠周遭的有權白人男性（例如，在工作場合、社區、其他社會機構，包括學術場域裡頭，級別高於我們的人）；我們把支配群體男性的祕密當成一種理所當然，包括當他們有性掠奪行為的時候。我在此刻意選擇使用複數代名詞「我們」。在這方面，開明進步的白人女性不見得願意擺脫自己長久以來的習慣。回想在學術界（包括哲學界，至今仍是成員最不多元的學科之一），多起特定知名男性加害人的性騷擾與性侵害情事，人們花了多少時間才採取任何行動。這是我們保持沉默、當「好女人」的集體傾向之一，它仰賴我們效忠於支配群體男性，此外，還要照料周圍的所有人。

在第四章裡，我曾指出，女性被預設要關懷與關注她們身邊的每一個人，不然就有可能被視為齷齪、吝嗇、不公平、冷酷無情，但是當妳在競選總統，這當然是一個不可能的任務。而且一般而言，一位女性的觀眾群或選區愈大、愈多元時，她愈有可能因為這些針對女性的關懷義務而被看作是冷漠、有距離、「遠在天邊」、疏忽、不細心、自私的人。然而，她的男性同僚卻不需要展現出任何這一類的傾聽技巧。事實上，當主角是川普，這類技能幾乎可以說完全沒有必要。

這顯示，我們不能單純認為男女只是面對了高低不同的標準，而應該這麼說：我們經常認定男性和女性有根本上不同、形式上互補的責任。接著我將就兩種機制提出證據，以幫助我證實這點：其一被我稱為「關懷綁架」（care-mongering）*，另一則是性別化的「觀感分裂」（gendered "split perception"）。

關懷綁架

女性被不成比例地要求要關心他人（連年輕人都覺得該這樣），證據來自於學生評量教授時，性別偏見有廣為人知的影響。這些證據也值得納入本脈絡考量，因為你細思便會發現，政治人物和教授之間有著不少相似之處——他們不只是人們眼中心照不宣的權威人物（這也

* 編注：此詞最初的文化語境是正面的，意義近於「關懷倡議」，特別是在Covid-19疫情期間被用於鼓勵社區互助。在本書的脈絡下，則延伸帶有對性別雙標的批判性，指對女性有特別苛刻的道德標準，故採此譯法。

適用於許多其他職業），還有他們所展現的表演特性。作為教授，你必須站在人群前要他們對你的言詞投以信任、尊重、注意力，且你會發現，不論是對於你後續如何被評價，或是被給予多高的評價，性別都有著顯著的影響——至少在後者的情境中如此，因此在前者的情境中也可能適用。

這不僅僅是因為，許多學生——再一次，男女皆同——偏好在知識和道德上的權威人物以順性別男性之軀出現（儘管研究時常如此顯示，但近期一些種族方面的研究結果帶來些許希望[12]），更因為人們對女性和男性的觀點往往非常不同，他們於是因為不同的缺點受到懲罰。喬伊·斯柏拉格和凱利·瑪索尼[249]指出，男教授被懲罰的理由較常是因為教學無聊，女教授則因為看來冷漠、不關心人，以及沒有和每個學生都發展出個別關係。根據學生如何描述最好和最糟的教授，他們也發現：

> 最不友善的字眼多半用在女教授身上。最糟糕的女教授有時候會得到「潑婦」和「女巫」等明確字眼指控為壞女人。學生可能不喜歡傲慢、無聊、漫不經心的男老師，但他們卻會仇恨吝嗇、不公平、死板、冷漠、「精神錯亂」的女老師。這些發現（中略）被通報事件證實。在這些事件裡，學生對女性教員展現出敵意，多半發生在她們未能適切執行其性別角色，或提出挑戰性別不平等的課堂素材時[249]（頁791）。

研究者總結，雖然男女教授都需要根據其性別付出特別的努力，但女性的努力有可能特別辛苦，因為一名男教師要令觀眾感受到他不無聊相對簡單，但一名女教師要和每一位學生都建立關係卻顯然不輕鬆，而且超過某個程度，這簡直不可能。

「關懷綁架」，或另一個我喜歡的說法是「（性別化的）弱勢暴政（tyranny of vulnerability）」的誕生，在澳洲對茱莉亞・吉拉德的攻擊中扮演了重要角色。吉拉德在黨內初選內成功取代了前任領導人凱文・路德。路得企圖報仇時，他完全知道該怎麼做。首先他對記者勞利・歐克聲稱吉拉德背棄了曾有的協議，沒在挑戰前給出更多時間，讓他改善他的總理表現。然後路德又似乎將內閣會議的紀錄洩漏給了歐克，指出吉拉德因為預算赤字而反對一項增加老年退休金和有薪育嬰假支出的提案。儘管吉拉德解釋，她在預算獲得平衡後仍支持了這些措施，她的民意支持度仍受到重挫，差點輸掉接下來的選舉。她被視為不可信賴，而且冷酷無情。

澳洲記者喬治・梅加羅吉尼覺得路德和歐克的行徑簡直惡劣得可以，他提出以下問題：

> 如果競爭發生於兩個男人間，這事還會發生嗎？我不確定。我認為我們必須拆解這

12 比如，根據一項近期研究，所有種族的學生都偏好非白人教授。Anya Kamenetz, “Study Finds Students of All Races Prefer Teachers of Color,” NPR, 2016/10/07, https://www.npr.org/sections/ed/2016/10/07/496717541/study-finds-students-of-all-races-prefer-teachers-of-color?t=1563451065078

點，看看我們究竟目睹了什麼，那就是，一群男人試著把一個女人變成怪獸。

可惜的是，他對澳洲人的呼籲大大被忽視了。[13]

我揣測，類似手法也對希拉蕊造成了很大傷害；她面對的不只是更嚴格的標準，更是和她的男性同胞比起來非常不同的標準。問題是：在她一路以來的關懷圈中，是否曾有任何弱勢者未能從她那獲得足夠的付出、關懷、注意力？答案是「沒錯」，也幾乎必然如此，因為作為一個資深的政治人物和前任國務卿，她的關懷圈必然要無限擴張，亦即幾乎包括所有人。與此相對，唐納．川普說他可以站在第五大道中央對人開槍，卻仍舊不會失去選民。[14]許多人因為他這番言論勃然大怒，但他依然贏得了選舉。

性別化的撕裂觀感

從另一方面來看，針對性別雙重標準，常見的討論也可能過於狹隘。此概念是指，相同的行為，女性做的話，會比她們的男性同胞受到更嚴厲的批評，但這樣的觀感建立在大家認為該行為大致是道德中立的。然而，證據顯示，男性和女性做出同樣的行為，有可能一開始就被差別看待——因為猜疑或性別化的勞動分工，造成了先入為主的差別視角，使得同樣的行為，他做看來正常平凡、沒什麼好留意的，她做卻讓人懷疑：她在掩飾什麼？

這表示問題不只是在性別雙重標準而已；政治領域中的性別偏見，還包含了社會認知上的「分裂」。

我在此處提到的證據來自於近期的一項社會心理學研究。當中的假設尚在發展階段，儘管如此，它高度解釋了某些令人迷惘的僵局，故值得一提。該研究令受試者閱讀一些故事，描述了因為各種原因而將幼年子女獨留家中的父母。隨後，受試者被要求評估這些幼童所面臨的風險或危險程度。相比於因為去工作而把孩子留在家中的父母，為了抓寶可夢而把孩子留在家中的父母被評為將孩子置於較高的風險之中。對我來說，關鍵之處則在於，在其他條件相當的情況下（也就是控制了離開的原因、離開時間的長短、幼童的年紀等），女性的行為被評為比男性的更具風險[258]。

誠然，這些只是初步的研究結果（事實上，在撰寫本書的此刻——二〇一六年八月——這些結果堪稱前衛），特別是性別因素在這裡的影響還有待研究（研究者也如此承認），但仍然可能解釋了許多需要釐清的事。我們很自然可假設出大略如下的機制：我們看到他人做出一件在道德上理想或糟糕的事，比如說，一定程度上值得我們發怒、讓人感到噁心或憤慨的

13 吉拉德[98]自身的說法是：「歐克的報導對這場選舉造成了破壞性的影響。它迎合了選民過去在想到我時就已經放在心上的問題：假如我未婚、無子，我真的能夠理解家庭的壓力和憂慮嗎？」（頁40）

14 Jeremy Diamond, "Trump: I Could 'Shoot Somebody and I Wouldn't Lose Voters,'" CNN, 2016/01/24, http://www.cnn.com/2016/01/23/politics/donald-trump-shoot-somebody-support/index.html.

事情，我們就會想將「對此事的描述」（例如他們行動的危險程度），與我們道德反應的強度與價值進行配對。於是，這類對他人的道德反應或評價，反而成為一個重要因素，影響我們如何看待或描述他人的行為，而那本應是純粹事實、非道德性的。當然，我們期望的正好相反：應該先評估非道德的事實，才依此對他人的行為提出道德判斷。

接著，讓我們思考身處特定社會位置的女性——嚮往陽性權力位置（如政治領域）的女性——所遭遇的偏見。這些偏見中可能包括了一種**道德預先判斷**，與普遍遭人否定、卻尚未消失的性別社會規範一致的預判。像希拉蕊這樣的人經常被賦予篡位者的道德角色，這毫不令人意外（當然不表示這是正當的）；她威脅要奪取男性在歷史上的位置，或搶走他們的鋒頭。倘若她獲勝，一定經過操弄，她不可能有辦法公平獲勝，因而她的行為和她本人都顯得輕率、可疑、不正派（諸如此類）。

一般說來，握有前所未有的政治權力或是正站在其風口浪尖上的女性，也可能會被視為**規則破壞者**，無法讓人信賴她們會守規矩，或是尊重法律與秩序。這些觀感可以理解，因為它們並非毫無根據：這些女性**確實**正在破壞不正義父權體制的規則，這個體制正在被拆解。像希拉蕊這樣的人**確實**打破了階序；對於表面上已過時、實際上仍根深柢固的社會階序來說，她違反規則，這當中唯有男性可以嚮往最高的政治職位，女性只被期待要聽從與支持他們，而非與他們競爭。於是，當她悖離這個角色，就彷彿叛國或背叛，而人們對這件事的反應可能是在感到迷惘的同時，表現得令人迷惘；感到威脅的同時，表現得讓人受到威脅（可回顧序言）。

據此，一名在道德和社會現實方面（即根據公平和平等的標準）沒有犯下任何錯誤的女性，可能會因為違反了父權規則手冊裡的規範，而面臨道德猜疑與驚愕，她的行為便有可能被歸類為危險、可疑、冒險、欺騙他人，並且符合已預先被提出的道德判決。是後者的判斷驅動了前者，而非反其道而行。她看起來就是不懷好意，至於用意究竟為何，則有待被發現——或被發明。

這些理論推測看似合理，但它實際上是否得以運作（又如何運作）？是否有任何證據顯示它確實在發生？

我相信有。舉例來說，新聞裡充斥了大量的報導，討論希拉蕊的幕僚破壞她的電子設備，以及那可能代表的意義。舉例來說——再次舉一個政治圈外的例子——愛麗絲．高夫曼於其著作《全員在逃》[101]出版後，焚燒掉她的田野筆記，她所面對的指控。隨後，因為她記錄了某項警方的不當行為，但她在背景城市（費城）的律師友人剛好沒有聽說過此事，多位權威人士和學者根據極薄弱的基礎指控她偽造了大部分的研究內容。還有其他許多指控都為高夫曼的成就蒙上陰影，有關於其不當學術舉止的指控，甚至出現荒誕的呼聲，要以共謀殺人罪名將她起訴，只因為她曾經生動描述了她和朋友在一位親近友人遭殺害後，一度編織過短暫的復仇幻想。[15]

然而，當有人像希拉蕊和高夫曼一樣破壞證據，產生懷疑難道不是很合理嗎？答案是否定的。這些行為都是在相關領域裡完全標準的做法。上述描述——以及鬼鬼祟祟丟棄一支黑莓機如同電影裡的棄屍般畫面的想像——既帶有偏見，又誤導他人。在希拉蕊幕僚的例子裡，他們沒有摧毀證據，他們遵循了保護機密資訊的標準程序；高夫曼則同樣依循了民族誌研究的最佳範例。

當男性從事這些行為，被視為理所當然，因此也經常不會被注意；但是當侵占了男性領地的女性做出同樣的事情，她的行為——以及她本身——便顯得像在欺騙他人，或是性格粗疏。

回想聯邦調查局局長詹姆士．柯米當時的說詞，他說希拉蕊對電子郵件的處理「極度粗心」，且在她出訪海外時，將美國人民置於來自「敵方人馬」的嚴重風險中。這兩段描述本身以及對它們的後續理解顯然都很誇大。希拉蕊和其他政治人物相比是如此粗心——這想法似乎由一種心照不宣的道德評價驅動，預先決定了她有罪的信念，而非對證據的公正評估。

澳洲出現過相似的事件。茱莉亞．吉拉德從澳洲總理之位下台後，因為一起捏造的、約莫二十年前的貪腐指控而受審。這些指控最終不成立，且普遍被認為是她的老對手、當時的總理東尼．艾伯特（見第三章所討論的，她的「厭女演說」靈感來源）所帶領的一場獵巫行動。饒是如此，人們卻認為吉拉德不僅展現了「判斷上的疏失」，更不知怎麼搞的，在作證時顯得「含糊其辭」和「過火、不自然」，甚至「戲劇化與憤怒」。儘管實際層面上她是「一名優秀的證人」，然而，「她的行為舉止卻帶有一絲演戲的元素……她說話的姿態顯得平板。」

皇家調查委員會委員如此表示。[16]

在伯尼・桑德斯指出希拉蕊不夠資格的爭議性言論中，他把事情歸咎於她那「糟糕的判斷力」，因為她對伊拉克戰爭投下了贊成票，而川普在後續與希拉蕊辯論時也反覆重複這套說詞。唐納・川普的副總統麥可・彭斯同樣贊成伊拉克戰爭，但川普卻表示彭斯有資格「偶爾」犯下這類錯誤。「那她沒有嗎？」CBS電視台的蕾絲麗・史達爾在提到希拉蕊時這麼問川普。「不，她沒有。」川普只說了這句。「知道了。」史達爾眨眨眼，然後繼續訪談。[17]

假裝

最後一個顯示性別偏見可能如何在大選中運作的珍貴證據，則來自於ratemyprofessor.com網站上的互動資料庫，裡面收納了大量的學生評價（約莫一千四百萬筆）。這個資料庫由班傑明・施密德設計，依照「科目領域」和「教授性別」分門別類地展示了不同詞語在評

15 Lubet, 2015a.

16 Matthew Knott, "Unions Royal Commission Clears Julia Gillard but Questions her Credibility as a Witness," *Sydney Morning Herald*, 2014/12/19, https://www.smh.com.au/politics/federal/unions-royal-commission-clears-julia-gillard-but-questions-her-credibility-as-a-witness-20141219-12alcd.html

17 Tessa Berenson, "Donald Trump Says Hillary Clinton Can't Make Mistakes, but Mike Pence Can," *Time*, 2016/07/17, https://time.com/4409827/donald-trump-mike-pence-hillary-clinton-iraq/

論中的使用頻率。並不是所有的性別化描述都如「女巫」和「婊子」一樣明顯可見。憑著直覺，我輸入了「虛假」（fake）一詞，結果驚人（見圖8.1）。

結果顯示，除了兩門科目以外，女性教授被描述為「虛假」頻率明顯較高，有時候比例高出好幾倍。反面來說，男性教授則比較可能激發學生使用「真誠」（genuine）一詞，不過此詞雙方差距略小。（這一次，各科目皆為如此，只有一科例外；那是一門不同的科目，並未明確顯示出任何模式。）針對「冷漠」（cold）、「刻薄」（mean）、「齷齪」（nasty），以及——再次令人震驚——「不

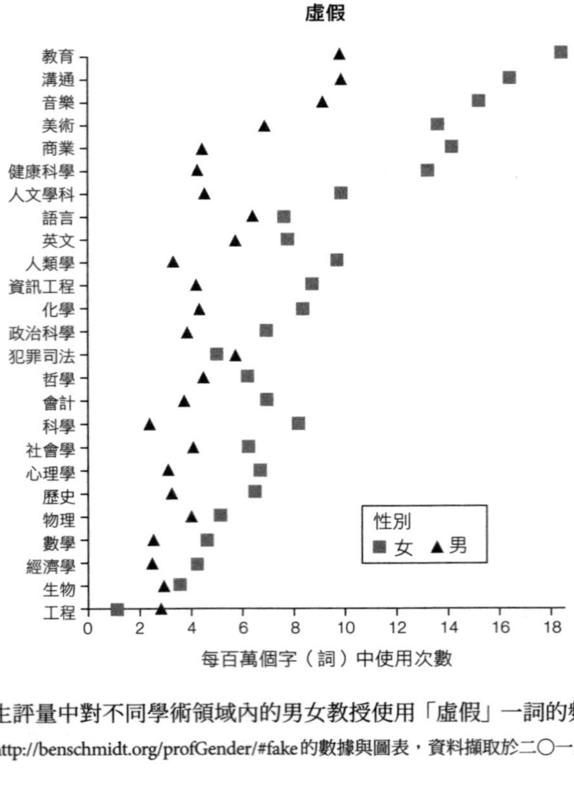

圖8.1｜學生評量中對不同學術領域內的男女教授使用「虛假」一詞的頻率
（根據擷取自http://benschmidt.org/profGender/#fake的數據與圖表，資料擷取於二〇一六年九月。）

公平」(unfair)等詞，搜尋結果也顯示了戲劇化的性別分配。也就是說，比起她們的男性同僚，女性似乎更常被看成刻薄、齷齪、冷漠、不公平，以及最重要的，虛假，而非真誠。

你可能會好奇，是否男女教授因為教學風格不一樣，遭遇了不同類型的評價和批評。幸運的是，斯柏拉格和瑪索尼在前面提到的論文[249]中處理了這一點，他們認為這不太可能：男性教師經常獲得相同面向的評論，但評價方向相反，這顯示男女教授並沒有展示出大相逕庭的特質，而是被套在不同嚴格度的標準上。

讓我們假設（我認為這是個安全的假設，儘管它也可以被駁斥），女教授因為她們不知怎地就是看起來「虛假」——無論那究竟是什麼樣子——而不得不招致這些不客氣的觀感，這意味著，和她們的男性同儕相比，人們更傾向於把身處權威位置上的女性視為裝腔作勢或冒名頂替的人。

讓我們假設這是真的：即面對教授的道德和知識權威，和男教授相比，旁觀者看待女教授的眼光裡頭有時會出現所謂的冒牌者症候群（imposter syndrome）。這個假設能夠幫助我們解釋，伯尼．桑德斯之所以比希拉蕊．柯林頓更受千禧年世代的喜愛，很大一部分是因為人們對兩人的正直、誠懇、真誠持有不同的觀感，而且此差異顯然超越了兩人之間在政治和道德上的不同——尤其如我們清楚所見，那些暗示希拉蕊不誠實與不可信賴的指控基本上都無疾而終之後[1]。

這也有助於解釋一些詭異的陰謀論，包括希拉蕊的健康問題遠比報導說得糟——這導致大選兩個月前出現了十足荒謬的謠言，指出希拉蕊有一位「替身」，或另一種說法是希拉蕊已經過世，如今被一個面貌相似的魁儡取代。（《老闆度假去》*，見見希拉蕊的九月。）

希拉蕊．柯林頓也不是第一個受這類觀感所苦的女性政治人物。茱莉亞．吉拉德被嚴重抨擊不真誠可靠，以至於在第一次的競選活動中，她試圖介紹「真正的茱莉亞」給澳洲大眾，好彌補那件事造成的傷害。然而這份努力卻意外地一敗塗地；吉拉德受到無情的嘲笑，並且又被描繪成像俄羅斯套娃一樣的形象——一層又一層的表面下，沒有實在的核心價值。

回想我在開頭時所引用的名嘴說法：「她有許多面具，但誰看過她的臉？」他引用一位不具名友人的說詞：「她要麼是非常保守，要麼就是根本毫無立場。我們最好希望她是保守派。」在她的對手身上，人們至少知道自己在面對什麼；「但面對她，卻非常可能在面對偽裝。」在她的行為舉止中可以見到「一種近乎虛偽的馬基維利傾向（Machiavellianism）†」；沒有真實的政治願景，她的政策僅僅建立在「認為選民可能會喜歡什麼」之上，而如果她「除了權力以外毫無信念」，且為獲權力不擇手段，那麼，「這難道不會在開明的左派圈子中掀起不堪設想的恐懼嗎？」讓你忖度，不如乾脆投給右派候選人？——「不管你多麼不認同他，他卻可能是比較好的領導人，因為至少他代表了某個立場。」[55]

如果你一無所知，你可能會以為上一段這些相當特殊——且生動——的情景是在講希拉蕊，而不是吉拉德。形容這兩人的方式始終驚人地相似，尤其當考量到她們在外表、年齡、過去經歷上的差異（儘管顯然不包括她們中間偏左的政治傾向），更是如此。

對女性政治領導人的信任感似乎甚至連在視覺觀感的層面上都崩潰了。她們看來空洞、僵硬、木然、機械，而且虛假、不真實；她們的能量似乎不來自於內在，她們的價值似乎也不是，只被認定為不過是來自於無常社會力量下的產物。

希拉蕊在第三場辯論中稱川普為普丁的魁儡時，川普當下的直覺反應值得注意：「不……不是魁儡……妳才是魁儡！」他氣急敗壞說。與往日不同的是，他似乎真心相信自己的話，她是木偶，而他是主人。

川普的支持者經常贊許他坦率直言；我認為我們可以這麼說，許多自由派人士低估了這個男人給人真實感的能力（即便裡頭缺乏真實的內容），因為川普所說的許多事情都不正確，甚至是令人憤怒的謊言，前後不一致、自我矛盾，甚至推翻自己說過的話。但我們應該自問，當我們在政治或其他領域內，以「真實感」或「真誠」形容一位準領導人，這究竟是因為我們相信他們說的是實話，還是因為他們基於某些原因「看起來」很適合領導人的角色，也許

* 譯注：美國喜劇電影，於一九八九年上映，內容描述兩個年輕人受邀到老闆的別墅度假，老闆卻遭人殺害，兩人為了不被懷疑而將老闆的屍體戴上帽子與墨鏡，使屍體看起來像是正在度假的真人。此處作者意在指出，希拉蕊．柯林頓的九月如同電影內容一般。

† 譯注：在心理學中，馬基維利傾向指的是一種人格類型，這類人格天生善於操縱人心、算計，與欺騙，並不是經過選擇的結果，也不必學習這麼做。

只因為他們能舉止自然地說好故事，不像希拉蕊？但說到底，希拉蕊被視為不自然其實和她本人沒什麼關係。（可以拿來比較的是「基本歸因錯誤」，即人們偏好以特定的個別資訊來解釋事情，而非一般性因素。）

考量到這點後，我認為，當時確實有充分的理由擔心川普會贏得大選，也有理由格外恐懼低投票率會使希拉蕊損失慘重，畢竟存在一種儘管微小卻可預測、很大一部分由性別驅動且可能影響顯著的反感情緒。無論如何，不管這股憂慮是對是錯（換句話說，無論是否合理），我事前都公開對此表示過憂心。[18]總而言之，真誠的政治學和誠實人格的美學能夠、也確實對政治領域中的女性造成特別強烈的反作用力。當她看來並不屬於指揮台上或總統辦公室書桌後的位置，她便可能顯得不可信賴、不誠實、是冒名頂替者，甚至在情感上引發厭惡感，進而上升為道德上的厭惡。我們太快相信自身的不安直覺，當作是他人不良人格的證據。同時，川普看來符合你預期中會進入權力位置的那一類男性，一個領導人，就算不是在政壇，也會是在某個領域裡。因此，許多人當時就已準備好在推特追蹤他，在線下也追隨他——而如今要去哪裡，要付出什麼代價？天佑我們。

18 為免我被指控事後諸葛（換句話說：說謊）——而且別忘了，在這個川普已（驚人地）開創了後事實和假新聞的時代裡，要求一個人的主張符合現實看起來多麼像是過季的吹噓——我在三月和五月時寫下了這份擔憂，隨後帶出我於七月十一日所刊出的一篇文章裡的暫時性預測[178]；我並於十月十九日再次重申[183]，儘管當時希拉蕊在民調中穩定領先，後續又在推特對話中開始提出解釋與辯護。

比如說，十月十九日時我在推特上寫道：

@kate_manne：「當男人和女人競爭——社會心理學研究有助解釋，為什麼仍有大約三八%的選民支持川普」，並提供我刊登於《赫芬頓郵報》上的文章連結，本章第一節的內容乃根據這篇文章所寫[183]。http://twitter.com/kate_manne/status/788798586268057600

我在@kate_manne上補充：「儘管民調領先，但這些研究讓我對希拉蕊．柯林頓能否獲勝感到悲觀。支持一名女性而非男性當總統，這深深違反了我們的舒適圈。」http://twitter.com/kate_manne/status/788874657319546888。

當回應我的反對意見指出，根據過往證據來看，這一階段的民調鮮少出錯時，我對@bweatherson和@FiveThirtyEight解釋，我「因為這一次的性別動力而懷疑根據過去選舉所做的推論。」http://twitter.com/kate_manne/status/788875451779407872

最後，我補充（再次對@bweatherson和@FiveThirtyEight）：「在一對一競賽中，強大的性別偏見可能促使某些希拉蕊的支持者不去投票。」http://twitter.com/kate_manne/status/788883913557078016。當然，這遠不如麥可．摩爾著實驚人的先見之明，他預測了哪些「州」可能會為川普的勝利負責。見：Michael Moore, "5 Reasons Why Trump Will Win," MichaelMoore.com, 2016/07/21, https://michaelmoore.com/trumpwillwin/；Matthew Sheffield, "Michael Moore: People Will Vote for Trump as a Giant "F**K You" – and He'll Win," Salon, 2016/10/26, http://www.salon.com/2016/10/26/michael-moore-people-will-vote-for-donald-trump-as-a-giant-fk-you-and-hell-win/.

結論：付出的她
Conclusion: The Giving She

> 曾經有一棵樹……她愛著一個小男孩。每一天男孩都會前來，然後他會蒐集她的葉子，用它們做成皇冠，扮演森林之王。
>
> 他會爬上她的樹幹，吃著蘋果，在她的樹枝上擺盪，然後他們會玩捉迷藏，當他累了，他會在她的樹蔭下睡覺。
>
> 男孩愛著樹……非常愛，而樹很快樂。但時間流逝，男孩長大了，而樹被獨自留下。
>
> ——謝爾．希爾弗斯坦
> 《愛心樹》

這是知名童書《愛心樹》的故事開頭，由謝爾．希爾弗斯坦所著，一九六四年首次出版，至今仍在印行並熱銷。[1]這本書在亞馬遜網站上獲得了四顆半星的評價，一些父母說，他們

1 希爾弗斯坦那張帶有威嚇感的照片甚至在漫畫童書《葛瑞的囧日記》中客串：他的角色負責嚇小孩。

的小孩深愛它，認為它極感人描寫了無條件的愛：樹，一個相當明顯的母親角色，為她深愛的獨子付出了一切。另一些人則擔憂男孩開始有不合理的索求時，她未能建立嚴格的界線。同時，他聽起來不太感恩。例如：

「我長太大，不能爬樹和玩樂了。」男孩說，「我想要買東西讓自己開心。我想要一點錢！」「我很抱歉，但我沒有錢。我只有樹葉和蘋果。孩子，拿走我的蘋果，在市裡販賣，這樣你就會有錢並快樂了。」樹說。

男孩返回，甚至索求得更多——他愉快地宣布他需要一個住所，於是樹給了他自己的樹枝，他拿去，用它們蓋了房子；然後男孩想要一艘船，於是樹給了他自己的樹幹，他拿去，用它們建船；他動身了，展開冒險。與此同時，對樹來說，她很快樂：「……但不盡然。」倒數第二節的最後一句震撼了你，詭異而顯見地，它的涵意從未被進一步說明。

於是，自然而然，這留下了疑問，例如：其他那些時刻，樹真的快樂嗎？假如不快樂，這重要嗎？男孩回報過她，甚至給過她任何東西嗎？

無論情況如何，她都來不及收回她的損失了；她已經一無所有，男孩拿走了她的全部。當他疲倦地從偉大的航行返回，除了樹墩，她沒有剩下任何東西可以給他，是他把她變成了這樣。男孩把頭放在樹墩上休息，故事在此結束。

在我為本書進行研究的期間，我對讓人們認真看待厭女情結的可能性——包括在適當時候將之視為一個道德優先議題——愈來愈不樂觀，除了原本就已經認真看待的人。而我發現，這一類人比我盼望得要少。我發現，和厭女情結相比，讓人們對觸發警告（一個相對輕微的主題）感興趣，要簡單許多。厭女情結在事實上與譬喻上都正在殺害女性這點，顯然不足以吸引那麼多人。[2]

我其實不該驚訝，厭女情結一直都在殺害女性，在事實上與譬喻上皆然——尤其是逾越

2 二〇一六年的十月到十二月間，我嘗試記錄美國國內女性遭到男性家庭成員或親密伴侶殺害的案例，但這些案例只被地區性的新聞媒體所報導（至少就我所知）。但它們的數量仍舊如此之龐大，大到我無法跟上Google通知的腳步，為了進一步縮小範圍，我把紀錄著重在刀傷造成的死亡。這類殺人案件報導往往發人深省，一方面，是因為受害者幾乎一貫地被描述成某人的某人——例如某人的伴侶、母親、女兒或祖母。另一方面，也是因為我們經常可以在報導裡見到不願意責怪男性加害者的傾向。針對珊奈・馬歇爾、亞曼達・威廉斯、瑞貝卡・霍吉斯、陶樂西・布雷蕭等人的謀殺案報導就是恰當案例，正如以下的節錄內容所示。值得注意的是，這裡的每一個受害者都是有色女性。

・珊奈・馬歇爾疑似遭到前男友刺殺身亡的新聞報導節錄：

珊奈・馬歇爾，現年三十七歲的她是三個小孩的母親，她的朋友形容她是一個有愛心、相當忠誠的女性，不畏懼直言。馬歇爾不久前和她那名據稱有暴力傾向的男友再次分手，但這次看起來是來真的了，他們說。「她跟這個男的玩完了……你可以看到她容光煥發。」四十二歲，來自隆伯頓的妮可・維艾拉說。「她是認真的，而他心知肚明。」

Rebecca Everett, "Slain Mount Holly Mom Recalled as Loving Woman Who Spoke Her Mind," NJ.com, 2016/11/19, https://www.nj.com/burlington/2016/11/slain_mount_holly_mom_recalled_as_loving_woman_who.html

常規的女性。事情便是如此，這是一個相當悲傷的現況，但我們很難看到有什麼能夠改變這一切。厭女情結是一個自我隱蔽的問題，根據它本身的邏輯，試圖讓人注意到這個現象本身就是不法，因為女性理當服侍他人，而非為自己爭取道德注意和關懷。

然而二〇一六年隨後降臨：川普當選總統。毫無疑問，這個出乎多數人預料的災難性結果，所有的解釋裡，厭女情結是其中最重要的一個。對於認為厭女情結和種族主義與當選結果無關的人，我恕難苟同。這不只是因為互相交織的壓迫體系會加重弱勢的脆弱處境，也因為一些仍處支配地位的社會群體（例如失意的白人男性），會在對女性的社會和情緒勞動發展出一種戒斷症狀或剝奪心態時，無差別地將怒氣發洩到，比如說，非白人和移民身上，而白人女性同樣遭殃。

有鑑於厭女情結對選舉結果可能產生的影響，你或許會以為來自不同政治光譜、但同樣為此結果哀悼的人們，如今應該已意識到厭女情結的力量，意識到它如何扭曲我們的道德和

・遭男友刺殺身亡的受害者，亞曼達・威廉斯的報導節錄：

於週三晚間遭男友刺殺身亡的飛雅維爾市女子的家人於週五表示，他們不會因為這起攻擊而責怪他，並希望警方永遠不會公開犯罪現場影像，包括警方槍擊男友致死的畫面。

亞曼達・威廉斯在位於床石路上的自家住所遭馬克・希克斯殺害，警方因為接到她兩個兒子的報案電話而趕到現場，他們發現後者正站在她的屍體旁，手中持有一把刀。當警方試著制伏逮捕他，他卻拒絕放下刀並持刀撲向他們，警方開槍射殺了希克斯。

「我們都在掙扎著接受事實。」威廉斯的阿姨蘿汪達・邦威爾說……威廉斯多年來受精神健康問題所苦，邦威爾說。她並補充，沒有人應該對威廉斯和希克斯的死亡提出指責。「我相信他很在乎曼迪（注：亞曼達的暱稱），而當他可以選擇離開時，事情卻失去了控制。我不會為他開脫，我們也並非試著為她找藉口。」邦威爾說，「誰對誰錯已經不再重要了。我們失去了兩個年輕的生命。」

在報案電話中，馬克・希克斯為殺害威廉斯道歉，邦威爾表示家人們相信他的話。「我剛剛殺了人。」他告訴接線人員，「她走了，我很抱歉，我殺了她。」

「我們聽到他說他殺了人，然後他很抱歉，而他是真心的。」她說。「你可以感受到。所以我們很遺憾他走了。」

Adam Owens, "Family of Fayetteville Domestic Violence Victim: Who Was Right, Wrong Doesn't Matter," WRAL.com, 2016/12/09, https://www.wral.com/family-of-fayetteville-domestic-violence-victim-who-was-right-wrong-doesn-t-matter-/16325581/

・瑞貝卡・霍吉斯和陶樂西・布雷蕭（分別）被她們的兒子和孫子刺殺身亡的新聞報導節錄：

友人、家人和陌生人都仍在試著拼湊，週一晚間倫道夫大道上的一間公寓內發生了什麼事：兩名女性遭人用刀猛烈刺死。有關單位表示，三十六歲的凱文・霍吉斯以一把長劍和切肉刀殺害了他五十六歲的母親瑞貝卡・霍吉斯與七十六歲的祖母陶樂西・布雷蕭。

……發生在週一的殘酷殺人案震驚了社區與家人，他們說凱文・霍吉斯很愛他的母親和祖母。「他的母親、祖母和他是活潑的三人組。」家庭成員拉瑪・史考特在提供給《澤西日報》的聲明中表示，「他們愛著彼此，而且有著外人所欽羨的連結。眼下他和他的家人應該得到哀悼和悲傷的空間。」

這是一句引人注目的發言，值得被引用，不需要進一步的評論。再重複一次：凱文・霍吉斯應該獲得時間，好為他深愛、同住，並且殘酷殺害了的女性家庭成員哀悼。

Caitlin Mota, "Mother, Grandmother, the Latest to Die in Alleged Domestic Violence Incidents in Hudson," Jersey Journal, 2016/12/07, https://www.nj.com/hudson/2016/12/on_heels_of_gruesome_double_murder_hudson_sees_spi.html

理性判斷。你可能以為，許多曾無情、猛烈、不成比例、誤導、說教般地，以及有時在我看來，自溺地攻擊過希拉蕊的人，他們如今會願意說「我錯了」。但是，錯了，這些道歉大多沒有發生。亦須注意的是，在這件事情上，當有足夠判斷力的女性警告：這類有毒情緒的積累可能會讓希拉蕊輸掉選戰時，發動那些攻擊的人也疏於傾聽她們的意見。即使到了現在，也沒人回頭看看曾幫希拉蕊辯護的人（不管其政治立場是否支持希拉蕊），都仍持續為她抵禦厭女的抹黑行動，或指出箇中明顯的雙重標準或對她特別嚴格的情況。為她挺身的人有明顯的共通點，包括布蘭妮・庫柏、瓊・瓦許、亞曼達・馬寇特、蜜雪兒・戈德柏格、琳蒂・魏斯特、雷貝嘉・索爾尼等人。[3]她們都是網路上知名的女性主義作家，且剛好都是女性。所以我們可以合理推測，她們都熟悉厭女攻擊的滋味——尤其若近期的研究結果具參考價值，她們自身可能都收過遠高於平均數的仇恨信件。[4]

你可能以為她們會被當成權威人士，因為她們指出希拉蕊遭受的待遇確實有獵巫意味時，不是無的放矢。但情況也非如此：人們普遍認為她們反應過度，而不是認為她們察覺到了社會上的風險因子，如同察覺到會造成林地野火的因素（例如高溫、風、乾旱情況）一般。假如你曾在野火的高危險區居住過，你就會變得比較熟練，能夠預期火災特別可能在哪些日子發生——儘管當然不是次次正確。於是主要問題就變成，我們能否在火勢一發不可收拾並造成嚴重損失前加以控制。

假如這在知識層面上顯得不可信，甚至詭異，那麼，請參考以下這則軼事。多位評論者在三月底時說希拉蕊的聲音「刺耳」（shrill）（在她基本上確定成為民主黨總統參選人並發表獲勝演說的晚上後），當時激烈的辯論持續了整整一週，討論這是否和她的音質與音色有關。還是說，這可能其實是性別歧視？我個人願意打賭它是，一部分是因為，我曾見識過吉拉德在成為澳洲總理後遭遇到一模一樣的批評；一位聲樂老師認為她的音質經歷了某些轉變（變慢、變低，並帶有更多鼻音、喉音，也更刮耳），而吉拉德必須改進她的聲音好符合選民的喜好。[5]另一個事實，若快速翻閱我所收過的成堆仇恨信件，也可以看到沒有聽過我說話的人說我的聲音刺耳。[6]這絕對為我們提供了一項有力證據，提醒我們當某個人用這種聽覺上的恐怖形象來形容一名女性的聲音，我們應該保持懷疑。但現實卻正好相反，我們反而經常任他們肆無忌憚發表這種評價，彷彿只要還有一絲空間懷疑這是否來自性別偏見，他們想表達這種音質評價的渴望，就會凌駕於我們不再讓這些印象持續存在公共論述中的集體利益。

---

3 也可參見丹妮爾·艾倫的文章，解釋為什麼她在競選活動的最後一年間開始仰慕希拉蕊，尤其是在讀了她的電子郵件後。Danielle Allen, "I've Come to Admire Hillary Clinton: What on Earth Happened?," *Washington Post*, 2016/09/30, https://www.washingtonpost.com/opinions/ive-come-to-admire-hillary-clinton-what-on-earth-happened/2016/09/30/4a3a92a8-85c3-11e6-92c2-14b64f3d453f_story.html?utm_term=.e815d5a604ee

4 例如可參考研究指出，十位收到最多仇恨信件的《衛報》撰稿人中，有八位是女性，另外兩位則是非白人男性。Becky Gardiner, Mahana Mansfield, Ian Anderson, Josh Holder, Daan Louter and Monica Ulmanu, "The Dark Side of the Guardian Comments," *The Guardian*, 2016/04/12, https://www.theguardian.com/technology/2016/apr/12/the-dark-side-of-guardian-comments

「我和其他許多人確實覺得希拉蕊・柯林頓的聲音刺耳，事實上，很多時候她的聲音聽起來就像是一隻貓被拖過黑板。」三月的一場辯論裡，來賓討論到對希拉蕊聲音「刺耳」的抱怨是否帶性別歧視時，其中一人在福斯電視台上這麼說（人們說到覺得聽起來難受的聲音，常用指甲刮在黑板上或貓咪的高頻哀叫，若你可以綜合兩者，何須只用一個呢？）克里斯・普

5「她可以如何改善？」迪恩・佛蘭柯自發性地問，並接著回答了自己的問題。他建議吉拉德下點功夫在她的：

「母音發音上——應該要以遠遠更低調的方式運用『e』、『i』和『o』，不要過度強調母音。她應該要有意識地決定擺脫『吉拉德式的鼻音』，這很有可能是她所能做的最有影響力的改變。

更輕盈一點——她的聲音太低沉了，加上一些隨機的輕盈感，發掘幅度更大的旋律和更多高昂的旋律，這會提振她的精神而且讓她聽來更自然……

精神／語調——是時候考慮到她聲音的色澤了。她的語調沉重且土氣，但她可以使用一些更輕盈和明亮的語調，引進更多悅耳動聽的特質。

發聲——她看來鮮有唱歌的經驗，而且沒有發展出某些演說以外的細微發聲技巧。歌唱可以幫很大的忙，但不是足球迷賣力唱國歌那種歌唱。」

這些建議已被記下了。總理當然有時間為了更宜人的發聲技巧而去上歌唱課。

Dean Frenkel, "Drop the Gillard Twang: It's Beginning to Annoy," *Sydney Morning Herald*, 2011/04/21, https://www.smh.com.au/politics/federal/drop-the-gillard-twang-its-beginning-to-annoy-20110420-1dosf.html

6 以下是這封電子郵件的全文複製，但隱去簽名。首先，必須聲明的是，這封信是在二〇一四年十月時寄給我的，在我曾經上過的幾次廣播節目之前。因此，我們似乎可以放心假設，他並不是根據我真正的聲音特質而在此用了「尖銳」一詞。

曼恩女士，

我對妳近日在《紐約》時報上的文章感到驚訝與惱怒，全面地嘲弄美國白人男性……真驚訝你會寫這樣的東西。妳內在一定累積了很多恨意，以至於這樣譴責一整個群體的人，任何心智健全的人都會避免這樣掃射性的主張……老實說，這頗為性別歧視與種族歧視。身為一個白人美國男性，我為此深受冒犯，並認為妳的邏輯並不配作為國內最好學府之一的哲學教授，反而比較像是一個自大的十五歲女孩，充滿怨懟和自戀。假如妳父親是一個憤怒的酒鬼並曾毆打妳母親，我很抱歉，但這不能作為藉口讓妳仇視所有男性，並且虛構偽科學來合理化妳這麼做。

一路以來我有過許多女主管，我和她們大多數人相處融洽，且從來沒有被任何和我一起工作或社交過的人指控為沙文主義或性別歧視者過，但這些日子以來我開始覺得自己是了……一直把一隻狗說成是貓，很快地，你就可能有一隻以為自己是貓，或單純覺得非常迷惘的狗。所以，靠著執迷於你所仇視的事物，你事實上創造了它們並變成它們……很有可能不合邏輯或不道德？

現在外頭有很多「白人男性仇視」，也有很多憤怒、看來不快樂的女性……她們不太好相處，而且比起許多我遇過的男人們更苛刻和沙文。當一個仇恨製造者有可能是一個有趣的方式，可以為妳自己爭取注意力，或讓妳受到激進女性主義者們的歡迎，但妳其實只是為世界帶來更多悲傷和傷害，而且讓它成為一個更荒蕪的地方。幹得好。

假如美國白人男性社群對妳來說不能接受，去巴基斯坦部落或葉門試試看吧……我聽說那裡的男人對女人非常好呢。不，沒錯，他們不是任何的標準，但一點點大局觀大約是必要的……然後也許一點點優雅，而非惡意和自我本位。也許你可以把這些妳有幸獲得的寶貴教育用在讓人們更靠近彼此上，而不是煽動惡意和尖銳（shrillness）……那我們絕對已經夠多了。

——簽名

當然，有可能這位來信人把「尖銳」一詞用在男性身上的頻率和女性一樣高，但饒是如此，這個詞語仍有著漫長的性別化歷史。參見：William Cheng, "The Long, Sexist History of 'Shrill' Women," *Time*, 2016/03/23, https://time.com/4268325/history-calling-women-shrill/

* 編注：美國電台脫口秀主持人。

蘭特*才剛看完許多男性政治人物互相喊叫的影片，卻沒有引發對他們的音色產生類似（或同樣普遍）的反應。[7]不過普蘭特解釋道，後者確實不大一樣，但那只是他的主觀印象。他只是在報導事實，是事實對他說話——或說，事實對他尖銳地「貓嚎」了。[8]

如同我在前言中提到，也一路以來試圖釐清的，我此處的擔憂主要和道德診斷有關，而非道德譴責；個別行為人的罪與無罪，不是主要的討論重點。然而，從此刻開始，上述例子只是諸多例子之一，我們該致力於讓它們從此都不再被社會接受。另一件同樣需要改變的，是當我們用各種理由為希拉蕊的落選責備她，卻不願為之負起自身責任的態度，在許多情況下，更該做的是自我反省。（川普在第一場辯論中說了，為什麼不把一切都怪到她頭上呢？事後回想，這原來不是什麼隨口反問——更絕對不是幽默。答案是「沒有理由」，因為我們，社會大眾，沒有給他任何理由不這麼做。）

同樣有害的，是隨意揣測女性的動機（另一個常見的厭女式形象刻劃手法），是一種影響極為惡劣的傾向，卻很少被注意到，比方說，說希拉蕊自私、不知感恩、自戀、壞心腸、是「伸手者」、自以為應得，以及是個騙子、貪腐、偽善、高度享有特權，並且是建制派的成員。

人們一貫認真看待這些批評並多少信以為真，然而，再一次，在撰寫本書時，我上週才在推特上收到許多同樣的批評（包括**我是**某個未被言明的「建制派」成員）[9]，而它們並沒有建立在任何於我看來合理，或甚至可以理解的基礎上——只除了一件事，我竟敢指出（在一條回應一名友善陌生人的推特裡），白人女性有可能不顧川普的不當性行為而投票給他，

7 這並不是說男性政治人物的聲音從來沒有被說成刺耳或被賦予其他類似的形容，很顯然是有的，例如聲名狼藉的霍華．迪恩的尖叫。但是，正如我在前一則注釋中提到的，由鄭威廉（音譯。同注6）所寫的文章指出，和女性的聲音相比，就男性一般的說話聲音來看，這樣的形容遠遠沒有如此常見，也不是一個「立即」的反應。參考第八章的討論，依照我對厭女情結的看法，這種性別化差異有一個簡單的解釋；根據數個實證研究的證據（從政治科學和社會心理學出發），我認為，當一名女性前所未有地去爭取受男性支配的權力和威權高位，尤其是這麼做會影響到一名真實的男性對手時，人們傾向於支持他的利益、偏向他。亦即當其他條件都相等時，人們會有一個普遍的傾向，站在他那一邊、使他獲得權力，而反過來說，這很有可能造成反對她的偏見（我的論點就此延續）。因此，當她出言對抗或超越他時——藉著不同意他、打斷他、嘲笑他或聲稱戰勝了他——她的聲音自然而然地會聽起來刺耳、粗糙、尖銳，或以其他方式令人痛苦；我們不想要聽到她說出任何反對他的話，於是她變得難以卒聞。另一個合乎情理的猜測是，她將有可能被看作是惱人、討厭、難相處的，或是她整體的行為舉止令人不快。我們不妨參考如「一廂情願」（wishful thinking）和「堅決否認」（willful denial）這類成語的模式，來稱呼這類印象為「反感聆聽」（aversive audition）和「痛苦凝視」（painful beholding）（或諸如此類），而它們會一如十八世紀的偉大蘇格蘭哲學家大衛．休謨所說，以主觀印象「粉飾和玷汙」世界後的結果，也就是，將這類屬性投射到對象身上，如同在他們身上創造這個印象，並將它們視為天然存在的屬性。許多後續實證證據已證實了休謨的假設，也就是我們很容易犯下這類的投射錯誤。因此，一個貌似合理的具體推測會像這樣：當克里斯．普蘭特因為聆聽希拉蕊．柯林頓擊敗伯尼．桑德斯後的勝選演說而感到痛苦時，這類痛苦經常源自於傾聽者帶有偏見的耳朵。當許多觀眾或聽眾將類似刺激看得平凡無奇或沒有異議的時候，例如，認為這就是女人說話時的聲音，或者這就是一個在競選期間進行過許多演說，因而不令人意外地喉嚨疼痛的人的聲音，情況尤其可能如此。

8 因此，性別偏見正好可以影響我們的美學印象，這個明顯的可能性對普蘭特來說顯然比較不明顯，而這類印象差別性地對女性有害處——她們被想像為悍婦、妖女或潑婦，這個可能性也經常被無視或不屑一顧。Alex Griswold, “Male Fox Guest: Hillary Sounds ‘Shrill,’ ‘Like a Cat Being Dragged Across a Blackboard,’” Mediaite, 2016/03/16, http://www.mediaite.com/tv/male-fox-guest-hillary-clinton-sounds-shrill-like-a-cat-being-dragged-across-a-blackboard/.

是因為她們對自己典型白人男性伴侶懷有的強烈忠誠（基於異性戀霸權，以及支配戀愛關係的種族主義統計和社會規範）。這不只足以為我招來往往帶著強暴威脅、曲解，近來也帶有反猶太情結的髒水，在這個脈絡下更有趣的是，還引來了希拉蕊也經歷過的那一類侮辱。

這些經驗於我來說稀鬆平常，唯一值得一提的是，我是個無名小卒；我不有名、沒和比爾·柯林頓結婚、不是政治人物，也沒有錢。我唯一的身分，也是為我招致這些道德反應的唯一要素，顯然便是身為一個女性，而且在他人眼裡看來，我占用了原本受男性支配的空間，卻沒有迎合父權的利益和虛榮心。就我看來，這就足以吸引到擅闖他人土地時可能會遇到的道德反應，因為就某層意義來說，確實就是如此。

那麼，為什麼我們不讓這種無法被接受的行為蒙羞呢？如果人們拒絕從錯誤中學習，還在為了（自身甚至參與了的）對希拉蕊的厭女攻擊產生的後果責怪她，至今持續不斷，我們為什麼不大聲指出來？[10]

這帶我來到另一個我懷疑促使厭女情結歷久不衰的原因。本書一路以來對各個案例的討論顯示了，在個人的道德心理學層級上，厭女情結往往看起來像是一種由羞恥驅動的現象。在厭女的世界觀裡，女性的仰慕和贊同最重要的功能，是賦予了男性之間在陽剛的內部階序中的地位高下；當被拒絕或得不到這樣的注意力，曾風光一時或是有抱負的「阿法男」經常會病態地感到羞恥。因此，即使這股羞恥感只是個副產品，目的是讓他在下一次開口前三思，試著大聲提醒這種厭女情結仍很危險。當女性膽敢抱怨，或甚至指出了少有爭議的厭女實例

9 比方說，一些較為驚人的推特內容包括：

@kate_manne　嘿，醜蕩婦，我希望妳永遠不會得愛滋或被強暴，那可就可怕了。

@kate_manne　需要一場淨化。

@kate_manne　幹，就閉上妳的嘴吧。

@kate_manne　我不在乎那是不是改變了她的想法，她是我的敵人，希望她騙人的嘴被閉上的那天將會到來。

其他推特內容，就像這最後一則，指控我偽善與說謊——再一次，在沒有清楚可辨的基礎之上——以及陳腐、缺乏新意、拜金，而且是一個建制派猶太女人。例如：

@kate_manne　〔妳的〕雙重標準老舊，人們一眼就看穿了。

@kate_manne　來自左派的偽善與愚蠢沒完沒了地無聊與丟臉，就像埃及的尼羅河一樣。

@kate_manne　有鑑於她「那類」的忠誠只能延伸到跟收銀台一樣遠，這一點都不令人意外。

@kate_manne　妳才是老生常談、墨守陳規、拍馬屁的建制派螺絲釘猶太女人——多悲哀！

@kate_manne　如果妳以為妳和自命不凡的笨蛋有任何不同，妳就大錯特錯了。

我詢問其中一名推特使用者所說的「偽善」是什麼意思，他們沒有回答並封鎖了我。在前述的互動發生數天後，下面這則推特發文突然憑空出現，然後其他內容如洪水般湧入：

RorschachRockwell @False_Nobody　她（@kate_manne）是康乃爾的一個猶太教授：她的大象鼻覺得白人忠誠和家庭價值令人反感。

10 比方說可參考：Shuan King, "Will Hillary Clinton Join the Long Line of Democrats Who Bail on Their Promises after a Presidential Election?" *New York Daily News*, 2016/12/27，http://www/nydailynews.com/news/politics/king-hillary-join-crowd-democrats-bail-promises-article-1.2925441。一篇精采的回覆可參考：Oliver Chinyere, "Dear Shuan: Hillary Clinton Lost but So Did Bernie Sanders," ExtraNewsFeed, 2016/12/28, https://extranewsfeed.com/dear-shaun-hillary-clinton-lost-and-so-did-bernie-sanders-trumps-your-president-7bf923406c37?gi=2b7c8003a5d8

時，情況尤其如此。我們的指定角色是扮演道德傾聽者，而不是批評者或審查者。與此同時，若我們考慮到，為尖銳厭女攻擊的不完美受害者辯護，可能會招致哪些社會懲罰——道德憎惡、反向羞辱、流放——我們可能會選擇保持沉默。

但是羞恥感（特別是因為自認應得而產生的羞恥感）所構成的痛苦並不能夠被安撫或迎合，而在我看來，這似乎正是一些左派人士此刻所犯的錯誤，包括了一些最有才智和敏感度的評論者，例如亞莉・羅素・霍希爾德（比如說，可參見《自己土地上的陌生人》[122] 一書中，最後寫給左派同僚的「公開信」）。面對那些容易以羞恥感為基礎而產生厭女與種族主義衝動的人，傾聽、給予同情心，恰恰餵養了他們對「應得之權利」的需求和認定，而這些應得感的不被滿足，正好就是一開始驅動他們攻擊的原因。換句話說，這是提油救火，至少長遠來看是如此。對於一個，沒錯，確實感到真實痛苦並發動攻擊的人（但這僅僅是因為他們貪得無饜，而且一開始就無端覺得自己應得這類道德注意力），**你幫不上太多忙，也無法付出太多**。因此，除非我們想要永遠困在餵養這隻需求怪獸上面，自由派的衝動在此不合時宜，如同許多白人女性在面對她們持續效忠的白人男性時，即使對方做出了不當的性互動（以及其他）行為，仍不改其心。

這通篇想要指出，厭女情結讓人如此不理性、極度導向事後的合理化，並使人喪失了一件眾人皆自我吹噓並聲稱極度看重的事物，也就是個人責任感（這是一個複雜的哲學概念，但這裡的重點在一致性），而這導致我對於能否透過理性說服他人認真看待厭女情結一事，感到相當悲觀。我懷疑，許多能讀到此處的讀者，大概和我有著類似的心境，對於大多數人的無動於中、漠不關心、惡性無知感到同樣挫折。因此，也許該說的是——帶著一點不情願：去他們的。這句話是有條件的，意思是不要再試著用溫潤的蜂蜜來招攬中間立場的人了。也許我們就該從更激進、甚至尖銳，但如今在我看來卻是更正確和基本的假設下手。什麼樣的假設呢？

我們經常被期望背離一個範例，背離對男性和女性達成各種人類卓越成就的能力（包括扶養照顧的能力）刻意保持中立的態度。但我們又理應同意，如今，在人類歷史上的這個階段，我們普遍在道德上被視為平等，是社會與政治層面上的全人。性別歧視和厭女情結已很罕見了，而且進步將會持續下去，或多或少已無可避免。啟蒙已在發揮作用，儘管仍有零星短路。

這是一個虛無和非虛無假設*的偏好組合。然而，另一個可行選項的內涵正好相反，只是我們並不習慣加以考慮。該選項意味著，除非具說服力的反面證據存在，不然我們便同意這個虛無假設：無分性別，人人都具有達成人類卓越成就的各種能力。而在此歷史關頭之上，這類反面證據通常不足，因為控制組並不存在，也就是說，一個人們已經在真正平等的條件下生活了一段時間的社會並不存在。當然，這樣的證據可能浮現，解釋在許多過去與至

* 編注：虛無假設（null hypotheses）的內容一般是希望能被證明為錯誤的假設。

今仍舊由男性支配的領域中，（男女）之間儘管已快速消失但卻仍有些微剩餘的成就差距，例如在數學、科學、科技、工程等領域內，或者就此來說，哲學領域亦同。我們只是還不知道，儘管我們可能有預感（按賴瑞．薩默斯*的方式來說）。

然而，與其就性別歧視的假設進行爭論，我開始覺得自己理應可以安心指出一個明顯的事實：社會中處於支配階級的大多數人十分致力於維持男性的優先定位。一個恰當的回應會是：你真的只是好奇這個假設的真實性嗎？就一個還無法被否證的假設來說，它吸引了相當多的注意力。還是說，你暗自擔心它確實錯了，也就是說，女性其實徹頭徹尾與男性相等？你是在試圖建立一個合理的信念，還是被厭女欲望驅動、想要排除女性，或是不願付出努力停止排斥我們？

確實，這份心照不宣的厭女情結假設可能讓一些人不自在——而且是不同的人。打從我們之中的一些人進入學術界起，「女性就是不如男性聰明」的假設便使我們不自在，對於我們之中那些撐過去的，以及許多未能成功撐過去的人來說，扭轉形勢是我們的特權；你認為我們不應該出現在房間裡，然而我們已經身處其中，我們有權力留下，並提出讓你感到坐立難安的理論。

應用於性別的非虛無假設可能有著不同樣貌，但我於本書後半節中所強調的動力指出，人們會被劃分到兩種道德兼社會類別，分別是：「付出者」和「取用者」，一方涉及陰性的好處與服務，另一方涉及陽性特權和好處。一些證據指出，這個過程很早就開始了：男嬰比女嬰獲得更多安撫，女嬰則較常得到對話（或者說，對著她說話，畢竟嬰兒無法回話）；這對女孩來說不必然是壞事，可能有助於她們發展語言能力。[11]只是重點在於，可能打從一開始，我們就已經透過這樣的分別，基於我們被指定的生理／社會性別，而被區分到不同的社會角色上。

隨著幼童長大，哪些證據支持了這種付出者／取用者的區分？聊舉幾例：當男孩和女孩在學校舉手回答問題，男孩被叫起來回答的機率比女孩至少高出八倍或更多；和男同學相比，女孩比較少被點到，但比較常被糾正——不只是在比例上，在絕對數值上也是如此。[12]這個模型合乎情理，因為知識的高地被視為男性的領地，發言時間也是，優先權亦同。在各

---

* 編注：Lawrence Henry（"Larry"）Summers，美國經濟學家，曾為美國財政部部長。

11 比方說可參見布朗加特—李克等人[32]展示在「面無表情」實驗模型（Still Face Paradigm）中，嬰兒性別的不同。對這個經典研究模型的文獻整理可見：http://sites.duke.edu/flaubertsbrain/files/2012/08/Mesman-The-Many_Faces-of-the-Still-Face-Paradigm.pdf

12 探討這些差異的一則經典研究發現，「坐在同一間教室裡、閱讀同樣的教科書、聆聽同樣的老師，男孩和女孩卻受到非常不同的教育。」[232]進一步補充的專書討論則說明，改變明顯不如兩位研究者最初所期待的那麼多[231]。在歸納前述專書內的十項補充發現時，大衛．薩德科（兩篇著作的共同作者之一）於文章裡寫道：

> 教師和學生在教室內的互動將男性置於聚光燈下，並將女性放逐到一旁。針對教師論述的研究強調了教室內的男性支配；教師們無意識地讓男性成為教學的焦點，給予他們頻率更高與更精準的注意力……這影響可能很巨大，較多的教師注意力有助於強化學生表現。女孩在這個方程式裡落敗，比方說，非裔美國女孩堅定自信並外向地進入校園，卻在就學期間變得愈來愈被動與安靜。教師時間和注意力的影響力表示，男孩們從更緊湊的教育氛圍獲得了好處[230]（頁24）。

種可以激勵人心的獲勝獎品前方，他會優先被想起。

五歲時，女孩和男孩同樣確信，和他們同樣性別的人可以「非常、非常聰明」，在後續幾年間，男孩看來對自身性別的信心不變，女孩卻不然。相反的，六歲與七歲的女孩對女性才智的信賴程度快速降低，女孩在六歲前「已經失去她們對女性才智的信仰」，而失去這份信仰的女孩，傾向讓自己遠離會被標記為「非常、非常聰明的孩子」的競賽[28]。

再一次，這不是說男孩享有所有的好處。如今他也必須和其他人（通常是其他男孩）一同排隊等候，他可能會感到沮喪，因為過去他不大需要耐心。[13]他可能會落後，在某些情況裡，甚至會被誤診，或被過度治療。在此只是要指出，某方面來說，太多的好處也可能是壞**處**，最後同樣對他造成了不公。不過，讓我們先回到年紀漸長的「她」身上。

她在街上被一些男性騷擾，他們分散、吸引、或強迫轉移她的注意力，然後告訴她，和他們約會，她可以給予他們什麼社會價值（她的等級）。

相對來說，他較少被她在街上騷擾。

她的性被索取，被偷走，通常是被某些男性（也許只是非常一小群）。他也可能被強暴，而這當然同樣是可惡的不法行為，卻少見許多；她並非從未採用這種方式從他身上索取性，但遠為罕見。他可能強暴她，卻永遠不必面對後果：「不是強暴，不完全是，但儘管如此仍令人不快，非常令人不快。」一如柯慈小說《屈辱》中的角色大衛的自言自語。她可能身處於不想要的性裡，因為那是她「該做的」；或者，他會告訴她，她喜歡這樣——這是一個斷言，而非猜測。

假如他失去了進入老男孩或全男孩俱樂部（或在一些情況裡是學院流派）的獨家機會，而且最重要的是，她在此過程中從他身上剝奪了一種自由，讓他無法避免在她眼中成為恥辱，他便可能透過任何必要的手段，斷然驅逐她，我們在「玩家門」事件和蘇珊・法魯迪提出的要塞軍事學院案例中，都目睹了這個情況。14

當他們就陽性角色彼此競爭，研究顯示，大多數的人（男性女性皆然）在其他條件相等的情況下，將偏好由他出任該職位。其中包括了完全沒有任何理性基礎支持的案例（例如：第八章中開頭提到的海曼等人[113]的研究所示，當同樣的應徵者檔案交換姓名時）。

這幅圖像也可以再補上更多相對的統計資料，包括誰在家務勞動上付出更多（是她，參見霍希爾德跟曼蓉（一九八九／二〇一二）[123]關於「第二輪班」的討論）；在一個異性戀家庭中，誰比較有可能對誰施行恫嚇、致傷、持續性的暴力（是他對她）15；以及誰比較有可能強暴

---

13 這個模型也引發嚴重的擔憂，關於非二元性別的兒童（以及某些無法「扮演生理性別」的跨性別兒童）將會如何被對待。當社會文本愈是具體化二元性別分野並仰賴此分野時，我們就愈擔憂，那些無法融入錯誤的「非A即B」生理與社會性別的人們會和一些教育工作者（與其他人）共同困在一種社會無間道裡。但我把這道重要的課題留給更有資格談論的理論學家。

14 法魯迪的說明在某些方面使我回想起自己的經驗，當年，在一所原先為純男校高中被合併時，我是唯三的女學生其中之一。我猜測我對這個主題的某些興趣源於這些經驗，以及後續的、可預期的倖存者罪惡感。

和被強暴(是他強暴她)。

誰對誰說教?我的感受是男性比較常對女性,而非反過來。我聽到你說想要證據,那我們就稱此為直覺吧。(雷貝嘉・索爾尼是運用這個概念、甚至這個用語的女性鼻祖。)

她的聲音特質(比方說「氣泡音」)讓人覺得刺耳,但如果他的聲音裡有同樣特質,根本不會被注意到。[16]

伊莉莎白・華倫*朗讀一封柯瑞塔・史考特・金恩†的信,信中指控傑夫・塞申斯種族歧視,她的男同僚伯尼・桑德斯和謝羅德・布朗做了同樣的事。桑德斯和布朗毫無障礙地讀完了信,華倫試著這麼做卻被參議院多數黨領袖米奇・麥康奈爾消音,他援引參議院程序中一條晦澀的規則——不得抨擊參議院同僚之人格,即使這位參議員就快要成為司法部長。麥康奈爾說:「看來她違反了這條規定。她獲得警告,也得到說明。儘管如此,她仍然堅持。」直到他確保她無法繼續。(根據報導,她遭到「極其罕見的斥責,會議主持官員命令她坐下。」)[17]

在工作場合裡,他可以要求加薪並可能成功,但假如是她提出要求,通常會被拒絕,甚至被懲罰,因為這樣不夠禮貌,因此女性傾向不去協商薪資。她被告誡要更像個男人,並帶著魄力為之。同時研究顯示,考慮到她會承受的風險和獎勵,她其實知道自己在做什麼(參見[83])。

假如她威脅從他身上奪走陽性特權和好處,例如道德資源、同情心、觀眾的注意力、贊同,或公民的選票呢?想想聲稱自己受害的她,想想書寫、教學、教授,或試著成為一個喜劇演員、政治人物、運動員的她，她們正巧就是遭受了最多厭女傷害的人。

當她未能以正確的方式、在正確的時間提供陰性好處和服務，又會如何？拒絕提供同情心讓她成為一個潑婦；關注自己讓她冷漠或自私；有野心讓她不友善與反社會，且不可信賴[113]；把性注意力給予錯誤的人讓她成為蕩婦——或「歹客」（Dyke）‡，一個不性感的女同志；若她穿著不妥或喝醉了，她活該，或者她勾引他，她說服他來索取他在性方面被允諾之物——這是他應得的。

---

15 現居英國的研究者和教授瑪麗安・海斯特這麼總結她的發現：「絕大多數警方紀錄在案的家庭暴力加害者為男性（九二%），而他們的受害者主要為女性（九一%）。紀錄也顯示，男性加害者比女性加害者更常重複犯案（Hester et al., 2006）。英格蘭許多地區的警方報告都發現這是典型的模式，並反應了這類暴力對女性有更重大的影響。」[118]在分析警方紀錄後，海斯特也發現，與相反情況比較之下，被指控家暴的男性較常是以控制進行的，他們使用了更嚴重且有害的暴力形式，並曾逐漸灌輸女性受害者恐懼的感受。

16 例如可參見：”From Upspeak To Vocal Fry: Are We ‘Policing’ Young Women’s Voices?” NPR, 2015/07/23, https://www.npr.org/2015/07/23/425608745/from-upspeak-to-vocal-fry-are-we-policing-young-womens-voices

* 編注：美國民主黨參議員。二〇一九年二月十日，華倫正式宣布參加二〇二〇年美國總統選舉。

† 譯注：美國黑人民權運動者，也是馬丁・路德・金恩博士的妻子，她於一九八六年時寫了一封公開信給美國參議院，反對提名傑夫・塞申斯成為聯邦法官，因為他過去在公民權益上的紀錄不佳。

17 Eugene Scott, “Warren’s Male Senate Colleagues Read King Letter Uninterrupted,” CNN, 2017/02/08, https://edition.cnn.com/2017/02/08/politics/jeff-merkley-mark-udall-elizabeth-warren/index.html

‡ 編注：通常是指較男性化的女同性戀者，過去是由恐同症的人慣常使用。

她不想懷孕；但我們愈來愈常見到，女性被強迫懷孕，即使那是違法從她身上索取了性的結果，甚至是在強暴或亂倫等她被奪走性自主權的情況下。更廣義來說，根據歷史標準，她等同於拒絕在家庭內部提供一定程度的照護，而男性政治人物和其他掌權者則大力回敬這點；一位立法者認定她為胚胎的宿主，[18] 其他人則為強暴犯爭取更多親權，還有另一些人試圖要求為胚胎組織火化或下葬，不管是墮胎還是流產之後（參考第三章，注16）。現任副總統麥可．彭斯是推動「胚胎尊嚴」（fetal dignity）的先鋒[105]，而其他州也跟上了腳步；這些法規的鼻祖是誰？不是別人，正是在前言中出場過的密蘇里州的安德魯．帕茲德。在我的分析裡，厭女情結統合了在個人與或政治層面上，各種迥然不同卻經常互相聯合的立場。

她是政治人物中最少說謊的人之一，而且從未侵害過任何人，也沒有任何證據證明她貪腐或欺詐[1]，但她卻有了那個名聲，也許是因為她收了一筆豐厚的演講報酬。

他「抓女性私處」，在性方面占許多女性便宜，縱然如此，他仍當上了總統；她被迫對他俯首稱臣，她被他的馬屁精糾纏著說應該要更早宣告落敗[17]。這就是透過厭女威脅和暴力所維護的男性支配——以及更廣泛地說，異性戀父權體制——的尖端水平。同時容我提醒你，這還是相對享有特權的女性的待遇。這麼說不是要掩蓋其他人面對更少資源、情況更糟，且各個自成一類的問題，而是要強調，就算是最「平等」的女性，仍是在多麼不平等的處境裡。

我們經常期待這些女性付出如此之多，顯然與我們在認定她們未能無私服務他人時，抱持高度的道德批判有關。這項因素無疑使希拉蕊在最近一次角逐白宮的過程中引發敵意——

換句話說，人們認定她以自己為優先，或她做事是為了「利己」，這是她所遭受的批評裡常見的主題。

另外，她也被描繪成貪腐之人，說她「受賄」，並和華爾街「相親相愛」。她也被認定為**資格**不正當；面對她有可能成為民主黨最終提名的候選人時，人們以明顯輕蔑和怨懟的口吻談論她的「加冕」。

但是個人**資格**可以是有效、名副其實，而且真實的；同時應該補充一點，它們也有對比性或是相對性：一般說來，沒有人有**絕對**資格獲得某些事物，比較像是，X比Y更有資格獲得。舉例的部分就留給各位讀者思考。

毫無疑問，希拉蕊遭受到高頻率的惡意攻擊，批評她在競選總統的過程中太過專注自我。這些攻擊之中，許多不僅不公平，顯示雙重與差別標準，某種程度上也顯得毫無根據，而且不受反面證據的影響。我們不清楚，什麼東西、甚至存不存在任何東西，可以緩和這些猜疑。當人們指出希拉蕊有過傑出的公職生涯，大衛·法蘭區在《國家評論》上寫道：

> 讓我們搞清楚，希拉蕊·柯林頓沒有做出任何犧牲——她一直活在進步幻夢中，而且她也絕對不是一名「公僕」——她是一個憤世嫉俗、貪得無厭、野心勃勃的政治人物。

18 Prachi Gupta, “Oklahoma Lawmaker: Pregnant Women Are ‘Hosts’ Whose Bodies Don’t Belong to Them,” Jezebel, 2017/02/13, https://theslot.jezebel.com/oklahoma-lawmaker-pregnant-women-are-hosts-whose-bodie-1792303950

> 她的成就貧乏，她唯一的導航星是往她自己的利益前進。
>
> 一路以來，希拉蕊．柯林頓都是美國生活裡的一股破壞力量，她熱切地為有求必應的墮胎服務辯護，這協助維持了一種死亡的文化，造成數百萬年輕生命的消逝；她錯誤的外交政策促使利比亞成為伊斯蘭國的遊戲場，並幫助揮霍了美國在伊拉克和阿富汗的勝利；她的俄羅斯「重啟」政策僅是在哄騙美國人民相信俄國大熊很和善；她持續的個人貪腐降低了美國政治的品格；她主要只為自己服務。
>
> 一個由偉大男性建立——且孕育出許多偉大總統——的國家仍舊嚮往能仰望自己的領導人。而如今，我們展開了總統的販售。一位地產大亨建立了自己的強人邪教，一個被光榮化的政治妻子試著把自己塑造成英勇的拓荒者。但最終，除了貪得無厭的犬儒主義和可鄙的個人貪腐，我們什麼都不剩。兩位候選人都不曾為這個國家做出犧牲。[19]

這是很嚴厲的言詞，然而，這種錯誤類比——可恥地說——太常見了。同時，認為希拉蕊只以一種令人難以接受的方式服務她自己，這樣的想法也隨處皆是。

我小時候沒讀過《愛心樹》，我是最近才偶然看到的，但幾位曾於睡前時間聽過它的朋友，說他們覺得很嚇人。(也有一派人繼續讀給自己的子女聽，並覺得這是一個很美的故事)。因此，儘管我主要是為了這個故事的寓意採用它，我也好奇自己是否過於嚴厲。也許希爾弗斯坦是打算讓故事成為給兒童的現代寓言：不要要求太多，你的樹也會累。

但我不這麼認為，以下是希爾弗斯坦一首特別受爭議的詩作，其爭議之劇，導致收錄了此詩的《閣樓上的光》（一九八二）一書在一些學校被禁。對了，順道一提（真的是順道），它可能會讓你想到某個人——或者說，她在媒體上被描寫的方式：

〈女士優先〉

潘蜜拉．普士大喊著，「女士優先」，
她擠到冰淇淋隊伍的前方。
潘蜜拉．普士大喊著，「女士優先」，

---

19 David French, "Dear Hillary Clinton Fans, Ambition Isn't 'Sacrifice'- It's Not Even 'Service,'" *National Review*, 2016/08/01, http://www.nationalreview.com/article/438568/hillary-clintons-public-service-donald-trumps-sacrifice-are-empty-words.
其他類似的例子可以參見：
Roger L. Simon, "Hillary Clinton's Real Sickness Is Not Physical," PJ Media, 2016/09/12, http://pjmedia.com/diaryofamadvoter/2016/09/12/hillary-clintons-real-sickness-is-not-physical/.
Jonah Goldberg, "Selfishness, Not Incompetence, Explains Hillary's E-mail Scandal," *National Review*, 2016/07/09, http://www.nationalreview.com/g-file/437640/hillary-clinton-email-scandal-selfishness-not-incompetence-behind-it.
若欲了解針對希拉蕊的敵意的有用歷史，以及它一路以來的內容變化，可參考：
Michelle Goldberg, "The Hillary Haters," Slate, 2016/07/24, http://www.slate.com/articles/news_and_politics/cover_story_2016/07/the_people_who_hate_hillary_clinton_the_most.html.

她在晚餐時拿走番茄醬。
爬上早晨的公車，
她推擠著走過我們所有人
然後就有了口角或爭執或抱怨，
潘蜜拉．普士大喊著，「女士優先」。
潘蜜拉．普士尖叫著，「女士優先」，
我們動身前往叢林旅行。
潘蜜拉．普士說她特別渴，
就大口喝我們的水，一滴不剩。
我們被一群野人抓住，
他們綁起我們，要我們好好站著
在國王的面前排成一列——
一個名為油炸丹的食人族人，
兜著巨大的圍兜，坐在他的王座之上
舔著嘴唇手握著叉，
他試著決定誰要先下鍋——從隊伍尾巴傳來她刺耳的嗓音，
潘蜜拉．普士尖叫著，「女士優先」。[20]

讀著希爾弗斯坦的文字，我真心感到挫敗：厭女情結背後的一個主要動力，竟透過受歡迎的兒童詩作和床邊故事被傳播，甚至在孩童上幼兒園前就已經被彰顯了。而儘管許多人真心在乎（不）灌輸這些偏見，他們卻似乎並未注意到此處所運轉的性別動力。[21] 然而，假如男孩可以拿取他的愛心樹／她必須提供，而我們認為這很溫馨，女孩卻甚至不能不受懲罰地吃、喝、使用醬料，那麼我在做什麼？什麼才可能造成任何一點改變？就連嘗試都可能讓我顯得討人厭、惱人、堅持己見（容我這麼說：刺耳），並且促成一種在美學及道德層面上動輒帶有毀滅性的抵抗。或是，假如個人真能成功包裝粉飾它，這便又違背了原本的目的。

因此我放棄。我希望我可以提出一個更有希望的訊息。但現在，就讓我用事後檢討來作結。

20 一篇不久前為了紀念「禁書週」而針對此詩所寫的部落格文章這麼寫道：

希爾弗斯坦的作品經常因為「危險的」想法（挑釁的兒童，胡說八道等等）而惹惱禁書人士，但〈女士優先〉這首詩因為「提倡食人」（真的）而引發眾怒。自然，任何有著明智理解能力的人都可以推論出來，這首詩事實上是在針對貪婪這件事提出警告，但是封閉的心智經常也很無知。享受這首詩吧，假如你有小孩的話，也和他分享。

假如你遵從這個忠告，一個小建議是：為了多元，也為了在面對厭女情結時失之於過度謹慎，試著調換性別，好比：〈先生優先〉，「卡麥隆．寇因被吃掉」。

假如原始的詩句沒有性別成分，那麼這應該不成問題。

21 至於那些仍然覺得我對希爾弗斯坦的故事和詩作太過穿鑿附會的人，我隨後發現他也為成人撰寫故事（除了眾所周知的《花花公子》雜誌以外）。其中一個故事叫做《一次競標》（編注：講述拍賣師展示了一位女性，她將自己拍賣給出價最高的人。），讀一讀，然後再告訴我感想。

我在本書中提出，我們經常將被認可的「人類同胞」和那些被想像為物品（例如在性物化的情境裡）或次人類生物、超人類存在、非人類動物者進行對照，但與其強調認可（或未能認可）個人的人性，我試圖將對比轉移到這個詞語的後半部。本書後半部所討論到的許多案例中，我們可以區分出被（自我）認可的「人類同胞」（例如在大多數或甚至全部面向上享有特權的白人男性）以及「人類付出者」，也就是一名女性；理想上，她被認定要將許多、甚至是大多數自身特有的人類能力給予適當的男孩或男人，以及若情況適用，還包括他的子女。（對上述情況做出不同程度的改變，或許可以被容忍，但根本上的替代選擇，或批評異性戀父權核心家庭組織，則不會被接受。）根據治理和建構相關角色與關係的社會規範，一個付出者於是必須提供愛、性、注意力、情感、仰慕，以及其他形式的情緒、社會、再生產、照護勞動。

這個人類同胞／付出者的區別當然遠遠不夠詳盡，但我認為很重要。根據我的論點，這種區分支持與構成了許多（儘管絕不是全部）前述章節中討論到的厭女情結形式，也就是享有特權和有權力者——透過社會制度工具，抑或是被這些工具所驅動——而執行他們的意志。當她作為一個付出者「犯錯」時（包括從根本上拒絕當一名付出者），或他作為一個客戶但不滿意，尤其是當客製化的付出者未能實現他的需求時，這樣的厭女情結便是結果。

艾略特．羅傑顯然想要而且覺得自己應得一位人類付出者，一部分是因為，擁有一位高地位的付出者（女友）能賦予他自身較高的社會地位，後者是他極度渴望的。甚至可能不只如此，還關乎他對自身人性的感受，如他的「宣言」和其他類似情緒所表述的（例如《勁爆女子監獄》中的喬治．「小鬍子」．曼德茲所懷有的）。（見第五章的引言和最後一節「女性，都人性化過頭了」。）

羅傑抱怨，每況愈下的他到最後不再覺得自己像個人；他受到一種意識形態的控制，認為女性的人性凝視——更別說觸碰——對他來說是存在的必需品。對第四章裡提到的滅門男主克里斯．佛斯特來說，情況也類似；根據約翰．榮森的說法，他無法忍受，一旦他不再是位成功實業家，他可能會失去妻子和女兒仰慕和仰望的目光。在那個時刻，每個男人都會試圖摧毀，那位無法在眼裡乘載並映照出他的得意形象，進而提供他必要道德支持的女性。因此，給予他對自我的認同，基本上也變成她的存在任務——悲慘的是，她卻一無所知，也無法預料。

我們並不總把滅門男主或勒頸這種有毒的陽剛暴力視為厭女行為——儘管在服務並反映性別角色與關係的父權力量下，通常由女性承受、男性施暴——而這件事證明，我們用了一種過度心理學的方式思考敵意。羞恥感本身並不是一種帶有敵意的情緒，或至少不一定是，但從受害者的角度來看，其具體展現確實可以極具敵意。眼下的情況也正是如此，昭然若揭。

這類暴力令人恐懼的一點，在日常社會關係的平和表現下，我們多麼可能輕易就錯失它的端倪。但當這些爆發發生，會讓我們洞見到其他許多案例中可能潛藏的黑暗本質：例如當他提出了絕對、自認為應得、不對等的要求，而不是兩個平等的社會生物間較為寬鬆的社會規範、期待、互惠義務的時候。

在大多數或甚至所有相關層面享有特權的白人男性，當他們因為缺少或失去「人類付出者」而忿忿不平，他們是對於局勢（或局勢的不再）失望。但在許多厭女情結的例子中，這是如何、又為何變得「私人」的呢？我在第一章談過，這與這類剝奪經驗的特定性質有關。既然我們已經探討過「人類付出者」或「付出的她」的動力，我們可以就此多說一些。假如每一個身處特定社會階級的女性（例如羅傑希望可以看見他的那些女性）都必須要付出，那為什麼不是給他？在她們看來，他究竟哪裡不好？回想他蒼白的提問：「她們不喜歡我哪裡？」這時他正計畫要消滅一長列的她們。再一次，他的文字如此缺乏自我覺察，若不是他真的採取了行動，那些文字幾乎引人發噱。對他來說，這些女性變成了一團無區別的、拒人千里的高傲潑婦。因為既然她終究得對某人付出，那她沒選他就等同拒絕，她的（付出）沒有兌現是對個人的傷害。

我也討論過一個情況，當特定階級的女性（也就是人類付出者），面對著她們的目標對象，卻索取商品、好處、服務、支持的情況——那些通常是**她**要給他、他從她身上獲得（或**取用**）的事物。此時，她就會被視為自以為是且不知感恩，彷彿她要求了超出她應得範圍之物，她也會被看作妄自尊大，或違背了從古自今性別協議中她那一方的義務——尤其是當她想要得到這些好處，**避免**成為一名人類付出者（例如妻子與母親）時。正如第二章中所見，拉許．林博看待珊卓．福魯克的情況便是如此。她也是第三章描述中，那類「典型」想要取得墮胎資源的自由派女性。而我們如今也可以理解，為什麼避孕措施的健保給付變成了一個常見的爭論點。她要求的是一種「對抗奉獻的解藥」，且她提出的方式強調了可以被用於自我發展或經濟成功的人類能力——而這本來是他的轄區。後者也讓她看起來像個篡位者。

正如我們在第八章以及本章的前段所見，這些女性可能被視為貪婪、野心勃勃、盛氣凌人，她們尖銳又惱人，腐敗且不可信賴，或者她們麻木、僵硬，像機器人一般。她沒有提供那類她應該放棄的好處。她疏忽、不負責任、粗心草率、冷酷無情。她可能甚至一開始就沒有這些資源：她被形容為枯萎、乾燥，無生氣或荒蕪。她也在預設（也就是順性別）的女性身體和性的層級上被質疑。而藉由比如說招攬支持、吸引捐款人、爭取選民，她正索求一些男性對手被虧欠的資源，畢竟這個位置一直以來都屬於男性。這讓她被視為詭計多端、無情殘忍且不正派：她威脅要偷走選戰。她是權力和金錢的侵占者——就厭女情結的角度來說，這些只有他才可以取用。

此外，面對一些男性（有時是男孩），女性承受著必須付出一切的壓力，包括（不，應該說尤其是）注意力、肯定，和對他的故事感興趣。「同理他心」與「男性說教」是緊密相關的現象。被指定為「付出者」階級的女性，往往傾向主動站在特權男性的立場，從一開始到最後都不假思索地理解與接受他的觀點。這個現象我們在第六章同理他心的段落能清楚看到。根據幾乎相同的邏輯，如第四章提到的，一些特權男性可能會覺得自己不必開口詢問就有資格對她大發議論，她被期待成為他專注、投入的觀眾。於是男性說教便成為了此一規則的例外，知識階序的倒轉如此強烈，以至於引起了她的注意和抗議（至少在心裡），因此被稱為「男性說教」，而不僅是單純的對話。

有男性會未經詢問就自行從最弱勢的女性身上掠奪，因為他們假定，一旦被剝削，她將沒有任何法律資源。悲傷的是，在丹尼爾・霍茲克洛一案中，這個假設被瓦解是出於偶然。在這類案例中，白人女性的同情心——或同理他心——可能會與強暴犯同在，而不是給身為非裔美國人的受害者方。這就是第六章裡就此案例的討論要點，我認為這說明了美國社會裡厭黑女情結的一些特性。

如第七章裡的討論，一些女性會為自己尋求同情，但這無異於服務生要求被服務，付出者期待收穫；換句話說，這是一邊扣住資源，一邊又提出要求——這種資源本應是她要給他的，如此便是在傷口上撒鹽（或者更精確地說，是在乞討的同時行竊）。

理解所謂受害者文化的角度之一是，它會利用一個被動女性受害者的刻板形象，比方說，城堡裡等待被王子拯救的公主。公主是個拙劣的模範，此事毫無爭議，但批評「受害者文化」的人，實際上（即便是無意中）反過來用假關心的語氣，質疑女性在這樣的形象下是否還能保有主體性。若我們仔細觀察，發聲與表現得像一個被動公主之間的相似性十分微小。當一個女性說出自己的故事、以一種顛覆性的姿態扮演她目前的角色，她沒有失去主體性，她什麼都沒做，單純是利用霸凌者自身的行為使其自曝其短，揭露惡行。當女性在一個故事中被迫被動，或更常見的是，被勉強（例如在高壓控制中）或被占便宜時（例如在涉及權力關係的剝削和相關社會文本的性掠奪中，參見[184]），這個論點仍舊、甚至加倍為真。在論證這點時我們可以說：此事以不正當的方式發生在我這個人身上，而且沒有適當的法律補救，我將重述這段經歷，而作為觀眾（或說讀者）的你們，將作為見證人，提供必要的道德判斷。正義未被實現，因此，你來當陪審團。

或者，妳可能被召喚來扮演這個角色，為再也無法就程度不一的厭女犯行說出自身故事的女性，或是為無法為自己作證的女性發聲，無論她們是在實際上或名義上破壞父權律法，而遭到指控、審判、判刑、監禁、下獄。而妳此刻的焦點通常不應放在告發厭女嫌疑犯，或被認定挪用厭女社會力量傷害她的人身上。相反的，主要的焦點應該是釐清事實，為她的作為追求一個歷久不衰的「無罪」判決。

希爾弗斯坦的另一首詩將打造一幕圖像，也自然而然引出一個合理的問題：在他其他的作品中，男性是否曾經給予女性任何東西。答案是肯定的，但這個答案在此的效力充其量只能說是好壞參半。這首鮮為人知的詩作乃為成人所寫，並出現在一本名為《為愛謀殺》的詩選與故事集（一九九六，奧圖・潘茲樂編選）中；希爾弗斯坦被收錄其中的作品篇名與開頭如下：

〈因她所做所為〉
她必須死。
歐姆心知。

他亦知他無法殺死她。
甚至無法嘗試殺死她。
那雙眼。會望向他。甚至不能嘗試。
那麼，該怎麼做？
有一人名恩。潛居洞穴。
在堅硬山巒彼端。一處骯髒洞穴。
遠離村莊。
恩，以石狩獵。
以手宰殺。
殺死過兩隻劍齒虎。
還有一隻巨熊，牠的皮毛如今披在他毛髮濃密的肩上。
而且恩殺過男人。很多男人。
然後，聽說還殺過，一個女人。

這首詩的結局是，這兩個男人想出了殺手可以如何辨認他的目標；第一人告訴第二人，他將可以透過她的長髮和深色眼睛——顏色非常深、「彷彿夜間的水池」——而認出她，此外，她會正在洗澡，在瀑布底下梳洗她的頭髮。殺手並不滿意：那有可能是任何女人，他指出。而他不想殺錯人，以免拿不到報酬：報酬是和她等重的熊肉或蜥蜴皮（「等重換等重」乃是他們的約定）。

第一個男人略作思考，然後想出了一個計畫：他將送給這個因她所做所為而必須死去的女人花朵——

明豔的山花，我會採摘然後放進她手中，
在她沐浴於傾瀉水流前。
你便將認出她。
你便將殺了她。[22]

22 接下來的詩句是：

換取等重，恩說。
是的，歐姆說，換取等重。
於是習俗就此開展
贈予捧花與胸花。

這便是結尾。本詩以及其他希爾弗斯坦的作品被複製在這個網站上：http://m.poemhunter.com/poem/for-what-she-had-done/.

然後，也許，他就會快樂——也許也不一定。但無論如何，重點仍是她將被終結、消音，永遠消音；我們從未聽過她說話，她從沒有機會告訴我們她做了或沒做什麼，讓她不該受此待遇。也許，她不過是無法跟愛心樹一樣，愛這個男人就如同樹愛男孩，「非常、非常多，甚至比她愛自己還多。」她沒有這樣的愛，或她失去了這樣的愛，這可能是一條死罪，至少對他來說是如此。於是，一個女人遭遇的厭女情結，對一些男性而言，是詩意的正義。

羅訴韋德案 *Roe v. Wade*

其他

SB新聞（體育新聞網站）SB News
三德爾塔（姊妹會）Tri Delta
世界女性（網路媒體）Women in the World, WITW
布萊巴特（網站）Breitbart
伊斯拉維斯塔殺人案 The Isla Vista killings
米爾格倫實驗 Milgram experiment
阿法斐（姊妹會）Alpha Phi
政治（網站）Politico
要塞軍事學院 The Citadel
勒頸預防訓練中心 Training Institute on Strangulation Prevention
國際特赦組織 Amnesty International
理性（網站）Reason

《全員在逃》*On the Run*
《冰血暴》*Fargo*
《如果這是一個人》*If This Is a Man*
《老闆度假去》*Weekend at Bernie's*
《自己土地上的陌生人》*Strangers in Their Own Land*
《自己的房間》*A Room of One's Own*
《自由與怨恨》*Freedom and Resentment*
《我的扭曲世界》*My Twisted World*
《抗拒現實》*Resisting Reality*
《每日電訊報》*The Telegraph*
《兩種規則概念》*Two Concepts of Rules*
《奇愛博士》*Dr. Stangelove*
《屈辱》*Disgrace*
《性唯我論》*Sexual Solipsism*
《拉許林博秀》*Rush Limbaugh Show*
《河濱週報》*Riverfront Times*
《波士頓評論季刊》*Boston Review*
《物化與網路厭女情結》*Objectification and Internet Misogyny*
《知識的不正義》*Epistemic Injustice*
《社會理論與實踐》*Social Theory and Practice*
《花花公子》*Playboy*
《勁爆女子監獄》*Orange Is the New Black*
《勇敢復仇人》*The Brave One*
《南方之心》*The Mind of the South*
《哈克歷險記》*Adventures of Huckleberry Finn*
《後果：暴力和自我重建》*Aftermath: Violence and the Remaking of a Self*
《恨女：對性的積極檢視》*Woman Hating: A Radical Look at Sexuality*
《恨女者史威南》*Swetnam the Woman-Hater*
《洋蔥報》*The Onion*
《為愛謀殺》*Murder for Love*
《美國眾生相》*This American Life*
《美麗心計》*Big Little Lies*
《陌路狂花》*Thelma and Louise*
《家庭殺手之心》*Familicidal Hearts*
《時代雜誌》*Time*
《紐約客》*New Yorker*
《紐約時報》*New York Times*
《追情殺手》*Enough*
《國家評論》*National Review*
《控制》*Gone Girl*
《梅岡城故事》*To Kill a Mockingbird*
《殺！》*Kill!*
《異鄉人》*The Stranger*
《莎曼沙・畢秀》*Samantha Bee*
《連載》*Serial*
《野獸日報》*Daily Beast*
《雪梨晨鋒報》*Sydney Morning Herald*
《麥考瑞字典》*Macquarie Dictionary*
《凱撒大帝》*Julius Caesar*
《華盛頓郵報》*Washington Post*
《黑人女性主義思考》*Black Feminist Thought*
《傷害的狀態》*States of Injury*
《塔克》*Tucker*
《愛心樹》*The Giving Tree*
《新政治家》*New Statesman*
《新聞週刊》*Newsweek*
《煤氣燈下》*Gaslight*
《獅子王》*Lion King*
《葛瑞的囧日記》*The Wimpy Kid*，又譯《遜咖日記》
《馴悍記》*The Taming of the Shrew*
《厭女情結的邏輯》*The Logic of Misogyny*
《對真實受害者的崇拜》*The Cult of True Victimhood*
《對淫穢、懶惰、冒失與無常之女人的指責》*The Arraignment of Lewde, Idle, Forward and Unconstant Women*
《赫芬頓郵報》*Huffington Post*
《閣樓上的光》*The Light in the Attic*
《僵局》*Stiffed*
《墮落的大亨》*The Lost Tycoon*
《憂鬱自白》*Depression Quest*
《歐普拉秀》*The Oprah Winfrey Show*
《衛報》*The Guardian*
《澤西日報》*The Jersey Journal*
《獨立的人》*Independent People*
《關於費爾巴哈的提綱》*Theses on Feuerbach*
伯韋爾訴霍比羅比案 *Burwell v. Hobby Lobby*

蒂芬・達沃 Stephen Darwall
詹妮・李貢 Jannie Ligons
詹姆士・柯米 James Comey
路得維希・維根斯坦 Ludwig Wittqenstein
道格・漢伍德 Doig Henwood
雷貝嘉・索爾尼 Rebecca Solnit
漢娜・鄂蘭 Hannah Arendt
漢娜・蒂爾尼 Hannah Tierney
瑪格麗特・柴契爾 Margaret Thatcher
瑪莉・凱特・麥可高溫 Mary Kate McGowan
瑪莉・路易絲・皮卡 Mary Louise Piccard
瑪莉琳・弗萊 Marilyn Frye, 1983
瑪莉塔・吉伯特 Marita Gilbert
瑪莉蓮・雷克 Marilyn Lake
瑪莎・納思邦 Martha Nussbaum
瑪麗安・海斯特 Marianne Hester
瑪麗莎・亞歷山大 Marissa Alexander
碧央卡・塔考卡 Bianka Takaoka
福克斯 Fuchs
維吉尼亞・吳爾芙 Virginia Woolf
蓋爾・史崔克 Gael Strack
蓋樂・博豪斯二世 Galie Pohlhaus Jr.
蜜雪兒・戈德柏格 Michelle Goldberg
蜜雪兒・科許 Michelle Kosch
蜜雪兒・蒂妮斯・傑克森 Michelle Denise Jackson
蜜雪兒・瑪爾金 Michelle Malkin
德爾克・派爾布姆 Derk Pereboom
潔西卡・瓦倫提 Jessica Valenti
鄭威廉 William Cheng
魯之・瓦礫札德 Rooj Valizadeh
魯迪・朱利安尼 Rudy Giuliani
諾米・阿帕麗 Nomy Arpaly
霍希爾德 Hochschild
霍華・迪恩 Howard Dean
鮑伯・蘇頓 Bob Sutton
戴克斯特・湯瑪斯二世 Dexter Thomas Jr.
戴倫・威爾森 Darren Wilson
蕾貝卡・庫拉 Rebecca Kukla
蕾秋・麥金儂 Rachel V. McKinnon
蕾絲麗・史達爾 Leslie Stahl
薇薇安・高爾尼克 Vivian Gornick
謝爾・希爾弗斯坦 Shel Silverstein
謝羅德・布朗 Sherrod Brown
黛安娜・提嚴・邁爾斯 Diana Tietjens Meyers
黛安娜・羅森費爾德 Diane L. Rosenfeld
瓊・瓦許 Joan Walsh
羅伯・哈里斯 Robert Harris
羅伯特・伯恩斯 Robert Burns
羅夏克 Hermann Rorschach
羅賽塔・華森 Rosetta Watson
譚金斯 Tamkins
麗莎・漢寧 Lisa Henning
寶琳・漢森 Pauline Hanson
蘇・巴特勒 Sue Butler
蘇珊・布里森 Susan J. Brison
蘇珊・法魯迪 Susan Faludi
蘇珊娜・席格 Susanna Siegel
露琵塔 Lupita Nyong'o
蘿倫・艾許威爾 Lauren Ashwell
蘿絲・歐唐納 Rosie O'Donnell

書報期刊名、影劇名、法案名——————

〈尼克森將如何贏得選戰〉How Nixon Will Win
〈微歧視與道德文化〉Micro-Aggression and Moral Culture
〈誰是丹尼爾・霍茲克洛？〉Who is Daniel Holtzclaw?
《一次競標》*Going Once*
《人性中的良善天使》*Better Angels of Our Nature*
《人道主義：一種批評》*Humanism: A Critique*
《女性主義本色》*Feminist Unmodified*
《女性迷思》*The Feminine Mystique*
《仇恨的正當理由》*The Justification of Hatred*
《反挫：誰與女人為敵》*Backlash: The Undeclared War against American Women*
《天才雷普利》*The Talented Mr. Ripley*
《天使街》*Angel Street*
《文化與價值》*Culture and Value*
《他們的血哭乾》*Their Blood Cries Out*
《平凡的邪惡：艾希曼耶路撒冷大審紀實》*Eichmann in Jerusalem*

茱莉亞・克莉斯蒂娃 Julia Kristeva
茱莉亞・馬可維茲 Julia Markovits
茱莉亞・透納 Julia Turner
茱莉亞・塞拉諾 Julia Serano
馬可・魯比歐 Marco Rubio
馬克・吐溫 Mark Twain
馬修・戴斯蒙 Matthew Desmond
高茲・阿里 Götz Aly
強納森・海德特 Jonathan Haidt
曼蓉 Machung
梅根・凱莉 Megyn Kelly
梅根・道姆 Meghan Daum
理查・蓋勒斯 Richard Gelles
理查・霍頓 Richard Holton
莎拉・柯尼 Sarah Koenig
莎拉・莫瑞 Sarah Murray
莎拉・裴琳 Sarah Palin
莎莉・哈斯蘭格 Sally Haslanger
莫亞・貝利 Moya Bailey
莫妮卡・陸文斯基 Monica Lewinsky
莫琳・多德 Maureen Dowd
陶樂西・布雷蕭 Dorothy Bradshaw
麥可・布朗 Michael Brown
麥可・基梅爾 Michael Kimmel
麥可・摩爾 Michael Moore
麥克・布朗 Michael Brown
麥克・柯恩 Michael Cohen
麥克・彭斯 Mike Pence
麥特・李 Matt Lee
麥特・邦史提爾 Matt Bonesteel
麥特・戴斯蒙 Matt Desmond
麥德琳・海曼 Madeline Heilman
傑夫・阿諾德 Jeff Arnold
傑夫・塞申斯 Jeff Session
傑克・李維 Jack Levin
傑森・史丹利 Jason Stanley
凱文・菲利浦 Kevin Phillips
凱西・楊 Cathy Young
凱利・瑪索尼 Kelley Massoni
凱倫・瓊斯 Karen Jones
凱特・亞布蘭森 Kate Abramson
凱瑟琳・波金 Kathryn Pogin
凱瑟琳・詹金斯 Kathryn Jenkins
凱蒂・柯林斯 Katie Collins
凱薩琳・史基普 Catharine Skipp
凱薩琳・麥金儂 Catharine MacKinnon
勞利・歐克 Laurie Oakes
勞麗・佩尼 Laurie Penny
勞麗・洛德曼 L. A. Rudman
喬・薩帝 Joel Sati
喬伊・斯柏拉格 Joey Sprague
喬治・「小鬍子」・曼德茲 Geroge "Pornstache" Mendez
喬治・梅加羅吉尼 George Megalogenis
喬治・歐威爾 George Orwell
提姆・羅漢 Tim Rohan
斯特勞森 P. F. Strawson
普利摩・李維 Primo Levi
湯姆・佛地 Tom Fordy
琳奈・提瑞爾 Lynne Tirrell
琳蒂・魏斯特 Lindy West
琳達・馬丁・阿柯芙 Linda Martín Alcoff
琳達・葛林豪絲 Linda Greenhouse
菲利斯・施拉夫利 Phyllis Schlafly
費歐娜・奈許 Fiona Nash
賀恩斯 Hearns
塔利・曼斗柏格 Tali Mendelberg
塔莉亞・美伊・貝特契 Talia Mae Bettcher
塔莉亞・惠特利 Thalia Wheatley
塔麗・曼德柏格 Tali Mendelberg
塞繆爾・馮・普芬道夫 Samuel von Pufendorf
奧圖・潘茲樂 Otto Penzler
愛麗絲・高夫曼 Alice Goffman
溫蒂・布朗 Wendy Brown
瑞・朗頓 Rae Langton
瑞吉娜・蕾妮 Regina Rini
瑞貝卡・霍吉斯 Rebecca Hodges
瑞妮莎・麥可布萊德 Renisha McBride
瑞娃・席格 Reva B. Siegel
瑞秋・路易絲・史奈德 Rachel Louise Snyder
葛爾達・勒納 Gerda Lerner
葵雯贊妮 Quvenzhané Wallis

克莉絲汀娜・霍夫・索默思 Christina Hoff Sommers
克莉絲蒂・道森 Kristie Dotson
希拉蕊・柯林頓 Hillary Clinton
李恩婷 En Ting Lee
李海明 Hae Min Lee
沖本 Okimoto
貝蒂，傅瑞丹 Betty Friedan
貝爾・胡克斯 bell hooks，原名Gloria Jean Watkins
亞曼達・威廉斯 Amanda Williams
亞曼達・馬寇特 Amanda Marcotte
亞莉・羅素・霍希爾德 Arlie Russell Hochschild
亞瑟・朱 Arthur Chu
亞歷山大・柏格林 Alexander Boeglin
佩姬・麥可因塔許 Peggy McIntosh
依凡娜・川普 Ivana Trump
依珊妮・麥特拉 Ishani Maitra
奈爾・韋伯斯戴爾 Neil, Websdale
帕克斯—史坦 Parks- Stamm
彼得・辛格 Peter Singer
彼得・歐林 Peter Ohlin
彼得・羅斯 Pete Rose
拉弗恩 Laverne Cox,
拉許・林博 Rush Limbaugh
東尼・艾伯特 Tony Abbott
泊威・裴塔 Pavi Patel
金・馬龍・史考特 Kim Malone Scott
金・戴維斯 Kim Davis
金妮・法比爾 Ginny Faber
金柏利・克倫肖 Kimberlé W. Crenshaw
阿瑪蒂亞・森 Amartya Sen
阿德南・席耶 Adnan Syed
阿德南・穆塔利比 Adnan Muttalib
阿默斯・埃隆 Amos Elon
保羅・艾克曼 Paul Ekman
保羅・萊恩 Paul Ryan
南西・鮑爾 Nancy Bauer
哈多爾・拉克斯內斯 Halldór Laxness
哈利・赫特三世 Harry Hurt III
哈波・李 Harper Lee
奎特利・高諾特 Quitterie Gounot
奎蒂芮・古諾 Quitterie Gounot
威爾・史達爾 Will Starr
威爾博・凱許 W. J. Cash
帥貝貝 Bei Bei Shuai
柔依・昆恩 Zoë Quinn
查爾斯・米爾斯 Charles W. Mills
查爾斯・勞倫斯三世 Charles Lawrence III
柯慈 J. M. Coetzee
柯瑞塔・史考特・金恩 Coretta Scott King
派翠西亞・希爾・柯林斯 Patricia Hill Collins
珊奈・馬歇爾 Shanai Marshall
珍妮特・霍利 Janet Halley
約書亞・柯恩 Joshua Cohen
約瑟夫・史威南 Joseph Swetnam
約瑟夫・拉茲 Joseph Raz
約翰・艾德華 John Edward
約翰・馬侃 John McCain
約翰・麥基 J. L. Mackie
約翰・喀爾文 John Clavin
約翰・奧利佛 John Oliver
約翰・榮森 Hohn Ronson
約翰・羅爾斯 John Rawls
荀德和布瑞斯南 Gold & Bresnahan
迪帕・艾耶 Deepa Iyer
迪阿奎・尼爾 D'Arcee Neal
迪恩・佛蘭柯 Dean Frenkel
迪歌比 Tom Digby
唐納・川普 Donald Trump
夏妮莎・泰勒 Shanesha Taylor
席薇亞・維拉 Sylvia Vella
柴克・雄費爾德 Zach Schonfeld
格倫・格林沃德 Glen Greenwald
泰德・布雷南 Tad Brennan
泰德・克魯茲 Ted Cruz
海瑟・麥可唐納 Heather Mac Donald
特洛伊・紐曼 Troy Newman
班傑明・施密德 Benjamin Schmidt
班傑明・賽爾斯 Benjamin Sales
納菲薩杜・迪亞洛 Nafissatou Diallo
茱莉亞・吉拉德 Julia Gillard

名詞對照表

人名

大衛・史勞伯 David Schraub
大衛・皮扎羅 David Pizarro
大衛・李文斯頓・史密斯 David Liningstone Smith
大衛・法蘭區 David French
大衛・威爾森 David Wilson
大衛・瑞姆尼克 David Remnick
大衛・薩德科 David Sadker
小山繪美 Emi Koyama
丹尼爾・曼恩 Daniel Manne
丹尼爾・霍茲克洛 Daniel Holtzclaw
丹妮爾・艾倫 Danielle Allen
厄文・高夫曼 Irving Goffman
尤爾・英巴爾 Yoel Inbar
比利・布希 Billy Bush
毛拉・史密斯 Maura Smyth
卡莉・費奧麗娜 Carly Fiorina
卡爾・馬克思 Karl Marx
史丹利・米爾格倫 Stanley Milgram
史蒂夫・班農 Steve Bannon
史蒂芬・平克 Steven Pinker
史蒂芬・達沃 Stephen Darwall
布洛克・透納 Brock Turner
布朗加特—李克 Braungart-Rieker
布蘭妮・庫柏 Brittney Copper
瓦倫 Wallen
伊利亞・愛倫堡 Ilya Ehrenburg
伊曼尼・派瑞 Imani Perry
伊莉莎白・多爾 Elizabeth Dole
伊莉莎白・思奧斯蓋德 Elizabeth Southgate
伊莉莎白・華倫 Elizabeth Warren
伊齊集爾・艾略特 Ezekiel Elliott
吉妮・蘇克・格森 Jeannie Suk Gersen
吉莉安・弗林 Gillian Flynn
多明尼克・斯特勞斯－卡恩 Dominique Strauss-Kahn
安・葛德 Anne E. Cudd
安妮塔・撒奇席安 Anita Sarkeesian
安東尼・畢佛 Antony Beevor
安思孔 G. E. M. Anscombe
安柏・阿里・佛洛斯特 Amber A'Lee Frost
安琪拉・戴維斯 Angela Davis
安德里亞・德沃金 Andrea Dworkin
安德魯・帕茲德 Andrew Puzder
米奇・麥康奈爾 Mitch McConnel
米蘭達・弗里克 Miranda Fricker
艾利克斯・佛胡 Alex Voorhoeve
艾咪・拉米雷茲 Amy Ramirez
艾倫・裴斯基 Aaron Persky
艾琳・傑爾柏 Erin Gerber
艾瑞克・艾瑞克森 Erik Erikson
艾瑞斯・梅鐸 Iris Murdoch
艾瑪・拉格渥 Emma Logevall
艾瑪・蘇克維茲 Emma Sulkowicz
艾德華・史洛瑟 Edward Schlosser
艾麗・高登 Ellie Goulding
西西 CeCe McDonald
西蒙・波娃 Simone de Beauvoir
伯尼・桑德斯 Bernie Sanders
伯納德・威廉斯 Bernard Williams
何傑森・史丹利 Jason Stanley
何賽・梅迪納 José Medina
克里斯・佛格森 Chris Ferguson
克里斯・佛斯特 Chris Foster
克里斯・班瓦 Chris Benoit
克里斯・馬修 Chris Matthew
克里斯・普蘭特 Chris Plante
克里斯多夫・勒布朗 Chirstopher Lebron
克莉絲汀・歌絲嘉 Christine Korsgaard

261. Turkel, Allison. 2008. "'And Then He Choked Me': Understanding, Investigating, and Prosecuting Strangulation." *American Prosecutors Research Institute* 2, no. 1. https://ndaa.org/pdf/the_voice_vol_2_no_1_08.pdf
262. Twain, Mark (2010)。《哈克歷險記》。宋瑛堂譯。台北：麥田出版。
263. Valenti, Jessica. 2014. "Elliot Rodger's California Shooting Spree: Further Proof That Misogyny Kills." *The Guardian*, May 24. http://www.theguardian.com/commentisfree/2014/may/24/elliot-rodgers-california-shooting-mental-health-misogyny.
264. Valizadeh, Roosh. 2014. "Elliot Rodger Is the First Feminist Mass Murderer." Return of Kings blog, May 28. http://www.returnofkings.com/36397/elliot-rodger-is-the-first-male-feminist-mass-murderer.
265. Walker, Margaret Urban. 1998. *Moral Understandings*. New York: Routledge.
266. Watson, Gary. 1987. "Responsibility and the Limits of Evil: Variations on a Strawsonian Theme." In *Responsibility, Character, and the Emotions: Essays in Moral Psychology*, edited by F. Schoeman, 256-86. Cambridge: Cambridge University Press.
267. Websdale, Neil. 2010. *Familicidal Hearts*. Oxford: Oxford University Press.
268. West, Lindy. 2015. "What Happened When I Confronted My Cruellest Troll?" *The Guardian*, February 2. http://www.theguardian.com/society/2015/feb/02/what-happened-confronted-cruellest-troll-lindy-west.
269. Wheatley, Thalia, and Jonathan Haidt. 2005. "Hypnotic Disgust Makes Moral Judgements More Severe." *Psychological Science* 16: 780-84.
270. Williams, Bernard (1981)。《道德運氣》。徐向東譯。上海：上海譯文出版社。
271. Witt, Charlotte E. 2011. *The Metaphysics of Gender*. Oxford: Oxford University Press.
272. Wolf, Virginia (1929)。《三枚金幣》。王蔵真譯。台北：天培文化。
273. Wolf, Virginia (1929)。《自己的房間》。張秀亞譯。台北：天培文化。
274. Young, Cathy. 2014. "Elliot Rodger's 'War on Women' and Toxic Gender Warfare." *Reason*, May 29. http://reason.com/archives/2014/05/29/elliot-rodgers-war-on-women-and-toxic-ge.
275. Young, Iris Marion. 2004. "Five Faces of Oppressions." In *Oppression, Privilege, and Resistance*, edited by Lisa Heldke and Peg O'Connor, 37-63. Boston: McGraw Hill.
276. Zheng, Robin. 2016. "Attributability, Accountability, and Implicit Bias." In *Implicit Bias and Philosophy*, vol. 2, Moral Responsibility, Structural Injustice, and Ethics, edited by Jennifer Saul and Michael Brownstein, 62-89. New York: Oxford University Press.
277. Zadrozny, Brandy, and Tim Mak. 2015. "Ex-Wife: Donald Trump Made Me Feel 'Violated' During Sex." Daily Beast, July 7. https://www.thedailybeast.com/articles/2015/07/27/ex-wife-donald-trump-made-me-feel-violated-during-sex.

243. Solnit, Rebecca. 2014a. *Men Explain Things to Me*. Chicago, IL: Haymarket Books.
244. Solnit, Rebecca. 2014b. "Our Words Are Our Weapons." *Guernica*, June 2. http://www/guernicamag.com/daily/rebecca-solnit-our-words-are-our-weapons-2/.
245. Smith, Jessi L., David Paul, and Rachel Paul. 2007. "No Place for a Woman: Evidence for Gender Bias in Evaluations of Presidential Candidates." *Basic and Applied Social Psychology* 29, no. 3: 225-33.
246. Snyder, Rachel Louise. 2015. "No Visible Bruises: Domestic VIolence and Traumatic Brain Injury." *The New Yorker*, December 30. https://www.newyorker.com/news/news-desk/the-unseen-victims-of-traumatic-brain-injury-from-domestic-violence
247. Song, Sarah. 2007. *Justice, Gender, and the Politics of Multiculturalism*. Cambridge: Cambridge University Press.
248. Sorenson, Susan B., Manisha Joshi, and Elizabeth Sivitz. 2014. "A Systematic Review of the Epidemiology of Nonfatal Strangulation, a Human RIghts and Health Concern." *American Journal of Public Health* 104, no. 11: 54-61.
249. Sprague, Joey, and Kelley Massoni. 2005. "Student Evaluations and Gendered Expectations: What We Can't Count Can Hurt Us." *Sex Roles* 53, nos. 11-12: 779-93.
250. Stanley, Jason. 2015. *How Propaganda Works*. Princeton, NJ: Princeton University Press.
251. Strack, Gael B., George E. McClane, and Dean Hawley. 2001. "A Review of 300 Attempted Stragulation Cases Part Ⅰ: Criminal Legal Issues." *Journal of Emergency Medicine* 21, no.3: 303-9.
252. Strawson, P.F. (1962) 2008. "Freedom and Resentment." *Proceedings of the British Academy* 48: 1-25. Reprinted in *Freedom and Resentment and Other Essays*, 2nd ed., 1-28. London: Routledge. 頁數乃根據Routedge版本。
253. Suk Gersen, Jeannie. 2014. "The Trouble with Teaching Rape Law." *The New Yorker*, December 15. http://www.newyorker.com/news/news-desk/trouble-teaching-rape-law.
254. Sveinsdóttir, Ásta Kristjana. 2011. "The Metaphysics of Sex and Gender." In *Feminist Metaphysics*, edited by Charlotte E. Witt, 47-66. Dordrecht: Springer.
255. Swanson, Jordan. 2002. "Acid Attacks: Bangladesh's Efforts to Stop the Violence." H*arvard Health Policy Review* 3, no. 1. http://www.hcs.harvard.edu/~epihc/currentissue/spring2002/swanson.php.
256. Tessman, Lisa. 2005. *Burdened Virtues: Virtue Ethics for Liberatory Struggles*. New York: Oxford University Press.
257. Tessman, Lisa. 2016. *Moral Failure: On the Impossible Demands of Morality*. New York: Oxford University Press.
258. Thomas, Ashley J., P. Kyle Stanford, and Barbara W. Sarnecka. 2016. "No Child Left Alone: Moral Judgments about Parents Affect Estimates of Risk to Children." *Collabra* 2, no. 1:10. doi:http://doi.org/10.1525/collabra.33.
259. Thomas, Dexter, Jr. 2014. "Elliot Rodger Wasn't Interested in Women." *Al Jazeera*, June 7. http://www/aljazeera.com/indepth/opinion/2014/06/elliot-rodger-killing-sexism-20146219411713900.html.
260. Tirrell, Lynnie. 2012. "Genocidal Language Games." In *Speech and Harm: Controversies over Free Speech*, edited by Ishani Maitra and Mary Kate McGowan, 174-221. Oxford: Oxford University Press.

225. Resnick, Sofia. 2015. "In Sexual Assault Cases, News Laws on Strangulation Aid Prosecution." *Rewire*, April 23. https://rewire.news/article/2015/04/23/sexual-assault-cases-prosecutors-look-method-control/.
226. Rosenfeld, Diane L. 1994. "Why Men Beat Women: Law Enforcement Sends Mixed Signals." *Chicago Tribune*, July 29.
227. Rosenfeld, Diane L. 2004. "Why Doesn't He Leave?: Restoring Liberty and Equality to Battered Women." In *Directions in Sexual Harassment Law*, vol. 535, edited by Catherine A. MacKinnon and Reva B. Siegel, 535-37. New Haven, CT: Yale University Press.
228. Rosenfeld, Diane L. 2015. "Uncomfortable Conversations: Confronting the Reality of Target Rape on Campus." *Harvard Law Review* 128, no. 8: 359-80. https://harvardlawreview.org/2015/06/uncomfortable-conversations-confronting-the-reality-of-target-rape-on-campus/.
229. Rudman, Laurie A., Corinne A. Moss-Racusin, Julie E. Phelan, and Sanne Nauts. 2012. "Status Incongruity and Backlash Effects: Defending the Gender Hierarchy Motivates Prejudice against Female Leaders." *Journal of Experiemental Social Psychology* 48: 165-79.
230. Sadker, David. 1999. "Gender Equity: Still Knocking at the Classroom Door." *Educational Leadership* 56, no. 7: 22-26.
231. Sadker, David, and Karen R. Zittleman. 2009. *Still Failing at Fairness: How Gender Bias Cheats Girls and Boys in School and What We Can Do About It*. New York: Simon and Schuster.
232. Sadker, Myra, and David Sadker. 1995. *Failing at Fairness: How America's Schools Cheat Girls*. New York: Touchstone Press.
233. Santucci, John. 2015. "Donald Trump's Ex-WIfe Ivana Disavows Old 'Rape' Allegation." *ABC News*, July 28. https://abcnews.go.com/Politics/donald-trumps-wife-ivana-disavows-rape-allegation/story?id=32732204.
234. Saul, Jennifer. 2006. "Gender and Race." *Proceedings of the Aristotelian Society*, Supplementary Volume 80: 119-43.
235. Schraub, David H. 2016. "Playing with Cards: Discrimination Claims and the Charge of Bad Faith." *Social Theory and Practice* 42, no. 2: 285-303.
236. Serano, Julia. 2016. *Whipping Girl: A Transsexual Woman on Sexism and the Scapegoating of Femininity*. 2nd ed. Berkeley, CA: Seal Press. Originally published in 2007.
237. Shrage, Laurie, ed. 2009. *You've Changed: Sex Reassignment and Personal Identity*. Oxford: Oxford University Press.
238. Siegel, Reva B. 2014. "Abortion and the 'Woman Question': Forty Years of Debate." *Indiana Law Journal* 89, no. 4: 1365-80.
239. Silvermint, Daniel. 2013. "Resistance and Well-Being." *Journal of Political Philosophy* 21, no. 4: 405-25.
240. Silverstein, Shel (1964)。《愛心樹》。劉美欽譯。台北：水滴文化
241. Singal, Jesse. 2015. "The Internet Accused Alice Goffman of Faking Details in Her Study of a Black Neighborhood. I Went to Philadelphia to Check." *New York Magazine*, June 18. http://nymag.com/sceiencefus/2015/06/i-fact-checked-alice-goffman-with-her-subjects.html.
242. Singer, Peter. 2011. *The Expanding Circle: Ethics, Evolution, and Moral Progress*. Princeton, NJ: Princeton University Press.

203. Nichols, Shaun. 2004. *Sentimental Rules: On the Natural Foundations of Moral Judgment*. Oxford: Oxford University Press.
204. Norlock, Kathryn J. 2008. *Forgiveness from a Feminist Perspective*. Lanham, MD: Lexington Books.
205. Norlock, Kathryn J. 2016. "Doctor's Orders: Menopause, Weight Change, and Feminism." *Ijfab: International Journal of Feminist Approaches to Bioethics* 9, no. 2: 190-97.
206. Nussbaum, Martha C. 1995. Objectification. *Philosophy and Public Affairs* 24, no. 4: 249-91.
207. Nussbaum, Martha C. 2001. *Women and Human Development: The Capabilities Approach*. Vol. 3. Cambridge: Cambridge University Press.
208. Nussbaum, Martha C. 2011. "Objection and Internet Misogyny." In *The Offensive Internet: Speech, Privacy, and Reputation*, edited by Saul Levmore and Martha Nussbaum, 68-90. Cambridge, MA: Harvard University Press.
209. Nussbaum, Martha C. (2004)。《逃避人性：噁心、羞恥與法律》。方佳俊譯。台北：商周出版
210. Orwell, Goerge. 1981. *A Collection of Essays*. New York: Harcourt.
211. Parks-Stamm, Elizabeth J., Madeline E. Heilman, and Krystle A. Hearns. 2008. "Motivated to Penalize: Women's Strategic Rejection of Successful Women." *Personality and Social Psychology Bulletin* 34, no. 2: 237-47. Accessed via Sage Journals, https://journals.sagepub.com/doi/10.1177/0146167207310027.
212. Pateman, Carole (1988)。《性契約》。李朝暉譯。上海：社會科學文獻出版社。
213. Paul, David, and Jessi L. Smith. 2008. "Subtle Sexism? Examining Vote Preferences When Women Run Against Men for the Presidency." *Journal of Women, Politics and Policy* 29, no. 4: 451-76.
214. Paul, L. A. 2015. *Transformative Experience*. Oxford: Oxford University Press.
215. Pawan, Mittal, and S. K. Dhattarwal. 2014. "Vitriolage: The Curse of Human Origin." *Medical Science* 6, no. 21: 61-64.
216. Penny, Laurie. 2014. "Let's Call the Isla Vista Killings What They Were: Misogynist Extremism." *New Statesman*, May 25. http://www.newstatesman.com/lifestyle/2014/05/lets-call-isla-vista-killings-what-they-were-misogynist-extremism.
217. Perry, Imani. 2016. "Forum Response to 'The Logic of Misogyny.'" *The Boston Review*, July 11. http://bostonreview.net/forum/logic-misogyny/imani-perry-imani-perry-responds-kate-manne.
218. Pinker, Steven (2012)。《人性中的良善天使：暴力如何從我們的世界中逐漸消失》。顏涵銳、徐立妍譯。台北：遠流。
219. Plattner, T., S. Bolliger, and U. Zollinger. 2005. "Forensic Assessment of Survived Stragulation." *Forensic Science International* 153: 202-7.
220. Pohlhaus, Gaile, Jr. 2012. "Relational Knowing and Epistemic Injustice: Toward a Theory of Willful Hermeneutical Ignorance." *Hypatia* 27, no. 4: 715-35.
221. Porpentine (pseud.). 2015. "Hot Allostatic Load." *The New Inquiry*, May 11. http://thenewinquiry.com/hot-allostatic-load/.
222. Preston-Roedder, Ryan. 2013. "Faith in Humanity." *Philosophy and Phenomenological Research* 87, no. 3: 664-87.
223. Rawls, John. 1955. "Two Concepts of Rules." *Philosophical Review* 64, no. 1: 3-32.
224. Raz, Joseph. 1989. "Liberating Duties." *Law and Philosophy* 8, no. 1: 3-21.

c9e4b08ddf9ece1397.
184. Manne, Kate. 2017. "Good Girls: How Powerful Men Get Away with Sexual Predation." Huffington Post, March 24 (updated March 28). http://www.huffingtonpost.com/entry/good-girls-or-why-powerful-men-get-to-keep-on-behaving_us_58d5b420e4b0f633072b37c3.
185. Manne, Kate. Forthcoming. "Shame Faced in Shadows: On Melancholy Whiteness." Symposium piece on Judith Butler's *Senses of the Subject. Philosophy and Phenomenological Research.*
186. Marcus, Ruth Barcan. 1966. "Iterated Deontic Modalities." *Mind* 75, no. 300: 580-82.
187. McDowell, John. 1995. "Might There Be External Reasons?" In *World, Mind, and Ethics: Essays on the Ethical Philosophy of Bernard Williams*, edited by J. E. Altham and Ross Harrison, 68-85. Cambridge: Cambridge University Press.
188. McIntosh, Peggy. 1988. *White Privilege and Male Privilege: A Personal Account of Coming to See Correspondences through Work in Women's Studies.* Wellesley, MA: Wellesley College, Center for Research on Women.
189. McKinnon, Rachel V. 2014. "Stereotype Threat and Attributional Ambiguity for Trans Women." *Hypatia* 29, no. 4: 857-72.
190. McKinnon, Rachel V. 2015. "Trans*formative Experiences." *Res Philosophica* 92, no. 2: 419-40.
191. McKinnon, Rachel V. 2016. "Epistemic Injustice." *Philosophy Compass* 11, no. 8: 437-46.
192. McKinnon, Rachel V. 2017. Allies Behaving Badly: Gaslighting as Epistemic Injustice. In *The Routledge Handbook of Epistemic Injustice*, edited by Gaile Polhaus Jr., Ian James Kidd, and José Medina, 167-75. New York: Routledge.
193. Medina, José. 2011. "The Relevance of Credibility Excess in a Proportional View of Epistemic Injustice: Differential Epistemic Authority and the Social Imaginary." *Social Epistemology* 25, no. 1: 15-35.
194. Medina, José. 2012. *The Epistemology of Resistance: Gender and Racial Oppression, Epistemic Injustice, and Resistant Imaginations.* Oxford: Oxford University Press.
195. Mendelberg, Tali. 2016. "Forum Response to 'The Logic of Misogyny.'" *The Boston Review*, July 11. http://bostonreview.net/forum/logic-misogyny/tali-mendelberg-tali-mendelberg-responds-kate-manne.
196. Meyers, Diana Tietjens. 2011. "Two Victim Paradigms and the Problem of 'Impure' Victims." *Humanity* 2, no. 2: 255-75.
197. Meyers, Diana Tietjens. 2016. *Victims' Stories and the Advancement of Human Rights.* New York: Oxford University Press.
198. Milgram, Stanley (1974)。《服從權威：有多少罪惡，假服從之名而行？》。黃煜文譯。台北：經濟新潮社。
199. Mills, Charles W. 1997. *The Racial Contract.* Ithaca, NY: Cornell University Press.
200. Moi, Toril. 1999. *What Is a Woman? And Other Essays.* Oxford: Oxford University Press.
201. Moody-Adams, Michele. 2015. "The Enigma of Forgiveness." *Journal of Value Inquiry* 49, nos. 1-2: 161-80.
202. Moraga, Cherrie, and Gloria Anzaldua. 2015. *This Bridge Called My Back: Writings by Radical Women of Color*, 4th ed. Albany: State University of New York Press. Originally published in 1981.

165. Lugones, Maria. 1990. "Structure/Antistructure and Agency under Oppression." *Journal of Philosophy* 87, no. 10: 500-507
166. Mac Donald, Heather. 2014. "The UCSB Solipsists." *National Review*, June 1. https://www2.nationalreview.com/article/379271/ucsb-solipsists-heather-macdonald/page/0/1 (last accessed 2015).
167. MacKinnon, Catherine A. 1987. *Feminism Unmodified: Discourses on Life and Law*. Cambridge, MA: Harvard University Press.
168. MacKinnon, Catherine A. 2006. *Are Women Human? And Other International Dialogues*. Cambridge, MA: Harvard University Press.
169. MacLachlan, Alice. 2010. "Unreasonable Resentments." *Journal of Social Philosophy* 41, no. 4: 422-41.
170. Maitra, Ishani. 2009. "Silencing Speech." *Canadian Journal of Philosophy* 39, no. 2: 309-38.
171. Maitra, Ishani, and Mary Kate McGowan. 2010. "On Silencing, Rape, and Responsibility." *Australasian Journal of Philosophy* 88, no. 1: 167-72.
172. Manne, Kate. 2013. "On Being Social in Metaethics." In *Oxford Studies in Metaethics*, vol. 8, edited by Russ Shafer-Landau, 50-73. Oxford: Oxford University Press.
173. Manne, Kate. 2014a. "Internalism about. Reasons: Sad but True?" *Philosophical Studies* 167, no. 1: 89-117.
174. Manne, Kate. 2014b. "Punishing Humanity." Op-Ed. *New York Times*. The Stone, October 12. https://opinionator.blogs.nytimes.com/2014/10/12/in-ferguson-and-beyond-punishing-humanity/.
175. Manne, Kate. 2016a. "Before Hillary, There Was Another 'Witch' in Politics." Huffington Post. http://www.huffingtonpost.com/kate-manne/before-hillary-there-was-another-_b_9722158.html.
176. Manne, Kate. 2016b. "Humanism: A Critique." *Social Theory and Practice* 42, no. 2: 389-415.
177. Manne, Kate. 2016c. "Life Is Triggering: What Follows?" *The New Philosopher, Education*, August 30. http://www.newphilosopgher.com/articles/3418/.
178. Manne, Kate. 2016d. "The Logic of Misogyny." *The Boston Review*, July 11. http://bostonreview.net/forum/kate-manne-logic-misogyny.
179. Manne, Kate. 2016e. "Response to Forum Responses to 'The Logic of Misogyny.'" *The Boston Review*, July 11. http://bostonreview.net/forum/logic-misogyny/kate-manne-kate-manne-responds.
180. Manne, Kate. 2016f. "Sympathy for the Rapist: What the Stanford Case Teaches." Huffington Post, June 9. http://www.huffingtonpost.com/entry/sympathy-for-the-rapist-what-the-stanford-case-teaches_us_5758c0aae4b053e219787681.
181. Manne, Kate. 2016g. "Trumped-up Moral Outrage about Misogyny." Huffington Post, October 9. https://www.huffpost.com/entry/trumped-up-moral-outrage-about-misogyny_b_57faa8e2e4b0d786aa52b693.
182. Manne, Kate. 2016h. "What Do We Do with Pornography?" Review of Nancy Bauer's *How to Do Things with Pornography*. *The Times Literary Supplement*, April 6. http://www.the-tls.co.uk/articles/public/where-anything-goes/.
183. Manne, Kate. 2016i. "When a Man Competes with a Woman." Huffington Post, October 19. http://www.huffingtonpost.com/entry/when-a-man-competes-with-a-woman_us_5807ab-

for the 21st Century, edited by Rory Dicker and Alison Piepmeier, 244-59. Boston: Northeastern University Press.

146. Koyama, Emi. 2006. "Whose Feminism Is It Anyway? The Unspoken Racism of the Trans Inclusion Debate." In *The Transgender Studies Reader*, edited by Susan Stryker and Stephen Whittle, 698-705. New York: Routledge.
147. Kukla, Rebecca. 2005. *Mass Hysteria: Medicine, Culture, and Mothers' Bodies*. Lanham, MD: Rowman & Littlefield.
148. Kukla, Rebecca. 2008. "Measuring Mothering." *International Journal of Feminist Approaches to Bioethics* 1, no. 1: 67-90.
149. Kukla, Rebecca. 2014. "Performative Force, Convention, and Discursive Injustice." *Hypatia* 29, no. 2: 440-57.
150. Langton, Rae. 2009. *Sexual Solipsism: Philosophical Essays on Pornography and Objectification*. Oxford: Oxford University Press.
151. Lawrence, Charles R., III. 1987. "The Id, the Ego, and Equal Protection: Reckoning with Unconscious Racism." *Stanford Law Review* 39, no. 2: 317-88.
152. Lawrence, Charles R., III. 2008. "Unconscious Racism Revisited: Reflections on the Impact and Origins of the Id, the Ego, and Equal Protection." *Connecticut Law Review* 40: 931-78.
153. Laxness Halldor. 1997. *Independent People*. New York: Vintage.
154. Lebron, Christopher J. 2016. "The Invisibility of Black Women." Boston Review blog, January 15. http://bostonreview.net/blog/christopher-lebron-invisibility-black-women.
155. Lebron, Christopher J. 2017. *The Making of Black Lives Matter: A Brief History of an Idea*. New York: Oxford University Press.
156. Lerner, Gerda. 1986. *The Creation of Patriarchy*. Oxford: Oxford University Press.
157. Lindemann, Hilde. 2014. *Holding and Letting Go: The Social Practice of Personal Identities*. Oxford: Oxford University Press.
158. Livingstone Smith, David. 2011. *Less Than Human: Why We Demean, Enslave, and Exterminate Others*. New York: St. Martins Press.
159. Livingstone Smith, David. 2016. "Paradoxes of Dehumanization." *Social Theory and Practice* 42, no. 2: 416-43
160. Lloyd, Genevieve. 1992. "Maleness, Metaphor, and the 'Crisis' of Reason." In *A Mind of One's Own: Feminist Essays on Reason and Objectivity*, edited by Louise M. Antony and Charlotte E. Witt, 73-92. Boulder, CO: Westview Press.
161. Lorde, Audre. 2007. *Sister Outsider: Essays and Speeches*. Berkeley, CA: Crossing Press.（1997，一版）
162. Lubet, Steven. 2015a. "Did This Acclaimed Sociologist Drive the Getaway Car in a Murder Plot? The Questionable Ethics of Alice Goffman's On the Run." *The New Republic*, May 27. http://newrepublic.com/article/121909/did-sociologist-alice-goffman-drive-getaway-car-murder-plot.
163. Lubet, Steven. 2015b. "Ethnography on Trial." *The New Republic*, July 15. http://newrepublic.com/article/122303/ethnography-on-trial.
164. Lugones, Maria. 1987. "Playfulness, 'World'-Travelling and Loving Perception." *Hypatia: A Journal of Feminist Philosophy* 2, no. 2: 3-19.

125. Hooks, Bell. 2000. *Feminist Theory: From Margins to Center*. 2nd ed. London: Pluto Press. Originally published in 1984.
126. Hurt, Harry, III. 1993. *The Lost Tycoon: The Many Lives of Donald J. Trump*. Kindle ed. Echo Point: Brattleboro, VT.
127. Inbar, Yoel, and David A. Pizarro. 2016. "Pathogens and Politics: Current Research and New Questions." *Social and Personality Psychology Compass* 10, no. 6: 365-74
128. Irwin, Kirk. 2016. "Trump CEO Was Charged with Choking Wife." Daily Beast, August 25. https://www.thedailybeast.com/trump-ceo-was-charged-with-choking-wife.
129. Jackson, Michelle Denise. 2014. "A Painful Silence: What Daniel Holtzclaw Teaches Us about Black Women in America." For Harriet, September. http://www.forharriet.com/2014/09/a-painful-silence-what-daniel-holtzclaw.html.
130. Jaggar, Alison M. 1983. *Feminist Politics and Human Nature*. Totowa, NJ: Rowman & Littlefield.
131. Jaggar, Alison M. 2009. "Transnational Cycles of Gendered Vulnerability." *Philosophical Topics* 37, no. 2: 33-52.
132. Jenkins, Carrie. 2017. *What Love Is: And What It Could be*. New York: Basic Books.
133. Jenkins, Kathryn. 2016. "Amelioration and Inclusion: Gender Identity and the Concept of Woman." *Ethics* 126, no. 2: 394-421.
134. Jetter, Alexis., Jennifer Braunschweiger, Natasha Lunn, and Julia Fullerton-Batten. 2014. "A Hidden Cause of Chornic Illness." Dart Center for Journalism and Trauma: A Projet of the Columbia Journalism School, April 10. https://dartcenter.org/content/hidden-cause-chronic-illness.
135. Jones, Karen. 2002. "The Politics of Credibility." In *A Mind of One's Own: Feminist Essays on Reason and Objectivity*, edited by Louise M. Antony and Charlotte E. Witt, 154-76. Boulder, CO: Westview Press.
136. Jones, Karen. 2014. "Intersectionality and Ameliorative Analyses of Race and Gender." *Philosophical Studies* 171, no. 1: 99-107.
137. Kelly, Daniel. 2011. *Yuck: The Nature and Moral Significance of Disgust*. Cambridge, MA: MIT Press.
138. Kelly, Daniel, and Erica Roedder. 2008. "Racial Cognition and the Ethics of Implicit Bias." *Philosophy Compass* 3, no. 3: 522-40.
139. Khader, Seren J. 2011. *Adaptive Preferences and Women's Empowerment*. New York: Oxford University Press.
140. Khader, Seren J. 2012. "Must Theorising about Adaptive Preferences Deny Women's Agency?" *Journal of Applied Philosophy* 29, no. 4: 302-17.
141. Kimmel, Michael. 2013. *Angry White Men: American Masculinity at the End of an Era*. New York: National Books.
142. King, Deborah K. 1988. "Multiple Jeopardy, Multiple Consciousness: The Context of a Black Feminist Ideology." *Signs* 14, vol. 1: 42-72.
143. Kittay, Eva Feder. 1999. *Love's Labor*. New York: Routledge.
144. Kittay, Eva Feder. 2013. "The Body as the Place of Care." In *Exploring the Work of Edward S. Casey*, edited by Donald A. Landes and Azucena Cruz-Pierre, 205-13. New York: Bloomsbury Publishing.
145. Koyama, Emi. 2003. "The Transfeminist Manifesto." In *Catching a Wave: Reclaiming Feminism*

ry-funerals-for-fetuses/.

106. Greenhouse, Linda, and Reva B. Siegel. 2010. *Before Roe v. Wade: Voices That Shaped the Abortion Debate Before the Supreme Courts Ruling*. New York: Kaplan Pub.

107. Halley, Janet. 2015. "Trading the Megaphone for the Gavel in Title IX Enforcement: Backing Off the Hype in Title IX Enforcement." *Harvard Law Review* 128, no. 4: 103-17.

108. Haslanger, Sally. 2000. "Gender and Race: (What) Are They? (What) Do We Want Them to Be?" *Noûs* 34, no. 1: 31-55.

109. Haslanger, Sally. 2012. *Resisting Reality*. New York: Oxford University Press.

110. Haslanger, Sally. 2016. "Epistemic Housekeeping and the Philosophical Canon: A Reflection on Jane Addams' 'Women and Public Housekeeping.'" In *Ten Neglected Classics of Philosophy*, edited by Eric Schliesser, 148-76. New York: Oxford University Press.

111. Hay Carol. 2013. *Kantianism, Liberalism, and Feminism: Resisting Oppression*. New York: Palgrave-Macmillan.

112. Hedgepeth, Sonja M., and Rochelle G. Saidel. 2010. *Sexual Violence against Jewish Women during the Holocaust*. Lebenon, NH: Brandeis University Press.

113. Heilman, Madeline E., Aaron S. Wallen, Danielle Fuchs, and Melinda M. Tamkins. 2004. "Penalties for Success: Reactions to Women who Succeed at Male Tasks." *Journal of Applied Pyschology* 89, no. 3: 416-27.

114. Heilman, Madeline E., and Tyler G. Okimoto. 2007. "Why Are Women Penalized for Success at Male Tasks?: The Implied Communality Defict." *Journal of Applied Psychology* 92, no. 1: 81-92.

115. Held, Virginia. 1987. "Feminism and Moral Theory." In *Women and Moral Theory*, edited by Eva Feder Kittay and Diana Tietjens Meyers, 111-28. Totowa, NJ: Rowman & Littlefield.

116. Held, Virginia. 2006. *The Ethics of Care*. Oxford: Oxford University Press.

117. Henwood, Doug. 2016. "Forum Response to 'The Logic of Misogyny.'" *The Boston Review*, July 11. http://bostonreview.net/forum/logic-misogyny/doug-henhood-doug-henwood-responds-kate-manne.

118. Hester, Mariane. 2013. "Who Does What to Whom? Gender and Domestic Violence Perpetrators in English Police Record." *European Journal of Criminology* 10, no. 5: 623-37.

119. Heyes, Cressida. 2007. *Self-Transformations: Foucault, Ethics, and Normalized Bodies*. Oxford: Oxford University Press.

120. Hill Collins, Patricia. 1998. "It's All in the Family: Intersections of Gender, Race, and Nation." *Hypatia* 13, no. 3: 62-82.

121. Hill Collins, Patricia. 2000. *Black Feminist Thought: Knowledge, Consciousness, and the Politics of Empowerment*. 2nd ed. New York: Routledge. Originally published in 1990.

122. Hochschild, Arlie Russell. 2016. *Strangers in Their Own Land: Anger and Mourning on the American Right*. New York: New Press.

123. Hochschild, Arlie Russel, and Anne Machung (2012)。《第二輪班：那些性別革命尚未完成的事》。張正霖譯。台北：群學。

124. Hoff Sommers, Christina. 2016. "Forum Response to 'The Logic of Misogyny.'" *The Boston Review*, July 11. http://bostonreview.net/forum/logic-misogyny/christina-hoff-sommers-christina-hoff-sommers-responds-kate-manne.

Rivers Press. Originally published in 1991.
86. Fenske, Sarah. 2016. "Abdrew Puzder, Trump's Pick for Labor Department was Accused of Abusing Wife." *Riverfront Times*, December 8. https://www.riverfronttimes.com/newsblog/2016/12/08/andrew-puzder-trump-pick-for-labor-department-was-accused-of-abusing-wife.
87. Ferguson, Chris. 2014. "Misogyny Didn't Turn Elliot Rodger into a Killer." *Time*, May 25. http://time.com/114354/elliot-rodger-ucsb-misogyny/.
88. Floridi, Luciano. 2011. "A Defence of Constructionism: Philosophy as Concenptual Engineering." *Metaphilosophy* 42, no. 3: 282-304.
89. Flynn, Gillian (2012)。《控制》。施清真譯。台北：時報出版。
90. Fricker, Miranda. 1999. "Epistemic Oppression and Epistemic Privilege." *Canadian Journal of Philosophy* 29 (Supplement): 191-210.
91. Fricker, Miranda (2007)。《知識的不正義：偏見和缺乏理解，如何造成不公平？》。黃珮玲譯。台北：八旗文化。
92. Friedan, Betty. 1963. *The Feminine Mystique*. New York: W. W. Norton.
93. Frost, Amber A'Lee. 2016. "Forum Response to 'The Logic of Misogyny.'" *The Boston Review*, July 11. http://bostonreview.net/forum/logic-misogyny/amber-alee-frost-amber-alee-frost-responds-kate-manne.
94. Frye, Marilyn. 1983. *The Politics of Reality: Essays in Feminist Theory*. Berkeley CA: Crossing Press.
95. Frye, Marilyn. 1996. "The Necessity of Differences: Constructing a Positive Category of Women." *Signs* 21, vol. 3: 991-1010.
96. Gaita, Raimond. 1998. *A Common Humanity: Thinking About Love and Truth and Justice*. New York: Routledge.
97. Garcia, J. L. A. 1996. "The Heart of Racism." *Journal of Social Philosophy* 27, no. 1: 5-46
98. Gillard, Julia. 2014. *My Story*. Vintage Books.
99. Glick, Peter, and Susan T. Fiske. 1997. "Hostile and Benevolent Sexism." *Psychology of Women Quarterly* 21: 119-35.
100. Glick, Peter. 2001. "An Ambivalent Alliance: Hostile and Benevolent Sexism as Complementary Justifications for Gender Inequality." *American Psychologist* 56, no. 2: 109-18.
101. Goffman, Alice (2014)。《全員在逃：一部關於美國黑人城市逃亡生活的民族誌》。李宗義、許雅淑譯。台北：衛城出版。
102. Gold, Hadas, and John Bresnahan. 2016. "Trump Campaign CEO Once Charged in Domestic Violence Case." Politico, August 25. https://www.politico.com/story/2016/08/steve-bannon-domestic-violence-case-police-report-227432.
103. Gopnik, Adam. 2006. "Headless Horseman: The Reign of Terror Revisited." *The New Yorker*, June 5. http://www.newyorker.com/magazine/2006/06/05/headless-horseman.
104. Gornick, Vivian. 2016. "Forum Response to 'The Logic of Misogyny.'" *The Boston Review*, July 11. http://bostonreview.net/forum/logic-misogyny/vivian-gornick-vivian-gornick-responds-kate-manne.
105. Grant, Rebecca. 2016. "The Latest Anti-Abortion Trend? Mandatory Funerals for Fetuses." *The Nation*, October 11. https://www.thenation.com/article/the-latest-anti-abortion-trend-mandato-

ry/.
64. Darwall, Stephen. 2006. *The Second-Person Standpoint: Morality, Respect, and Accountability*. Cambridge, MA: Harvard University Press.
65. Darwall, Stephen. 2013. *Honor, History, and Relationship: Essays in Second-Personal Ethics II*. Oxford: Oxford University Press.
66. Davis, Angela. 2003. *Are Prisons Obsolete?* New York: Seven Stories Press.
67. Daum, Meghan. 2014. "Misogyny and the Co-opting of the Isla Vista Tragedy." *Los Angeles Times*, June 4. http://www.latimes.come/opinion/op-ed/la-oe-daum-misogyny-isla-vista-20140605-column.html.
68. Dembroff, Robin A. 2016. "What is Sexual Orientation?" *Philosophers' Imprint* 16, no. 3: 1-27. http://quod.lib.umich.edu/cgi/p/pod/dod-idx/what-is-sexual-orientation.pdf?c=phimp;idno=3521354.0016.003.
69. Desmond, Matthew (2016)。《下一個家在何方？驅離，臥底社會學家的居住直擊報告》。胡訢諄、鄭煥昇譯。台北：時報出版。
70. Diamond, Cora. 1978. "Eating Meat and Eating People." *Philosophy* 53, no. 206: 465-79.
71. Digby, Tom. 2003. "Male Trouble." *Social Theory and Practice* 29, no. 2: 247-73
72. Digby, Tom. 2014. *Love and War: How Militarism Shapes Sexuality and Romance*. New York: Columbia University Press.
73. Dotson, Kristie. 2011. "Tracking Epistemic Violence, Tracking Practice of Silencing." *Hypatia* 26, no. 2: 236-57.
74. Dotson, Kristie. 2012. "A Cautionary Tale: On Limiting Epistemic Oppression." *Frontiers* 33, no. 1: 24-47.
75. Dotson, Kristie. 2014. "Conceptualizing Epistemic Oppression." *Social Epistemology* 28, no. 2: 115-38.
76. Dotson, Kristie. 2016. "Word to the Wise: Notes on a Black Feminist Metaphilosophy of Race." *Philosophy Compass* 11, no. 2: 69-74.
77. Dotson, Kristie, and Marita Gilbert. 2014. "Curious Disappearances: Affectability Imbalances and Process-Based Invisibility." *Hypatia* 29, no. 4: 873-88.
78. Du Toit, Louise. 2009. *A Philosophical Investigation of Rape.: The Making and Unmaking of the Feminine Self*. New York: Routledge.
79. Dworkin, Andrea. 1976. *Woman Hating: A Radical Look at Sexuality*. New York: Dutton.
80. Dworkin, Andrea. 1988. *Right-Wing Women: The Politics of Domesticated Females*. London: Women's Press.
81. Elon, Amos. 2013. *The Pity of It All: A Portrait of the German-Jewish Epoch, 1743-1933*. New York: Picador. Originally published in 2003.
82. Erikson, Erik H. 1963. *Youth: Change and Challenge*. New York: Basic Books.
83. Exley, Christine, Muriel Niederle, and Lise Vesterlund. 2016. "New Research: Women Who Don't Negotiate Might Have a Good Reason." *Harvard Business Review*, April 12. http://hbr.org/2016/04/women-who-dont-negotiate-their-salaries-might-have-a-godd-reason.
84. Faludi, Susan. 2000. *Stiffed: The Betrayal of Modern Man*. London: Vintage.
85. Faludi, Susan. 2006. *Backlash: The Undeclared War against American Women*. New York: Three

41. Butler, Judith. 1990. *Gender Trouble: Feminism and the Subversion of Identity*. New York: Routledge.
42. Butler, Judith. 2015. *Senses of the Subject*. New York: Fordham University Press.
43. Butler, Judith. 2016. *Vulnerability in Resistance*. Durham, NC: Duke University Press.
44. Cahill, Ann J. 2001. *Rethinking Rape*. Ithaca, NY: Cornell University Press.
45. Calhoun, Cheshire. 2004. "An Apology for Moral Shame." *Journal of Political Philosophy* 12, no. 2: 127-46.
46. Calvin, John. 1999. *Calvin's Commentaries*. Edinburgh; repr. Grand Rapids, MI: Baker.
47. Campbell, Bradley, and Jason Manning. 2014. "Micro-Aggression and Moral Cultures." *Comparative Sociology* 13, no. 6: 692-726.
48. Camus, Albert (1946)。《異鄉人》。張一喬譯。台北：麥田出版。
49. Card, Claudia. 2002. *The Atrocity Paradigm: A Theory of Evil*. New York: Oxford University Press.
50. Card, Claudia. 2010. *Confronting Evils: Terrorism, Torture, Genocide*. Cambridge: Cambridge University Press.
51. Cherry, Myisha. 2014. "What Is So Bad about Being Good?" Huffington Post, June 9. http://www.huffingtonpost.com/myisha-cherry/what-is-so-bad-about-being-good_b_5460564.html.
52. Chu, Arthur. 2014. "Your Princess Is in Another Castle: Misogyny, Entitlement, and Nerds." Daily Beast, May 27. http://www.thedailybeast.com/articles/2014/05/27/your-princess-is-in-another-castle-misogyny-entitlement-and-nerds.html.
53. Coetzee, J.M. (1999)。《屈辱》。孟祥森譯。台北：天下文化。
54. Cole, Alyson M. 2006. *The Cult of True Victimhood*. Stanford, CA: Stanford University Press.
55. Craven, Peter. 2010. "Failing to Communicate the Campaign". *ABC News*. August 5, updated September 28. http://www.abc.net.au/news/2010-08-06/35762.
56. Crenshaw, Kimberlé W. 1991. "Mapping the Margins: Intersectionality, Identity Politics, and Violence Against Women of Color." *Standford Law Review* 43: 1241-99.
57. Crenshaw, Kimberlé W. 1993. "Beyonf Race and Misogyny: Black Feminism and 2 Live Crew." In *Words That Wound*, edited by Mari J. Matsuda, Charles Lawrence III, Richard Delgado, and Kimberlé Williams Crenshaw, 111-32. Boulder: Westview Press.
58. Crenshaw, Kimberlé W. 1997. "Intersectionality and Identity Politics: Learning from Violence against Women of Color." In *Reconstructing Political Theory: Feminist Perspectives*, edited by Mary Lyndon Shanley and Uma Narayan, 178-93. University Park: Pennsylvania State University Press.
59. Crenshaw, Kimberlé W. 2012. "From Private VIolence to Mass Incarceration: Thinking Intersectionality about Women, Race, and Social Control." *UCLA Law Review* 59: 1418-72.
60. Crenshaw, Kimberlé W., Julia Sharpe-Levine, and Janine Jackson. 2016. "16 Social Justice Leaders Respond to the 2016 Election." *African American Policy Forum*. November.
61. Cudd, Ann E. 1990. "Enforced Pregnancy, Rape and the Image of Woman." *Philosophical Studies* 60, no. 1: 47-59.
62. Cudd, Ann E. 2006. *Analyzing Oppression*.New York: Oxford University Press.
63. Darcy, Oliver. 2015. "The 'F***ing DIsgusting' Consequence Trump Lawyer Threatened Liberal News Site with for 'Rape' Story." The Blaze, July 27. https://www.theblaze.com/news/2015/07/27/the-fing-disgusting-consequence-trump-lawyer-threatened-liberal-news-site-with-for-rape-sto-

Press.
20. Beeghly, Erin. 2015. "What Is a Stereotype? What Is Stereotyping?" *Hypatia* 30, no. 4: 675-91.
21. Beevor, Antony. 2003. *The Fall of Berlin 1945*. New York: Penguin Books.
22. Bennett, Jonathan. 1974. "The Conscience of Huckleberry Finn." *Philosophy* 49, no. 188: 123-34
23. Bergoffen, Debra. 2011. *Contesting the Politics of Genocidal Rape: Affirming the Dignity of the Vulnerable Body*. London: Routledge.
24. Bettcher, Talia Mae. 2007. "Evil Deceivers and Make-Believers: On Transphobic Violence and the Politics of Illusion." *Hypatia* 22, no. 3: 43-65
25. Bettcher, Talia Mae. 2012. "Full-Frontal Morality: The Naked Truth about Gender." *Hypatia* 27, no. 2: 319-37.
26. Bettcher, Talia Mae. 2013. "Trans Women and the Meaning of 'Woman.'" In *The Philosophy of Sex*, edited by Nicholas Power, Raja Halwani, and Alan Soble, 233-49. Lanham, MD: Rowman & Littlefeld.
27. Bettcher, Talia Mae. 2014. "Trapped in the Wrong Theory: Re-thinking Trans Oppression and Resistance." *Signs* 39, no. 2: 383-406
28. Bian, Lin, Sarah-Jane Leslie, and Andrei Cimpian. 2017. "Gender Stereotypes about Intellectual Ability Emerge Early and Influence Children's Interests." *Science*, 355, no. 6323: 389-391.
29. Bloom, Paul (2016)。《失控的同理心：道德判斷的偏誤與理性思考的價值》。陳岳辰譯。台北：商周出版。
30. Bordo, Susan. 1993. *Unbearable Weight*. Berkeley: University of California Press.
31. Bornstein, Kate. 1994. *Gender Outlaw: On Men, Women, and the Rest of Us*. New York: Routledge.
32. Braungart-Rieker, J., S. Courtney, and M. M. Garwood. 1999. "Mother- and Father- Infant Attachment: Families in Context." *Journal of Family Psychology* 13: 535-53.
33. Brison, Susan J. 2002. *Aftermath: Violence and the Remaking of a Self*. Princeton, NJ: Princeton University Press.
34. Brison, Susan J. 2006. "Contentious Freedom: Sex Work and Social Construction." *Hypatia* 21, no. 4: 192-200.
35. Brison, Susan J. 2008. "Everyday Atrocities and Ordinary Miracles, or Why I (still) Bear Witness to Sexual Violence (but Not Too Often)." *Women's Studies Quarterly* 36, no. 1: 188-98.
36. Brison, Susan J. 2014. "Why I Spoke Out about One Rape but Stayed Silent about Another." *Time*, December 1. http://time.com/3612283/why-i-spoke-out-about-one-rape-but-stayed-silent-about-another/.
37. Brison, Susan J. 2016. "Forum Response to 'The Logic of Misogyny.'" *The Boston Review*, July 11. http://bostonreview.net/forum/logic-misogyny/susan-j-brison-susan-j-brison-responds-kate-manne.
38. Brooks, David. 2016. "The Sexual Politics of 2016." *New York Times*, March 29. https://www.nytimes.com/2016/03/29/opinion/the-sexual-politics-of-2016.html
39. Brown, Wendy. 1995. *States of Injury: Power and Freedom in Late Modernity*. Princeton, NJ: Princeton University Press.
40. Burgess, Alexis, and David Plunkett. 2013. "Conceptual Ethics I and II." *Philosophy Compass* 8, no. 12: 1091-110.

參考書目
Bibliography

1. Abramson, Jill. 2016. "This May Shock You: Hilary Clinton is Fundamentally Honest". *The Guardian*, March 28. https://www.theguardian.com/commentisfree/2016/mar/28/hillary-clinton-honest-transparency-jill-abramson
2. Abramson, Kate. 2014. "Turning up the Lights on Gaslighting". *Phiolosophical Perspective* 28, no. 1: 1-30.
3. Alcoff, Linda Martin. 1991-92. "The Problem of Speaking for Others." *Cultural Critique* 20 (Winter): 5-32.
4. Alcoff, Linda Martin. 2009. "Discourse of Sexual Violence in a Global Framework." *Philosophical Topics* 37, no. 2: 123-39.
5. Aly, Götz. 2014. *Why the Germans? Why the Jews?: Envy, Race Hatred, and the Prehistory of the Holocaust*. New York: Metropolitan Books.
6. Anderson, Kristin J. 2014. *Modern Misogyny*. New York: Oxford University Press.
7. Anscombe, G.E.M. (1957)。《意向》。張留華譯。北京：中國人民大學出版社
8. Appiah, Kwame Anthony. 2006. *Cosmopolitanism: Ethics in a World of Strangers*. New York: W.W. Norton.
9. Appiah, Kwame Anthony. 2008. *Experiments in Ethics*. Cambridge, MA: Harvard University Press.
10. Archer, John. 2000. "Sex DIfferences in Physically Agressive Acts between Heterosexual Partners: A Meta-Analytic Review." *Psychological Bulletin* 126, no. 5: 651-80.
11. Arendt, Hannah. 1963. *Eichmann in Jerusalem*. London: Penguin.
12. Arpaly, Nomy. 2003. *Unprincipled Virtue: An Inquiry into Moral Agency*. Oxford: Oxford University Press.
13. Arpaly, Nomy. 2011. "Open-Mindedness as a Moral Virtue." *American Philosophical Quarterly* 48, no. 1: 75-85.
14. Ashwell, Lauren. 2016. "Gendered Slurs." *Social Theory and Practice* 42, no. 2: 228-39.
15. Bailey, Moya. 2014. "More on the Origin of Misogynoir." Tumblr, April 27. http://moyazb.tumblr.com/post/84048113369/more-on-the-origin-of-misogynoir.
16. Bandyopadhyay, Mridula, and M.R. Khan. 2013. "Loss of Face: Violence against Women in South Asia." In *Violence against Women in Asian Societies*, edited by Lenore Manderson & Linda Rae Bennett, 61-75. London: Routledge.
17. Baragona, Justin. 2016. "'Corey, You're Being a Horrible Person': Van Jones and Lewandowski Battle Over Hillary's No Show," *Mediate*, November 9. http://www.mediate.com/online/corey-you-are-being-a-horrible-person-van-jones-and-lewandowski-battle-over-hillarys-no-show/.
18. Barnes, Elizabeth. 2016. *The Minority Body*. New York: Oxford University Press.
19. Bauer, Nancy. 2015. *How to Do Things with Pornography*. Cambridge, MA: Harvard University

不只是厭女

為什麼愈「文明」的世界，厭女的力量愈強大？拆解當今最精密的父權敘事

【時代前行暢銷新版】

不只是厭女：為什麼愈「文明」的世界，
厭女的力量愈強大？
拆解當今最精密的父權敘事
【時代前行暢銷新版】／
凱特．曼恩（Kate Manne）著；巫靜文譯.
.－二版.－臺北市：麥田出版：
英屬蓋曼群島商家庭傳媒股份有限公司
城邦分公司發行，2025.06
　面；　公分
譯自：Down girl : the logic of misogyny
ISBN 978-626-310-726-7（平裝）
1.CST: 性別歧視 2.CST: 女性主義
3.CST: 女權
544.52　　　113010405

封面設計　朱　疋
印　　刷　中原造像股份有限公司
二版一刷　2025年6月

定　　價　新台幣560元
I S B N　978-626-310-726-7
e I S B N　9786263107229（EPUB）

作　　者　凱特．曼恩（Kate Manne）
譯　　者　巫靜文
責任編輯　翁仲琪（二版）、賴逸娟（初版）
國際版權　吳玲緯　楊　靜
行　　銷　闕志勳　吳宇軒　余一霞
業　　務　李再星　陳美燕　李振東
副總編輯　何維民
總 經 理　巫維珍
編輯總監　劉麗真
事業群總經理　謝至平
發 行 人　何飛鵬

出　　版
麥田出版
地址：115020台北市南港區昆陽街16號4樓
電話：(02)2500-0888　傳真：(02)2500-1951
網站：http://www.ryefield.com.tw

發　　行
英屬蓋曼群島商家庭傳媒股份有限公司城邦分公司
地址：台北市南港區昆陽街16號8樓
網址：http://www.cite.com.tw
客服專線：(02)2500-7718；2500-7719
24小時傳真專線：(02)2500-1990；2500-1991
服務時間：週一至週五09:30-12:00; 13:30-17:00
劃撥帳號：19863813　戶名：書虫股份有限公司
讀者服務信箱：service@readingclub.com.tw

香港發行所
城邦（香港）出版集團有限公司
地址：香港九龍土瓜灣土瓜灣道86號
　　　順聯工業大廈6樓A室
電話：+852-2508-6231　傳真：+852-2578-9337
電郵：hkcite@biznetvigator.com

馬新發行所
城邦（馬新）出版集團【Cite(M) Sdn. Bhd.】
地址：41-3, Jalan Radin Anum, Bandar Baru
　　　Sri Petaling, 57000 Kuala Lumpur, Malaysia.
電話：+603-9056-3833　傳真：+603-9057-6622
電郵：services@cite.my